慾望與思考之旅

中國現代作家的南洋與英美遊記研究

夏　菁　著

現代文學研究叢刊

文史哲出版社印行

國家圖書館出版品預行編目資料

慾望與思考之旅：中國現代作家的南洋與
英美遊記研究 / 夏菁著. -- 初版 -- 臺北市：
文史哲，民 99.05
　　面：公分. --（現代文學研究叢刊；36）
　　ISBN 978-957-549-902-0（平裝）

1. 旅遊文學　2. 文學評論　3. 中國當代文學

820.908　　　　　　　　　　　　99009246

現代文學研究叢刊　　36

慾望與思考之旅
中國現代作家的南洋與英美遊記研究

著　　　者：夏　　　　　　　　　　菁
出 版 者：文　史　哲　出　版　社
　　　　　http://www.lapen.com.tw
　　　　　e-mail：lapen@ms74.hinet.net
登記證字號：行政院新聞局版臺業字五三三七號
發 行 人：彭　　　正　　　雄
發 行 所：文　史　哲　出　版　社
印 刷 者：文　史　哲　出　版　社
　　　　　臺北市羅斯福路一段七十二巷四號
　　　　　郵政劃撥帳號：一六一八○一七五
　　　　　電話886-2-23511028・傳真886-2-23965656

實價新臺幣四八○元

中華民國九十九年（2010）五月初版

慾望與思考之旅
— 中國現代作家的南洋與英美遊記研究

目　　次

建構域外遊記文學與文化研究的新典範

—— 序《慾望與思考之旅：中國現代作家的南洋與英美遊記研究》

元智大學人文學院院聘教授

王 潤 華

　　一九九○年，我在柏克萊加州大學圖書館偶然間閱讀了一本極有趣的非正式出版的論文集《文學之旅》（Warner Rice and W.T. Jewkes（eds.）*The Literature as a Mode of Travel*（New York Public Library, 1963），裏面收集了六篇論文，探討文學與遊記的相互關係及其影響，分析旅行家的遊記如何對知識之開拓、思想之放大、文化之發揚帶來的貢獻，同時也討論旅行家及其遊記對文學的創造性與幻想力的展現。旅行家與作家都具有好奇和發現新世界的精神，喜歡深入尚未開拓偏遠的異域、社會、森林探險。兩者都往往有選擇性的、專門性的，去觀察民情風俗、物產文化。不管他們所看見的是社會還是自然景物，所見到的文化比自己國家的優越或低下，他們往往不是為觀察而觀察，而是利用它來指出自己社會、文化或國民性的缺點。作家其實就是探險家、

旅行家，他們不但到各地區旅遊，也到人的內心裏去探險，
去發現和瞭解心靈之奧秘。

　　由於這樣的悟解與啓發，當我閱讀東西方的小說，發現
其敍事結構，很多是建立在旅途上，即使魯迅的短篇小說，
自傳性很強，也有這樣隱藏性的遊記結構，大概可分爲三類：
第一類是故鄉之旅，第二是城鎮之旅，第三大類是街道，這
些都是高度的象徵性的旅程，通過它，魯迅非常曲直而藝術
的反映舊中國、舊社會、新舊知識分子的彷徨與吶喊，中國
人在二十世紀初年對革命的召喚與幻滅。

　　我以前的研究郁達夫的南洋遊記、胡適的《留美日記》，
中國作家在海外的空間詩學如〈重新幻想：從幻想南洋到南
洋幻想〉等研究，使我注意到中國作家的域外遊記，尚未開
拓，是一個大有可爲的學術領域。這些遊記不但是文學創作、
新文學革命起源的資料，更是搜尋中國現代性的思考的起
點。我自己沒有時間作有系統的研究，剛好二〇〇二年夏菁
榮獲新加坡國立大學榮譽優厚的獎學金（NUS Research
Scholarship）進入博士班，當她構思博士論文的時候，我便
建議她開拓這個集遊記文學與文化研究爲一體的領域。正如
夏菁所說「作爲一新品種的文學類型，它們長久被研究者擱
置漠視，缺乏系統的研究」。最後夏菁超機智的以《慾望與
思考之旅：中國現代作家的南洋與英美遊記研究》爲論題，
經過創意的構思，將兩大板塊的遊記很具代表性整合在一
起。她說：

　　　　就在於這兩大板塊的遊記很具代表性：英美是西方文
　　　　化的中心，遊記者旅居英美的考察、觀光、留學及工

作等，往往帶著變革中國現實的關注，因而其遊記寫作體現了社會價值與思考，大多表現出對現代性的慾求；而南遊則往往意味著尋求心靈撫慰、滿足多種慾望的可能，因而南洋遊記所表現出的慾望似乎置於現代性的追逐之外，甚至有些表達出對一種遠古的、抑或蠻荒的眷戀之情。

夏菁具有超強的文學情懷與學者的創意思考，而這個論題最需要理性與感性的人去處理，所以該論文處處具有文學的可讀性，同時發掘出很多出人意外的結論，因為她知道遊記，不但是一種文學的文本，也是一種文化產物，所以她看見「現代作家書寫的南洋情調，並非南洋『異域』的事實，而是想像情調的書寫。也就是說作家在書寫南洋『異域』情調時通過『曲解』、『臆測』及『聯想』表達了浪漫情思」：

> 我們認為，從作家對一個地區或國家的描述最能看出他或她對於一個地理空間的意識。在南洋遊記與英美遊記之間一個最為明顯的不同是：在前者隨處可見作家投射其中的浪漫慾念、快樂逍遙；而後者則幾乎千篇一律表現出對現代西方的理性朝拜。在大多數現代作家這裏，到南洋遊歷似乎最容易出軌，抑或說南洋意味著可以越界、可以讓一個旅人實現慾望的地方。因而，在他們的描述中，南洋似乎是情慾的放飛之地，充滿艷遇和巧合。
>
> 另外，現代作家書寫的南洋情調，並非南洋「異域」的事實，而是想像情調的書寫。也就是說作家在書寫南洋「異域」情調時通過「曲解」、「臆測」及「聯

　　想」表達了浪漫情思。再者，有些作家在南洋遊記如
洪靈菲的《流亡》，描寫了悠游自如、浪跡天涯的遊
子浪漫形象。還有些作家把南洋描述為是避亂世發財
淘金之地，如司馬文森的《南洋淘金記》就是典型一
例。

　　總之，現代作家所描述的南洋多為蠻荒的圖像，充滿
各種機遇，是旅人的安樂之鄉。其中洋溢著天真意趣、
情慾等浪漫情思，與現代性圖景迥然相異。

　　夏菁的文學細讀深入奇特，文化論述的視野越界廣闊，
結合了社會學、文學理論、文化地理與文化人類學來研究中
國現代化進程中的文化現象，不再是單純的遊記的文本，她
以文化研究者探討現代化現象是如何與意識形態、種族、社
會階級與／或性別等議題產生關連，因為文化研究的目的在
於瞭解文化所有的複雜樣貌，在英美的遊記中，她有趣的發
現：

　　他們到英美的出發點就是要通過考察西方、學習西
方。基於這種目的，我們看到，近現代的英美遊記，
焦點基本在對英美的政治、經濟、科技文化方面，人
文的以及風俗介紹則非常少有。因而中國作家筆下的
英美圖像，則基本上沒有情慾色彩，滿目所見的是遠
離情慾之外的現代器物，甚至很少閒情逸致的風景
畫，情感明顯受到理性的壓抑。由此看來，中國作家
在南洋遊記和英美遊記中表達了迥然相異的情感意
識。

　　把遊記文學作爲研究的客體，夏菁的分析充分説明，遊記文學同時也是政治、社會、文化批評與行動的場域，這種文化研究試圖揭露與調解知識的分歧，試圖克服內隱知識（tacit knowledge，也就是文化知識）與客觀知識（objective knowledge）這兩者之間的裂縫：

> 既然帶著朝聖心態，中國知識份子的英美之旅就多為嚴肅而很少浪漫輕鬆的心情，他們很少讓心靈、精神、趣味去旅遊。所謂「驚驚八極，心遊萬仞」那已是遠逝的心靈神遊。在英美遊記中，中國知識份子大都避免了虛華浪漫的敍述，轉而求平實、講功用，傳統的遊記趣味、情調被中國知識份子的現代情結擠出了理智的文字空間。

　　夏菁帶著青春自我放逐到南洋共十二年了，她自己的南洋經驗，就是「慾望與思考之旅」、加上優越的學識與學術思考，經得起極大的挑戰，她的論析從郁達夫自我放逐南洋及其遊記開始，老舍從倫敦到新加坡旅途中滋生的離散華人革命浪漫思考，再細讀司馬文森、艾蕪、巴人（王任叔）、劉吶鷗、洪靈菲、徐志摩、許傑、等作家的慾望南洋情結與中國主義，既文學又文化研究的越界反復分析。爲了後半部的研究，她又曾經自己一人追隨英美遊記研究作者的足跡，前往英美各地，包括哈佛校園或劍橋大學的康橋河邊去感受。從王韜的西行路徑上，從舊到新的慾望軌跡開始，到嚮往與壓抑、感動與憤激之交戰的梁啓超與老舍、胡適、徐志摩與冰心等人的「新大陸」之現代性慾望幻滅感，找到很多新的觀察與洞見。最後以南洋遊記與英美遊記的研究結論，

比較旅人雙重視野中的中華民族思考蠻荒的浪漫與理性的朝
拜的文本藝術與文化經驗，這部分的延伸討論，突破性的賦
予這些遊記新的生命、新的意義。

　　當夏菁的博士論文《慾望與思考之旅：中國現代作家的
南洋與英美遊記研究》出版之前，我細讀幾遍，驚喜不已，
她開啓了域外遊記中文學與文化研究的新領域，不但有系統
的開拓了域外遊記的文學研究領域，這也是一本典範性的文
化研究。它是研究現代遊記新品種的文學類型與現代性的思
考等方面不可不讀的學術論著。

2010 年 4 月於元智大學

序《慾望與思考之旅》

蘇州大學教授兼文學院院長
王　堯

　　將中國近現代的域外遊記納入研究視域的是大陸史學界。1980 年代中期，史學家鐘叔河先生主編出版了《走向世界叢書》，引起學界的關注，李一氓、錢鍾書先生等在當時就給予了積極的評價。容閎的《西學東漸記》，我就是在這套叢書中讀到的。晚清以降，中國與世界的關係發生了巨大的變化，中國在世界版圖中的位置也隨之改變。中國人想像世界的方式在這些域外遊記中充分表達出來，現代中國思想發生的痕跡也留存下來。在讀了這套叢書的部分作品後，我偶然讀到了社會學家費孝通先生關於他訪問英倫的兩種遊記，感慨頗多。一種寫於「現代」，一種寫於「當代」，記敍的內容相差無幾，但文字、氣息以及文字背後的那些因素，卻有不小的差異。由是可見，如何想像世界，是與「中國問題」和「中國語境」聯繫在一起的。考察域外遊記的政治、思想、文化意義，考察中國現代知識份子的精神歷程，也就成爲討論現代中國問題的一種方式。

　　但是，這也只是域外遊記意義之一種。作爲一種文類，域外遊記還是一種修辭，一種美學，它是歷史文本、思想文

本，也是文學文本。即便在現代散文概念中，遊記也是文學的一種類型。新文化運動以來，眾多域外遊記都出自著名作家之手。在以小說為論述中心的文學著作中「遊記」，顯然是邊緣化的文學文體，若是涉及到，通常也是作為研究作家創作道路的輔助材料，域外遊記的思想與美學價值自然被忽略了。

　　最早關注並且視域外遊記研究為學術領域的是夏菁的導師王潤華教授。他對郁達夫南洋遊記、胡適《留美日記》及中國作家的空間詩學（海外）等文體的研究是這個領域的代表性成果。王潤華先生曾經很深刻地指出，這些域外遊記不僅是文學創作、新文學革命起源的資料，也是搜尋中國現代性的思考的起點。王潤華教授的這些工作以及核心思想，應當是夏菁研究域外遊記的學術思想來源。夏菁在王潤華教授指導下，創造地完成了她自己所設定的學術目標。在這個意義上，夏菁的博士論文《欲望與思考之旅 —— 中國現代作家南洋與英美遊記的研究》也就有了特別的意義，無疑是對中國現代文學研究的一次重要補充，也拓展了域外遊記的研究視域。

　　面對那些斑雜的域外遊記，夏菁在中國與西方對話的路徑中確立了她論述域外遊記的大框架，這個框架首先來自於近代以來中西方交流以及中國知識份子向西方尋找真理的的歷史。去英美而必經南洋，這樣的遊歷路線使遊記有了不同的面貌，感性的南洋、理性的英美，夏菁整合為「欲望與思考之旅」。這樣的區分，突出了「區域」留給中國現代作家的不同印記，還原了現代知識份子情感與精神的豐富性與

複雜性。夏菁不僅分別了這些差異，而且在相互關聯中突出了中國現代知識份子追尋現代性的獨特道路。關於中國現代性的發生問題，有眾多說法，夏菁並不人云亦云，而是富有創造性地提出：「在中國作家筆下，南洋總是處於蠻荒的邊緣，意味著可以越軌豔遇的地方。南洋熱帶叢林的綠色以及富饒的資源給遭遇烽火戰亂的現代中國人種種旖旎浪漫的想像；同時，南洋的自然環境、生活節奏及情調很符合中國人的口味和習慣。因而，當中國知識界為建設現代中國疾聲吶喊學習現代英美的時候，南洋與英美絕然不同的另類風景就成了他們抒發真實慾望的出口。與此相反，在中國作家筆下，英美世界對中國人來說不只是陌生的，從心理因素來說，他們並不習慣英美社會處處表現出來的現代性。也許，不是西方強力的壓迫，現代中國人可能就希望一如既往地過著慢悠悠的生活。因而可見，追逐西方的現代性並不是他們內在的真實慾求，而是基於一種挑戰 —— 反挑戰模式的理智選擇，帶有被動的色彩。我認為南洋遊記與英美遊記之間的差異正可代表性地說明現代中國作家精神世界的兩面性，即一方面基於對現實慾求表現出的理性，另一方面出於本能或真實的情感而表現出的感性。」當夏菁以這樣的思路來考察域外遊記時，她就有了一個理論的、歷史的制高點。

這樣的研究，顯然要受到文化研究的影響。在這一點上，我既讚賞夏菁視野的開闊與方法的融通，同時也肯定她處理文學文本時的謹慎與細緻。文化研究給一些學人的影響通常是正負均有。所謂負面影響，就是在研究中常常忽視文學文本，甚至只是把文學作為研究思想文化的一個「仲介」。夏

菁顯然克服了這種負面影響，她深入文本，又出入自如，在
文學與思想之間找到了比較恰如其分的平衡點。她的論述理
性而感性，體貼入微，理論素養與人文情懷兼備。夏菁負笈
南洋十年有餘，雖然空間在全球化的語境中已不在是障礙，
但一個讀中國文學的人，總是保有「故國情懷」。讀夏菁的
博士論文，我似乎覺得她也是在寫自己，或者說借助於現代
作家的這些遊記，她也和南洋與英美進行了一次對話。

　　1999 年春天，王潤華教授以新加坡作家協會主席的身份
率團訪問蘇州，我有幸陪同，得以請益。他在新加坡國立大
學任內曾主持召開了一個關於中國現代文學的國際學術會
議，我應邀參加，在同一個組發表論文的便有夏菁。這是我
第一次見到夏菁。王潤華教授博古通今，橫跨中西，在唐代
文學、中國現代文學、中西比較詩學和世界華文文學等領域
卓有建樹，又長於詩文創作。我很心儀上個世紀三、四十年
代的中國學者，以為王潤華教授就是那個時代的學者。幾年
以後，王潤華教授到臺灣元智大學執教，我去臺灣訪問時，
在他的辦公室見面後又去看了他的寓所，相見甚歡。又過了
幾年，王潤華教授推薦夏菁博士到蘇州大學文學院做博士後
研究工作，我以「合作導師」的身份和夏菁博士有了兩年多
的學術往來。夏菁在為人和治學兩方面都深受王潤華教授的
影響，已經是一個比較成熟的青年學者。去年我去元智大學
訪問，王潤華教授對我照顧有加，倍感溫暖。我們交談之中，
自然說到夏菁。王潤華教授和我，對夏菁的學術發展都懷有
很高的期待。

　　夏菁的博士論文經王潤華教授推薦，即將由文史哲出版

社出版。在獲知這一計畫時，夏菁便邀王潤華教授和我寫序。今年 1 月我到哈佛－燕京訪問後，王潤華教授又寫信提醒我爲夏菁寫序一事。我頗爲猶豫，以爲自己還沒有到爲別人作序的份上。但我最終還是寫了這些文字，除了介紹夏菁博士論文的成就，也借此謹向王潤華教授和文史哲出版社社長彭春雄先生表達我的敬意。彭先生長期致力兩岸學術交流，我和許多大陸學者的著作在出版十分艱難的情形下，得到彭先生的支援而有了和讀者見面的機會。我在人到中年以後，越來越體會到中國文化的重要，體會到薪火相傳的意義。所以，也就了這些感慨。

2010 年 4 月於哈佛大學

緒　　論

一、南洋和英美遊記的興起

作爲域外遊記文學的家族成員，南洋和英美遊記文學是中國走進現代社會的一個現象。在它們興起之前，遊記文學在我國有一個較長的演進過程，其源頭可追溯到《山海經》、《詩》、《騷》。一般學者認爲遊記文學的創立大概肇始於東晉，袁崧的《宜都記》是一篇典型的山水遊記。南北朝時期的山水詩以及這一時期所出現的詩序、書劄、日記以及山水記等對遊記文體有所發展。唐宋是遊記的成熟階段，柳宗元的《永州八記》是其典範，其寫景、抒情、象徵、哲理等融爲一體，對後來者產生很大影響。宋代王安石的《遊褒禪山記》、蘇軾的《石鐘山記》，是「山水說理」名篇。陸遊的《入蜀記》、范成大《吳船錄》是兩部日記體遊記。明代的《徐霞客遊記》按日記記載，行蹤廣闊、內容十分廣泛。雖然其內容偏於地理學描述，但其文筆優美，可視爲一部文學遊記。至清代，遊記文學發生了巨大的變化。由於遊記作者走出國門，新的時空、新的觀察、新的發現、新的思考、新的趣味、新的調子等等因素使遊記文學發生新變。到現代，可說是域外遊記文學的盛典，遊記各體皆備，並在現代文學中扮演重要角色。

　　鴉片戰爭的堅船利炮，無情地打破了中國人自我陶醉之夢。戰爭帶來的屈辱和傷痛大大刺激了中國人的民族自尊心，他們清醒意識到中國再也不能搞自我封閉，而是要面向世界，追趕世界現代潮流。於是，中國知識份子紛紛走向世界，到西方留學、考察、工作等，其目的為擴展眼界，尋找富強之路。其中到南洋或者由南洋到英美則是很受青睞的旅程。他們中多數將旅居南洋或英美的經驗、觀察所見以及相關的思考與慾望等用文字記述或表述出來，於是，一批批南洋遊記和英美遊記隨之產生。在十九世紀五十年代至二十年代初，南洋遊記作品有李鐘珏的《新加坡風土記》、陳倫炯的《南洋記》以及斌椿、張德彝、郭嵩燾、劉錫鴻、曾紀澤、蔡均、張蔭桓、薛福成、崔國因等因往返西方途中經過南洋遊歷南洋時對南洋都有遊記觀感；英美遊記作品則有王韜的《漫遊隨錄》、林鍼的《西海紀遊草》、祁兆熙的《遊美洲日記》、斌椿的《乘槎筆記》、張德彝的《航海述奇》、郭嵩燾的《使西紀程》、劉錫鴻的《英軺私記》、李圭的《環遊地球新說》、薛福成的《出使英法義比四國日記》、《出使日記續刻》兩種以及黎庶昌的《西洋雜誌》等。在二十世紀初至五六十年代，南洋遊記作品有徐志摩的《濃得化不開》（星加坡）、老舍的《小坡的生日》以及郁達夫、巴金、胡愈之、吳天、楊騷、王任叔、沈茲九、洪靈菲、許傑、艾蕪等人的遊記作品。其作品分別為〈麻六甲遊記〉、《海行雜記·安南之夜》[1]、《郁達夫的流亡與失蹤》、《少年航空兵》、

1　見巴金《海行雜記》（香港：南國出版社，1970）。本題目為筆者所加。

《懷祖國》、《楊德樂的農夫》、《漫談的漫談》、《印尼散記》、
《流亡在赤道線上》、《流亡》、《在木筏上》、《椰子與榴槤》
以及《南行記》。此外，還有鄭健廬的《南洋三月記》、高事
恒的《南洋論》、羅井花的《南洋旅行記》、斐兒的〈南國
風味〉和〈馬達山遊蹤〉、司馬文森的《南洋淘金記》、憶
蘭生的《南遊聞見志奇》以及劉紹文的《南洋旅行漫記》。
英美遊記作品則有胡適的《胡適留學日記》及其它、徐志摩
的《留美日記》及其《英國遊記》、梁啓超的《新大陸遊記》、
冰心的留美通訊《寄小讀者》以及傅斯年《留英紀行》、老舍
的《頭一天》、《我的幾個房東》、《東方學院》、《英國人》及
《英國人與狗》、蕭乾的《負笈劍橋》及其它等。

　　旅居在外的作家帶著現實的關注，因而其遊記作品體現
了社會價值與思考；同時又因爲帶著旅人的新奇眼光以及探
尋新世界的興趣，故而其遊記寫作又體現出浪漫想像、尋夢、
追求等慾望色彩。如果我們用傳統的遊記標準來檢視這批遊
記作品，可能其中很多失掉了優雅文學的特徵，換言之，它
們似乎不能進入文學作品之列。作爲一種文學類型，它們長
久被研究者擱置漠視，缺乏系統的研究。我們知道，在民族
危亡、渴望行動與變革的時代所產生的域外遊記，不僅關注
了某些社會價值，而且更是鞏固和傳播現代價值的重要媒
介。英美遊記就是一個走進現代國家的現象。因爲旅居考察、
遊記寫作、閱讀之間的迴圈，總是帶有價值因素考慮，因而，
直到晚清，現代性等價值選擇才真正流行。到梁啓超輩，留
學英美、學習西方在民眾階層成爲時尚選擇；在政府更是積
極推動，選派人員到英美留學或考察；在知識階層則相互鼓

動，到西方留學、考察、遊觀成爲風氣。林鍼、王韜、梁啓
超的英美遊記等就是那個時代的現象。這是一新品種的遊
記。它並不在於作家的創造力，而是與潮流、現實關注點密
切相關，體現出一種時代品味，抑或對現代性的慾求。這些
遊記基於對現實或功利的關注，因而告別了浪漫主義。從此，
這種務實的或帶著功利目的的遊記逐漸佔領了傳統遊記的詩
意空間，並成爲趨勢。在這個由浪漫主義趨向現實主義的階
段，中國遊記者變成道地的務實者。到胡適這代人，實用主
義則走向法規化。胡適留學美國時所倡議的《文學改良芻
議》，其精神焦點就在反傳統浪漫，講究務實，追求文學爲
改造社會服務，表現出理智的選擇。胡適並身體力行，在美
國留學間寫的遊記作品，無論是詩作，還是純粹的遊記，不
再爲生花妙筆動用巧思，而在著意關注對社會、政治、文化
等方面的思考。梁啓超甚至把遊記寫作想像爲一種政治力
量，要爲中國的現代化進程而造勢呼喊。

　　由此看來，中國作家的英美遊記對介紹西方、認識西方
扮演了關鍵性的角色。然而當我們現在討論中國現代歷史進
程的時候卻忽視了它們所取的作用。因而，本論著的探討無
疑別具色彩，且途徑更具直接性。現代中國人到西洋，必經
過南洋。因爲在航空還沒有取代航海的時代，從南洋到英美
是當時的流行航線。因此，中國作家到南洋或英美，留下許
多南洋遊記作品，但卻長期以來也爲研究者擱置，即便有所
涉及，也不是作爲獨立的文類作系統性探討。我們在閱讀南
洋遊記和英美遊記時發現兩者之間表現出很大不同的意趣。
如果說英美遊記太過理性，情感有些貧血的話，那麼，南洋

遊記則感性浪漫得多。南洋在許多遊記者筆下是一方樂土，南遊意味著尋求心靈撫慰、滿足多種慾望的可能，諸如淘金夢、出軌巧合、情慾夢。由此可見，中國作家在南洋遊記所表現出的慾望似乎置於現代性的追逐之外，遠離主流話語的邊緣；而且，中國文人的山水情趣在南洋找到抒發的出口，甚至有些表達出對一種遠古的、抑或蠻荒的眷戀之情。

二、問題意識與研究問題的提出

（一）問題意識

問題意識之一：關於英美遊記

中國現代作家對中國現代性的建設發揮了重要的作用，尤其是他們在上個世紀初直接參與了現代中國文學的設想與建構。然而，現代性並不是本民族的特產，而是中國知識份子從西方拿來的產物。拿來的管道在上個世紀初有多種方式，如翻譯西方作品、引進西方思潮或到西方留學考察等。其中，中國知識份子親臨西方土地的留學考察等方式是一種最直接的體驗或接受，現代西方的無疑給與他們耳濡目染的影響。中國現代作家中很多到過英美留學、考察、工作或旅遊觀光，他們在英美的經驗或遊記文學作品對現代中國建設及其新文學產生巨大的催化作用與影響。如現代性觀念對新文學的意識、遊記文學的各種文體對新文學的結構形式顯然產生了深遠的影響。這是不應諱言的事實。我們在談到新詩、新文學的濫觴時自然會想到胡適、徐志摩等現代作家。梁實秋就曾說西方文化是白話文的導火線，並直接指出美國印象

主義者所提倡的六點戒條對胡適的影響。梁實秋還在《新詩的格調及其他》中強調新月派與其西方經驗的關係。他說：「我一向以為新文學運動最大的成因，便是外國文學的影響；新詩，實際就是中文寫的外國詩」。在聯繫新月派詩風時梁實秋明確地指出，「新月一群的詩的觀念是外國式的」，並指出他們在《詩刊》上試驗的是用中文來創造外國式的格律來裝進外國式的意境。我們知道，白話文的發難之作《文學改良芻議》就是胡適在留美時期的思考結果。而新月詩人大都是英美留學生，其宣導者徐志摩留學英美，聞一多留學美國。美國的意象派詩作及其詩的觀念給聞一多很大的影響，他詩作中的大部分就是其影響下的創作。徐志摩的詩作也明顯反映出被其英國經驗影響的痕跡。然而，這種追尋遊蹤與影響之間關係的研究模式還少有人嘗試。當然，有些學者在其論著中某個章節討論了個別作家在域外的學習情況，但他們不是從遊記文本出發或從遊蹤經歷來討論影響，因而其論述有些「失據」之嫌。我認為，中國現代作家在英美留學、工作考察、旅遊觀光，親眼目睹了資本主義高度發達文明，體驗了英美現代社會、現代生活的真實況味；因而，其英美遊記承載了他們的慾望與思考，即是作者通過敍述親見的「事實」和「想像」表達了他們對現代性、生存方式、生活環境等方面的慾求與相關思考。基於上述問題意識和這樣的假設，本論著以遊記文本為研究物件，探討中國作家在英美的經驗 —— 一種「真切的交往」，對他們思想、文化結構及趣味等方面產生的影響以及由此而生的慾望與思考。在我看來，這種研究模式是憑「史跡」分析討論，自然很有意義。

問題意識之二：關於南洋遊記

　　中國現代作家在域外的慾望與思考是一種精神現象。我之所以將南洋遊記與英美遊記作爲本論著探討的對象而不擇其他域外遊記，如日本遊記、法國遊記等遊記，原因主要有四點。首先，因爲這兩大板塊的遊記很具代表性，能夠比較全面地分析和說明中國現代作家的精神圖像。我在對域外遊記的閱讀中發現南洋遊記與英美遊記確實描繪了很不相同的圖像，寄予了不同的慾望和思考。在中國作家筆下，南洋總是處於蠻荒的邊緣，意味著可以越軌豔遇的地方。南洋熱帶叢林的綠色以及富饒的資源給遭遇烽火戰亂的現代中國人種種旖旎浪漫的想像；同時，南洋的自然環境、生活節奏及情調很符合中國人的口味和習慣。因而，當中國知識界爲建設現代中國疾聲吶喊學習現代英美的時候，南洋與英美絕然不同的另類風景就成了他們抒發真實慾望的出口。與此相反，在中國作家筆下，英美世界對中國人來說不只是陌生的，從心理因素來說，他們並不習慣英美社會處處表現出來的現代性。也許，不是西方強力的壓迫，現代中國人可能就希望一如既往地過著慢悠悠的生活。因而可見，追逐西方的現代性並不是他們內在的真實慾求，而是基於一種挑戰 —— 反挑戰模式的理智選擇，帶有被動的色彩。我認爲南洋遊記與英美遊記之間的差異正可代表性地說明現代中國作家精神世界的兩面性，即一方面基於對現實慾求表現出的理性，另一方面出於本能或真實的情感而表現出的感性。如果本論著換之討論日本遊記或法國遊記，我們看到的則是與英美遊記似曾相識或大同小異的描述，且又不能全面地勾畫和分析現代中國

作家的精神圖像。同時，英美兩國是當時世界上最發達的資本主義國家，是西方文化的中心，因而，我們從英美遊記的分析最可看出西方文化對中國人所產生的影響。

其二，南洋是當時中國人航向西方的必經港口，沿著這樣旅途航線，我們試圖分析遊記者的精神脈絡或變化色彩。

其三，我考慮到研究者的語言能力在查閱第一手相關資料時的重要性。英美是英文國家，南洋是同時使用英文或華文的國家或地區，因而，我的語言能力使我能夠閱讀與英美或南洋遊記相關的第一手資料。

其四，我認為一個研究者對研究物件把握的程度，除了想像外，很大程度仰賴於研究者有否與研究物件作過親密接觸或相處的經驗。我在新加坡學習和居住多年，期間到過「南洋」許多其他的地方，如馬來西亞、印尼、泰國等，這些旅居或遊觀的經驗對我分析南洋遊記以及想像當時南洋無疑有些踏著「現實土壤」的感覺。基於這些考慮，我也很有興趣將南洋遊記納入本論著討論的板塊。

（二）研究問題的提出

沿著上述的思考，本論著旨在對中國現代作家在南洋、英美旅居、留學、工作或出使外交事務期間所寫的遊記文學作品進行研究。基於上述問題意識及其思考，本論著將主要圍繞以下問題展開：其一，中國作家為什麼要到南洋或英美？南洋或英美給他們什麼體驗、視野、想像及思考？其二，中國作家為什麼要把在域外的經驗化為遊記作品？是因政治任務或為培育讀者口味或提高現代觀念意識？或者為記錄異域

風情以愉悅讀者？或者借文字的越軌旅遊以釋放長久被壓抑的慾望？抑或因憤怒或受傷或文化震撼出「詩人」等？其三，通過從英美遊記和南洋遊記文本並結合其語境的分析，討論現代作家投射其間的各種慾望色彩以及相關思考。其四，試圖通過英美遊記和南洋遊記與中國傳統遊記的比較，尤其是從現代知識份子與傳統文人在心理結構、文化結構的差異，指出現代英美遊記和南洋遊記在趣味情調方面有什麼樣的承襲或轉變？這些「承襲」或「變化」昭示了他們怎樣的精神圖譜？顯然，本論著對這些問題的探討具有某些拓荒和挑戰的性質，但無疑也是一份很有趣的工作。

三、研究方法

　　本論著探討的南洋遊記和英美遊記，就大的範疇而言，它們屬於敍事文學的大家族，從小的文類說就是遊記。所以，它們既有敍事文學的一般屬性，也有遊記文類的特殊性。遊記最不同於其他敍述文體的是以遊蹤路徑為線索展開對社會、政治、經濟、文化等方面的描述，同時也交織著作者自我主體的心路歷程（心蹤）。鑑於遊記文類的一般性和特殊性，因而我們在對遊記文本的分析中就會運用敍事學和文化分析相結合的方法。具體如下：

（一）運用敍事學的研究方法

　　遊記是敍事文類，所以首先我們在對遊記文本的分析中會運用敍事學的一些理論和方法。敍事學就是關於敍事文類的研究和方法，是對敍事文形式和功能的研究，探討的範圍

包括敍事文的敍述方式、結構模式等方面內容。敍事學的發展經歷了俄國形式主義、英美新批評以及法國結構主義，最後成爲一門獨立敍事理論。[2]本論著在結合遊記文類特徵的基礎上主要運用敍事學中這樣一些理論：1、通過敍事文表達的形式，也就是構成話語的方式和技巧，尤其是通過從視角、聚焦的分析，我們試圖從中體會遊記作者的觀察角度、立足點。因爲遊記作者的觀察角度不僅左右著敍述圖像的性質，敍述者在材料上取捨、組構過程乃至語氣的運用上都會影響到敍述圖像的面貌和色彩。2、通過遊記文本對環境或空間的描述，我們試圖分析環境或空間的各種修飾功能與遊記圖像之間的關係以及隱含其間的慾望與思考。

（二）運用文化理論的分析方法

文化生產場理論

　　法國社會學家波狄奧（Pierre Bourdieu）在進行社會文化研究的過程中提出了一套理論和方法。波狄奧在分析一個文化現象的時候，特別注意追溯產生此一文化現象的文化生產場地（field of culture），分析它與權力場、階級關係場之間複雜微妙的關係。波狄奧在《文化生產場》[3]（The Field Culture Production）中對文藝生產場與權力場、階級關係場之間的

2　有關敍事學理論的介述參見高辛勇《形名學與敍事學》（臺北：聯經出版事業，1987）；胡亞敏《敍事學》（武漢：華中師範大學出版社，1998）；熱拉爾‧熱奈特《敍事話語　新敍事話語》（北京：中國社會科學出版社，1990）以及王泰來編譯《敍事美學》（重慶：重慶出版社，1987）。

3　Pierre Bourdieu, *the Field of Culture Production: Essays on Art and Literature* （Cambridge: Polity Press, 1993）．

關係描述如圖展示：

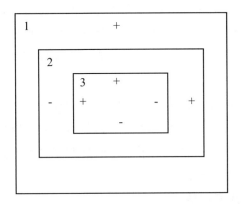

　　3 代表文藝生產場，2 代表權力場，1 代表階級關係場。
這種「文藝生產場」有兩種等次原則，即異質與利益、自主
與名。波狄奧認為，某個文化生產場域沒有自主而被權力場
所主宰時，它便遵照「異質」原則；當文藝生產場能夠自主
時，它則按照場內的認同之原則運作。[4]然而，波狄奧認識到
文藝生產場地的完全自主是根本不可能實現的，他在總結文
藝生產場的關係時寫道：

　　文藝的獨特性在於它愈自主時（即是它愈完整地體現它
　作為場的邏輯），它更大程度地傾向打住或倒轉等次化的支
　配原則。可是，無論其獨立程度多大。它也繼續受到包圍著
　它的經濟及政治法則所影響。

　　波狄奧的「文化生產場」理論對本文的研究很具啟發性。
在很大程度上講，中國現代作家到英美和南洋留學、考察或

4　Ibid.pp.37-39.

遊觀，其實就進入了一個文化的生產場地，其思考或寫作都
會受到當地政治、經濟以及文化等方面的影響。如胡適在美
國留學時寫的一系列文章，尤其是《文學改良芻議》幾乎就
是美國文化場域的產品。老舍在旅居英國期間創作的文學作
品，無不是在英國文化場域刺激下的產物。這就是說無論是
胡適，還是老舍，在具體的寫作過程中都受到包圍他們的政
治經濟以及文化的影響。既然本論著是探討中國作家在英美
和南洋的慾望與思考，因而，在對其遊記文本的分析和探討
中就自然會用到文化生產場理論。

旅人的邊緣思考理論

愛德華・薩依德（Edward W. Said）在《知識份子論》[5]
（*Representation of the Intellectual*）中不僅對知識份子的特
徵作了較詳細的描述，而且對知識份子在邊緣的思考特徵作
了十分洞見的分析。他認為在邊緣的知識份子由於從權力中
心疏離出來，成為自在安適的邊緣的人，所以他們就像旅行
家、探險家，具有好奇和發現新事物的精神，他們「對任何
事情都不視為理所當然」。[6]因為邊緣化（marginal），不接
受習慣文化的馴服（undomesticated），所以，他們在思考問
題時就如同旅人，很容易對事物作出反應，並以不可預料的、
創新的眼光對事物進行解讀。但同時指出這並不意味著處在
邊緣的人就與先前的經驗、知識完全割斷，而是處於兩者之
間的狀態（State of in-betweenness）。這種「之間」的狀態
使在邊緣的知識份子在看問題時具有「雙重視野」（double

---

5 薩依德著、單德興譯《知識份子論》（臺北：麥田出版社，1997）。
6 同上，頁97。

perspective），即「同時以拋在背後的事物以及此時此地的情況這兩種方式看待事情。」[7]

　　薩依德所討論的知識份子的思維特徵很適合用來分析旅居在外的中國現代作家的思考習慣。從英美遊記和南洋遊記來看，中國作家在分析問題或表達看法時不再只用單一的資源，而是既帶有自己的文化儲備，也有由旅居或遊觀而來的新的見識和觀點，總之，他們在看問題時具有「雙重視野」。但與薩依德所討論的知識份子的特徵比較起來，中國現代作家對現實沒有那麼灑脫和疏離，與此相反，他們大都非常關注現實，對改造國家有很強的使命感。這是我們在分析時應注意的問題。

　　此外，英美遊記或南洋遊記是「以此類文明敍述彼類文明之聲」的書寫，所描述的圖像涉及了遊記寫作者文化與被描述物件之間的關係。因而我們在分析英美遊記和南遊記像所描述的圖像時，會運用形象學研究的方法。所謂形象學（Imagologie），就是對一國文學所描述的他國形象的研究，其中包含了「自我」與「他者」、「本土」與「異域」的關係。

四、研究範圍

　　本論著旨在對中國現代作家的南洋遊記和英美遊記所呈現的慾望與思考進行研究。學術界對於「現代」的劃分一直以來眾說紛紜，例如，錢基博在《現代中國文學史》中所談

7　薩依德著、單德興譯《知識份子論》（臺北：麥田出版社，1997），頁 97。

的「現代」，上接康有爲戊戌變法，下起胡適的白話文運動；任訪秋在《中國現代文學史》（上卷）中敍述的「現代」則由清末延至抗戰；當今一批研究中國文學的學者，如李歐梵，在探討中國現代性的發生時，將上界時間推進晚清，甚至有人主張還應往前推，因而，在這裏就有必要對現代的範圍進行界定和劃分。

對於中國現代範圍的不同界定應該基於學者們對中國現代發展進程的差異理解。在我看來，域外遊記文學的濫觴幾乎源於鴉片戰爭的傷痛。尤其是英美遊記，標誌著中國走進現代世界的一個現象。故而，本論著的研究物件應該是隨鴉片戰爭後而出現的現代英美遊記和南洋遊記。但考慮到研究範圍太過廣泛，於是以「現代作家」一詞加以限制。作爲一個現代職業群體的出現，現代作家特指推助新文學產生並有創作問世的現代作家，時間界定在 1900 至 1949 間。因而，本論著將重點討論 1900 至 1949 年間中國作家寫的英美遊記和南洋遊記。然而，1900 前的英美遊記和南洋遊記又確實與後來英美和南洋遊記有著直接的承變關係，完全略去不談，則不知其積漸和整體性。所以，本論著將 1900 前的英美遊記和南洋遊記作爲序幕大略介述，以此知道現代域外遊記之所發軔。這樣安排，既有重點，又知流變。

本論著按地理空間不同分爲上下兩編。上編是對中國現代作家寫的南洋遊記文學進行研究；下編是研究中國作家寫英美遊記文學；最後在對這兩編分析的基礎上作了全文性的總結。

五、幾個概念的界定

（一）遊記、遊記文學以及英美遊記和南洋遊記

何謂遊記？

　　欲知遊記文學，不可不知遊記；而欲知英美和南洋遊記文學，又不可不知什麼是遊記文學。因而我們就沿著這個次第對它們進行界定。就我看到的資料而言，發現有關遊記文學理論的研究並不多見。即便有些研究，也大多是從旁涉及，如遊記編輯中寫的序言或對遊記作簡略介紹。對遊記文體作過較詳細研究的要算是臺灣學者鄭明娳教授，著有五本論述散文的著作。[8]其中開闢專章論述遊記，對遊記的概念、特徵以及類型作了分析。鄭明娳教授認為遊記是以記遊寫景為主要內容的散文類型，通常具有這些特徵：是作者遊歷陌生地域的主觀紀錄，有明顯的敍事秩序；作者脫離了日常生活固有的生存空間，屬於一種特殊體驗；文字可長可短等等。[9]並認為遊記敍事注重時空結構，主題分散。[10]為了明確遊記與其他遊記種類的區別，鄭教授還特別指出了遊記所具有的三大要素，即真實的經驗、以記遊為目的以及必須呈現心靈活

8　即《現代散文縱橫論》（臺北：大安出版社，1997）、《現代散文類型論》（臺北：大安出版社，1988）、《現代散文構成論》（臺北：大安出版社，1991）、《現代散文現象論》（臺北：大安出版社，1992）及《現代散文欣賞》（臺北：東大圖書公司，1987）。
9　鄭明娳《現代散文類型論》（臺北：大安出版社，1988），頁220。
10　同上，頁224-225。

動。[11]根據遊記所描寫的物件性特徵，還對遊記進行了分類如下：

1、景觀式遊記。這類遊記注重景觀的描寫和鋪陳。

2、人文式遊記。這類遊記不著意描寫景觀，而將焦點放在知識人文的思考上；並往往在旅遊的歷史文化背景中思索人群的活動，觀察社會生活方式，或是藉景發揮。在鑒賞風物之外，引帶出人生的哲理思考或是時代的批判來。

青島大學馮光廉教授著有《中國近百年文學體式流變史》，分上下兩冊。其中在「中國近百年散文體式的流變史」中對國內遊記和域外旅行遊記的文體作了粗略分析。馮光廉教授認爲遊記屬於散文的一種，是遊人對旅途中所見山川景物的紀錄，是敍事抒情散文中的重要體式，在我國古代文章分類中屬雜記文的一種。典型的遊記，應該包括遊蹤、山川景物的描寫以及遊人的觀感等內容。遊記作者在對遊蹤的敍述介紹中自然巧妙地穿插鮮明生動的山川景物的描寫，將景物描寫與抒情、議論水乳交融地結合起來，寓情理於景物之中。這是遊記最常見的寫法。從文體上說，除規範式遊記散文之外，還有書信體遊記和日記體遊記。有些遊記文，重在考察水文、地貌和地理沿革，實際上是輿地學著作，不屬文學遊記範疇。另外，不是自己的親自遊歷，內容純屬虛構，如陶淵明的《桃花源記》之類，亦非遊記正格。[12]

英文界學者所謂的遊記，有的稱之爲 travel writing 或

---

11 同（8），頁 224。
12 馮光廉《中國近百年文學體式流變史》（下）（北京：人民文學出版社，1999），頁 282。

travel account，[13] 也有稱之爲 travel records，[14]還有稱之爲 the literature of travel。[15]前二者似乎可翻譯爲「遊記」，後者可翻譯爲「遊記文學」。但在實際運用中常常被混用。英文學界對於遊記文學的認識紛紜不一，有些堅持遊記是真相；有些則認爲遊記文學真真假假，虛幻與真相摻合，很難辨識。

　　結合上述觀點，我認爲遊記具有這樣一些特徵：首先它屬於敍事文體，有明顯的時空關係，這包括時間、行程、行蹤等要素；第二，有觀感，旅遊者就是一個觀察者，錄見聞、發議論。第三，遊記不一定就是眼見的真相紀錄。第四，遊記不同於其他散文體的最明顯的特色是，遊記的行蹤通常是跨入異己之地，是在旅途之中。

　　我們已知道什麼是遊記了，那麼又何謂遊記文學呢？在我看來，遊記文學不僅有遊記的表現特徵，在外延上也比遊記廣泛。遊記文學除了典型的遊記外，還包括日記體遊記、書信體遊記、遊記性的序跋、遊記性小說、筆記體遊記、傳記式遊記，甚至帶有遊記特色的詩歌。因此，遊記文學的特質不僅具有「真相」或「事實」，而且也有虛構和想像。

---

13 Richard. E. Strassbery, Travel *Writing from Imperial China*（Berkeley: the Regent of the University of California, 1994）. Or Blanton, Sarah Cassandra, *Departures: Travel Writing in a Post-Bakhtinian World*（PhD dissertation, *University* of South Florida, 1992）.

14 Nancy Elizabeth Boulton, *Early Chinese Buddhist Travel Records as a Literary Genre*（PhD dissertation, Am Arbor: University Microfilms International, 1983）.

15 Joshua A. Fogel, *the Literature of Travel in the Japanese Rediscovery*（1862-1945）（Stanford: Stanford University Press, 1996）.

　　遊記、遊記文學的定義既已明確，最後，我們就來界定
何謂英美遊記及南洋遊記？我們知道，晚清中國受到外來武
力的威逼，政府迫於形勢，不得不改變封閉鎖國的政策，陸
續派外交使節、考察官員到歐美學習考察，以瞭解世界局勢。
除了受政府派遣外，民間也有商團或自費到歐美留學或遊
觀。在輪船還是最爲便捷的交通工具的時候，中國人到歐美
必經過南洋。其中有些在南洋停留遊觀，如梁啓超、徐志摩；
有些滯留南洋是出於短期考慮，如老舍。當然，晚清後，隨
著海防的開禁，到南洋遊歷、觀光及工作的知識份子也隨之
增多。這些知識份子在英美或南洋旅居或遊觀期間，寫了大
量的旅行遊記、旅居筆記。據鐘叔河的統計，先後刊刻者不
下百餘種。[16]如王韜的《漫遊隨錄》、郭嵩燾的《倫敦與巴
黎日記》，斌椿的《乘槎筆記·詩二種》及《天外歸帆草》、
戴鴻慈的《出使九國日記》，薛福成的《出使英法義比四國
日記》、黎庶昌的《西洋雜記》、梁啓超的《新大陸遊記》、
康有爲《歐洲十一國遊記二種》、李圭的《環遊地球新錄》
以及徐建寅《歐遊雜錄》等。這些遊記文本不僅描繪了英美
圖像，而且其中多數描述了經過南洋時所見的圖像。與傳統
的遊記文本相比，它們帶有「異質」或「新知」的東西。尤
其英美遊記，大都具有現代品質。當中國進入二十世紀，知
識份子迫於救亡中國的使命感使他們越來越把希望的眼光轉
向域外，於是「走異地，尋異路」，遠渡重洋、留學歐美，
成爲中國知識份子的主流嚮往，於是又一批英美遊記產生

---

16 鐘叔河編《走向世界叢書》（長沙：岳麓書社出版，1985）。

了。如《胡適留學日記》、徐志摩的〈我知道的康橋〉等等。
現代南洋遊記則有郁達夫的〈麻六甲遊記〉、艾蕪的《南行
記》、老舍的《小坡的生日》等等。顯而可見，這些遊記作
品都源於遊記者在英美和南洋旅居或遊觀的經驗，都帶有旅
人的視角和思考。如果就遊蹤空間和遊記文體而言，我們應
該定之為英美遊記文學和南洋遊記文學。但為簡便順口起
見，我們在此論文中特稱為英美遊記和南洋遊記。那麼，何
謂英美遊記和南洋遊記呢？簡言概之，就是中國現代知識份
子對他們親歷英美和南洋學習、旅居、考察期間的見聞感想
所作的描述/記述。其遊記所反映的圖像既有客觀真相，也有
主觀想像，同時洋溢著種種慾望與思考。遊記文體包括典型
的遊記，日記體遊記、書信體遊記、遊記性的序跋，遊記性
小說、筆記體遊記、傳記式遊記，遊記性的詩歌。

（二）何謂現代性

現代性內涵

　　「現代性」（modernity）源於西方，但如何解釋或理解
「現代性」，中外學者可說莫衷一是，各有己見。因此，欲
對現代性作出描述，則首先要對「現代性」之來源以及中國
知識界對現代性之接受和理解作一個簡要介述，然後在前述
的基礎上界定本論著中的「現代性」內涵。

　　現代性發軔於西方。關於現代性的來源可見於一些西方
學者著作。其中，馬泰·卡林內斯庫（Matei Calinescu）、李
歐梵在介紹西方現代性、尤其是在介紹文學作品中表現的現
代性方面不遺餘力，在中國學術界產生較大影響。現分述如

下。

　　馬泰‧卡林內斯庫在《現代性的五副面孔：現代主義、
先鋒派、頹廢、媚俗藝術、後現代主義》一書中提出，要回
答什麼是現代性？最好的起點是追溯其詞源。在對現代性一
詞溯源後，他認為現代性是「被用來描述任何同現時（包括
最近的過去和及至的將來）有明顯關係的事物。它同」antiques
「（古代）相對。」[17]在馬泰‧卡林內斯庫看來，現代是與
時間有密切關係的概念。「『現代』主要指的是『新』，更
重要的是，它指的是『求新意志』──基於對傳統的徹底批
判來進行革新和提高的計畫，以及以一種較過去更嚴格更有
效的方式來滿足審美需求的雄心」。[18]為此，馬泰‧卡林內斯
庫在著中提出了兩種現代性。他這樣寫道：「無法確言從什
麼時候開始人們可以說存在著兩種絕然不同卻又劇烈衝突的
現代性。可以肯定的是，在十九世紀前半期的某個時刻，在
作為西方文明是一個階段的現代性同作為美學概念的現代性
之間發生了無法彌合的分裂。」[19]他進而解釋說：「作為文
明史階段的現代性是科學技術進步、工業革命和資本主義帶
來的全面經濟社會變化的產物。」[20]在馬泰‧卡林內斯庫看來，
前者是資產階級的現代性概念，它是進步的學說，相信科學

17　（美）馬泰‧卡林內斯庫（Matei Calinescu）在《現代性的五副
　　面孔：現代主義、先鋒派、頹廢、媚俗藝術、後現代主義》（北
　　京：商務印書館出版，2002），頁 1。

18　（美）馬泰‧卡林內斯庫（Matei Calinescu）在《現代性的五副
　　面孔：現代主義、先鋒派、頹廢、媚俗藝術、後現代主義》（北
　　京：商務印書館出版，2002），頁 2。

19　同上，頁 47-48。

20　同（18），頁 47-48。

技術造福人類的可能性，關切時間，崇拜理性，肯定自由理
想、信奉實用主義和成功等等；而後者是導致先鋒派產生的
現代性，它具有激進的反資本主義的態度：厭惡中產階級的
價值標準，公開拒斥資產階級的現代性。[21]我們從馬泰·卡林
內斯庫對現代性的解述及其結合作家、藝術家的主張、理想
所作的精闢分析中，可以看出，這種現代性是指與世俗的現
代性相對的一種藝術的現代性，是對第一種現代性的反思、
批判。

　　李歐梵教授對現代性研究也情有獨鐘，從他一系列的學
術專著和論文可見其對現代性闡述的努力。李歐梵對現代性
的闡述主要根據了馬泰·卡林內斯庫的觀點，認為現代是一
種與過去相對立的一種當代時間意識，在十九世紀它已經獲
得兩種不同意蘊。他指出，從十九世紀上半葉以來，現代性
是指科學、技術發展的一個產物，是工業革命的產物，是資
本主義高度發展的產物，這是作為西方文明史中一個階段的
現代性。這是中產階級和世俗階層的現代觀，其特點是持世
俗的觀點，追求功利，標準平庸，趣味低下。[22]與此相對的
是一種作為美學觀念的現代性，它既反對古典主義關於古典
與完美的見解，也反對十九世紀不斷增長的物質文明中表現
出來的那種虛偽和俗氣。到了十九世紀和二十世紀之交，這
個新的現代主義就採取了某種明確的論戰立場，反傳統，反
功利，反人文主義。他們對空洞的浪漫情調的人文主義感到

---

21 同（18），頁 47-48。
22 李歐梵《現代性的追求》（臺北：麥田出版股份有限公司，
　　1996），頁 41。

膩味，對資產階級重商主義和俗氣的功利主義也感到厭惡。
李歐梵在闡述美學意義上的現代性的同時也參考了 J.O. 加
西特在《藝術的非人化》和歐文·豪編的《文學藝術中的現代
觀念》兩書中的觀點，指出由於新的現代主義反對理性主義，
反對歷史主義，拋棄了線性歷史發展的觀念，因而對人類歷
史感到絕望。絕望感使現代主義作家和藝術家們對外部世界
失去了興趣，因為他們認為這個世界乃是毫無希望的，不可
駕馭正在異化的世界；所以他們開始以一種極端的主觀主義
和反傳統的姿態，通過他們自己的藝術創作來重新確立現實
世界。[23]

　　值得注意的是，李歐梵不同於西方其他學者對於現代性
的論述，在於他在一系列著作和論文中解釋了中國人對現代
性的理解和接受方式，亦即是中國式的現代性。在他看來，
中國人對現代性的理解表現出與西方的某種明顯的不同。李
歐梵認為自從清末以來，日益增長的那種偏重當代的觀念，
無論在象徵意義上還是字面上，都充滿了一種新的內容。從
1898 年的「維新」運動到梁啓超的「新民觀念」，再到五四
時期的新青年、新文化、新文學的一系列宣言，「新」這個
詞幾乎伴隨著旨在使中國擺脫以往的鐐銬、成為一個「現代」
的自由民族而發動的每一場社會和知識運動。因此，在中國，
「現代性」不僅含有一種對於當代的偏愛之情，而且還有著
一種向西方尋求「新」、尋求「新奇」這樣的前瞻性。因此，
他總結寫道，在中國，現代性這個新概念似乎在不同的層面

---

23 李歐梵《現代性的追求》（臺北：麥田出版股份有限公司，
　　1996），頁 285-286。

上繼承了西方「資產階級」現代性的若干常見的含義：進化與進步的思想，積極地堅信歷史的前進，相信科學和技術的種種益處，相信廣闊的人道主義所制定的那種自由和民主的理想。[24]

　　中國人對現代性的理解和接受「現代性」一詞在中國最早被使用，據有些學者考證，是周作人發表於 1918 年 1 月《新青年》9 卷 1 期的文章。但中國思想界對現代性概念作系統思考只是在 80 年代。[25]王瑤指出：「『現代性』既然是一種歷史性的時間概念，它最主要的內涵就是時代精神。」[26]王瑤的看法，就正視了中國現代性產生的歷史背景。事實上，歷史決定了源於西方的現代性在中國土壤中不可能不加任何改造或選擇地存活。因為中國與西方有著有不同的歷史經驗，中國人在特定的歷史時空就有著與西方不完全相同的現代體驗和接受。由晚清到上個世紀四十年代，中國思想界主要接受的資本主義的現代性，如呼喚科學（工具理性），呼喚民主（人文理性）。中國新文學中的浪漫主義和現實主義，引進的是西方 19 世紀的文學思潮，不是與他們同時期西方作

---

24 李歐梵《現代性的追求》（臺北：麥田出版股份有限公司，1996），頁 286-287。

25 參見汪暉〈韋伯與中國的現代性〉，見《學人》第 6 輯（江蘇：江蘇文藝出版社出版，1994）；李歐梵〈現代性及其問題：五四文化意識的再探尋〉，見《學人》第 4 輯（江蘇：江蘇文藝出版社出版，1994）及〈知識源考：中國人的「現代」〉，見《天涯》第 3 期（1996 年）；張頤武〈現代性的終結：一個無法回避的課題〉，見《戰略與管理》第 3 期（1994 年）。

26 王瑤〈中國現代文學〉，見王瑤、李何林《中國現代文學集〈野草〉〈故事新編〉的爭鳴》（北京：知識出版社 1990）。

家所信奉的現代主義。因爲中國知識份子基於改變中國現實的迫切要求，他們不可能深刻體會或看到由於高度發達的資本主義即在現代化進程中造成人的異化的語境和現象，故而很少從審美出發，對時間直線式的現代性作反思和批判。但這並不意味著中國沒有出現過審美的現代性文學，二十年代出現的以李金髮爲代表的象徵主義詩歌，三十年代以戴望舒爲代表的意象派詩歌，以及三十年代出現的海派作家的一些小說和詩歌等等，就是中國現代主義文學的代表。但因爲其虛空和頹廢的色彩和情緒，因而很難引起普遍的關注和接受。

　　中國知識界對現代性的認識在不同時期有不同的側重，現代性在中國的表現特徵有其階段性。大概說來，在晚清的知識界，以洋務運動和維新運動爲代表，對「現代性」的表達和認識主要在工具理性和科技主義方面，現代性品格的確立在於器物方面。新文化時期的知識界，則以啓蒙、理性、主體性等觀念爲核心，我們由五四前後知識界對於東西文化的論戰以及二十年代科學與玄學論戰，可以看出他們對現代性的關注點。這一時期對現代性理解和接受主要轉向文化的層面。三十年代後由於大眾化、民族化運動以及民族解放運動，知識界對現代性的接受和理解又呈現出更爲的複雜性和多向性的特徵。

本文的現代性內涵

　　通過前述，我們已經知道「現代性」通常包括兩層含義：其一是科技文明的現代性。它是與工業化進程相關的現代性，是世俗的或資本主義的現代性。其價值觀念表現在啓蒙主義、工具理性以及相信科技的進步等觀念。其二是「審美

的現代性」或美學的現代性。它強調以人的主體性和個體性
爲核心，對前種現代性所表現出的庸俗趣味、功利哲學等進
行了批判。文學上的現代主義就是對這種現代性的集中批
判。但基於中國現實的考慮，中國知識界追求的現代性主要
表現在科技文明的現代性。

　　本論著所討論的現代性，是由晚清到四十年代中國知識
份子在英美遊記文學中所表達的現代性。因爲中國知識份子
在英美的遊歷觀光展開在廣闊多樣的空間和文化背景上，因
而他們大都在遊記中焦點記述了英美現代性的種種表現形式
及其經驗。如在社會生活、政治、經濟以及文化等各個方面
的表現，表達了求新進步、自由民主等現代觀念，並由此引
出對中國問題之思考。這些是英美遊記的主調。與傳統的遊
記相比，英美遊記從內容到形式都表現出了新的特質。保羅
德曼（Paul De Man）曾在一文中說：「現代性存在於一種慾
望之內，這種慾望要掃淨一切過去的，以期最終達到一個可
以被稱爲真正的現代，和一個標誌著嶄新的起點。」[27]在此
借用這句話，正好概括了中國現代知識份子在英美遊記中所
表達的現代慾望與思考。

---

27 De Man, *Blindness and Insight: Essay in the Rhetoric of Contemporary Criticism*（Minneapolis: Minneapolis University of Minnesota Press, 1983）, pp.148.

上　　編

浪漫的慾望：南洋遊記研究

第一章　南洋之歷史圖像

第一節　何謂圖像

何謂圖像？原初的意義只指用色彩、線條、攝影器材或印刷機器畫成、攝製或印製的形象。隨著跨國文化的交流、比較文學研究以及異國形象的研究，圖像一詞被徵用並衍生出新的含義。在這些研究中，學者們最初是將目光放在研究文學作品中的異國形象上，後來法國學者卡雷將形象學單獨作爲一門學科單獨提出，認爲形象學研究的物件是「各民族間的、各種遊記、想像間的相互詮釋」。[1]由此，形象學的研究走出了只對文學作品研究的樊籬，進入到跨學科的研究。這就意味著形象主要是指異國形象，即是對一個「他者」民族所作的有關社會、文化等的描述圖像。既然形象涉及了作者如何看或描述的角度，那麼，形象所包含的社會、文化等問題就必然帶著來自作者的觀念或意識形態。正如法國學者巴柔（Daniel-Henri Pageaux）指出：「所有形象都源於一種自我意識（不管這種意識是多麼微不足道），它是對一個與

---

1 孟華主編《比較文學形象學》（北京：北京大學出版社，2001），頁 2。

他者相比的我，一個與彼此相比的此在的意識。形象因而是一種文學的或非文學的表述，它表述了存在於兩種不同的文化現實間能夠說明符指關係的差距。」[2]這就說明「自我」與「他者」、「本土」與「異域」之關係是形象得以成形象的不可避免且重要的因素。

如同形象學研究者所言，遊記文學參與了對形象的建構。我國傳統山水遊記，其描述的旖旎嫵媚的山水風光、浩瀚壯麗的明川大河，以及洋溢其間的人文情思，組成一幅幅情景並茂的圖畫；但這類山水遊記因爲僅對自我民族而沒有涉及對「他者」的描述，因而其圖像沒有文化意義上的比較因素。只有到了現代中國，中國知識份子走出國門踏上「左鄰右舍」以及西方的土地，此後所寫的遊記才出現文化意義上的比較圖像。現代中國知識份子遊西洋或南洋後的記述大多以日記、筆記等遊記體裁出現，如《胡適留學日記》。隨著現代中國知識份子走向世界，域外遊記也隨之湧現。但是，域外遊記卻長期被漠視，因而，其研究成果寥寥甚少。臺灣東海大學中文系打破寂寞現象於1999年3月召開旅遊文學研討會並將其研究論文編輯成集，其中有幾篇研究了域外遊記。[3]大陸學者北京大學的孟華教授（包括她的幾個博士、碩士研究生），對形象學的發軔以及其沿革、形象理論、一些具體遊記作品作了較系統的研究，爲我們研究異國形象拓展

---

2 巴柔（Daniel-Henri Pageaux）〈從文化形象到集體想像物〉，見孟華主編《比較文學形象學》（北京：北京大學出版社，2001），頁121。

3 東海大學學中文系編《旅遊文學論文集》（臺北：文津出版社有限公司，2000）。

了開闊的視野和理論基礎。孟華教授在翻譯和研究法國形象
學的基礎上對形象一詞作了這樣的界定，她說：

> 一切形象都是個人或集體通過演說、書寫而製作、描
> 述出來的。但這種描述並不遵循寫真實的原則，即：
> 並不重視地描述出現始終客觀存在的那個「他者」。
> 事實上，形象是一種情感的思想的混合物，它以一個
> 作家、一個集體思想中的在場成分（對異國的理解和
> 想像）置換了一個缺席的原型（異國）。製作（或宣
> 傳）了某一形象的個人或群體，通過對異國的描述，
> 顯示或表達出了他們自己所嚮往的一個虛構的空間，
> 他們在這個空間裏一形象化的方式，表達各種社會
> 的、文化的、意識形態的範式，在審視和想像著「他
> 者」的同時，也進行著自我審視和反思。[4]

孟華教授的定義不僅對形象學研究者有關形象的認知作
了高度的概括，並談出了自己的新見。我在綜合上述學者的
研究成果以及我對南洋遊記和英美遊記的研讀的基礎上，暫
且對本論文圖像一詞作如下的界定：圖像是中國作家在南洋
遊記以及英美遊記所描述的南洋形象和英美形象，它們包含
中國遊記作者對南洋、英美社會、文化、風俗人情等方面的
繪圖，同時也有來自作者個體或者其集體的想像色彩，是遊
記作者與南洋、英美物件之間的關係構圖。亦即曰南洋圖像
和英美圖像既是對客體的反映，也負載了遊記作者主體的需
要，因而，南洋圖像、英美圖像關注著作者的自我慾望和思

---

4 陳惇等主編《比較文學》（北京：高等教育出版社，1997），頁
167-168。

考以及其間洋溢的異域情調。

第二節　南洋歷史圖像之勾勒

　　南洋圖像，首先在於範圍的勾畫。中國正史書有「南海諸國」、「南蠻」之說，明以後有「東洋」即「西洋」之稱，清初轉而稱「東洋」、「南洋」、「東南洋」等。[5]這些稱呼所指的實際版圖很不一樣，明代以前的所謂「南海」或「南蠻」等稱謂，大約是指當時於中原以外的，今天中國境內的一些東南沿海地區，如福建、廣東、雲南等地也在此範圍之內；而「東洋」與「西洋」的劃分，是以當時的婆羅國（今指汶萊）為分界線，以東為東洋，以西為西洋，所謂鄭和下西洋之說，顧名思義，其航行的路線就是在汶萊以西。明朝鄭和七次下西洋，到過南洋的許多地區和國家。今天南洋的許多國家依然還保留著鄭和當年活動的遺跡或紀念聖地以及與其相關的各類傳說，如馬來西亞的三寶殿、三寶井。清初時所稱的南洋或東南洋，則以日本為東洋，以汶萊、呂宋等地為東南洋，而以暹羅、柔佛等地為南洋，近代以來，南洋大約特指華僑居住的中印半島、馬來亞半島、印尼群島等。如此看來，中國之南洋圖像，可謂眾說紛紜，隱約模糊，正如許雲樵先生指出的：「南洋者，中國南方之海洋也，在地

5　參見顧海編著《東南亞古代史中文文獻提要》（廈門：廈門大學出版社，1990），又可見許雲樵《南洋史》（上卷）（新加坡：星州世界書局有限公司，1961），頁 1-3。

理學上，本爲一曖昧名詞，範圍無嚴格規定」，[6]但我認爲有一點則十分明顯，南洋這一特定稱呼，是以中國爲中心，涵蓋了中國人對他者的想像色彩。[7]

在中國與南海的周邊國家或地區有了諸多交往後，南洋遊記也就隨之產生。[8]如費信的《星槎勝覽》[9]、馬歡的《瀛涯勝覽》[10]、福建同安人陳倫炯著的《南洋記》[11]等等。費信、馬歡都曾跟隨鄭和出使西洋，在遊記中記述了一些沿途見聞、異國奇景，陳倫炯[12]曾有過多次到南洋的經驗，回國後記有《南洋記》，記述了南洋地理位置、地形、奇禽異產、風土民俗以及漢人的優勢地位等等。至晚清，則出現了大量的南洋遊記。李鐘珏（1853-1927）在 1887 年來新加坡，寫有《新加坡風土記》[13]。此書介紹了南洋的地理位置、物產、

6　許雲樵《南洋史》（上卷）（新加坡：星州世界書局有限公司，1961），頁 3。

7　明代張燮的《東西洋考》（12 卷），仿《諸蕃志》，其中有許多不實之處。費信《星槎勝覽》。本書內容有不少采自《島夷志略》，其錯訛之處也有不少。

8　中國民間，尤其是東南沿海一帶的居民早有到南洋謀生，但大多是草根階層，不諳文字，少有遊記作品。

9　收入《叢書集成新編》（史地類，第 98 冊）（臺北：新文豐出版公司）。

10　《瀛涯勝覽》卷一／（明）馬歡撰（上海：商務印書館，1937）。

11　收入王錫祺編的《小方壺齋輿地叢抄》第十帙（二）（臺北：臺灣學生書局出版，1985）。

12　陳倫炯，廈門同安人。少時曾多次隨父出入東西洋，熟悉海外風土習俗。青年時期被選爲康熙侍衛，每當康熙問及外國情況，都能對答如流，甚得信任。著有《海外見聞錄》，其中包括《南洋記》等。

13　收入《叢書集成新編》（史地類，第 98 冊）（臺北：新文豐出版公司）。

風俗習慣，兼述了英國在新加坡的統治、機構、駐紮的軍隊等情況。王錫祺編《小方壺齋輿地叢抄》第十帙（二）[14]，此書收錄海外遊記，其中許多是南洋遊記，陳倫炯的《南洋記》也收編在內。晚清的南洋遊記，其中很多是出於外交官和其隨員之筆。這類遊記有斌椿的《乘槎筆記》、張德彝的《航海述奇》及《隨使日記》、郭嵩燾的《使西紀程》、劉錫鴻的《英軺日記》、曾紀澤的《使西日記》、蔡鈞的《出洋瑣記》、袁祖志的《瀛海采問紀實》、張蔭桓的《三洲日記》、鄒代鈞的《西征紀程》、崔國因的《出使美日秘崔日記》、薛福成的《出使英法義比四國日記》以及王之春的《使俄草》等。在這些遊記中，有些題目看似與南洋無關，但其中包含南洋遊歷的記述。這些外交官或其隨員在往返西方或中國途中經過南洋，通常上岸作短暫的旅遊，其觀感隨後在遊記中記述。現在就上述作者及其遊記作簡要的介述。

　　王之春（1842-1906），晚清外交官。1894 年奉命前往出使俄國，在往俄國和回國途中經過南洋的越南、新加坡、泰國以及印尼等，《使俄草》記述了他在南洋各地的見聞。

　　薛福成（1838-1894），1890 年奉派出使英、法、意、比四國，在域外任命間曾寫過一些日記，也就是《出使英法義比四國日記》，其中記述了南洋的地理、氣候政治、物產等情況，尤其記述了華僑在南洋的地位、財富狀況等。

　　斌椿（1804-?），1866 年奉命率領張德彝等隨同海關總稅務司英國人赫德（Robert Hart）前往法、英、俄、德等國

---

14 此書為臺灣學生書局出版，並在 1985 年再版。

遊歷，採訪風俗。在域外間記有日記《乘槎筆記》，其中包括了南洋的部分遊記。

郭嵩燾（1818-1891），1876 年奉清政府之命與劉錫鴻為「馬嘉里案」前往英國謝罪□，隨後出使法國。《使西紀程》記述了他在國外的遊歷情況，其中也記述南洋華僑的情況。劉錫鴻的《英軺日記》，其中所包括的南洋敍述與郭嵩燾的大同小異。

曾紀澤（1839-1890），1878 年被派駐英、法大臣，1880年兼駐俄國，《使西日記》記述的就是他在任命外交使臣間的見聞和情況，其中對南洋各地的遊歷也有記述。

蔡鈞（生卒年不詳），1881 年奉清政府之命出使美國、西班牙、秘魯三國，著有《出洋瑣記》，回國途中經過南洋，故對南洋的華僑的生活狀況有較為詳細的記述。

袁祖志（1827-1898），是著名文人袁枚之孫。光緒初年出訪歐美，著有《瀛海采問紀實》，其中對南洋的地理位置、政治環境、物產以及華僑的情況作了介述。

張蔭桓（1837-1900），1885 年出使美國、西班牙、秘魯大臣，出使期間記有《三洲日記》，有關南洋的部分主要記述了他與西班牙商務總辦交涉在呂宋（菲律賓）設領事的交談情況以及其他公事交往。

鄒代鈞（1854-1908），精通地理學，1886 年隨劉瑞芬出使英、俄兩國，隨使期間著有《西征紀程》，其中記述了南洋華人的情況。

崔國因（1831-1909），1889 年接任張蔭桓為出使美國、西班牙、秘魯三國大臣，著有《出使美日秘崔日記》、途中

經過南洋，並記述了他在南洋的見聞以及處理一些公務情況。

　　除此之外，還有力鈞的《檳榔嶼志略》（1855-1925）、厥名（生卒年不詳）的《南洋述遇》以及《遊歷筆記》等等，這些遊記與上述外交官員、隨從的南洋遊記相比，記述的多爲南洋的民風民俗、旅遊景點、地理氣候、下層華人的生活以及愉快的行程等等情況，行筆舒緩且有情致。厥名，可能是筆名，有關生平不詳。大概在光緒年間到過南洋，並將其遊歷作了記述。兩篇遊記均被選入《小方壺齋輿地叢抄》。相比較而言，厥名的南洋遊記不僅行文細膩，且多奇情異趣。尤其是《南洋述遇》這篇遊記，南洋情調十分濃厚，他描寫「土人面黃睛赤，散髮齊眉，不衫不褲，但腰間圍花布一幅。」[15]在他的描述中，南洋完全不同於中國當時的混亂景象，這裏宛如人間樂土，民風淳樸、豐衣足食，土著人「貌皆和善無野惡之態」，流落到此的華人，宛如遺民，過著不知「漢之有漢」、與土人和睦相處的平靜生活。對於外來遊客，土著人熱情款待，如其中被酋長看重者，酋長以女妻之。而流落到這兒的華人，對遠來的故國鄉親，更是如見親人，親情依依，其樂融融。

　　以上所述的是晚清南洋遊記的一個簡要輪廓圖像。到了現代，中國知識份子到南洋或往西方途中經過南洋，多有遊記文學作品留下。如梁啓超（1873-1929）的《歐行途中·南洋所感》[16]，寫的是 1918 年往歐洲途中遊玩錫蘭島的觀感。

15　厥名《南洋述遇》，收入王錫祺編的《小方壺齋輿地叢抄》第十帙（二）（臺北：臺灣學生書局出版，1985），頁 1124。

16　見《梁啓超全集》（第五冊）（北京：北京出版社，1999）。此篇

又如徐志摩（1897-1931）在 1928 年遠遊歐美途中經過新加坡，將新加坡印象寫成一部遊記〈濃得化不開〉（星家坡）。再如老舍（1899-1966）在 1929 年結束了英國倫敦大學的教書生涯，回國途中轉到新加坡，在朋友的幫助下，在一個華僑中學教了半年的書，老舍將工作和生活中的觀察寫成了《小坡的生日》。另外，稍晚來南洋的還有郁達夫（1895-1945）、巴金（1904-2005）、胡愈之（1896-1986）、吳天（1912-？）、楊騷（1900-1957）、王任叔（1901-1972）、沈茲九（1898-1989）、洪靈菲（1903-1933）、許傑（1901-1993）以及艾蕪（1904-1992）等人，代表作品分別有《麻六甲遊記》、《海行雜記·安南之夜》[17]、《郁達夫的流亡與失蹤》《少年航空兵》、《懷祖國》、《楊德樂的農夫》、《漫談的漫談》、《印尼散記》、《流亡在赤道線上》、《流亡》、《在木筏上》、《椰子與榴槤》以及《南行記》。除了這些知名作家的南洋遊記外，還有鄭健廬（生卒年不詳）的《南洋三月記》，高事恒的《南洋論》（生卒年不詳）、羅井花（生卒年不詳）的《南洋旅行記》、斐兒（生卒年不詳）的〈南國風味〉、〈馬達山遊蹤〉、司馬文森的《南洋淘金記》、憶蘭生（生卒年不詳）的《南遊聞見志奇》以及劉紹文（生卒年不詳）的《南洋旅行漫記》等。這些南洋遊記作者，在作品中紀事記遊、敍述風俗人情時，注入了濃厚的情感色調，

　　遊記被選入錢谷融主編的《現代作家國外遊記》（上海：上海文藝出版社，1983）。題目爲《游錫蘭島》。

17 見巴金《海行雜記》（香港：南國出版社，1970）。本題目爲筆者所加。

因而，其作品的文學性較強。同時，這些現代作家，到南洋
大多帶著逃亡或自我放逐的心緒，亦即向離權力中心不確定
的炎荒遠行。這種遠行意味著對一種自我放縱、無拘無束生
活方式的尋求，這種心緒在他們的遊記作品中明顯得到擴
張，例如這些遊記在對南洋情調的抒寫中就表現出很強的情
慾色彩。

小　結

　　由上述可見，相對於晚清的南洋遊記，現代南洋圖像雖
然也涉及疆界疆域、政治、經濟等宏大議題，但因為多出自
文人或作家之筆，且多從對形象、風土人情、地理等的描述
中折射出來，帶著文人的理想或慾望。

　　另外，現代南洋遊記作者在接觸「他者」空間、進行身
體旅行的時候，同時伴隨著情色、夢幻等慾望之旅。這點很
不同於晚清南洋遊記作者。或許由於過埠匆匆，或者因為身
份所囿，晚清南洋圖像鮮少個人情懷的滲入，故而其描述的
南洋幾乎千篇一律，鐵板一塊，缺乏個性情味。

第二章　詩意感覺　想像南洋

第一節　詩意的感覺結構

　　現代中國作者寫的南洋遊記，大多給人浪漫綺思的感覺。尤其是與當時作者寫的英美遊記相比，南洋如夢似幻，讓人心神嚮往。在他們充滿詩意的描述中，南洋圖像色彩繽紛，這裏有多情風騷的「朱古力」美女，熱情奔放的娘惹，漫山遍野的黃金，旖旎的熱帶風光，也是中國革命的大後方、逃避亂世的港灣等等。這些遊記作者似乎在進行著一個集體的夢遊。也許有些學者不以為然，把其中寄予的種種熱望抒寫，指責為一種「大中國主義」或時下盛行的中國人的「東方主義」。這些批評有多少正誤，暫且不論。在此節，我關注的是作者為什麼會有這樣的「集體夢遊」，亦即是我願意在從一種更「物質」的角度，來探討遊記作者在感知一個異域空間的當兒起作用的「感覺結構」。這樣的探討似乎可以避免「從幻想滋生新幻想」的弊端，力求一種形而下的科學探索。

　　「感覺結構」早在多年前進入文化研究者的視野。（瑞盟）Raymond Williams 在《革命長途》（*The Long Revolution*）

[1]一書中，對感覺結構（structure of feeling）的性質和特定歷史的表現作了較爲詳細的探討。認爲一個人對於社會生活組織的感覺，只有經由生活經驗，才有被感知的可能。那麼，何謂「感覺結構」？在瑞盟看來，它是在特殊的地點和時間之中，對一種生活特質的感覺：一種特殊活動的感覺方法結合成爲「思考和生活的方式」。感覺結構並不是一個恒定的命題，而是因個人的經驗或知識結構而存在著差異。所謂的「特殊感覺」、「特殊的表現力」以及「特殊的風格」即是說明瞭感覺結構的差異表現。[2]感覺結構最初的關懷是針對整個社會生活中各種元素之間相互關係的研究，企圖從文化的分析角度指出人們對社會組織或社會關係的複雜性的感受，以及對於一個地方的感覺。這種結構關係的分析給了我在研讀南洋遊記文本時許多啓發。如果說遊記文學這樣的文類，更容易包含主體對於地方的感覺結構，那麼，現代中國南洋遊記作者對南洋有著怎樣的感覺結構呢？現代中國作家有關南洋的遊記文學作品可說是豐富多彩，其體裁大概有日記、自傳、旅行記錄、遊記、小說等等，從總體印象上講，這些遊記文學作品對南洋的描述彌漫著詩意的情調，遊筆之間昭示出一種詩意的感覺結構。這個觀點，只是印象，還待進一步的討論分析。

　　我們首先必須回到南洋遊記文本，考察作者或遊人在南

---

1 Raymond Williams(1921-1988)," the Long Revolution"(1961),in *Read Popular Narrative :A Source Book,*Bob Ashley (ed.), （London and Washington:Leicester University Press, First Published 1989, Revised and Expanded Edition 1997）.

2 Ibid. pp41.

洋的蹤跡，因為對於一個遊記作者，其感覺結構首要體現在他或她的「遊蹤」以及在一個更寬廣的遊歷空間的描述上，類似於阿梅爾（H.F.Ameiel）的「一片風景就是一種心理狀態」[3]的說法。通過考察遊記作者對遊蹤或空間的描述，試圖追問在南洋的什麼路經或遊歷活動構成了「南遊人」對於南洋產生的詩意感覺，以及詩意的感覺結構在遊記文本中的表現。

　　從大量的南洋遊記文本看，遊人的遊蹤大都在船上、旅館、公館、酒店、戲院、大世界、跑馬場、中華商會、華校、原始森林、橡膠叢林、華人馬來人聚落和居住的空間等等。這些遊蹤或遊歷的空間組成遊人對南洋的各個地方或城市的認知圖，我們由這些認知圖以及遊記者傾注其間的的情感色彩看出其詩意的感知結構。

　　我們閱讀中國現代南洋遊記作品，發現遊記者在記述南洋印象的時候，往往對船上的生活不厭其煩，寫客艙、甲板上的海上風光以及意外的邂逅等等，這些筆調閒適舒緩，不時還有那麼一點意外的驚喜。隨著船的行進，南洋的感覺越來越近，經過了移民廳的遭遇，緊接的就是異鄉的浪漫詩意的行程。他們通常是在友人的安排和陪同下感覺南洋的。其遊程或遊歷的活動幾乎都在華人圈內。故而，遊人深感在南洋的感覺似曾相識，但因為遠在異域他國，而又覺十分奇異新鮮。這種莫名其妙的感覺在遊記筆下表現出一種神秘感。南遊人在這些既陌生又熟悉的空間移動，常常有一種好情緒

---

3 轉引自雷・韋勒克，奧・沃倫《文學原理》（北京：三聯書店，1984），頁 249。

好興致的湧動，甚至詩興大發與友人抒懷唱和一番。郁達夫
在南洋寫的舊體詩作往往是在這個情境下的產品，尤其是在
他初到新加坡的那段時間，詩情往往難以按奈，舊體詩作幾
筆揮就。即便是在沒有或失去了詩意的棲居環境，甚至有時
還面臨著一種生存的危險，但南遊人並不因此在紀遊南洋經
歷時而減弱對南洋詩意結構的感悟。事實上，郁達夫在新加
坡淪陷後，在印尼有過一段逃亡的生活，但郁達夫的詩情並
未苦味化。他隱居在蘇門答臘省的一個小鎮，蓄鬍子、寫舊
詩，一如既往過著舊文人式的浪漫生活（此段生活，將在「郁
達夫自我放逐南洋」專節再作詳細論述）。

　　與郁達夫幾乎同時流亡到印尼的還有王任叔等人。王任
叔的個性雖不似郁達夫那樣詩酒風流、浪漫放達，但他在追
述從新加坡到印尼的逃亡生活時，遊筆的字裏行間也常常流
露出遠古詩意氛圍的空間經營。如果王任叔的遊記文字還不
算是典型的反苦難書寫，那麼我們看看洪靈菲在南洋遊記中
的遠離苦難的詩意追逐：

　　　── 深黑幽暗的夜，沉黑幽沉的土人，在十字街頭茂
　　密的樹下，現出一段黑的神秘的光。黑夜般的新加坡
　　島上的土人啊！你們夏夜般幽靜的神態，曉風梳長林
　　般安閒的步趨，恍惚間令我們把你們誤認作神話裏的
　　人物！在你們深潭般的眼睛裏閃耀著的，是深不可測
　　的神秘！[4]

　　這串串充滿神秘氛圍的空間結構，出自洪靈菲的《流

4　洪靈菲《流亡》，見王平編《現代小說風格流派名篇》（普羅小說
　　之二）（北京：中國文聯出版公司，1998），頁 216-217。

亡》。這是一部自傳色彩頗濃的遊記體小說，以主人公沈之菲的遊蹤爲主線，描述了從中國到南洋的流亡經歷。流亡中的沈之菲飄落於新加坡的黑夜，身體備受摧殘，前途毫無著落，現實處境可說是苦不堪言，然而他卻對新加坡的夜晚卻感到「深不可測的神秘」。幽暗的夜、沉黑的土人、黑的神秘的光以及土人的安閒神態，構成神秘的詩意的空間，洪靈菲的羅曼蒂克的激情飄蕩其間。

詩意的感覺結構，通俗一點說，其實是一個人對於一個地方或城市的詩化感覺。感覺通常只在印象的層次。遊人因爲遊歷的短暫或景物的新異，對其遊歷的空間容易滋生詩意感，在遊歷過後加以追憶時又常常將印象一瞥詩意結構化。這樣的詩意感覺在巴金的遊記筆下更爲凸現。

巴金在 1927 年從上海乘坐法國遊船「昂熱號」（Angers）到法國巴黎求學，途中將沿途的見聞趣事以書信的遊記方式加以描述，一路寄給在國內的兩個哥哥，讓他們的心一同隨著巴金遊歷世界。[5]當巴金所乘坐的輪船緩緩地駛進南洋的湄公河時，他被周圍的綠色吸住了，「兩旁儘是茂盛的綠樹，被晨風一吹便微微地搖動。」幾乎是一上岸，遊記筆調變得更爲活潑明快，甚至而熱情放歌：

> 腳踏上安南的土地，我覺得是到了南方了。我的第一
> 個印象是：一切十分鮮明。太陽好像永遠不會落，樹
> 木也永遠長青。到處是花，到處是果，到處是光，到
> 處是笑。想到冬天，想到風雪，就像做了一個渺茫的

---

5 巴金《海行雜記》（香港：南國出版社，1970），頁 5。

> 夢。記得有一位俄國人說過，人已到了南方就像變得年輕了，他只想笑，想叫，想唱歌，想跳舞，甚至想和土地接吻。[6]

也許，安南的景物確實給了巴金一個震撼，以至在修辭上用「一切」、「永遠」、「到處」表示程度的詞語強調一個完美的視覺印象，如童話般天真浪漫；彷彿這還不夠，還用俄國人的南洋感覺加以映襯和抒懷。很顯然，這是一段很有詩意質感的語言表達。

安南的夜，也讓巴金滿懷詩情。當地的琴聲、法國水手哼唱的安南曲調和柔和的夜渾然交融，在巴金的筆下幻化成輕柔縹緲的夢。「我走一步，腳步放得緩緩的，就像踏進一個夢境。街上半明半暗，又罩上了一層淡淡的月光，行人和房屋都帶了些空幻的色彩。這夢幻的夜！我不說話，我在領略。……」[7]這段詩情畫意的描述，通過明暗的色彩、輕柔的線條、心靈意境的潤澤，構成一幅夜的空間畫圖：一個旅遊者的觀看眼睛、一顆善感的心靈以及一個詩人想像力投射在這個空間，從語言到精神，是抒情詩意結構的連接。

與巴金相比，徐志摩對南洋感覺則更為詩意朦朧。雖說巴金的南洋感覺如夢似幻夢，充滿詩意，但他的腳步確實是踏著安南的土地的，遊記中的空間投射了許多的現實佈景。徐志摩也確實到過南洋的新加坡，在旅店、街上、瀦水潭都留下了他匆匆的腳步。在恍恍惚惚的一瞥中，他朦朦朧朧地感覺到新加坡的自然、土人、氣味都強濃豔麗，給他一種濃

6 同上，頁 14。
7 同註 4，頁 21-22。

得化不開的感覺。旅途的孤寂和這種濃豔肉糜氣息的感覺很快使他進入濃得化不開的夢中，而真實的遊程瞬間轉化為一道虛空的背景。「濃得化不開」是詩人的比喻，是徐志摩對新加坡的獨特感覺。

從以上分析可見，近現代中國人的南洋遊記是在一種詩情畫意中感覺南洋的。無論是寫實派，還是浪漫派，他們在描述南洋的遊歷時都有一種詩意的感覺結構在運作，故而其書寫的南遊圖像帶有夢幻般的情調。

第二節 南洋：想像的表述

在中國人的南洋遊記中，南洋從來是一個不明確和含混的空間概念。晚清以前的南洋多被描述為一個野蠻之地域，是各個朝代政治罪犯的流放之地或避亂之所（古時所指稱的南洋，包括今天中國的嶺南等地，如一些學者指出的所謂「內南洋」）。近代以來，憑藉現代交通的便利，到南洋的人越來越多，相應地，有關南洋的文學作品大量產生。在眾多南洋遊記作品中，我認為梁啓超、徐志摩、梁紹文、高事恒、司馬文森的南洋文學作品具有代表性地想像了南洋，故而下面將針對這幾個作家的南洋遊記展開分析。

首先，我們分析梁啓超的南洋之行。梁啓超在 1918 年末以巴黎和會中國代表團會外顧問的身份，乘船經過南洋，回國後著有《歐行途中·南洋所感》。梁啓超的這篇「南洋所感」描述的實際上全是錫蘭島的景致，故而錢谷融在收編的

《現代作家國外遊記選》中命名爲〈遊錫蘭島〉。在佛教的傳說中，錫蘭是佛祖的聖地。東晉僧人法顯曾到錫蘭取經數年，回國後寫了一本《佛國記》。梁啓超一行前往歐洲路過南洋，因此慕名前往遊覽觀光。一路上他們看到的四周都是古樹環繞，檳榔、椰樹滿山遍野，像「汪洋無際的綠海」。愈走進山的深處，愈見神性氛圍，在佛祖聖地有土人頂禮膜拜。走到一個叫坎第的地方，不但奇峰勝景，還「在萬山環繞中，瀦出一個大湖。」清末詩人黃遵憲曾到此一遊，並留下著名紀遊詩《錫蘭島臥佛詩》。在這古意、詩意盎然的地方，梁啓超感歎前所未見的美妙，令他終生難忘。他這樣寫道：「我後來到歐洲，也看了許多好風景，只是腦裏的影子，已漸漸模糊起來，坎第卻是時時刻刻整個活現哩。」[8] 從整個的遊蹤記述來看，不難看出，錫蘭島帶給梁啓超的難以忘懷的感動主要在於其仙氣、神氣以及靜穆和神秘的宗教氛圍，以至深夜一人竟「倚闌對月，坐到通宵，把那記得的《楞伽經》默誦幾段，心境的瑩澄開曠，真是得未曾有」[9]。從上述來看，梁啓超的遊筆，集中在錫蘭島佛祖仙跡，古樹神秘幽渺氛圍，給人一種超脫塵世的感覺。梁啓超在青年時代曾是一個熱衷於維新的活動家，跟隨康有爲經歷過政治的煉獄。但進入晚年後革命激情漸漸消退，走向保守。這篇遊記寫於 1920 年，也就是這次歐遊歸國後。這次到歐洲的遊歷既見證了西方的先進方面，同時也看到了其陰暗的一面，因而

---

8 梁啓超〈游錫蘭島〉，見錢谷融主編的《現代作家國外遊記選》
　（上海：上海文藝出版社，1983），頁 2。本篇題目爲編者所加。
9 同上，頁 2。

不全然如在《新大陸遊記》中所反映的積極心態，而有一種
幻滅的感覺。[10]梁啓超後來著意於對錫蘭島作神仙境界的描
述，是否反映了他這時的幻滅心境？所謂「文如其人」、言
爲心聲。梁啓超在對這次遊歷的回想中，寫與不寫之間，如
何寫？應該都是心境與活法的反映。因而我們說，梁啓超在
此種心境下描述的錫蘭島景色，不可不融入想像的成分。

　　在梁啓超的南洋敍述後，又產生了許多描寫南洋神仙氣
或佛氣的文學作品，最具典型代表的是落花生的反映南洋佛
教情結的小說《綴網勞蛛》和《命命鳥》。這兩部小說給中
國新文壇帶來一股異域情調。許地山少年時曾在南洋的緬甸
中學教過一段時間的書。顯然，短暫的南洋經歷只不過是過
埠印象，不足以構成兩篇小說的感覺，幻想才是形成情節的
主幹。

　　梁啓超的南洋遊記代表一部分中國知識份子對南洋幻想
類型，徐志摩的〈濃得化不開〉（星加坡）則代表了另一種
南洋幻想。徐志摩對新加坡的印象是〈濃得化不開〉。「濃
得化不開」首先對南洋的熱帶氣候、自然景象的描述：「大
雨點打上芭蕉有著銅盤的聲音，怪。『紅心焦』，多美的字
面。紅得濃得化不開。要紅，要熱，要烈，就得濃，濃得化
不開，樹膠似的才有意思。」[11]在徐志摩的筆下，熱帶的天
氣、顏色是濃豔的，並給人一種化不開的意念情慾：「我的
心像芭蕉的心，」「我的紅濃的芭蕉的心」，遊筆之下的聲

10　參見本論文歐洲遊記部分的論述。
11　徐志摩〈濃得化不開〉（星加坡），見趙遐秋主編《徐志摩全集》
　　（卷二）（南寧：廣西民族出版社，1991），頁47。

色情慾已顯然可見。隨著遊蹤的敍述，濃得化不開的感覺轉
向對朱古力女郎的情慾夢幻。由此看來，〈濃得化不開〉敍
述了一個情色的空間的遊程，主人公廉楓在此空間完成了他
的情慾之旅。

　　「濃得化不開」以詩人的比喻反映了中國人對南洋的情
慾幻想，這一比喻幾乎成爲一個表達情慾的經典意象。例如
張愛玲的《紅玫瑰與白玫瑰》，紅玫瑰是出身於南洋的女郎，
白玫瑰是中原人家的女兒。在張愛玲的筆下，紅玫瑰、白玫
瑰具有象徵意義：前者象徵濃豔妖媚；後者比喻冰清玉潔。
紅玫瑰的特徵如同〈濃得化不開〉（星加坡）中的朱古力女
郎，有著黑色的肌膚，濃豔的情慾，妖豔的媚態。男主人公
雖有清純淡雅的妻子白玫瑰，但在紅玫瑰的誘惑下情慾濃得
像化不開的「樹膠」。

　　「濃得化不開」不僅成爲作家幻想的資源，而且也是人
們常愛引用的經典名句，如杜運燮在〈熱帶三友〉說南洋的
熱帶植物給人一種「腦滿腸肥」的印象，給人以「濃得化不
開的感覺」。甚至有些作家在描寫南洋感覺的時候，很大程
度上是對〈濃得化不開〉（星加坡）的模仿。我們看黃康顯
在《熱帶的誘惑》中所描寫的熱帶感覺：

　　　　我驟然覺得自己被一些懶洋洋的熱、一種碧綠、一片
　　　深藍所包圍了，我不想逃出來，亦無法逃出來，因爲
　　　這是一種不知不覺地薰陶、沉醉、頹廢，使你忘卻一
　　　切，使你解脫一切，使你放棄一切，這就是熱帶的迷
　　　惑。

　　　　熱帶的還是藍深的，因爲藍中浮著一種待蒸發的水

氣，使藍中深藏著一種神秘：熱帶的土地是碧綠的，
因為綠中散發出一種濃豔，使綠中閃耀著一種焰熾，
甚至是熱帶的天空、雲彩，都帶有灼熱的感覺：把你
的思想、情緒，都融化掉。[12]

　　現在我們比較兩位作家的南洋文字。從文字的色彩來
看，徐志摩用了「濃豔」，「綠得發亮、綠的生油、綠得放
光」，「蕉心紅得濃、綠草綠成油」等詞句比喻濃得化不開
的感覺；黃康顯用了「碧綠」「藍深」「濃豔」等詞描述南
洋濃得化不開的氛圍：「一片深藍所包圍了，我不想逃出來，
亦無法逃出來」。徐志摩在〈濃得化不開〉（星加坡）中描
述了主人公廉楓被熱帶的濃豔包圍、融化，最後在夢幻中體
驗了朱古力女郎色香的濃豔；黃康顯在《熱帶的誘惑》中反
復敍述的也是這種無法抗拒的熱、濃、豔的誘惑，最後連「思
想、情緒，都融化掉」。當然，兩篇文章不是沒有差別。從
敍述人的情調趣味來看，徐志摩在描述〈濃得化不開〉（星
加坡）的氛圍時實際上是在品味，在一種濃豔熱烈中感覺，
甚至在帶有一點腐靡的味道中迷醉；相比下，黃文則缺少這
樣的主體性品味。總之，我們從文字的色彩、敍述人的精神
不難看出兩篇文章之間的傳承關係。

　　對南洋作情色空間的想像的遊記文本還有很多，像徐訏
在《馬來亞的天氣》裏所講述的，一個男人不需要娶妻，因
為別人的妻子或情人很容易成為自己的妻子或情人。這樣的
男女關係就像馬來西亞的天氣，天氣晴朗的時候（也就是這

---

12 黃康顯《熱帶的誘惑》（香港：華漢文化事業公司，1988），頁
　　3-4。

個馬來女人的固定男人不在馬來亞的時候），男人就可以在
一片碧綠椰林的別墅中享受馬來黑女的濃豔芳香；反之，則
暫停赴約或另找新愛。這一切新歡舊愛的更換就像馬來亞的
天氣變化那樣自自然然。另外像劉吶鷗的《赤道下》，敍述
的其實也是一個情慾化不開的故事。（將在下面的篇章作詳
細分析。）此外，像這類描寫南洋情慾夢幻的還有斐兒的〈南
洋風味〉等作品。

　　如果說梁啓超、徐志摩的南洋幻想很大程度上只代表了
一些知識份子的夢幻追求，那麼，南洋遍地黃金是許多中國
人的空間聯想。儘管到現在，中國經濟的突飛猛進已大大提
高了現代中國人的生活水準，但是由於種種的原因，各階層
到南洋淘金的夢想依然存在。中國人到南洋的淘金幻想，可
能發端於南來中國商人的一本萬利，以及一些在國內走投無
路的下層百姓到南洋後一夜變富的神話化傳說。早在西元前
三世紀就有中國人到南洋經商，尋求「異物絕產」以獲取最
大的盈利。[13]隨後，這種「生意經」也被文學作品加以描述，
例如在《鏡花緣》中我們就可以看到這類情節：主人公放棄
讀書人身份跟隨商船到南洋各地搜尋「異物絕產」。就是到
今天，這類情節還被搬上電視銀幕。[14]由此可見，到南洋發
財之夢想是普遍存在的話語。

　　南洋遍地是黃金的傳說，吸引一代代、一批批的中國人

---

13 王賡武《南洋華人簡史》（臺北：水牛出版社，1998），頁 2。
14 筆者去年因查資料之需回中國，無意間看到在黃金時段播放的
　　香港電視劇《聚寶盆》，其中一個占比重很大的情節就講了宋明
　　之間一個叫沈萬三的大商人到南洋進行「異物絕產」的交易。

帶著發財的夢幻下南洋，同時他們也製造了一個又一個新的
淘金神話，成爲南來作家在遊記中敍述的興奮點。例如，梁
紹文在 1920 年春天奉命到南洋考察教育的任務，乘船前往南
洋的新加坡、馬來西亞、印尼等地，並將沿途的見聞寫成《南
洋旅行漫記》。該篇遊記記述範圍廣泛，敍述瑣碎細緻，似
乎欲窮所有親歷。雖然如此，作者對於南洋物產的富足、華
僑家庭的殷實、闊綽、發財傳奇在文章多處津津樂道。如在
「華僑的大腹賈與小苦力」一章，就專門介紹了華僑在南洋
的發財的門道和財富狀態。文章還特別將美國華僑與南洋華
僑的財富作分析比較，指出南洋的華僑遠比在美國的華僑富
有。請見作者分析：「許多人以爲美國是世界最富厚的國家。
所以美國的華僑一定比別處的華僑富足些。這是大錯特錯
了。因爲最有錢的華僑不在美國而在南洋。在美國的華僑，
多半業洗衣，洋廚及裁縫等工作，就算能勤儉儲蓄，終生所
得究竟有限，所以美國的華僑，最有錢的，不過三五十萬，
已經是不多見了，過百的可說是找不出一個。」而「南洋呢，
三五十萬家產的華僑隨處都有，過百萬的舉目皆是。過千萬
的總有十數以上，過萬萬的亦有一兩個。」[15]有比較才有鑒
別，由此才能凸現南洋華僑的財富狀態。同時有分析才能以
理服人，作者似乎考慮到了這樣的寫作策略，緊接著就對南
洋華僑富有的原因進行了分析：

> 為什麼南洋華僑這樣富有呢？因為南洋的華僑做大企
> 業的居多，開礦山的，種樹膠的，開糖廠的，經營航

---

15 梁紹文《南洋旅行漫記》（臺北：新文豐出版公司，1982），頁
　24。

業的等等。這種大企業不發達則已，發達起來，哪里能
夠限量他。所以許多今日明明是一個窮人，再過幾天，
忽然可以變成巨富，像這樣的人，南洋不知多少！[16]

這段文字，似兩人間的對話，一問多答，即是對致富疑問，
從多種機遇回答，這樣的敍述顯然給人誘惑。不僅如此，梁
紹文在文中對南洋華僑容易致富的書寫是從多方位展開的。
這表現在不僅敍述南洋華僑比美國華僑有更快的致富途徑和
法門，並對成功致富的華僑作經典敍述，同時也詳細介紹一
般華僑的收入情況，如這些普通的華僑善於理財，可在幾年
內致富，生活無憂；[17]還用日本人常愛講的「南洋爲天富之
區」的說法來加以佐證。[18]值得注意的，在所有這些敍述中
的一個重點，或作者反復強調的是南洋華僑幾乎都是白手起
家的，從一無所有到擁有巨大財富。這樣敍述策略，帶有多
少鼓動效果，可想而知了。

　　實際上，因受制於考察報告的書寫規範，梁紹文的遊記
文字還算是平實的。相比之下，高偉濃則沒有這個顧及，在
他的《下南洋》[19]中，這類發財故事就變得更有傳奇色彩。
在「從『奴隸』到『將軍』」裏，作者講述了一個這樣的升
官發財的故事：福建龍溪一個叫許四璋的農民，只有一身衣
服和一根棍子，南下檳城。三十年後卻在當地封侯，創造了
一個從「奴隸」到「將軍」的奇跡。中國人向來相信官運就

16　梁紹文《南洋旅行漫記》（臺北：新文豐出版公司，1982），頁
　　24。
17　同上，頁 28。
18　同註 15，頁 118。
19　高偉濃《下南洋》（廣州：南方日報出版社，2000）。

是財運，官的等級也就是財富的等級。事實上在南洋的檳城，
多有富人獲封官職。由此看來，這裏講的實際上也是一個有
過番的「豬仔」變成富人的傳奇。這只是一個典型性的敍述，
似乎還嫌缺少普遍性。在「荒原深挖洞」這章，作者洋洋灑
灑、有聲有色敍述了中國人到南洋陶金的歷史，以及荒洞變
金礦的神話傳奇。

　　這類南洋淘金記，不僅被歷代文人騷客反復「傳頌」，
而且學者也參入其中，如同眾聲合唱。與一些學者的南洋著
作相比，高事恒的《南洋論》可說是一種學者型的遊記。作
者可能從事南洋的研究工作，[20] 並多次來過南洋。學者的理
論修養和親歷南洋的經歷賦予《南洋論》一種特殊的風味。
它既像一部學者的著作，有考辨有學識；同時敍述之中又不
乏文人的想像。例如他在描述南洋的位置、氣候、物產、生
態以及自然資源等情況時，丟棄了學者型的不動情感的敍
述，熱情洋溢，文字充滿幻想。請看這段文字：

> 熱帶特產物甚多，凡寒溫帶所有者，熱帶有之；而熱
> 帶所有者，寒溫帶無之。……南洋腹地，虎豹犀象，
> 千百成群，孔雀鳳凰，飛翔九臯，一入內地，森林蔽
> 空，果實累累，土地肥沃，幾可不耕而獲。如此美麗
> 境界，絕非吾人所能想像，只要吾人肯吃苦耐勞去做，
> 成功之機會甚多。[21]

　　文字不僅富麗，意象豐濃鮮美，很難想像到出自於一個

---

20 從《南洋論》的「自序」推測高事恒可能在上海的一家南洋經
　濟研究所工作，並有過多次到南洋的經驗。
21 高事恒《南洋論》（上海：南洋經濟研究所，1948），頁4。

學人之手。當然，這並不是在否認有人會有兩種筆力。關鍵是，高事恒的《南洋論》是作爲什麼來寫的。就其寫作動機，作者在「樂土南洋」中已作說明：是要寫一部論南洋的著作，以增加中國人對南洋瞭解和知識。《南洋論》共六十一章，可說是洋洋大觀。從題目和章節之間的結構來看，也可看出作者按計劃的佈局。但有趣的是，與嚴謹的學術著作相比，它又太出格了：敍述語言不僅多帶情感，而且多處顯出沒有規避想像以及誇張等修辭手法的運作，甚至寫到激情高漲時，竟然全任情感的恣肆，以詩的語言來表達他奔瀉的情感：

> 南洋樂土，美豔無比，樹林蒼蒼，海波漪漪。
>
> 物產豐富，生活簡易，內外溝通，懋遷互市。
>
> 黃炎子孫，八百萬強，大城小鎮，僑胞爭光。
>
> 中國生命，厥在彼方。有志青年，奮起翱翔。[22]

如此看來，如其說《南洋論》是一部學術著作，倒不如說它是一部學者型的遊記，顯示了學者型抑或可稱爲「另類」的南洋想像。在高事恒的筆下，南洋不僅有美得無法想像的自然風景，而且物產豐富，黃金遍地，俯拾即是，宛如人間天堂。與其他作家的南洋淘金夢幻相比，高事恒的文字更帶有那種進取意識，激發人們到南洋尋金致富。

這樣的描述和鼓動文字，對於一般未到過南洋的人無疑具有巨大的誘惑，尤其是對那些在中國鄉村一日三餐都難以溫飽的普通百姓更覺得是天國神話。爲了衣食無憂，或發財致富，許多人甘願離鄉背井、冒著風險下南洋淘金。正如司

---

22 同上，頁 10。

馬文森在《南洋淘金記》中所描述的，每到秋收或新年過後，大批的「新客」或「舊客」「並不怕別離苦」越洋過番，成為掘金的番客。[23]

　　然而，實際上這是一場生命的賭博。雖然「有多少人搬了財富回來！」，但又「多少人一去不回來！」[24]黃崖《尋礦夢》[25]講述的就是一個拿生命賭博的故事。主人公張阿金像許多廣東福建的農民一樣，從唐山到南洋謀生，最初在一個叫地摩的地方開採錫礦。經過幾年的辛苦工作，已積攢到了一個較大的數目。於是用這筆錢與同鄉合資購買礦地，以期採到金礦。可是幾月過去，連一粒金礦也未採到，而資金又被耗盡。朋友因破產慘死，自己落得到處流浪。幾經波折後，終於有了一個小店面可以謀生，可是他始終神志恍惚，做著淘金的夢幻，最後對一片山地產生金礦幻覺，狂喜中被一輛迎面的汽車撞死。這個悲慘的故事可說與前面的淘金故事大異其趣，似乎要給狂熱的淘金者一方鎮靜劑。遺憾的是，人們寧願在一片淘金的鼓噪中作諸多想像。

小　結

　　通過上述分析，我們看到，南洋，經由文人、學者、政

23　司馬文森《南洋淘金記》（香港：大眾圖書公司，1949），頁 2。
24　同上，頁 2。
25　此篇遊記見黃敖雲收入《中國作家與南洋》（香港：科華圖書出版公司，1985）。

治家[26]之遊記，合作譜寫了對它的空間的想像。他們都到過南洋，似乎具備了書寫南洋的知識。其實則不然，他們筆下的南洋投射了自己慾望色彩，是一域想像的空間。並且，這些遊記文學作品，「構成了一個具有內在結構的資料庫。從此資料庫中壓縮過濾除少量典型的模式」，[27]成為人們紛紛效仿的寫作模式和想像的資源。

---

26 例如黃遵憲在 1891 年到 1894 年到南洋，出任清政府駐新加坡總領事。其間，寫過一些南洋遊記詩如長詩《番客篇》，詩中寫了中國人在南洋的艱苦奮鬥精神以及獲得巨大財富的成功事蹟。

27 薩義德著、王宇根譯《東方主義》（北京：三聯書店，2000），頁 73。

第三章　慾望圖像之一：空間功能與慾望表徵

第一節　遊記書寫的迷思

在探討慾望書寫之前，我們似乎首先要弄清「寫」的機緣。「寫」，作爲一個司空見慣的文學現象，是自然習成抑或社會行爲。對於爲什麼會產生書寫現象，佛洛德（Sigmund Freud）借用釋夢的方法，從心理分析入手，認爲書寫實際上是在做文字的「白日夢」，寫作如同夢幻，作家隱秘的慾望或被壓抑的情感得以釋放。在佛洛德看來，作家好像患憂鬱症的精神病人，而寫作就像是治療。佛洛德把一個文本的生產比作一個精神病人的虛幻夢遊。佛洛德採用釋夢的方法來詮釋寫作的發生，當然有其合理性。畢竟在現實生活中，人人都會感受到來自不同方面的壓抑，無論是從現實法則還是追求快樂原則，寫作總是一種轉移或實現。問題是遊記的寫作是否如同夢遊？從大部分的遊記文本來看，遊記寫作似乎受制於逼真性的邏輯，規避著各種粉飾、誇耀或夢幻。這樣看來，遊記的寫作似乎遠離夢境，遊記文本的生產過程好像

是一個寫實、毫無虛幻色彩的製作過程。另外，還有一個重
要的事實是，旅人或遊人在遊記中描述的是真真切切遊歷過
的現實空間，他們在遊歷過後將眼見的空間和觀感記錄下
來，因爲其見證性，故而有些人將遊記文本看作旅遊指南。
由此看來，似乎遊記文本毫無幻想成分。然而，說遊記文本
完全與夢無關，則又不合事實，從我所閱讀的南洋遊記文學
作品來看，有些還真如夢的旅程。那麼，遊記到底是什麼？

　　遊記是文學創作還是紀遊寫真？真可謂眾說紛紜。有些
遊記作家以自己的現身經驗說法，認爲遊記記述的是眼見具
實的東西。如英國遊記作家柯林（Colin Thubron）[1]就認爲遊
記是客觀實錄。這種觀點也許奉行的是他個人的寫作法則。
另外，法叟（Fussell Paul）曾在與非遊記文類的比較中也提
出過類似的看法。他認爲：「旅遊文本屬於回憶性質的次文
類，自傳性的描述……此外，這種描述，與長篇小說或其他
文類的模式不同，或明或暗地，不斷地指涉描述的內容確有
其事，並且肯定此類形式的文學真實可信」。[2]

　　然而，有些遊記作家或評論者則不以爲然。他們認爲遊
記雖是記述游程，有些寫實的部分，但描述的大部分則是虛
構的。這表現在於遊記文本雜而不純，虛構與寫實相互混溶。
英國遊記作家玖納森（Jonathan Raban）[3]就認爲旅行文學是

---

1 英國遊記作家，其代表作有 *Behind the Wall*（London: Heinemann, 1987）.

2 Fussell, Paul, *Abroad*: *British Literary Traveling Between The Was*（Oxford: Oxford University Press, 1980），pp.203.

3 英國遊記作家，其代表作 *Arabia*: *Through the Looking Glass.*（London: William Collins & Sons, 1979）．

一種混合錯雜的形式，綜合許多不同的文類，因爲不好把捏
論述，以致許多評論者不願涉及這個遊記課題的研究。在文
中，他這樣寫道：

> 直到現在，文學批評仍然避談旅遊，絕非意外；以文
> 學形式論之，旅行書寫是一種聲譽不高的開放形式，
> 極端不同的文類涵容於一爐。遊記書寫包括私人日
> 記、散文、短篇故事、散文詩、未經琢磨的的摘錄，
> 或是進餐時主人殷情有加，待客雅典的閒談。遊記書
> 寫自由地混雜敍述和話語的寫作。許多實事資料，諸
> 如帳單、功能表、票根、姓名與地址，日期與目的地，
> 皆存留其間，留待讀者辨識書寫內容的真僞，雖然大
> 部分的書寫純屬虛構；雖然其嚮往虛擬指出多有，但
> 是其中仍有真實記錄的部分。鑒於旅遊文學與其真
> 摯，雖然內容雜亂混淆，但一直都是作家愛不忍釋的
> 書寫形式，而批評家雖有所保留，仍然將旅遊文本視
> 爲雜蕪不真思維混淆的彙聚。[4]

　　這段文字就說明，即便是看似如實地記述，也有其虛構
的成分。玖納森的認識無疑帶有自身的寫作經驗，字裏行間
似乎也道出遊記文本的雜合體質在於作者的「故弄玄虛」。
所謂「帳單、菜單、票根、姓名與地址，日期與目的地」等
如實的記寫，其實是「以真亂假」的一種寫作策略，藉以達

---

4 Raban, Jonathan, *Arabia: Through the Looking Glass*（London: William Collins & Sons, 1979），pp.253-254.這段中文沿用陳長房的譯文。見陳長房《建構東方與追尋主題：論當代英美旅行文學》，載《中外文學》第 26 卷，1997 年第 4 期，頁 33。

到虛虛實實的效果。遊記作家的花招，正如玖納森所言，還
待讀者的辨識。

事實上，遊記很難做到純然真實。即使作者立意在遊記
過程中不虛構想像，記述「真相」；然而，且不論操作技術
有無可能，就文本的構架或組成成分而言，這種意圖只會化
爲虛妄。遊記文本的生產過程一定包含著這樣的一套運作秩
序：作者在觀光或遊歷後要有所選擇地編織，不可能漫無邊
際記述，而是將眼光聚在某個焦點，進行著看似漫遊實則帶
著作者主體思維、個人趣味或審美的寫作。何況遊記不可能
像攝影機樣邊遊邊記，而是作者遊後憑藉記憶的操作，這種
記憶的操作就像玖納森所作的形象比擬：「記憶是開啓旅行
書寫的軸輪」[5]，而記憶本身就意味著帶著主觀情緒的啓動。
因此，我們認爲遊記不全是真相的反映，摻雜著夢境與幻想。

既然遊記寫作很大程度上也像創作那樣虛構，如同夢的
製作；那麼，作者在遊記書寫中也有治療的效應或快樂的體
驗，因此，也就不難理解瑞本爲什麼會對遊記的雜合書寫模
式「愛不忍釋」了。這就說明，遊記作者對旅遊行程的描述
實際上開啓夢的旅程。

如上節所分析的，遊記並非客觀實錄，而是如同其他文
學體裁的創作，具有虛構的或主觀的成分。也就是說遊記作
者將其遊蹤投射在遊記空間的、聲音進入遊記的，是經過選
擇的書寫，其取捨反映了作者個人的意願，體現著作者的主
體意識或價值思考。沿著這樣的思考，本節將通過原始森林

---

5 Raban, Jonathan, *Arabia: Through the Looking Glass*（London:
William Collins & Sons, 1979）,pp.247.中文譯文見上注說明。

的修飾功能以及空間遷移的價值功能兩個側面，分析其隱含
的慾望表述。

第二節　原始森林的修飾
功能之慾望表徵

　　任何情節或圖像都需要空間，空間是其必不可少的支撐
或載體。但文學作品中描述的空間，不只是機械的、物質性
的東西，它還被賦予意識形態的、主體思維或想像、聯想等
非物質性的特性，如文學作品描寫一對戀人的浪漫情節往往
是在花前月下展開；反映人的孤獨寂寞總也與幽閉的空間相
伴；寫一個人漂泊的人生旅程則在多個不同色調的空間轉換
遷移，其空間帶有離散性、變異性以及廣闊性等特徵；可以
看出，情節不僅需要空間襯托，空間還有著烘托、說明、比
喻、隱喻等修飾功能。我們在閱讀南洋遊記時發現在作者筆
下，南洋的原始森林或叢林不僅對慾望的表述有著烘托、比
喻、隱喻等修飾功能，甚至還能喚醒或催化等旅人潛存的原
始慾望。沿著這樣的思考，本節將討論南洋遊記作家筆下的
原始森林之慾望表徵。

　　中國作者在南洋遊記中所描述的空間，從人種的聚居來
說，有中國人的、馬來人的、印度人聚落的空間等等；從空
間的等級和層次看，有上層社會和下層社會的分野佈局；從
宗教信仰看，有各派宗教廟宇建築等空間。但他們對於這些

空間的描述並非平分秋色，而是有所偏好，表現在對南洋的
原始森林、灌木叢林、椰子橡膠樹林情有獨鐘，熱帶叢林幾
乎成了所有有關南洋敍述的焦點，在遊記者的筆下，這些叢
林具有原始蠻荒的特色。我們從元朝的遊記作品就可見到這
樣的描述。周達觀的《真臘風土記》對真臘（今被稱爲柬埔
寨）的叢林景觀就做了這樣的描述：「自入真蒲以來，率多
平林叢木。」「古樹修藤，森陰蒙翳，禽獸之聲，雜遝於其
間。」[6]現代中國作家到南洋旅行或考察，如寫遊記，熱帶叢
林依然是其凸現的部分。他們反復重述這些古生態的熱帶叢
林，表現出一種集體夢幻。[7]其中，遠古嚮往、愛戀情慾故事、
新奇邂逅的遊蹤極易發生在這些樹林重疊、綠蔭鬱鬱的空
間。在作者的筆下，這些空間帶著邊遠和夢幻的氣質，極有
寓意色彩，涵容了慾望表述。

6　（元）周達觀原著、夏鼐校注《真臘風土記》（北京：中華書局，
　　2000），頁 140。周達觀，元朝人，原成宗元貞元年（1295 年）
　　奉命隨使赴真臘，一年後回國。回國後據遊歷見聞寫成《真臘風
　　土記》。

7　這有些類似於心理學家榮格（Carl Gustay Jung, 1875-1961）所提
　　出了「集體無意識」（collective unconscious）的概念，認爲無意
　　識的內容並非純屬個人經驗的，在深層次上源於先天存在的「集
　　體無意識」。他說：「選擇『集體』一詞是因爲這部分無意識不是
　　個別的，而是普遍的。他與個性心理相反，具備了所有地方和所
　　有個人皆有的大體相似的內容和行爲方式。換言之，由於它在所
　　有人身上都是相同的，因此它組成了一種超個性的心理基礎，並
　　且普遍地存在於我們每一個身上。」榮格借用人類學、考古學和
　　神話學的材料，探索人類最深層無意識的心理結構，發現原型或
　　原始意象深深藏匿於人類的集體無意識之中，並通過種種象徵或
　　隱喻方式表現出來，神話、夢幻以及童話等就是其外在的表現形
　　式。中國作者對南洋叢林的的空間書寫，就是其情慾色彩的外在
　　投射。

　　斐兒的〈馬達山遊蹤〉和在劉吶鷗（1900-1939）的《赤道下》就很具有代表性，因而本節就其遊蹤或故事情節的展開進行分析。

　　斐兒的〈馬達山遊蹤〉，屬於一部典型的遊記散文。遊蹤線路從棉蘭到馬達山，整個遊蹤幾乎都在赤道的原始森林。「車，沿著光華的烏黑的柏油道上走，從熱帶盛產著的樹膠園和椰園等樹林穿過。滿眼是青翠繁茂的森林，滿眼是生氣蓬勃的原始世界的景象。」[8]隨著車的移動，滿眼看到的是「黑壓壓的野森林，被禽獸的鳴聲所充滿著。」[9]再往裏走，沒有人行道，車只能緩緩而行。在這個深山裏，罕見人煙，只有車這個文明的怪物在森林亂竄。作者由外到裏，由下到上，從一山到另一山，描述的全是黑壓壓的蠻荒森林。偏遠的、古樸的、原始的森林特徵明顯可見。除此外，作者對這些森林空間的書寫並非只是平鋪直敍，還塗上了敍述人濃濃的情感色調，抒情描述比比皆是，比如「這神秘的原始世界」、「多麼靜穆而又平和的農村景象啊！」、「那時的風景簡直像是一首美麗的詩，或像一幅高尚雅潔的藝術作物。」「一個理想世界的景象啊！」[10]而且，愈是走進深山，抒情愈是濃厚，流露出遠古幽遠之情。由此可見，熱帶森林的空間特徵與遊人的慾望及情緒空間水乳交融，森林遠古神秘的空間氛圍與作者主觀心緒相互烘托輝映。

8　斐兒〈馬達山遊蹤〉，見錢谷融主編《現代作家國外遊記選》（上海：上海文藝出版社，1983），頁 24。

9　同上，頁 25。

10　同（8），頁 25。

〈馬達山遊記〉遊記寫於三十年代，發表在 1935 年 8
月 5 號出版的《人間世》。斐兒是筆名，本名不詳。有關他
的生平經歷從現有的資料很難找到，但常在《申報‧自由談》
和《人間世》上發表文章。斐兒可能是一個活動於都市的文
明人，因某些機緣或公幹多次到過南洋。雖然我們無法知道
他是否爲治癒「城市病」[11]而遊歷南洋，但從他對南洋原始
森林的抒懷可看出一個被理性壓扁的現代人對原始森林的嚮
往之情。

　　如果說原始森林在斐兒的伏筆下，是治癒文明人的診療
所；那麼，在劉吶鷗的《赤道下》，熱帶森林簡直成了催發
情慾的春藥。這是一篇遊記體裁的小說。故事講述的是來自
文明之國的一對夫妻「我」和珍，在南洋熱帶的島上旅居，
並雇有一對土人兄妹作嚮導。起初他們快活而又幸福地在島
上遊玩相愛，宛如一個甜蜜自足的二人世界。然而他們到島
上不久就感到一種無法抗拒的「原慾」，夫妻各自投向這對
土人兄妹的懷抱裏。整篇小說抒情色彩很濃，椰樹叢林、原
始部落、堇色土人、Voodoo 的鼓聲、蠻風似的土舞，營造出
一種誘人的、肉糜的、原始的氛圍。這個島似乎具有一種奇
異的魔力，幾乎是一到島上，男女主人公就感到一種熱勃勃
的騷動：「我從來未曾這麼熱勃勃地愛過她，而她也似乎對
於我的全身感覺了什麼新鮮的食慾似的在他的眼睛裏，他的
肢腿和一切的動作上表明吃飽著我的愛情。」[12]這種勃發的

---

11 劉吶鷗在《赤道下》講的就是一對夫婦到南洋來養病。
12 劉吶鷗《赤道下》，見錢乃榮主編《20 世紀中國短篇小說選集》
　　第 2 卷（1920-1939）（上海：上海大學出版社，2000），頁 417。

原慾隨著遊蹤的敍述而發展，達至高潮。起初，這種誘惑還
只引起兩人之間的情慾跳動，「我們便受著微妙的引誘跳出
了我們的 bungalow」，在椰林、沙灘相互愛撫相悅。隨著遊
蹤深入椰樹林，原始部落，土人的舞蹈區域，奇異的感覺越
來越強烈。「那圓木造的平房，那原始的紡織機，大芭葉的
風扇均給了我們奇異的感覺。」[13]女主人公甚至想做一個土
女，曬黑肌膚、穿土人衣服，讓身體半裸著，眼睛裏放射不
安分的光。「我看見她眼底裏時常發著異樣的光線，又從她
那曬黑了的皮膚反味到了我從來所未曾味過的土人的氣味。」
「我終日只看見她半裸的上體，並聞赤足上的環鈴玎玎地
響。」[14]一個文明人渴望成爲土人的情感脈絡顯然可見。隨
著敍述的發展，跳動奔騰的原慾終於打破了文明人理智的心
房，情慾開始在椰林深處遊蕩，丈夫夢見妻子「珍」在土人
男僕的陪伴下在椰林沐浴。「幻想跟著由黑暗的椰林流出的
微音抓住了我了。」「珍，脫得精光光地站在一個大盆裏沐
著溫水浴。水聲間斷地破著林間的靜寂。金色的光線吃著她
的滿身造成一個眩惑的維納斯。遠一點的樹幹下坐的是烏澤
澤的非珞。」[15]這個潛在意識的流動有天終於成爲事實，在
一個大雨磅礡的幽暗森林裏，丈夫發現妻子和土人非珞赤身
裸體抱在一起，「珍……赤……赤條條地 — 縮在一個黑的
懷裏……」。丈夫在痛苦和寂寞的雙重襲擊下，失去了理智，
原始的慾望在周身奔騰起來，「終於蠻猛地翻起身來摟住了

---

13 同上，頁 420。
14 同（12），頁 420-421。
15 同（12），頁 423。

她（土女萊茄一筆者注），並侮辱了這可愛的淡堇色的細體。」
對於突如其來的衝動，正如文中交代的，「這行為，這激情
的來源我自己是不懂的。我只知道我心窩裏有海一樣深的孤
獨，而她是我這時唯一的對手。一切都在狂奔的無意識中經
過了，但我相信她是那麼溫柔地，服從，愛我。」[16]遊蹤的
敍述到這兒，我們看到一個原慾的故事的完成。在作者的筆
下，熱帶叢林具有引發人原慾的功能。由此看來，《赤道下》
似乎成了一次有關人類宗祖情慾的夢遊。

　　曾有研究者對《赤道下》展開了分析，認為《赤道下》
敍述的是一個精神迷失的故事，在他們看來，熱帶叢林、赤
道的氛圍融化了人的理性，迷失成為無法逃避的必然。[17]這
無疑是很有啓迪的思考。但我感興趣的是對書寫現象作深層
結構的探尋。在一定程度上，作者的寫法也就是其活法。劉
吶鷗在這部小說的扉頁上寫明「給已在赴法途中的詩人戴望
舒」。劉吶鷗與戴望舒可說是彼此相惜的朋友，交往過從甚
密，曾住在一起創辦文學刊物、開書店等。就在這段合作時
間裏，戴望舒幾乎瘋狂地愛上了施蟄存的妹妹施降年，詩人
幾年來苦苦追求，但對方毫無興趣。戴望舒被一種得不到的
愛慾折磨，甚至以生命相威脅。在眾多朋友的撮合下，施降
年無奈只得同意訂婚，但條件之一是要戴望舒出國留學以保
證將來婚後有穩定的收入。實際上明眼人一看就知道施降年

---

16 劉吶鷗《赤道下》，見錢乃榮主編《20世紀中國短篇小說選集》
　　第2卷（1920-1939）（上海：上海大學出版社，2000），頁424。
17 如南治國先生在其博士論文《中國現代小說中的南洋之旅》（新
　　加坡：新加坡國立大學中文系博士論文，2003）就有相似論述。

的內心是一如既往，絲毫不爲所動。[18]戴望舒苦戀施降年的整個過程，劉吶鷗都看在眼裏，也清楚最後會是怎樣的結局。戴望舒終於在 1932 年 10 月 8 日帶著對施降年的萬般眷念赴法留學。[19]可以說戴望舒這次的放洋遊學帶著情慾的磨難和嚮往。劉吶鷗的《赤道下》寫於 1932 年 10 月 17 日，與戴望舒出航的日子相隔只有 9 天。在這種情勢下，劉吶鷗的扉頁贈言可謂意味深長，具有深層的隱喻功能，似乎在委婉勸說詩人離開「故居」在「異地」地尋覓一種新的發現，像《赤道下》的男女主人公在熱帶叢林所獲得的新奇感覺那樣。如果從這個深層的隱喻結構來理解劉吶鷗寄予《赤道下》的寫作期待，那麼，《赤道下》就不太可能是一部關涉人的精神迷失之旅，而恰好相反，則是一部重建浪漫情懷的慾望之旅。

　　總之，無論是斐兒的〈馬達山遊蹤〉，還是劉吶鷗的《赤道下》，對赤道上的熱帶叢林的書寫投射了極強的情感或情慾色彩。赤道上的熱帶叢林作爲一處古老、原始、太初與異域的場景，隱喻著一種原始慾望的表述。

---

18 施降年在與戴望舒訂婚前已心有所戀，只是無奈於戴望舒的苦追不舍。後來的發展是施降年愛上了一個冰箱推銷員，並與戴望舒毀了婚約。見王文彬著《戴望舒與穆麗娟》（北京：中國青年出版社，1995），頁 91-92。

19 有關資料參見王文彬著《戴望舒與穆麗娟》（北京：中國青年出版社，1995）。

第三節　空間遷移的價值

功能之樂土嚮往

　　旅行具有空間性，旅人的一切行動在空間移動，空間地點的改變，也許，正是價值或意義的發現。文學中的樂土形象，通常描述的是旅人在空間的遷移中發現的。可以說，旅行本身意味著新的、不同的發現，正如一些研究者所言，「旅行：一個用於不同的居住與遷移模式的形象。」[20]中國人向來就有一種樂土情結。早在上古時期，中國古人就唱出「適彼樂土」之嚮往。陶淵明的《桃花源記》，則是樂土書寫的經典，其描述的世外桃源景象，成為歷代文人的精神寄託與嚮往。在中國作家的描述中，南洋有四季不謝的奇花，有終年常陰的綠葉，「上有天宇，下有椰林」，錫礦、橡膠園、天氣物產天然富有，是海外的樂土，是世外桃源。其描述的南洋圖像宛如樂土神話，表達了現實主義和浪漫主義、激進和保守的共同嚮往。當然有些作家在遊記作品中也寫了南洋的貧困與苦難，如艾蕪《南行記》中的多篇文章，就反映了生活在南洋的下層人民的困苦、灰暗、無助的生活情景，但這些描述卻被消音於一片詩意的抒情中。本節將從旅人在空中的穿越或經過曲折幽徑的尋找展開討論，分析作家如何發

20　（美）詹姆斯・克里福德（James Clifford）著、葉舒憲譯〈關於旅行與理論的劄記〉，見《視界》第 8 期（2003 年），頁 23。

現南洋樂土以及表達的嚮往之情，並在此基礎上分析其嚮往
的因緣。

中國人到南洋，既有淘金探險者、也有屬純粹遊客或旅
行者。前者多爲草根階層，在南洋所呆的時間長久但卻很少
有作品留下；後者多爲知識份子，往往到南洋是作短期打算
或工作需要或純粹過境遊客，多有遊記觀感留下。「讀萬卷
書，行萬里路」，見識多廣是這些遊記作家的共同特點。其
中許多人是在往返西方與中國途中經過南洋，匆匆一瞥中留
下極好印象，如梁啓超、巴金等；其中也有些在南洋有過一
段不算短期的工作和生活經歷，如艾蕪、巴人等，因爲有較
深入的生活體驗，南洋在這些作者筆下多了一層人煙氣息，
有現實苦厄。但這些寫實伴著詩意的筆調而變得輕巧和超
越。這些遊記作家在中國大多經歷過戰亂烽火，在多災多難
中成長。當他們來到南洋時，看到南洋如畫似錦的自然風光
和豐富的物質礦產資源以及相對寬鬆的政治環境，感到一種
美好生活方式的發現。於是，在南洋的行程似乎有一種如夢
似幻的感覺，並被其吸引，全視域進入到一個觀看的環境，
表現出一種嚮往之情，故而其遊記往往超越寫實。

梁啓超的《歐行途中・南洋所感》就是很具代表的一例。
這篇遊記記述的是梁啓超 1918 年以巴黎和會中國代表團會
外顧問的身份赴歐途中停船上錫蘭島的觀光遊感。此時的梁
啓超已經步入晚年，進入人生總結階段。我們知道，在梁啓
超的成年階段，中國政局內憂外患，動盪不安，真可謂「城
頭變換大王旗」。青年梁啓超時期熱衷於政治改革，跟隨康
有爲革命東奔西走，幾經政治風雨。在 1903 年到美國考察，

並寫《新大陸遊記》，對西方世界的現代政治、經濟、文化以及人民的日常生活倍加讚賞，認爲中國應向西方學習，表現出神往之情。然而，這次往歐洲途中，遊歷錫蘭島，心境則非同以往，似乎有一種望峰息心之感。這表現在記遊觀感遠離塵世喧囂躁動，聚焦錫蘭島的聖靈之光：寫佛教尊祖曾三次到錫蘭島爲眾生解說《楞伽大經》，人們前往朝拜或參觀遊覽之況，清代大詩人黃遵憲曾遊錫蘭島並留下《錫蘭島臥佛詩》。在梁啓超的描述中，錫蘭島儼然是一域遠離現世的聖境。幾乎是一進入錫蘭島，梁啓超就感覺到它與現實時空的區別：四周古樹參天，山上山下綠意盎然，土人在深更半夜舉著火把上山朝拜。隨著行蹤的深入，錫蘭島越來越似世外聖潔之地。這山中不僅風氣純樸厚道，古色斑斕，而且風景清幽宜人。梁啓超在這仙境般的深山中重點描述了一個湖景，在作者的筆下，這個湖是仙境中的仙境，它清涼且充滿神秘氛圍：「那古貌古心的荒殿叢祠，喚起我們意識上一種神秘作用，像是到了靈境了。」[21]行蹤也是心蹤，隨著在萬山環繞之穿梭，心也越來越遠離世俗空間。故而，在最後一段他寫了自己深夜倚闌獨坐，默誦《楞伽經》，此時山靜、水靜、心靜，一片渾然交融的極樂景象，不正是梁啓超此時的沉醉。

很有趣的事，在這篇遊記的尾聲，梁啓超走出對奇山仙境的描繪，意味深長地寫出一個沿途觀感的笑話，寫的是隨行的張君勱碰著一個土人，問他爲什麼不革命，那個人感到

---

21 梁啓超〈游錫蘭島〉，見錢谷融主編的《現代作家國外遊記選》（上海：上海文藝出版社，1983），頁 2。

瞠目結舌不知所對。在我看來，梁啓超穿插這個笑話並不是
「閒筆散步」，而是他整個生命歷程中的感悟寫照，曲折反
映了他對政治革命的虛妄感覺。

　　如果說梁啓超在南洋錫蘭島的遊蹤，穿越了歷史的時光
隧道，表達了嚮往神靈樂土之情；那麼，王任叔的南洋經歷
則是逃亡與遠古夢幻的交織。王任叔（也就是巴人），據有
關資料，是在 1941 年 10 月應胡愈之邀請來新加坡，任教於
南洋華僑師範，在任教之餘，也爲胡愈之主編的《南洋商報》、
《獅聲》寫稿。[22]1941 年 12 月太平洋戰爭爆發，日軍逼近馬
來半島。新加坡華僑以陳嘉庚爲首，發起組織了「華僑抗敵
動員委員會」。王任叔、胡愈之、郁達夫以及楊騷等人組織
了「華僑文化界戰時工作團」，郁達夫任團長，王任叔任宣
傳部長。1942 年 2 月，日軍炮轟新加坡，英軍撤退、新加坡
淪陷，王任叔攜妻劉岩、同楊騷在敵軍的轟炮聲中乘小船到
印尼的蘇門答臘的一座小村莊隱居，這段經歷寫入《任生及
其周圍的一群》。日軍侵佔了蘇門答臘後，一行人又前往在
蘇門答臘的西部巴耶公務郁達夫的家中隱居，並與胡愈之等
人積極展開地下抗戰活動，自發組織「華僑抗敵協會」、「蘇
島人民抗敵協會」。1943 年王任叔又從先達移居到棉蘭，參
加和領導了「反法西斯同盟」，並主編出版地下抗日刊物《前
進週報》。在這不久，王任叔遭日軍通緝，在當地華僑的幫
助下，到一個窮鄉僻壤的菜園租種菜地作爲掩護，此後，爲
了安全，從一個菜園轉到另一個菜園。後來，風聲更爲緊急，

---

22 林萬菁《中國作家在新加坡及其影響》（新加坡：萬里書局，
1994）。

日軍的搜捕和暗探進入偏僻的原始鄉村，王任叔不得不再次
逃亡，最後隱居到一個原始叢林的小荒村，靠刀耕火種以自
給，其間也遇險情，而且一度身染傷寒，生命垂危。王任叔
的這些逃亡經歷後來寫入〈浮羅巴煙〉、〈從棉蘭到蒂加篤
羅〉、〈鄰人們〉以及〈在泗拉巴耶村〉，這些遊記作品，
後被谷斯範收集在《印尼散記》中。[23]這些遊記，因為敍述
的大都是逃亡的親身經歷，因而具有很強的自傳色彩。但它
們又非同於一般的表達自我情緒的遊記作品，在敍寫自我經
歷和情感的時候，表達了對人類生存環境的普遍關懷。這些
遊記作品還描述了印尼鄉村的平窮荒野狀況以及華僑謀生的
艱難。但是，作者並沒有一味展示淒涼的人生畫面，往往逸
出苦澀，轉而抒寫土著如馬達人、爪哇人、馬來人的純樸的
生活、簡單性格、善良以及原始的自然風景，筆端常常流動
著如水般的柔情。如〈鄰人們〉描述的是作者、小劉、阿金
以及老黃幾個人，為了不引人注目，隱蔽到一個菜園。這個
菜園的四鄰都是爪哇人，這些爪哇人愛眼前的快樂，一般不
愛在田頭勤苦勞作，得過且過地過著疏懶的生活，因此生活
大都平窮，甚至一日三餐難以溫飽。然而，在作者的筆下，
他們的生活富於情調，女人們大都不事繁重的勞作，天生樂
天派，「她們笑著，唱著，象自由的鳥兒，飛翔在桑樹之間。」
[24]而且，鄰人夫妻每晚的歌聲，更令人欽羨不已。相比其他
鄰人而言，這對鄰人夫妻較為勤勞，生活充滿歡樂味兒。通

23　王任叔在南洋的活動可見谷斯範整理的《王任叔在南洋》以及
　　林萬菁的著作《中國作家在新加坡及其影響》。
24　巴人《印尼散記》（長沙：湖南人民出版社，1984），頁222。

常在晚間，這對夫妻一邊搗米勞作，一邊唱歌擊鼓自娛自樂，彷彿生活甜蜜無愁。「這使我們不免驚羨他們兩夫婦的快樂。」這樣的生活情韻，使作者產生爛漫詩意的幻想。請看作者的描述：

> 這種搗米聲，往往是一高一低，一重一輕，交迭起伏著。誰都可以想像出一個如畫的場面：在「魯馬登柏」（Koemah Tempat）的前披廊泥地上，放著一口木皿子，棕油燈的芯子發著蛇舌似的紅焰，只在它三尺周圍抹出淡淡的微光，照得這披廊影子簇簇地像一張銀幕。而其間有一對夫妻，各自拿著一根木舂子。男的蹲開兩腳，一手插在腰上；女的對面齊整站著，一手時時去理胸前紗籠的結子。是這麼地，你搗一下，我搗一下，往復地搗著穀子。這真充滿了米勒所畫的《晚歸》一樣的勞動與愛情的融合啊！
>
> 那一晚上，我們是在聽著這一對夫妻的歌聲中靜靜地看著書……[25]

　　這當然是文人的詩意情調。一個對當地人來說最自然不過的生活情景，在作者看來，其韻味古老、讓人回味。在作者的描述中，這些馬來人、爪哇人大都過著一瓢食一簞衣的生活，對天對人無所慾求，一派安於現狀的樂天性格。村莊周圍森林環抱，林中動物與人融合相處。也正因如此，他們的生活簡單而又快樂，即便有時耍弄點小計謀也是簡單和笨拙的。這對於作者 —— 一個來自都市的現代文化人，自然有

---

25 巴人《印尼散記》（長沙：湖南人民出版社，1984），頁169。

一種返璞歸真之感。這種情感在作品中多處自然流露，表現出一種原始遠古的情懷。

　　我們知道，陶淵明的《桃花源記》所描述的樂土圖像聚焦了它與世隔絕之感。既然是隱蔽深處的洞天福地，則需要深入曲折幽徑的尋找，通過幽暗的叢林、荒流的河、險峻的山，深暗的洞，方才入得仙界。陶淵明寫道：「鄰近水源，便得一山。山有小口，彷彿若有光。便舍船從口入。初極狹，才通人。複行數十步，豁然開朗。」如此看來，《桃花源記》又爲後代文人提供了一個書寫模式，也就是無意找尋和駭然發現的前後關聯敍述模式。有些學者稱爲「入境儀式」[26]如果我們以此考察巴人的南洋遊記，發現巴人的南洋逃亡記，在敍述模式上，也有著與《桃花源記》相類似的尋找與發現的行走遊蹤線。《桃花源記》中漁民，無意間發現有良田美池的世外桃源；同樣的，巴人南洋遊記中的「我」，本意在逃亡中尋找避亂之所，卻發現隱沒在原始森林甚至於枯樹敗草中的小茶園、荒僻村莊，原來是頗有詩意的棲居之所，人與自然天然合一，宛如人間樂土。如此看來，巴人於遊記中所描述的逃亡生活，與其說是在敍說逃亡避亂，倒不如說是在無意間找到樂土 —— 一個充滿詩意的棲居之所。由此看來，

---

26 尤雅姿在〈虛擬實境中的生命諦視 —— 談魏晉文學裏的臨界空間經驗〉中認爲魏晉文人在描述世外桃源景象時，設了一套入境儀式，這就是無意闖入仙境的駭客，必先經過一段狹長幽暗的山穴，或是狹而峻的石橋，有或是莫測其深的洞穴，方能抵達仙界。見李豐楙、劉宛如主編《空間、地域與文化 —— 中國文化空間的書寫與闡釋》（臺北：中央研究院中國文哲研究所出版，2002），頁 373。

巴人的逃亡故事與人生價值的轉折融合在一起，表達了一種原始遠古的樂土情懷。

對南洋樂土圖像的描述並非是個別的書寫現象，在其他多篇遊記中我們也可見有關南洋如花似錦、豐衣足食的描述。如梁紹文的《南洋旅行漫記》、厥名的《南洋述遇》以及《遊歷筆記》、李鐘珏的《新加坡風土記》。這些遊記都講述的是旅人在空間遷移中發現南洋這塊樂土。在他們的描述中，南洋不僅有綺麗的風光，淳樸的民風，豐富的物產以及清幽的生活環境，而且還有自由寬鬆的政治環境，先朝逸民之風以及原始自然之景，總之，南洋儼然一派化外洞天福地。即便像許傑這樣的階級意識很強的「左派」作家，面對資本主義統治下的南洋所呈現出的太平盛世，也免不了嚮往之情。許傑在其南洋遊記的「序言」中清楚說明瞭他的寫作宗旨，是要對「南洋的那種充滿了帝國主義與資本主義的氣味的社會」，用「社會學的智識，去估量他們，去分析他們」，「來對南洋的整個社會、如政治、經濟、人口、教育、宗教、以及勞動、婦女等等，做一次具體的診斷，而指出它的唯一的出路。」[27]我們閱讀許傑的遊記發現，其「南洋概觀」確實帶著很強的意識形態運作；不過，他顯然沒有圓滿實現這個寫作目的，在實際的寫作中，則常常打破自設的「距規」，情不自禁對風景如畫的南洋以及其太平景象流露讚美與嚮往之情，我們可從對其遊記《椰林中的別墅》的分析可見一斑。許傑在這篇遊記中記述了「我」受一個資本家之邀參觀其經

---

27 許傑《椰子與榴槤・序》（上海：現代書局，1931），頁2。

營的錫礦場的遊觀感受。許傑是在 1928 年經張任天的推薦和
經辦到吉隆玻接任《益群報》的總編。這年秋天，《益群日
報》股東陳先生乘小車接許傑參觀其錫礦場。[28]《椰林中的
別墅》記述就是這次的遊歷與感想。文章開筆就敘述了「我」
帶著十分鮮明的階級意識隨著資本家的汽車賓士在平坦的柏
油馬路上，不僅體驗到一種從未有過的舒適；而且沿途的人
造景觀、自然景觀以及其所透出的閑適幽靜和情趣都讓「我」
錯愕不已，讓「我」慣有的意識形態分析受挫。他在文中這
樣描述了「我」的感覺：「但在我的耳朵聽來，所謂晚上睡
覺，連門都可以不關的話，似乎完全是一句形容郅治之境域
的『夜不閉戶』的翻譯，好像在這個資本主義發展到成熟，
而且已至於崩潰的時期的世界，所不應該有的現象。我怔怔
的在思索著。」[29]「我」受的「振盪」可謂不小，使他原本
很分明的階級意識有些模糊，只得承認南洋的太平繁盛景象
是「資本主義發展到穩定的時期」的結果，這是一種面對事
實的招架。

　　沿路的風景和世態民風不僅通過「我」的眼睛觀看，還
通過「老南洋」的敘述加以展示。這個「老南洋」的話語不
同於敘述人（或作者）的視角，是「我」觀念以外的話語，
並循著「我」與「老南洋之間」一問一答的方式展開敘述。
也許，這是一種敘述策略的運用，按作者序「所言」展開辯
論與分析；然而，這二者之間的對話像兩條平行線，各說己

---

28 見蔣荷貞〈許傑生平年表〉（上），見《杭州師範學院學報》，1994
　　年第 1 期，頁 42-43。
29 許傑《椰子與榴槤》（上海：現代書局，1931），頁 37。

見，不構成彼此呼應的交流關係，這種對話頗似巴赫金
（Mikhaïl Bakhtine）所說的「雜語」。巴赫金曾在《小說理
論》中的就「雜語」的敍述現象做過很有啓發性的分析，認
爲「引進小說（無論什麼形式引進）的雜語，使用他人語言
講出的他人話語，服務於折射地表現作者意向。這種講話的
語言，是一種特別的雙聲語。它立刻爲兩個說話人服務，同
時表現兩種不同的意向，一是說話的主人公的直接意向，二
是折射出來的作者意向。在這類話語中有兩個聲音、兩個意
思、兩個情態。」[30]當然，巴赫金「雜語」理論是針對小說
中的敍述現象而言，但我認爲同樣適用於遊記敍述現象的分
析，因爲遊記與小說一樣同屬於敍述文體家族。這樣看來，
「我」的階級分析和「老華僑」的講解都表達了作者的意向。
問題是如何解釋這個看似矛盾的兩個聲音？我認爲這二個聲
音實際上反映作者前後觀念的變化。我們知道，許傑成長於
中國階級革命氣氛濃厚的時代，曾一度接受無政府主義思
潮，後轉向文學創作，著眼於作品的社會意義和批判意識，
可說思想有些「左傾」。[31]1928 年到南洋接任編輯工作，許
傑還是一個意氣風發的青年，這期間他針對南洋的一些現狀
也寫過多篇評論文章。然而，這次遊歷親眼見證了南洋的繁
榮以及太平景象，作者固有的階級偏見遭到現實的挑戰，新
的見解逐漸滋生。這個變化在《椰林中的別墅》通過「我」

---

30 巴赫金著、白春仁　曉河譯《小說理論》（石家莊：河北教育出
　　版社，1998），頁 110。
31 見蔣荷貞〈許傑生平年表〉（上），見《杭州師範學院學報》，1994
　　年第 1 期，頁 42-43。

與「老南洋」的兩種不同的聲音敍述，因而作者引入的這個
「老南洋」，並非不同的視角，而是在辯論中曲折表達了作
者新的情感取向。由此可知，「老南洋」所表述的「南洋讚
美論」、「樂土論」[32]，實際上是作者的意向和觀念。

　　由此看來，《椰林中的別墅》突出了意識形態變遷的旅
行。旅人「我」隨著空間的遷移，其原有的階級意識則不斷
被消弱直到完全丟棄偏見，承認南洋真如太平樂土。在這裏，
「椰林中的別墅」被賦予價值和意義，也正是旅人「我」的
觀察與發現。

小　結

　　我們由上述分析可見，無論是梁啓超，還是巴人抑或許
傑，都講述了在南洋的旅行中「人生道路」的轉折，包含著
變化、醒悟、內省、智慧、知識或情調。其中隱含價值和意
義色彩。他們在旅行空間的遷移和轉折中離開了過往人生模
式，走向新路，通向南洋樂土。

---

32 巴赫金在《小說理論》中論及了一個敍述現象，認爲小說家、
　　散文家有時使用帶著他人社會意向的詞語，目的在於迫使它們
　　服務於自己新的意向，服務於第二個主人，所以小說家的意向
　　是折射出來的。見巴赫金《小說理論》（石家莊：河北教育出版
　　社，1998），頁81。

第四章　慾望圖像之二：南洋情調之慾念色彩

因為南洋情調對中國人而言是一種異域情調，所以在論述「南洋情調書寫中的慾望色調」之前有必要討論異域情調與域外遊記的關聯。在我看來，域外遊記文學似乎天然地與異域情調結緣，由於地理、風俗、文化、歷史等差異，因而他國的形象自然不同於本國。異國他鄉的自然景觀，以及不同種族的膚色、服飾、語言和風俗習慣，都會令人耳目一新，在作者的筆下呈現一種與己相異的異域情調。[1]這是不爭的事實。關鍵是，人們在對異國形象進行描述的時候，往往捕捉奇景異事、奇風異俗，或對其風土人情、生活習俗作神話化的描述，給人無比的激動和好奇的滿足感。可以說對外邦的好奇獵異是人類普遍的興趣。薩依德（Edward W. Said）的《東方主義》（Orientalism），如果剔除其中批判性的、對立性的文字，其實展示的是一部西方人描述的有關東方奇異和神秘的異國情調史；同樣，東方人所描述的異國情調，也

---

1 有些學者認為，異國情調也就是異國民族的形象，如法蘭西斯‧約斯特就持此種觀點。見如法蘭西斯‧約斯特的《比較文學導論》（長沙：湖南文藝出版社，1988）。

多充滿怪異性和奇特性。例如中國古時遊記所描述的異域形象，不是似怪似妖，就是半人半獸，如周致中在《異域志》[2]（下卷）中所描述的異國形象：「奇肱國」、「狗國」、「後眼國」、「猴孫國」、「鳥孫國」、「穿胸國」、「三首國」、「三身國」等等。[3]又如《真臘風土記》對其「異事」的描述：「東門治理，有蠻人淫其妹者，皮肉相沾不開，歷三日不食而具死。」[4]這些描述，真可謂奇談怪論、臆測想像、匪夷所思，令人如讀《山海經》。人類學家列維—斯特勞斯（Claude Le'vi-Strauss）就認為，人們對於域外的旅行活動的書寫，通常喜歡搜奇獵異，藉以滿足於人們對異域的好奇心理或嚮往之情等等。[5]北京大學孟華教授，多年從事比較文學的研究和形象學理論翻譯，因而對文學作品所書寫的異國形象形成了一套自己的看法，認為「異國空間常常處於一個被神話的過

---

2 周致中是元朝人，曾六次奉命出使外藩，因而熟識外幫人物風俗。這部《異域志》記述的異國形象，有些其實是中國的少數民族，但大部分還是屬於對今天中國而言的異國形象。因為這部輿地書有許多部分記述的是作者出使外藩的親身見聞，故而可視為遊記作品。

3 收編在《中華交通史籍叢書》（北京：中華書局，2000）。

4 周達觀（元）〈真臘風土記〉，見《中華交通史籍叢書》（北京：中華書局，2000），頁178。

5 列維—斯特勞斯曾寫過一本遊記，名為《憂鬱的熱帶》（Tristes Tropiques）。在這部遊記中，他不僅討論了旅遊與異域情調的書寫現象，同時也集中描寫熱帶美洲的部落人群、生存環境、生活習俗等。這對於非熱帶美洲的居民來說，無疑具有異域感和好奇感。當然這部遊記作品很「另類」，因為作者帶著濃厚的人類學思考和興趣，其異域情調自然少了幻想的成分，但又因為作者主要寫的是與現代社會習俗迥異的部落人群，因而給人和很強的異域情調感。

程中」[6]，正如列維－斯特勞斯在《憂鬱的熱帶》（Tristes Tropiques）所指出的，旅遊書籍存在著種種的假象和幻想。

中國與南洋，雖有著特殊的親緣關係，但南洋畢竟不是中國，有著自己的文化特色、風土人情、生活習俗等，因而中國人到南洋，必然感到一種異域情調的感覺。本節要探討的是，中國現代作家在遊記中是如何描述這種南洋的「異域情調」的？反映了怎樣的心理因素和文化背景？在通過閱讀大量的南洋遊記作品後，我發現，現代中國作家筆下的南洋情調，雖不似古人那樣奇談怪論，但也多有臆測想像的成分，尤其是對一些空間場景的描述、人物的描繪、甚至地理天氣的描寫，帶有很強的臆測和慾念色彩。本文將從四個方面展開論述。

第一節　熱帶叢林場域的情慾想像

南洋處赤道地帶，屬熱帶雨林氣候。這裏不僅有熱帶的原始森林，還有椰樹林、灌木叢林。可說遠含青色，近擁碧翠。所謂芭風蕉雨就是南洋情調的一個典型說法。在南洋的遊記文學作品中，自然的特徵往往賦予人文的想像和幻覺，這表現在原始森林、灌木叢林與性慾之間，與南洋的「裸」或「性開放」之間，與羅曼蒂克的豔遇之間發生迷人詩意的聯想。在一些遊記作家的筆下，原始森林、熱帶灌木叢林似

---

6 孟華主編《比較文學形象學》（北京：北京大學出版社，2001），頁 135。

乎是避人耳目的天然屏障，男女行樂的溫床。如斐爾在〈南國風味〉描述的：「如果忍耐不住赤道性的性煩悶的，便到黑暗的椰子林裏去追逐爪哇婦，年輕的『娘惹』們，賣淫的華僑婦，或淫蕩的馬來姑娘。」[7]在斐爾看來，赤道的熱和悶有著催化人的性慾功能，而黑暗的椰子林則成了他們發洩慾望的處所。很顯然，南洋自然屬性的環境與南洋人的性行為在作者的筆下似乎天然聯繫，絲毫不受文化或道德上的阻礙。正如巴人在《印尼散記》中所言：「這裏，支配著男女關係的不是社會的道德律，而是生理的自然律。」[8]巴人在這部遊記中多處描述了發生在森林中的「原始人性慾衝動的可怕形象」，他們時常耐不住「生理上自然律的衝動，在森林亂竄，兩隻充滿迫切慾望的眼睛。」[9]另外，在一些作家的描述中，原始叢林被賦予浪漫氣息的幻想，如許傑在《椰子與榴槤》所描述的發生在椰子樹和芭蕉林的浪漫圖景：「聽說馬來人的戀愛，男女兩方，都是在蔥綠的芭蕉林中，或是深密的椰子樹下，相互的擁抱，相互的接吻，甚至於完成了男女大事的。」[10]作者感歎道：「這是何等的健全，何等的富

7　斐爾《南國風味》（1935），見錢谷融主編《現代作家國外遊記選》（上海：上海文藝出版社，1983），頁 21。

8　巴人《印尼散記》（長沙：湖南人民出版社，1984），頁 63。巴人的這部《印尼散記》由谷斯範收編和命名。這些「散記」寫於不同的時期，有的寫於 40 年代，發表於胡愈之創辦的週刊《風下》，有的則寫於新中國成立初。但這些「散記」記述的都是巴人 40 年代在新加坡和印尼的生活經歷。

9　巴人《印尼散記》（長沙：湖南人民出版社，1984），頁 63。

10　許傑《椰子與榴槤》（上海：現代書局，1931），頁 134。

有原始意趣的事情呢？」[11]這段文字顯然出自想像，文中「聽說」一詞足以昭示其書寫的不確實性。其實，這類森林羅曼蒂克，並非許傑的「獨唱」，而是許多浪漫文人反復吟詠的主題。例如鄉土作家沈從文，在描寫湘西少男少女充滿浪漫色彩的情戀時，也有如此類似的抒情筆致。在沈從文的筆下，這些湘西的農家少年男女，戀愛不用媒人，不受金錢左右，也不受父母干涉，只要兩情相悅，便到山中森林中對唱山歌，享受兩性歡樂。[12]當然，與沈從文所描述的森林山歌的浪漫故事相比，許傑筆下的森林圖像，則多帶有一種對熱帶情調的原始趣味的嚮往之情。

也許，南洋遊記所描述的森林圖像，確實也反映了一些的現實土壤。眾所周知，南洋各國樹林環繞，民居周圍吐綠疊翠，少男少女偶爾到叢林中追逐偷情應是可能之事。人類學家列維－斯特勞斯在《憂鬱的熱帶》中也在多處描述了這類發生在熱帶森林中的情事與嬉戲，且圖文並茂，相映成趣。關鍵是作家如何描述這些圖像。列維－斯特勞斯是一位長期在巴西從事人類學研究的學者，具有豐富的人類學知識。《憂鬱的熱帶》這本遊記就是記述的他在巴西熱帶森林進行人類學考察的親身經歷。因為作者帶著研究的目的和興趣，故而這本遊記的敍事議論較為客觀，少有臆測與想像，很像一部人類學著作；但因為其敍述語言表現出很強的文學性，它又

---

11 同上，頁135。
12 這類的描述可見沈從文的《龍朱》、《眉金、豹子與那羊》等鄉土小說。有關論述見拙作《神話與寫實的二重變奏：沈從文鄉土小說研究》（武漢：湖北人民出版社，2003）。

是一部別具一格的遊記文學作品。然而，出現在一些中國作家筆下的森林故事，則遠遠拋離了現實的軌道，他們講述的所謂「森林故事」，不只是呈現一個單純的異域情調，而是極其精彩地與各樣情色聯想並極具想像性誇張。在這兒，「森林場域」不僅意味安全、溫馨、浪漫，而且也極富刺激味兒，它能讓沉睡的慾望蘇醒，使蘇醒的變得瘋狂。劉吶鷗的《赤道下》，就描述了這樣神奇魔力。文中的男女主人公，幾乎是一到這個綠色洋溢的島上就感到一種熱勃勃的騷動：「我從來未曾這麼熱勃勃地愛過她，而她也似乎對於我的全身感覺了什麼新鮮的食慾似的在他的眼睛裏，他的肢腿和一切的動作上表明吃飽著我的愛情。」[13]這種勃發的原慾，不端方的新奇熱烈，隨著敘述的展開竟達至亂倫的瘋狂狀態，最後，這對來自現代文明社會的夫妻，抵禦不了森林的多方誘惑，與一對土人兄妹在一片幽暗的叢林中偷歡。在這整個故事的敘述中，熱帶森林和椰樹林似乎隱含著某種神秘的功能。

第二節　高熱光源場域的情慾想像

對中國作家而言，南洋的高溫氣候又是另一種異域風味。作為一種獨特的南洋體驗，高溫熱成為作家在遊記中描述、想像的又一個焦點。如同我在上部分論述的，這些表述高溫的意象或與高溫直接關聯的風俗習慣的描寫，如沖涼、

---

13 劉吶鷗《赤道下》，見錢乃榮主編《20世紀中國短篇小說選集》第2卷（1920-1939），（上海：上海大學出版社，2000），頁417。

洗澡、衣著裸露等，不只是描述風俗而已，大都帶有一種異域情色的聯想。故而我在這兒用「高熱光源場域的情慾幻想」來概括這一書寫的特徵。那麼，何謂「高熱光源」呢？我們知道，冷光源，如螢光、螢火蟲之類，並不受溫度的影響而發光發熱，甚至還隨著溫度的升高而減弱；所謂高熱光源，物理學並不存在這個說法，這裏是取相反之意，暫且作一個形象的比喻，藉以說明中國作家在南洋遊記文本中的一個書寫現象。

　　在許多遊記作品中，我們看到這樣的描寫：南洋天氣奇熱無比，在這兒生活的人常常敞胸露臂，土著人更是一絲不掛，像森林野人，三五成群聚居。如顧因明在《馬來半島土人之生活》一書中，從生活的各個方面對馬來半島的土人從頭到尾作了一番敍述，可說是南洋土著人的「風俗錄」。其中在描寫「沙蓋族之生活及其習俗」一章，說馬來半島的沙蓋族（Sakai），住在熱帶森林，由酋長主持日常事務，通常是「男女裸體，不著一縷。」[14]這幅高度濃縮勾勒的圖像，其實代表普遍性的描述。因為天氣熱，這些馬來半島的土人在習俗上幾乎沒有男女之別，無論是洗澡、沖涼或跳舞，總是男女混雜一起，極其自然。羅井花在《南洋旅行記》中，就描述了這樣的圖景：「荷屬有一個地方，也是一個小島，名叫吧裏（Bali），那邊的居民，是另外一種民族。他們洗澡時，無論在哪里，都是男女不分，而且脫得精光，一絲不

---

14 顧因明《馬來半島土人之生活》（上海：國立暨南大學南洋文化事業部，1928），頁 51。

掛地洗著，也不要緊。」[15]這是一篇以孩子口吻講述的南洋
風俗畫，但除了敘述語言略帶孩子口氣外，有關南洋的敘述
幾乎與成年人無異。更有趣的是，在一些南洋遊記中，南洋
的熱與性的開放、性的隨意、女性的裸發生關聯想像，「熱」
的天氣與人的生理現象、風俗習慣的描寫交織一起。許傑在
《椰子與榴槤》裏就描述了天氣與生理之間的關係，認爲再
沒有別的地方的男人能比南洋的華僑更容易享受性的快樂：
發了財的華僑不僅有財力討小老婆，而且還常常隨心所欲嫖
妓行樂；即便普通的華僑，因爲天氣和環境的方便，偷情交
歡可說是毫不費神的事。許傑的遊記文字往往有述有議，在
記述或描寫一個事件或現象的同時，總是有其議論分析。他
認爲南洋華僑對性愛的隨意態度是有其「客觀的原因」的，
一方面除了南洋的華僑遠離中國的道德教化外，主要還在於
「熱帶的氣候之容易使人發生性的衝動。」[16]「因爲氣候的
關係，這種男女相悅的事，是什麼時候，都可以舉行的」。[17]
相比中國，南洋的天氣遠比中國適合做性愛情事。「因爲在
中國，即便偶有所謂野合之事，但是一年當中，除了暮春至
初秋中間的幾個月之外，其餘的時間，是不能通行的。」[18]徐
訏（1908-1980）有一個形象的比喻，將南洋男女之間的性慾
關係比作「馬來亞的天氣」。在這篇叫作《馬來亞的天氣》
的遊記中，作者記述了「我」與一個南洋華僑青年的結識交

15　羅井花《南洋旅行記》（上海：中華書局，1932），頁 64。
16　許傑《椰子與榴槤》（上海：現代書局，1931），頁 121。
17　同上，頁 135。
18　許傑《椰子與榴槤》（上海：現代書局，1931），頁 135。

往過程，從一個側面反映了南洋天氣與男女之間關係的關
聯。在作者的敍述中，天氣彷彿具有某種奇妙的功能，它使
女人喪失貞操觀念，給男人帶來許多方便，不再要通過婚姻
滿足情愛慾望。請看這段表述：

「你知道不知道氣候同女人的貞操很有關係麼？」

「女人的貞操？」我（敍述人—筆者加注）真是越來
越被他講糊塗了。

「我（南洋華僑—筆者加注）覺得女人的貞操是被衣
服所統制的。在寒帶，衣服穿得多，所以女人講究貞
操；天氣愈熱，衣服穿得少，所以貞操觀念愈淡薄。」

「奇怪！」我說。

「所以在馬來亞，別人的太太都可以是你的太太。」
他說著看了我一眼，大概看我的表情很獃，他又加解
釋說：「我的意思就是說你不用自己養太太。」[19]

這種結構關係就像馬來亞的天氣那樣自然。瞭解這樣的
自然關係變得異常重要，因爲只有在知道了「馬來的地理歷
史後，你才能在馬來亞過愉快的生活」，否則就是一個「無
法在這裏常住的人。」[20]在一些作家的筆下，天氣的熱度，
甚至意味著有一種催發情慾的功能，隨著一天中溫度的升
高，人的慾望也隨之升高。如億蘭生在〈南遊聞見志奇〉中
所描述的：「彼輩婦女，每至日中十二時，則獸慾衝動，難

---

19 徐訏《馬來亞的天氣》，見黃傲雲《中國作家與南洋》（香港：
科華圖書出版公司，1985），頁 141。
20 同上，頁 140。

以自抑，必得男子始已」。[21]作者用「每至」、「獸慾」加以描述（暫且勿論作者在選詞造句方面所反映出的文化優勢心理），從詞義和詞色來看，則很貼切地反映了男女情慾的自然律動狀態。大家都知道，中午十二點是一天中的最高氣溫，億蘭生想像在這高溫時刻，南洋女人的生理慾望彷彿被加熱至沸點，難以控制。這與徐訏的「馬來亞的天氣」之喻可謂異曲同調。徐訏在這個比喻中強調了男女情慾關係的隨意性和自然性，相比之下，億蘭生對南洋男女性衝動自然律的寫法則更爲誇張和神奇化。

　　所謂一方水土有一方風俗。由於南洋地處赤道，氣候常年炎熱。所以生活在這裏的人，爲講求涼快舒適，在穿著上單衣薄裙，有些則短衣短褲。這與中國大多數地區、大多數時侯常要用厚衣包裹，以抵禦嚴寒的生活情景迥然相異。這種差異製造了想像和夢幻。在這些遊記作家的描述中，似乎情慾隨著厚重的穿著多眠，而隨著熱帶的高溫蘇醒和鼓脹。也許這種聯想受之於「熱脹冷縮」的啓發，但物理學所談的「熱脹冷縮」，似乎只適用於對物質結構的闡釋。如果想像有所謂「熱力效應」，但也缺乏科學的依據。熱力學也只研究了熱現象中物質狀態和能量的轉換規律，對於人的性愛情慾與溫度之間的關係彷彿不相干係。倒是在一些文學作品的描述中，高溫反而使人神志昏沉、懶散，喪失激情衝動。[22]當

---

21 億蘭生〈南遊聞見志奇〉，見《小說世界》第 7 卷第 8 期（1924年 8 月 22 日），頁 2。

22 沈從文的鄉土小說多寫男女性愛，但情節的安排大多在春暖花開的春天。並多處暗示夏天的高溫不易使人產生性愛的衝動，小說中有句大熱天氣不宜於性愛的議論，「這樣天氣是不准人放

年來新加坡的郁達夫在遊記中就敍述了這樣的事實，熱帶高溫似有催眠功能，神志總是恍恍惚惚，昏昏然的。[23]老舍在1929 年來到新加坡，原本打算在半年內寫完的《小坡的生日》，但赤道的高溫消磨了他的志願，在揮汗淋淋中每天至多也只能寫至大約 1000 來字。[24]這些事實說明，在南洋的高溫場域實在難以產生激情衝動。所謂熱力對性慾的催發，只不過是作家的想像而已。

並且，南洋的土著族（也就是馬來族），這些常被中國遊記作家抒情幻想的物件，大多信仰伊斯蘭教，在服飾穿著方面可說是十分保守。即便氣溫熾熱，馬來婦女也通常穿戴長衣長裙，少讓雙腿裸露；甚至在頭部也用大幅方巾或絲絨帽嚴密包裹，僅露五官在外。這比當時中國婦女在夏天的穿著還要「密封」。上個世紀初的現代中國，隨著「歐風西雨」的影響，中國婦女，尤其是大中小女學生，短衣短裙裝扮已是潮流時尚。名女、貴婦敞胸裸腿，或緊身顯露妖冶身材則被視作高雅摩登。二、三十年代的許多雜誌的封面和畫報，如《良友》與《良友畫報》，爭相刊登這些摩登肖像，展示一種現代品味和美學，讓人們在新生活中學習模仿，而鮮少

蕩的天氣」。見沈從文〈雨後〉，《沈從文文集》第二卷（廣州：花城出版社，1992），頁 94。

23 見郁達夫在〈麻六甲遊記〉中的描述：「飄飄然駛入了南海的熱帶圈內，如醉如癡，如在一個連續的夢裏病養，昏昏然過去的日子，好像很久很久了。」 郁達夫〈麻六甲遊記〉，見錢谷融主編《現代作家國外遊記選》（上海：上海文藝出版社，1983），頁 4。

24 見老舍〈我怎樣寫《小坡的生日》〉，《老舍全集》第 15 卷（北京：人民文學出版社，1999），頁 180。

色慾的聯想。然而，現代作家到了南洋，則變了調子，視「高溫」為情慾衝動的熱源，視「裸」為情慾衝動跡象，相比之下很明顯看出，這只是一種對異域情調的想像與期待。

也許，中國作家對高溫熱源的幻想表述與由常識性的知識所產生的聯想有關。如從詞義來看，「熱」如熱情、熱烈、熱戀、熱情澎湃等等，這些詞多用來描述情緒的高漲以及表達愛戀的程度，使人聯想到做事時的「激情」或「衝動」狀態，也多指情緒上容易失去理智，任性而為；相反，「冷」如冷色、冷卻、冷漠、冷若冰霜等等，這些詞多用來描述情緒的冷調以及漠不關心，往往讓人聯想到心情的平靜或少情寡慾的狀態，也多指處事理智內斂。當中國作家從在大多數時候是氣溫寒冷的地帶來到南洋的時候，一個最深刻最明顯的感覺就是赤道陽光的高熱。當中國現代作家在體驗南洋的熱帶高溫的當兒，也許上述常識的關係，很自然地對熱帶的高溫與情慾的激情、衝動產生聯想。另外，這類聯想或許出於常識錯誤，如上述分析的用所謂「熱脹冷縮」的物理原理來解釋人的生理現象。

當然，中國作家們對南洋形象作這般的想像，不能不說帶著他們自己的慾念色彩。形象學就曾對異國形象的書寫現象作過多種闡釋，認為作家所書寫的異國形象，反映了作家特定的社會心理背景和文化的運作機制。形象學的研究者法蘭西斯·約斯特，在〈比較文學導論〉中，把歐洲文學中出現的歐洲核心國家民族以外的異國異族形象稱為「異國情調」，認為：「在文學上，異國情調產生於特定的歷史事件，這些

歷史事件是試圖實現某種理想而發生的。」[25]中國作家筆下的南洋形象，不一定是產生於特定的歷史事件，但卻有著特定的歷史語境。中國人到南洋，意味著遠離了中國傳統倫理以及道德的規範，身心自然放鬆。那些長期被禁錮的、不可言說的隱秘情慾，到了南洋，得以有機會釋放。南洋的赤道陽光和高能熱量，自然對中國作家來說別有一番天地。於是，有關熱帶的各種風俗和場域景觀，在作者筆下，不再只是真實的地緣風景，而是幻化為各色情慾的表達。如果我們回眸這些作家在南洋走過的一路風景，便會明白所謂沖涼、洗澡、裸舞等異域風俗、景物風情的描寫，津津樂道之間其實大都脫不了情色的興味。

第三節　黑濃意象隱含的慾望表述

在中國現代作家筆下，黑色形象是高熱光源場域的另一種南洋情調。黑色形象主要是南洋土著人，他們通身具黑：皮膚、眼睛、頭髮。對膚色較為黃白的中國人來說，可說是一種異域情調。在這些作品中，黑色意象並不代表沉鬱或幽暗，而是象徵自然野性的種種特徵。中國現代作家南洋遊記中的黑色形象，主要表現於對南洋女性的描述，正如人們所常說的「女人往往是一個城市或地方的風景線」。這些土著女人形象，大都身材健美，體態豐隆性感，如可口可樂的朱

---

25 法蘭西斯‧約斯特《比較文學導論》（長沙：湖南文藝出版社，1988），頁 138。

古力般誘人。她們走入作家的視線，要麼是在旅館、酒店；要麼在荒郊叢林從或水岸邊；要麼在亞答屋的沖涼房。在這些作家的描述中，所謂旅館、酒店、森林、灌木叢林、水岸邊以及沖涼房，彷彿是最富有情慾特徵的場所，令外來者面紅耳赤、心跳加速、血液沸騰，甚至情迷其間。

徐志摩（1897-1931）筆下的主人公廉楓，是在下榻的旅店驚見有著朱古力般誘人的黑色女郎；劉呐鷗則描述了主人公「我」在熱帶叢林中與菫色馬來女孩的豔遇；在馬來亞答屋的驚豔，更成為許多作家有滋有味的話題。即便巴人在追述逃亡經歷時也不免其興趣。在《任生及其周圍的一群》中，記述了他和楊騷等人逃亡到印尼一個原始森林的經歷。文中這樣描述道：當他們一行人在一片片森林中穿梭好不容易見到幾戶人家時，他知道到了隱居之地。在尋訪鄰里間，被亞答屋的沖涼聲音吸引，「聽到不遠的小亞答屋裏，有個光著上身沖涼女人，輕輕答應著。不久，她穿好紗籠出來。包超說：『他是馬來婆』。」這個馬來婆有一雙「如夢似的矓人的馬來女人的風情」。[26]雖然描述只是點到為止，行筆似乎有所克制（作者是從聽覺上展示沖涼景觀，在惹眼處有所省略。），但字裏行間顯然有一種新奇感。如果說巴人在描述沖涼景觀時有些遮遮掩掩，那麼洪靈菲則似乎全無顧忌。他寫裸體沖涼的女子，也寫敘述人的「血沸換不過氣的」真實感受：

最先觸著芝菲的眼簾是他血沸換不過氣的，是一個二

---

26 巴人《印尼散記》（長沙：湖南人民出版社，1984），頁 6。

> 十七八的婦人裸著上體，全身的肉都象有一種彈性似
> 的正在岸邊浴著。她見人時也不臉紅，也不羞澀，那
> 美麗的面龐，靈活的眼睛，只表現著一種安靜的、貞
> 節的、優雅的、女性所專有的高傲。[27]

　　這樣的女子圖像，看似少了慾念，多了一層審美的意境，
更接近一個想像中的藝術造型，可說是眾多南洋裸女圖像中
的一個異像。然而，這卻是個充盈著兩種慾望的尤物。她一
面在野外洗浴，裸體彈性肉感，充滿活力，給了主人公「血
沸換不過氣的」的感官刺激；一面又似佳閣閨房的女子，那
「平靜的、貞節的、優雅的」、甚至是「高傲的」的模樣給
主人公以審美的激動。如此看來，洪靈菲筆下的這個南洋女
性，實則是一個慾念與精神交織的圖像，表達了雙重慾望。

　　這些土著女子形象，由一套認知辭彙形成。這些辭彙不
僅色彩濃豔，對比度強烈，而且賦予甜膩酥軟的形味，可感
可嗅，甚至誘人可以吞吃。濃豔的主要色彩是土著女人的黑，
這裏的黑不是通常所比喻的「神聖」、「莊嚴」、「冷束」，
更不是「陰影」、「幻滅」和「絕望」的意象；相反，它是
陽光之黑，敞亮、健康、濃麗，充盈生命力的象徵。我們看
巴人的一段描述：

> 阿根老婆則是一個矮小的馬來女人，雞婆臉，黑得如
> 同焦炭。但有雙更黑的眼睛。人不能在她身上看出美
> 感，卻能從她的眼睛領受到生命的威力。[28]

---

27 洪靈菲《流亡》，見王平編《現代小說風格流派名篇》（普羅小
　　說之二）（北京：中國文聯出版公司，1998），頁 224。
28 巴人《印尼散記》（長沙：湖南人民出版社，1984），頁 26。

　　阿根老婆是個住在鄉下的馬來婦女，因為環境的薰染，自然在巴人的眼裏難以看出「美感」；但她那「如同焦炭」的黑，那「雙更黑的眼睛」，卻讓巴人「領受到生命的威力」。這裏的「黑」，是作家描述的重點，在作家帶有評判意味的文字下，視為衡量生命力的標準。

　　不僅如此，黑色的意象也賦予原始情慾的想像色彩。在前面的論述中我談到巴人在描述南洋土女時，有意抽離情慾的成分，以保持筆墨的清白素淡。但隨著敍述的發展，我們發現，巴人的文字不僅細膩，而且色彩頗為濃烈。阿根的老婆，是他描寫的主要人物。她的一顰一笑，一個動作，一個神態，巴人做了十分細節性的描述：

> 她不時說著，又不時笑著。血紅的嘴唇下，露出一排白牙齒白得森森發光，頗有叫人願意讓它咬斷喉管般可愛。[29]

　　這段文字，色彩濃烈，且呈強烈的對比。焦炭似的黑，血紅的嘴唇，白的森森發光的牙齒，這樣的描述，不能不給人一種強烈的色彩的震撼。同時，極富感官刺激的比喻，使人感到這色彩的奇異魔力。緊接著，作者在對這個馬來女人的描寫中展開了一系列的情色聯想：

> 她的表情具有一種魔力；平靜的水波，會掀起巨浪；榛莽的山林，會跳出猛獅；醜陋的女人，你能抹殺她迷人的魔力？愛情是生理的浪花，本能的巨波，不脫原始社會風習的女人，最容易將生命為愛情而粉碎。

29　同上，頁 26-27。

> 阿根享樂在這女人愛情的濃酒中，醉倒了，比誰都懶
> 了。[30]

這樣幾乎成對稱的排比句，不僅飽蘸激情，給人一種排山倒海的力量感，而且，配搭以強悍的意象，如「巨浪」、「猛獅」、「烈酒」之類，無不給人一種巨大的衝擊。巴人的文字無疑具有生理標誌，在他看來，這個馬來女人具有濃烈色彩的身體，充滿讓男人無法抵擋的原始肉慾；猶如烈酒，讓男人迷醉。由這樣一套認知辭彙的表述，其實是當時的南洋遊記中的流行的定型套話。

與巴人相比，徐志摩的文字色彩則更為濃豔肉糜。〈濃得化不開〉（星家坡），則是一個典型的情慾意象，是作者個人慾念的反映。可以說，徐志摩的這篇遊記，無論是敘事、時空、情感遊蹤，還是人物形象等等，都是在「濃得化不開」的情慾中建構起來的。在這篇「濃得化不開」的遊記中，馬來姑娘是一個主要的抒懷對象。主人公廉楓在一片充滿濃豔香味氛圍的旅店中邂逅了她，被她全身強烈濃豔的色彩如魔力般吸引，一時浮想聯翩，品玩間情慾難罷，慾念竟入夢中。請看作者的這段描寫：

> 廉楓回進旅店門彷彿又投進了昏沉的圈套，一陣熱，一陣煩，又壓上了他在晚涼中疏爽了來的心胸。他正想歎一口安命的氣走上樓去，他忽然感覺到一股彩流的襲擊從右首窗邊的桌座上飛驟了過來。一種巧妙的敏銳的刺激，一種濃豔的警告，一種不是沒有美感的

---

30 巴人《印尼散記》（長沙：湖南人民出版社，1984），頁 26-27。

　　迷惑，只有在巴黎的晦盲的市街上走進新派的書畫店時，彷彿感到過相類的警懼。一張佛拉明果的野景，一幅瑪提斯的窗景，或是弗朗次馬克的一方人頭馬面。或是馬克夏高爾的一個賣菜老頭。可是怎麼了，那窗邊又沒有掛什麼未來派的的畫，廉楓最初感覺到的是一球大紅，像是火焰；其次是一片烏黑，墨晶似的濃，可又花須似的輕柔；再次是一流蜜，金漾漾的一瀉，再次是朱古力（Chocolate），飽和著奶油最可口的朱古力。這些色感因為濃初來顯得凌亂，但瞬息間線條和輪廓的辨認籠住了色彩的蓬勃的波流。涼風悠悠地喘了一口氣。「一個黑女人，甚麼了！」可是多妖豔的一個黑女，這打扮真是絕了，藝術的手腕神化了天生的材料，好！。烏黑的惺忪的是她的發，紅的是一邊鬢角上的插花，蜜色是她的玲瓏的掛肩，朱古力是姑娘肌膚的鮮豔。[31]

　　這段文字，描寫的是主人公「驚豔」的一幕。敍述、描寫、聯想、比喻等不脫詩人的浪漫個性，而這些又都呈現濃豔的色彩，宛如一幅色彩鮮明的油畫。可以說徐志摩對這個黑女人面貌的描寫是很成功的，而成功就在於其濃豔的施色。她的頭髮、她的肌膚、她的打扮，都是用鮮明濃豔的詞語描述的。也許作者還嫌這不足以表達他那種「濃豔」的感覺，他還用一連串色彩豔麗的比喻，如「感覺到的是一球大紅，像是火焰其次是一片烏黑，」「墨晶似的濃再次是一流

---

31 徐志摩〈濃得化不開〉（星家坡），見《徐志摩全集》（小說集，2）（香港：商務印書局，1983），頁 65-66。

蜜，金漾漾的一瀉，」「飽和著奶油最可口的朱古力」等等，
很顯然，這些比喻與這個黑色女人意象十分渾融，給人強烈
的感官刺激。

　　需要進一步分析的是，作者在描寫這個黑色女人的濃豔
美時，完全是圍繞人物的外部特徵進行描述，而非深入人物
的心靈。在對人物面貌描述時，又是從觸覺展開：如寫強烈
濃豔的視覺、寫蜜甜香軟的味覺，給人要視看和舔嘗的誘惑。
如此看來，黑色女人的「濃豔」美，在徐志摩筆下，並非一
種藝術的美，而是帶有很強的肉感的慾念色彩，是一幅旅人
的「野景」、「窗景」。

第四節　南洋伯之情思

　　相對於上述南洋情調所洋溢的夢幻、慾念色彩的書寫，
南洋伯之情調喚起的則是更為美好的情感與相關思考。在現
代作家的遊記文學作品中，我們常常可以見到一個叫作「南
洋伯」的稱呼，[32]在有些遊記作品中又以「笨伯」代稱。所
謂「南洋伯」，其實是一群集體肖像。他們早年來自中國的
某一鄉村，如福建、廣東、海南等地的鄉村，到南洋後散落
各地謀生。他們大都讀書少而缺少文化教養，性格樸實粗野、
憨厚。因為他們來自中國，或祖籍中國，所以多數熱愛中國，

32　有關南洋伯的形象描寫，見斐爾的《南國風味》，梁紹文的《南
　　洋旅行漫記》、巴人的《南洋伯》以及陳殘雲的《南洋伯還鄉記》
　　等。

對南來的「新客」熱情有致，對前來求助的中國人或政府，往往總盡鄉情之誼或愛國之情給予奉獻。又因為他們來自鄉村，保留了傳統鄉村中國的美德，勤勞節儉、待人誠懇，缺少心計，給人一種笨笨的印象，故而有時被戲稱為笨伯。[33]由此可見，南洋伯與中國有著「血親」的密切關係。

　　中國作家到南洋的活動範圍主要在華僑界域，南洋給他們一種熟悉的感覺，有些作家甚至在遊記中感歎到了南洋似乎像是到了中國南方的一些市鎮。[34]環境心理學一般認為，人們在繪製其認知圖的時候，常常誇大他們最熟悉的地方和細節，並且將它們置於圖的中心地帶。在這裏，我們可以做這樣的類比，遊記作家的寫作有些類似於繪製地圖，通常也將熟悉的旅遊路徑作為紀遊敍述的焦點。所以，在反映南洋的遊記文學作品中，我們看到的多為反映華僑或華人的社會生活。在斐爾的〈南國風味－南國人的風度〉中我們就可以看到一種熟悉的描述情景：「待夜晚關上了店門，有太太的

---

33 如梁紹文在《南洋旅行漫記》中這樣寫道：「在中國南部有兩句極流行的話就是『金山丁』『南洋伯』，這兩句話，內包含的意思是說華僑都可以巧騙的。『丁』是頭腦簡單，隨便可欺；『伯』是笨伯，糊裏糊塗之謂。在金山（美國）的華僑，和南洋的華僑，都是以富豪聞於國內，所以國內許多狡猾的人，都想假借名義騙騙他們的錢。」見梁紹文《南洋旅行漫記》（臺北：新文豐出版公司，1982），頁 27。

34 如姚枬在《新加坡的巴刹》中所描述的「『換一面國旗，新加坡十足是中華民國的領土了。』這倒不是說笑話，但就人口來講，這兒號稱謂包含著亞洲人種大半，可說百分之九十都是吾們炎黃裔胄。所以祖國的人踏上這小島來，除了多件幾個熱天戴絲絨帽子的馬來哥兒，和披發及肩皮膚棕黑而發光的吉甯鬼子外，依然見不到十分異乎國內的情形。」見《宇宙風》第 35 期（1936 年 2 月 16 日）。

頭家門便早早地睡著覺。書記，夥計，廚夫和苦力們便擠到屋子後面，打起牌子或叉馬將。有的人更躺上了煙榻，把鴉片抽上了個大半夜。」[35]這種生活情態在反映中國市鎮民情的文藝作品中比比皆是，只不過生活的場域不同而已。這些「頭家」、「書記」、「夥計」，「廚夫和苦力」就是一群「南洋伯」，他們保留了中國傳統的生活習俗，在南洋繁衍著。如此推論，南洋伯似乎很難說是一個完整意義上的「異國形象」。我們通常認爲異域情調反映了「對某一外國的看法或描述」。但南洋伯畢竟生活在南洋，有著南洋人的風味、習慣、性情等，具體地說就是一種馬來味。他們喝咖啡、吃咖喱、走到哪里拖著一雙拖鞋，不時還夾著幾句馬來話。正如斐爾在文中所描述的：「用四個銅板喝著一杯濃烈的咖啡牛奶，拖著一雙拖鞋在炎熱的柏油道上彳亍著，騎著腳踏車到處奔忙，打著不三不四的馬來話與土人做著買賣，穿著白布的西洋便服，卻配以一件中國式的褲子的，是南國人的特殊姿態」[36]很顯然，南洋伯在保留有一般鄉村中國品性的同時又有濃鬱的南洋情調。這是一個特性雜合的群體形象。據形象學理論，「形象是對一種文化現實的描述，通過這一描述，製作了（或贊成了，宣傳了）他的個人或群體揭示出和說明瞭他們置身於其間的文化和意識形態的空間。」[37]以此

---

35 斐爾的〈南國風味—南國人的風度〉，見錢谷融主編《現代作家國外遊記選》（上海：上海文藝出版社，1983），頁 21。

36 斐爾的〈南國風味—南國人的風度〉，見錢谷融主編《現代作家國外遊記選》（上海：上海文藝出版社，1983），頁 20。

37 孟華主編《比較文學形象學》（北京：北京大學出版社，2001），頁 120-121。

理論思考，南洋伯形象反映了型塑他們的多元文化空間的特性，是多元文化交互作用的產物。在一些遊記作者的描述中，南洋伯不講單一的語言，華語、方言、馬來語以及英語等等能適時派上用場；他們不飲食單一的食品，中國的、馬來的、西方的都爲所好；他們的謀生手段多樣靈活，不固守一隅，尤尚經商發財之道。這些描述顯然說明，南洋特有的文化空間塑造了「南洋伯」。

　　在斐爾等作家看來南洋伯具有一種風度。中國人的風度素描，大都形容美好的談吐、儀容姿態和舉止，有儒雅之風度，有大將之風度，有君子之風度等等之說，像斐爾這樣將南洋伯的看似有些庸俗的性情和喜好上升爲一種風度之說還實爲少見。在斐爾的筆下，南洋伯的風度不僅遠系中國傳統鄉村的品格，而且緊密粘合南洋的異域性。人類學家列維—斯特勞斯在對熱帶區域進行長期的觀察後，發現人和其地理環境之間存在的密切關係，一個社會存在的形態與表達其社會存在的意識形態緊密相關。[38]以此推理，南洋伯中的異域性，就意味著一種「新」的人與環境之間的關係（相對中國

---

38 列維—斯特勞斯（Claude Le'vi-Strauss）長期在巴西從事教學，並多次深入人跡罕到的熱帶美洲的原始部落進行人類學的考察，其蹤跡到過南亞。並將其經歷寫成一部遊記作品， 這就是《憂鬱的熱帶》（北京：三聯書店，2000）。這本中譯本，由王志明在主要參考 1973 年 Jonathan Cape Limited 出版的英譯本的基礎上翻譯的。在《憂鬱的熱帶》中，斯特勞斯記述了他在熱帶美洲和熱帶南亞的考察見聞。這本書雖爲遊記，但其中參合著很濃的人類學的思考。如作者在本書中提出，熱帶美洲和印度雖同爲熱帶區域，但因爲地理環境不同，熱帶美洲的部落人群與印度人的道德認知和品格表現出很大的差異。

鄉村環境）。即是說南洋社會存在的形態賦予南洋伯特殊的品行。相對當時農耕土地貧瘠，人口眾多的中國來說，南洋不僅物產豐富，人少地肥，人們不需動用心思或相互欺詐就很容易生存。正如梁紹文在遊記文中所言：「南洋氣候極好，有五風十雨的景象。」「因為氣候好，所以土地肥沃，出產極豐富。所有檳榔、椰子、橡膠、大麥，隨地都是，不需耕耘，蔚然成林；其餘如穀類，及蔬菜等，只需播種，便可坐看其熟。這就是得天獨厚，別的地方萬萬趕不及的」[39]這樣易於生存的環境使生活在南洋的華人有一種「古樸之氣」，保留了中國傳統的古樸遺風，故而梁紹文在遊記中情不自禁感歎道：「到了南洋的地方，居然淳風樸俗，使人疑為三代以上的遺民，真是可敬愛的很。」[40]不僅如此，在斐爾的描述中，南洋伯雖然喜歡經商，且成功的商人大有人在，但大都坦率質樸，「少弄些狡獪事情」。這與中國傳統文化認為商人奸詐投機，毫無誠信可言的描述則迥然相異。由於這些南洋伯心地簡單，「常常為內人所欺騙」。但其憨厚熱情並不因而減弱，「你一踏上了南國的海岸，你便會碰到這般南國人用著熱烈的同國人的情誼來歡迎你。」「一遇到國家有事，他們便慷慨地解下由血汗得來的銀包，替國內人裝進金庫。」[41]被斐爾津津樂道的這些風度，在其他的遊記文學作品中也多處可見。從這些描述可看出，南洋伯的風度，主要

---

39 梁紹文在《南洋旅行漫記》（臺北：新文豐出版公司，1982），頁43。

40 同上，頁180。

41 斐爾的〈南國風味—南國人的風度〉，見錢谷融主編《現代作家國外遊記選》（上海：上海文藝出版社，1983），頁20。

體現在質樸、簡單、憨厚、熱情等性情方面，即便被狡獪的
國內人利用了也不計較，甚至表現得有些糊塗。這是作者在
描述中很明顯表達出的情感傾向，也就是南洋伯形象的認同
性。形象學一般認爲，形象是一種社會集體的想像物，帶有
深刻的「雙極性」，也就是「認同性」和「相異性」。[42]斐
爾的南洋伯形象明顯具有這樣的「雙極性」。但值得注意的
事，這裏的「相異性」，也就是一種「南洋味」，在作者的
表述中，並不與「認同性」對立，而是對「認同性」的補充
和說明。如果說「認同性」是可見的書寫傾向；那麼，「相
異性」則隱含地表達了的作者傾向，似乎說明瞭世風日變，
而南洋的空間環境卻保留並發揚鄉村中國的傳統美德。這可
從作者通過對當時國內人狡獪，常用欺騙手段的書寫可看
出。實際上，作者藉南洋伯形象的書寫，大多要表述的是對
自我文化的反視和思考。正如一些形象學的研究者所言：「在
遊記中，作者—旅遊者是敘事的生產者、敘事的主要對象、
敘事的組織者和他自己的導演。」[43]這也就意味著遊記的寫
作緊密地與作者的寫作心態以及動機相聯繫，作者在對異國
的形象進行描述時，往往關注和探討的是自己文化問題。故
而我們不難理解斐爾在文章結尾時的感歎：「等將來南國的
風味和南國人的風度漸漸地消失了，我想那時的世界一定有
一個很大的變遷」。這似乎在給那些「虛僞欺詐」的中國人

---

42 孟華主編《比較文學形象學》（北京：北京大學出版社，2001），
　　頁 121。

43 孟華主編《比較文學形象學》（北京：北京大學出版社，2001），
　　頁 146。

一個警醒。

　　在一些作者的筆下，南洋伯的風度主要是一種現代人少有的人情味。這種人情味體現在待人接物熱情、浪漫，與人交往心思透明，思維直線式的簡單。王任叔也寫過一篇《南洋伯》[44]，但王任叔筆下的南洋伯形象則不僅有這些普通性情，還有著傳奇色彩以及大將之風度，其書寫似乎有一種替南洋伯形象翻案的衝動。文章開篇就轉述一個華僑領袖的一次演講來表達他不滿意於中國人對南洋伯的認識：「那些中央要人，別以為咱們全是南洋伯，光出錢不問事的。」於是南洋伯這個名詞沿著作者的書寫就有了不同的新意。在作者的描述中，這些南洋伯來自中國沿海破落的鄉村，到南洋歷盡艱辛，終於有一天成為大頭家。他們不失草根出身的本分，依然做事勤快、勇敢，生活儉樸，慷慨捐款支持中國革命。但是，不同於其他那南洋伯的形象的描述，王任叔筆下的南洋伯一旦看到自己被中國人欺侮或擺佈，則不再委屈自己，而是表現出開發南洋的堅硬勁兒，硬頂硬撞。作者在文中借一位南洋伯的口吻，抒發了對當時中國政府胡亂指指點點的反感：「我們南洋伯應該有這樣精神的：你不許我這樣，我偏偏要這樣；你要我那樣，我偏偏不那樣，這叫硬頂。我們祖先，赤手空拳來南洋，哪一個混蛋政府幫我們一點忙，只有中國地皮刮不了的時候，於是他們倒向我們擺起老爺架子來了。這樣命令，那樣吩咐，花樣多得很。……我們就是『一

44　王任叔〈南洋伯〉，見王任叔《五祖廟》（廣州：花城出版社，1986）。

個不理』」。[45]王任叔在南洋有過大約 7 年左右的經歷，也
可稱得上是一個南洋伯了。在與南洋華僑的接觸和共同奮鬥
的生活中，王任叔對南洋華僑的生活可說有了相當深入地瞭
解，這點不同於當時國內要人或到南洋走馬觀花的遊人，因
而王任叔對南洋伯有一種同情、敬佩、溫暖之情。所以在文
中，南洋伯的形象有了讓人欽佩的個性和精神，其中「硬」
的個性就是其敘述的焦點。南洋伯的「硬」使他們「開發了
一個南洋的天下，有了今天一大批南洋伯」，[46]而且在受到
輕侮看待時還敢於站出來大膽維護了南洋伯的尊嚴，作者在
文章的結尾借人物之言抒發道：「全以為我們南洋伯是傻裏
傻氣的嗎？不，我們有瘋子一般的傻氣，卻還有狐狸一般的
精敏，猴子一般的靈活，流浪一般的勇猛。」[47]顯然可見，
與當時流傳的南洋伯的描述相比有了更多地讚美之辭，這無
異於是一種翻案的書寫。王任叔當時是中共重要作家，在來
南洋之前實際上是奉周恩來之命到美國辦《華僑日報》，不
料護照難辦不能到美國。在香港期間受胡愈之的邀請到新加
坡，任教於南洋華僑中學，同時還為胡愈之創辦的《南洋商
報》的副刊《獅聲》寫稿，宣傳反法西斯的文學運動。在新
加坡淪陷後，王任叔逃往印尼，也不忘抗日救亡的工作。[48]南
洋的閱歷和自覺的使命感驅使他寫了不同於當時中國作家的

---

45 同上，頁 114。
46 王任叔〈南洋伯〉，見王任叔《五祖廟》（廣州：花城出版社，
   1986），頁 115。
47 同上。
48 谷斯范《王任叔在南洋》，見《印尼散記》（長沙：湖南人民出
   版社，1984），頁 332-334。

南洋伯形象，以引起政界或文化人的反思。其實這種寫作的
動機在王任叔其他南洋遊記中多處明顯可見，如《任生及其
周圍的一群》，在描述人生及其周圍一群南洋伯時，筆墨就
灌注著同情和關愛之筆，同時也批評了中國政府對他們冷漠
不管，任其自生自滅。文章敘事、抒情、議論三者融合，給
人震撼和深思。

小　結

　　通過以上四個方面的分析，我們發現，中國現代作家遊
記筆下的南洋情調，固然在一定程度上反映了南洋真實的圖
像，但其描述性的、評判性的以及解釋性文字大都充盈著幻
想、想像和臆測的成分。不僅如此，大多數作家在描繪南洋
圖像或南洋情調時，不僅抽離了其複雜性，而且，在南洋圖
像與原始性愛、意趣之間建立聯想。但同時我們也看到其中
不乏讚美或省思。

第五章　南洋夢：以郁達夫 為個案研究

　　在眾多作家中選擇郁達夫、老舍（見下章分析）做個案分析，主要考慮了以下兩個方面的因素：其一，我認為作為個案分析者，應該既有一類群體的代表性，也有這類群體外的獨特的個性化特徵。郁達夫、老舍在南洋的遊歷及其作品既有上述作家的代表性又極具他們自己的個性。郁達夫在南洋有三年多的經歷，如同許多作家南來的作家一樣，郁達夫到新加坡後作副刊編輯，在新加坡淪陷後逃往印尼隱居；但不同的是，郁達夫南來帶著很強的自我放逐的特徵，因而使他在如何看待南洋的問題上表現出很超前的見解；同時，郁達夫又是中國著名作家，無論是自己還是南洋社會都寄予很高期待；再者，郁達夫在南洋不僅所呆時間較長，還不遺餘力推動新馬文化工作，曾引起多方爭議，在華僑社會產生很大影響。老舍南來的情況則如同另類眾多作家，這類作家通常在往返西方與中國途中經過南洋，如梁啟超、徐志摩等人。老舍是從英國回國途中經過新加坡，途中思想發生變化，寫了一部反映新加坡華人的小說，其小說反映的南洋心態與眾多作家既同又異，我認為有必要作個案的類型分析。其二，

郁達夫、老舍在南洋的遊蹤以及其有關的南洋作品涉及廣泛，分量較重，需要專門開闢專節加以詳細討論和分析。

第一節　郁達夫的南洋經歷與其遊記

1938 年郁達夫接受新加坡《星洲日報》社長胡昌耀擔任其副刊主編的邀請，懷著遺世炎荒的落漠心情踏上南洋之路，12 月 28 日，郁達夫到達新加坡，被安排住在位於牛車水的「南天酒店 8 號」。第三天就是新年，又正逢檳城的星系報《星檳日報》在 1939 年 1 月 1 日創刊，因爲大作家聲名，郁達夫受邀北上檳城慶賀，同行的還有《星洲日報》的主筆關楚璞。幾天後返回新加坡，不料所乘火車拋出鐵軌，這段驚險後被寫入遊記〈覆車小記〉，在檳城的遊歷也記有〈檳城三宿記〉。從檳城返回新加坡後，郁達夫正式開始副刊《晨星》以及《繁星》等的編務工作。工作期間，他寫了大量的關於社會、政治、軍事等時事分析的作品，文字穩健、通透，與在國內的灰色筆調判若兩人。郁達夫還積極扶掖新馬青年作家，不但幫他們看稿子、改稿子，還在生活以及工作方面幫助他們。林非心在〈紀念郁達夫先生〉一文中回顧說：「尤其新進青年作家的人，我相信每個人都對他發生一種溫暖的感覺的。」[1]苗秀當時是青年作家，與郁達夫有過多次交往。在〈郁達夫的悲劇〉中他這樣寫道：「郁達夫很喜歡接近青

---

1 林非心〈紀念郁達夫先生〉，見《華僑日報》，1946 年 3 月 11 日第 4 版《星海》副刊。

年，他那時候的寓所在中峇魯，筆者不止一次到過他的寓所。
他給我的印象很好，我覺得他的性格平易近人，毫無半點大作
家的架子，對我們這些來訪的搞文藝的年青人，非常歡迎，態
度也極誠懇。對於年青的寫作者，他更是獎勵不遺餘力。」[2]像
這類當時文學青年充滿熱情的回憶文章還有很多，在這不一一
列出。

　　1942 年 2 月，日軍攻佔馬來西亞和新加坡，隨後新加坡
淪陷。郁達夫和「抗日委員會」的部分成員如胡愈之、王任
叔等被迫撤離新加坡，幾經轉折，最後在印尼蘇門答臘省一
座叫巴爺公務的小鎮暫住下來。郁達夫開始蓄鬍子，寫舊詩，
抒發自己對戀人、故鄉的思戀，以及表達抗戰的決心。郁達
夫等一行人在巴爺公務，為了隱蔽身份，並解決生活問題，
他們經營了一個「趙豫記酒廠」[3]（寄賦復興、討伐仇敵之意）。
這家酒廠名義上老闆是郁達夫，此時他化名為趙廉，故酒廠
叫「趙豫記酒廠」，但實際的管理人是張楚琨和胡愈之。郁
達夫除了寫舊體詩外，還必須給武吉丁憲兵隊當翻譯，但不
拿憲兵隊的薪水。他總在尋找機會辭去這份差事，但要擺脫
憲兵隊是件不容易的事，因為他們很難找到像郁達夫這樣中
文、日文、英文、荷蘭語以及印尼語都懂的人，後來郁達夫
想盡辦法弄壞自己的身體，證明得了肺病才得以成功。郁達
夫在作翻譯期間，由於職務的關係，保護了許多華僑和印尼
人民。因為有郁達夫與日本憲兵隊周旋，並不斷地送酒、送

---

2 苗秀《馬華文學史話》（新加坡：新加坡青年書局，1968），頁 418。
3 日本學者鈴木正夫在《蘇門答臘的郁達夫》對此作了詳細的注
　釋，頁 102。

錢，日本憲兵隊很少來酒廠找麻煩。巴爺公務看起來比較安
全，因而許多文化界的人士和從事抗日活動的青年，聚集到
這個市鎮上來避亂。[4]但要維持眾多人的生活，則顯然不夠。
後來，他們想辦法開了肥皂廠和造紙廠，還是由郁達夫當名
義上的老闆，但因銷售不景氣，不久關閉。「趙豫記酒廠」
也成了抗日人士活動的中心。在郁達夫的掩護下建立秘密組
織，開展抗日宣傳工作。據張楚琨記述：

> 由於得到了郁達夫的庇護，我們在日本統治下，成立
> 了一個秘密組織 ——「同仁社」。領導人是胡愈之，
> 參加者則有沈慈九、劭宗漢、王任叔、吳柳斯、張企
> 程、高雲覽和我。每個星期在胡愈之的「椰廬」，開
> 一次座談會。主要是交換報紙和從收音機裏聽來的新
> 聞，分析敵人的動向，討論聯軍反攻的可能性和時
> 機。……郁達夫沒有參加「同仁社」。我們也沒有讓
> 他參加進來，並非因為不信任他，而是因為擔心他的
> 境遇。參加這樣的組織，會讓他遇到麻煩和增加負擔
> 的。但他都看在眼裏。[5]

　　胡愈之在〈郁達夫的流亡和失蹤〉對此也作了記述：「因
為政治認識的不相同，所以我們一些朋友在蘇門答臘建立秘
密小組，展開華僑抗日宣傳工作，研究印尼問題，都沒有讓
達夫參與。達夫或者有些知道，也只當作不知道。」[6]1945

---

4 鈴木正夫著、李振聲譯《蘇門答臘的郁達夫》（上海：上海遠東
　出版社，1996），頁 105。
5 張楚琨〈憶流亡中的郁達夫〉，見北京《文化史料》，1983 年第 6
　輯，頁 1-24。
6　胡愈之〈郁達夫的流亡和失蹤〉（香港：咫園書屋，1946），頁 32。

年，郁達夫被日本憲兵殺害，很多人對他被害感到吊詭。[7]因為許多人認為郁達夫只是一個作家而已，對國家和現實也諸多不滿，並且與日本、日本文化有深厚淵源。[8]1952 年中國政府追認郁達夫為烈士。郁達夫一生政治生命不得意，對此榮譽，他在九泉之下也許會感慰籍。

郁達夫在新加坡、馬來西亞、印尼工作、旅遊、逃亡的三年多的時間裏，寫下了許多作品，從文體上分主要有政論文、雜文、散文、文藝雜論、舊體詩詞等。有些學者對郁達夫在南洋的作品作了收集甚至評論文章，[9]通常他們認為郁達夫在南洋寫的遊記只有三篇，這就是〈檳城三宿記〉、〈覆車小記〉以及〈麻六甲遊記〉。雖然溫梓川的《郁達夫南遊記》收編了這三篇外，還收編了其他篇目[10]，但我個人認為這個編本有些隨意，因為有些文章明顯屬政論文或文藝雜談，不應歸於遊記範列，如〈今年的三‧二九紀念日〉、〈我愛讀的短篇小說〉等；而有些應視為遊記作品的則又不在之

7　如夏志清對郁達夫的死亡一事評論說：「對一個既非共產黨員又非極其愛國的作家來說，這無疑是個反諷的結局。」見 C.T. Hsia, *A History of Modern Chinese Fiction.*（New Haven and London: Yale University Press, 1974）（Second printing）, pp.533.

8　如日本人鈴木正夫先生，他在文章中就悲痛地說「郁達夫愛日本和日本人，他對日本和日本人有獨到精深的瞭解，但就是這樣一個人，卻在日本人手中慘遭橫死，連遺骸也不知下落。」見鈴木正夫著、李振聲譯《蘇門答臘的郁達夫》（上海：上海遠東出版社，1996），頁 248-249。

9　郁風《郁達夫海外文集》（北京：三聯，1990）；王潤華《郁達夫卷》（臺北：遠景出版事業有限公司，1984）；秦賢次《郁達夫南洋隨筆》（臺北：洪范書店，1978）姚夢桐《郁達夫旅新生活與作品研究》（新加坡：新加坡出版社，1987）。

10 溫梓川《郁達夫南遊記》（香港：香港世界出版社）。

內，如〈戰時學生修養〉、〈歐洲人的生命力〉以及一些寫給國內朋友的信件等，因爲這些作品有遊蹤，有心蹤感悟等遊記文體所包含的結構。在我看來，郁達夫的南洋遊記作品遠不只是上述的三篇，因爲還有很多在南洋寫的文章是對行程或行蹤的敍述，敍述人是一個旅行中的觀察者，這樣的文章合乎遊記的內在結構，故而應作爲遊記來研讀。這類文章有：〈南洋文化的前途〉、〈教師待遇改善問題〉、〈一年來馬華文化的進展〉、〈幾個問題〉、〈看稿的結果〉以及〈致柯靈〉、〈致樓適夷〉等。〈檳城三宿記〉、〈覆車小記〉記述的是隨友人北上檳城遊歷的情形。〈麻六甲遊記〉記述的是郁達夫 1940 間從新加坡到吉隆玻參加《原野》的揭幕儀式，過後隨友人到麻六甲的遊觀。從總體上來說，郁達夫的南洋遊記關注的焦點主要還是南洋的文化問題，這點從上述題目顯然可見。如何看待南洋文化的問題實際上反映了郁達夫的南洋心態。在這些方面，郁達夫與其他南來的中國作家相比，其相異性大於相似性，這主要在於郁達夫到南洋是抱著一種自我放逐南洋的情懷。因而，爲了深入瞭解郁達夫南洋遊記所反映的南洋心態以及文化前景，有必要對於達夫自我放逐南洋的情懷展開分析。

第二節　自我放逐南洋夢

一、自我放逐的含義

從歷史事件來看，放逐（exile）應該包含兩種形式，即

流放和流亡。前者是一種被動的狀態，因爲政治的原因而受
到驅逐貶放到蠻荒邊遠地區的懲罰。後者，則是一種主動的
姿態，自動撤離中心地帶，從凡俗的生活中解放出來，獲得
身心的自由狀態。這種放逐不一定要離開家園和土地，主要
特徵是精神上的放逐，在一種隱喻的放逐環境中，把自己與
某種文化的特權、榮譽、關係疏遠，成爲身在其中的局外人。
愛德華·薩依德（Edward W. Said）認爲知識份子的流亡接近
這種形式。在《知識份子論》[11]（Representation of the
Intellectual）中，他對知識份子的特徵作了較詳細的描述，
在薩依德看來，知識份子天性就是放逐者，是走向邊緣的人。
「知識份子的主要責任就是從壓力中尋找相當的獨立。」[12]因
爲流亡這種狀態把知識份子從權力中心疏離出來，成爲自在
安適的邊緣人，所以，處在邊緣的人就像旅行家、探險家，
具有好奇和發現新事物的精神，他們「對任何事情都不視爲
理所當然」。[13]但這並不意味著放逐的人與先前的經驗、知
識完全割斷，而是處於兩者之間的狀態（State of in-
betweenness）。這種「之間」的狀態使放逐者在看問題時具
有「雙重視野」（double perspective），即「流亡者同時以
拋在背後的事物以及此時此地的情況這兩種方式看待事情。」
[14]因爲放逐者把自己邊緣化（marginal），不接受習慣文化的
馴服（undomesticated），所以，在思考問題時就如同旅人，

---

11 薩依德著、單德興譯《知識份子論》（臺北：麥田出版社，1997）。
12 同上，頁 34。
13 同（11），頁 97。
14 同上。

很容易對事物作出反應，並以不可預料的、創新的眼光對事物進行解讀。

　　總之，簡要地說，所謂自我放逐，就是人們，通常是指知識份子，主動把自己從尋常的、習慣的生活中解放出來，成爲邊緣人。

郁達夫式的自我放逐

　　我之所以要對郁達夫的自我放逐作特別界定，是因爲上述的描述不能完全準確說明郁達夫的放逐特徵，郁達夫的放逐有其獨特性，獨特在於其文化、其個人氣質。郁達夫經歷了新舊社會的轉型期，因而具有傳統與現代文化的雙重特點。在傳統方面，他像舊式文人：多愁善感，懷才不遇，喜怒無常，飲酒嫖妓追求名士風範；另一方面，他又是個現代知識份子：張揚個性，珍視自由，看重孤獨。郁達夫身上的新舊特點，使他在入世與出世、社會與個人之間不能做到幹練灑脫，而似小女人之態。在我看來，郁達夫的自我放逐，不似安適、自在，而似傷感、頹廢。頹廢像一個擋劍牌，是在他被社會放逐後使出的招數，正如郭沫若所說的「愈不得志愈想僞裝頹唐。」[15]雖然很多批評者認爲郁達夫頹廢感傷是受了西方思潮的影響，但我認它主要是中國舊文人式的，西方的浪漫思潮只是給郁達夫宣洩這種情緒提供了難得的機遇。以他的《零餘者》爲例作簡要說明。《零餘者》實際上是馬志遠的〈天淨沙〉的擴寫，「枯藤老樹昏鴉，小橋流水

15　郭沫若〈論郁達夫〉，見陳子善、王自立《郁達夫研究資料》（廣州：三聯出版社，1985）。

人家，古道西風瘦馬，夕陽西下，斷腸人在天涯」，這些意象在《零餘者》中清晰可見，而所謂「零餘人」就是那個仕途失意的「斷腸人」，因爲其才不爲社會所用、理想不能實現而感傷悲吟。郁達夫的痛苦是現世的，而鮮少對人的生存處境作形而上的哲學思考。我們在郁達夫的感傷行旅中，隨處可見他對時政的批評，以及有意和無意流露出的無法施展抱負和理想的痛苦。

事實上，郁達夫的失落痛苦是他那個時代知識份子共有的體驗。舊時的文人，讀書就意味著攀向政治仕途，「學而優則仕」、科舉選拔制度使讀書人合法走向社會政治中心，可是，1905年科舉制度被廢除，中國近現代知識份子再也不能憑讀書途徑掌控權力，施展理想抱負。正如李歐梵教授所言，「中國知識份子，有史以來第一次集體感受到與政治社會的疏離（alienation）」[16]郁達夫曾在一文中對現代知識份子的「失勢」作了這樣的痛苦的表述：

> 自去年冬天以來，我的情懷只是憂鬱的連續。我抱了絕大的希望想到俄國去作勞動者的想頭，也會有過，但是在北京被哥哥拉住了，我抱了虛無的的觀念，在揚子江邊，徘徊求死的念頭也有過，但是柔順無智的我女人，勸我中終止了。清明節那一天送女人回到浙江，我想於月明之夜，吃一個醉飽，圖一個痛快的自殺，但是幾個朋友，又互相牽連的教我等一等。我等了半年，現在的心裏，還是苦悶得和半年前一樣。

---

16 李歐梵《西潮的彼岸》（臺北：時報文化出版事業有限公司，1975），頁39。

活在世上，總要做些事情，但是被高等教育割勢後的
我這零餘者，教我能夠做些什麼？[17]

「活在世上，總要做些事情」的想法，可說困擾了郁達
夫一生，也是他那個時代中國知識份子普遍關注的問題。從
梁啓超到魯迅等中國近現代知識份子，可說就在一直尋找著
如何爲國家、爲社會「作些事情」。他們強調文學的政治功
能、社會價值，很大程度上是在尋找一條影響權力中心的途
徑，藉以實現其政治的、社會的理想。但是，郁達夫畢竟是
在新文學空氣中成長起來的現代作家，他的苦悶也具有時代
特徵，他筆下的自我形象反壓抑，反束縛、張個性就是現代
思想的產物。

總之，郁達夫身上的新舊特點，造成了他深刻的精神矛
盾，這就是中國傳統文化所培育出的文人趣味與現實的矛
盾，以及個人與社會的矛盾。郁達夫的精神矛盾，使他既不
能超然物外做一個隱士，也不能幹練勇敢做個戰士。我認爲，
郁達夫式的自我放逐至少包含兩個層次：首先，它是中國舊
式文人式的：在仕途失意後走向邊緣，借酒和女人排憂解愁，
以忘懷現實；其次，它也極具有現代色彩：表現自我、反叛
束縛、張揚個性、強調自由、權利以及個體生命的孤獨。因
此郁達夫式的自我放逐，不太同於西方式的精神流浪，是在
珍重自由中又包含著不能丟棄的社會責任感。

---

17 郁達夫〈寫完蔦蘿集的最後一篇〉，見盧今、範橋編《郁達夫三
　　文》（下）（北京：中國廣播電視出版社，1992），頁 226。

二、夢開始的地方：自我放逐南洋之因

在 1938 年底，郁達夫懷著遺世炎荒的落漠心情接受了新加坡《星洲日報》社長胡昌耀的邀請，從此踏上了人生遙遙無期的旅程。郁達夫雖然被認為是一個浪漫派的頹廢作家，但在中國抗戰正激烈的時期而出走南洋，不僅在當時，就是在後來，人們對他南渡之因各有猜測：有人認為郁達夫南渡帶有官方使命，到南洋去作海外宣傳[18]；更多人認為郁達夫出走南洋是為了挽救他與王映霞破裂的關係，在陌生的地方開始新的生活[19]；也有人認為郁達夫放逐南洋，是因為國民黨政府的迫害[20]；還有人認為郁達夫到南洋，是因為浪漫詩人的幻想[21]等等。這些說法都無不有根據。確實，郁達夫在南渡前的婚姻狀況、寫作狀態、政治待遇以及其周際關係都會是他自我放逐南洋的因素，當然南洋在郁達夫心中的印象和幻想也是他南渡原因之一。

在放逐南洋中癒合家庭

郁達夫在來南洋前的幾年時間，可說是他一生中最沮喪、最感困惑的時期。在婚姻方面，郁達夫要算是一個失敗者。他與原配夫人、王映霞之間的三角關係，則是婚姻痛苦

---

18 秦賢次《郁達夫抗戰文錄》（臺北：洪範書店，1978）。

19 見秦賢次《郁達夫抗戰文錄》（臺北：洪範書店，1978）和王潤華《郁達夫卷》（臺北：遠景出版事業有限公司，1984）。

20 姚夢桐《郁達夫旅新生活與作品研究》（新加坡：新加坡出版社，1987）。

21 王潤華《郁達夫卷》（臺北：遠景出版事業有限公司，1984）。

的本質所在。郁達夫在 1920 年奉母命從日本回家與一個農村姑娘結婚，這段婚姻雖然在婚前缺乏瞭解和愛情，但婚後，他們也能相濡以沫，過著正常的夫妻生活，可是在 1927 年初，他在老朋友孫百鋼家邂逅當時杭州美女王映霞，被其美貌打動，並陷入情網，不能自拔。從郁達夫的性情來看，當年追逐王映霞，應是真情所動。郁達夫本是一個浪漫文人，對女人有著真切的喜愛，尤其是美麗的女人。他（《沉淪》中的主人公）曾宣誓：

> 知識我也不要，名譽我也不要，我只要一個能安慰我體諒我的「心」。一副白熱的心腸！從這副心腸裏生出來的同情！
>
> 我所要求的就是愛情！
>
> 若有一個美人，能理解我的苦楚，她要我死，我也肯的。[22]

王映霞那「豐肥的體質和澄美的瞳人」當然給郁達夫帶來驚豔和振奮，他也確實一度從頹廢中奮發起來，過了幾年「富春江上神仙侶」的生活。但是好景不長，他受不了日常生活的單調、滯悶，家庭的束縛，一次又一次離家出走。他多變怪異的性格讓王映霞捉摸不定，夫妻生活蒙上陰影。而且，郁達夫雖然與原配離婚，可並未辦理法律手續，前夫人還是住在郁達夫在富陽的老家，甚至郁有時在與王映霞生氣後還回到老家與原配團聚。這當然大大傷害了王的自尊心，使王映霞總覺得郁是把他當小妾看待。郁、王對婚姻的不同

---

22 郁達夫《沉淪》（香港：文學出版社，1956），頁 11。

理解最終導致二人感情破裂。郁達夫對婚姻的理解很大程度
上是舊式文人的，他迷戀、追逐王映霞，是以男人愉悅的眼
光，而鮮少從人的平等意義的角度去理解她。他不習慣家庭
生活，就離家出走，尋找家庭以外的新鮮刺激，但王又是一
個受過現代教育的新女性，與郁的看法和行為當然會發生抵
牾與衝突。郁達夫在夫妻關係最緊張時攜妻來新加坡，也許
確實有些是為了緩和二人關係的考慮，在新的地方重新開
始。在〈毀家詩記〉中他似乎說到南渡的原因：「縱傾錢塘
潮水，奇羞難洗。欲返江東無面目，曳尾塗中當死」。所謂
「奇羞」，據郁達夫注釋，大概在 1937 年 8、9 月左右，他
不在家，浙江教育廳廳長許紹棣乘他與王不和之機，在一次
飯後，王失身於他。郁達夫感到「奇羞難洗。欲返江東無面
目」，於是投奔南洋，「若能終老炎荒，更係本願」。他也
寫過這樣沉痛的詩句：「投荒大似屈原遊，不是逍遙範蠡舟，
忍淚報君君莫笑，新營生礦在星洲。」[23]當然，在星洲新營
生礦，結合當時的歷史情景，會有多種解釋，但希望彌合夫
妻感情間隔，破鏡重圓也在情理之中。郁達夫從迷戀、到瘋
狂追逐王映霞、最後到自暴「家醜」，可以說只有郁達夫這
樣氣質的人才會發生這樣的事情。

在放逐南洋中啟動創作力

作為一個作家，郁達夫當然應是以不斷創作立足於世。

---

23 郁飛〈先父郁達夫在星州的三年〉，見王潤華《郁達夫卷》（臺
北：遠景出版事業有限公司，1984），頁 72。

但是 1930 年後，「他的作品不象以前那樣暢銷了」。[24]1932
年 5 月，小說《她是一個弱女子》出版，可發行不到兩月即
遭到查封，同年 12 月，郁達夫將它易名爲《饒了她》出版，
但當局還是將之查禁。1934 年，他開始爲林語堂的雜誌《論
語》寫稿，隨後開始寫自傳片斷，回憶往事，寫作靈感明顯
趨向枯竭。耐人尋味的是，這段時間，郁達夫過著從未有過
的安逸生活。1933 年，郁達夫決定離開上海，準備在杭州長
期住下去，於是在杭州城東建造了一座住所。按郁達夫的原
計劃，本來只是打算搭一間簡陋的茅屋，便於他隱居寫作。
不料卻建成了一幢十分洋派的建築物，但郁達夫還是將它命
名爲「風雨茅廬」，可見郁對隱居、自由生活的嚮往。郁達
夫也確實在西子湖畔過了一段時期的湖光山色、醇酒美人的
平靜生活，卻很少有創作的衝動：「在家吃點精緻的菜，喝
點芳醇的酒，睡睡午覺，看看閒書……總之懶得動。而每次
喝酒，每次獨坐的時候，只是想著計畫著的，卻是一間潔淨
的小小的住宅，和這住宅周圍的點綴與鋪陳。」[25]郁達夫似
乎要被閒適的日常生活腐蝕了，他往常愛流浪在外的性格慢
慢消退，正如他在〈居所的話〉一文中坦率透露：「從前很
喜歡旅行，並且特別喜歡向沒有火車、飛機、輪船等近代化
交通利器的偏僻地方去旅行……到了地廣人稀的地方，你可
以高歌底唱，袒裼裸裎，把社會上虛僞的禮節，謹嚴的態度，

24　李歐梵〈現代中國作家的浪漫主義的一代〉，見陳子善、王自立
　　《郁達夫研究資料》（廣州：三聯出版社，1985）。
25　郁達夫〈住所的話〉，見郁達夫《閒書》（上海：上海良友圖書
　　印刷公司，1936），頁 55。

一齊洗去……。這一種好遊旅，喜漂泊的性情，近年來漸漸地減少了。[26]郁達夫意識到安逸對創作的殺傷力，他開始尋找新的創作活力。郁達夫 1938 底南渡，是否意味著他要重新開始漂泊流浪，喚回他漸在枯竭的創作靈感呢？根據姚楠在一篇文章中所言：「他在 1938 年曾與郭沫若先生定下了復興創造社的計畫，初步打算出一個文藝雜誌。達夫先生希望能在星洲實現，後來果然在 1939 年 6 月 1 日創辦了《星洲文藝》，同《星洲日報·半月刊》合在一起……這個刊物請郭老題字，也含有兩個合作復興創造社之意。[27]但不如所願，除初到新加坡時寫的〈檳城三宿記〉和〈麻六甲遊記〉外，郁達夫的文藝創作大不如前，多寫些政論、雜文以及舊體詩。

無奈與放逐南洋之機遇

　　郁達夫創作在日落西下的時候，同時在精神上也接連受到打擊，除了小說遭到當局封禁外，由於他個性獨立不依，雖然在 1930 年加入「中國左翼作家聯盟」，但因為他「決不願負擔一個空名，而不去做實際的事務」而自動辭職。1930 年 1 月 16 日，「左聯」召開會議，將郁達夫開除，在當日會議六項決議中，第六條就寫著「肅清一切和反動分子……並當場開除郁達夫。」[28]對於「左聯」的這個決定，郁達夫表面上似乎不以為然，但他多少會受到打擊。正如郭沫若所說：

---

26 同上，頁 53-54。

27 姚楠〈緬懷郁達夫〉，見陳子善、王自立《郁達夫研究資料》（廣州：三聯出版社，1985）。

28 轉引自劉炎生著《郁達夫傳》（南昌：百花洲文藝出版社，1996）。

「達夫在暴露自我這一方面雖然非常勇敢，但他在迎接外來的攻擊上卻非常脆弱。」[29]1937 年郁達夫遭受到他一生中最大的精神危機，這就是所謂王映霞「紅杏出牆」之事。儘管這事沒有根據，但郁達夫多疑、善於幻想，彷彿就像真的。郁達夫在〈回憶魯迅〉一文中沉痛地說：「我因不聽他（魯迅—引者注）的忠告，終於搬到杭州去住了，結果竟不出他之所料，被一位党部的先生，弄得家破人亡……」。[30]這位党部的先生指的就是國民黨要人許紹棣，當時任浙江省教育廳廳長。這件事在郁達夫方面，似乎受到國民黨的壓迫。郁達夫在 1938 年前的幾年裏，可說是在各個方面都不太滿意。1936 年雖到福建做「官」，但只是一個閒職，而且工資也不能按月領取，工作了兩個月，卻只拿到一百元錢。郁達夫可說是感到前途一片灰暗，正在他似乎也走投無路之際，1938年冬，他收到南洋《星洲日報》的邀請，這無疑給他帶來了生機和希望。

南洋之夢

郁達夫最後放逐南洋，除了以上的因素外，南洋在郁達夫心中的印象和幻想可能也是原因之一。郁達夫本是一個賦予幻想、浪漫的文人，而南洋在當時一般中國人心中具有神秘的印象：她遍佈黃金，許多去南洋的中國人都發大財而衣

---

29 郭沫若〈論郁達夫〉，見陳子善、王自立《郁達夫研究資料》（廣州：三聯出版社，1985），頁 86。

30 郁達夫〈回憶魯迅〉，見凡尼、郁葦選編《郁達夫作品精編》（桂林：灘江出版社，2003），頁 461。

錦還鄉，這些美麗的傳說在民間影響很大，再加上每逢中國政府或革命團體在南洋募捐，都會得到華僑的積極支援，使遠在國內的人更加嚮往南洋；另外，在文人的作品中，南洋神秘多彩，風景宜人：像徐志摩的散文〈濃得化不開〉（星家坡）對熱帶光與色的描寫、老舍的小說《小坡的生日》對美麗花園的描寫，都很有藝術感染力。早在 1929 年，郁達夫就有到南洋各地一遊的念頭。[31]馬來西亞作家溫梓川當時在上海暨南大學唸書，在汪靜之家結識郁達夫，後來他曾抄了幾首以描寫南洋風光為題材的舊體詩請教郁達夫，詩中的榴槤、娘惹等字眼吸引了郁達夫，在問明白了意思後，大感興趣地說：「啊！南洋這地，有意思極了，真是有機會非去走走不可。」當時汪靜之卻給他潑冷水說：「像我們這種人老遠跑到南洋去發不了財，實在沒有意思！」郁達夫卻不以為然，並且說，「斯蒂文生的晚年就是在太平洋的一個小島上渡過的，他在那裏就寫了不少非常有意義的作品。」[32]雖然郁達夫與汪靜之對話的焦點不在一個層面上，可也透露郁達夫當時對南洋帶有什麼樣的印象與幻想了。郁達夫在隱居杭州期間就曾想入非非地買過獎券，幻想發意外之財[33]，以擺脫家庭經濟困境。他當年到南洋也不能說沒有發財之盼。後來隱居蘇門答臘，自願承當酒店老闆，也許可能說明這點。

---

31 王潤華編《郁達夫卷》（臺北：遠景出版事業公司，1984），頁 5。
32 溫梓川編《郁達夫南洋遊記‧代序》（香港：香港世界書局），頁 3。
33 姜德明〈魯迅與郁達夫〉，見陳子善、王自立《郁達夫研究資料》（廣州：三聯出版社，1985），頁 288。

第三節　南洋心態與南洋文化前景

　　我們通過上節的分析看到，郁達夫自我放逐南洋的情懷是十分複雜的，這既是失意後的遠離，也是夢重新開始的地方。所謂「投荒大似屈原遊，不是逍遙范蠡舟，忍淚報君君莫笑，新營生礦在星洲。」[34]這首詩就很能反映這種心態。郁達夫是一個博學多識的文化人，一個著名的作家，而南洋主要是中國草根階層的移民之地，郁達夫自我放逐南洋無疑就有一種投奔炎荒的感覺；又因爲南洋遠離中國，充滿新生機遇，故而郁達夫對於這次遠行又有一種開啓新夢的感覺。在旅居新加坡的一年多的時間裏，因爲大作家名氣，圍著他吟詩弄墨的舊式文人不少，又因爲負責《星洲日報》副刊編輯，因工作之便，結識了一大批新馬文學青年。由此可以看出，郁達夫在新加坡的遊觀視野主要聚焦在一個文化圈內，而這個圈內的兩種文人給了他兩種不同的生活：與舊式文人賦詩風雅，寫寫離亂雜詩，抒發愁情離緒，儼然一個自我放逐邊緣的「斷腸人」[35]；另一方面，又與新馬的文學青年交

---

34 郁飛〈先父郁達夫在星州的三年〉，見王潤華《郁達夫卷》（臺北：遠景出版事業有限公司，1984），頁72。

35 我曾在單篇論文中對郁達夫在南洋的舊文人生活作了較詳細分析，見夏菁《郁達夫自我放逐南洋的神話》，載於《文學評論叢刊》第6卷第2期（南京：南京大學出版社，2003），頁94-95。又見夏菁《郁達夫自我放逐南洋的神話：浪漫英雄／商人／烈士？》，載於《二十一世紀》「網路版」第23期（2004年2月29日）。

往頗爲密切，與他們談文學、論文化，一如文學前輩對後學
者的關愛和責任。我們從郁達夫的〈南洋文化的前途〉、〈一
年來馬華文化的進展〉、〈幾個問題〉以及〈看稿的結果〉
等遊記文章就可看出郁達夫與新馬文學青年交往的蹤跡。從
這些文章，我們可見他在旅居新加坡期間對新馬現代華文文
化的觀察，主要在以下二點：

一、「差不多」現象與文化前景：比較中丈量把握

　　「差不多」現象是郁達夫針對新馬文學青年寫作現象而
談的觀感。郁達夫接任副刊編輯後不久，發現眾多文稿的書
寫內容和技法呈現「差不多」的現象，一如他在〈看稿的結
果〉一文中所言：「自到星洲，接編《星洲日報》的文藝副
刊和這星檳的《文藝兩週刊》以來，爲時並不久，但也有兩
個月的光景了，所看稿子，長短大小，總已經有一千篇的數
目，在這千把篇稿子裏的傾向，簡括起來說一句，就是『差
不多』的現象」。[36]在郁達夫看來，「差不多」實際上是一
個不可避免的現象，「但在南洋的這種『差不多』的傾向，
似乎覺得太呆板了一點。」[37]我們認爲，一個旅居在外的人
對於問題的思考往往會有一個比較的視野，郁達夫對於南洋
這種「差不多」問題的思考也是在比較的視域下，他是將南
洋的寫作界與中國的進行比較。他認爲南洋的文學青年，總
的來說讀書少、寫得少，缺乏文字修煉，許多作者不僅「不

---

36 郁達夫〈看稿的結果〉，見郁風編《郁達夫海外文集》（北京：
　　三聯書店，1996），頁 527。
37 同上，頁 527。

注意於文字的洗練」，甚至有些還「詞不能夠達意，筆不能
夠從心，至弄得文字都不大通順。」[38]而中國作家即便文章
不太出色，但至少「文字總是清通的」。[39]在郁達夫看來，
南洋文學青年有得天獨厚的寫作資源。他以檳城為例說：「檳
城是南洋的風景區，照理，應該是有很美麗，健全的作家出
來的。」[40]郁達夫在南來第三天就北上檳城遊觀，此遊歷記
有〈檳城三宿記〉。檳城給郁達夫留下很美的印象，所以，
他希望檳城能出現更多的文學青年，讓檳城「成為一個中國
文壇已經四散後的海外方面的文化中心。」[41]可以看出，郁
達夫對南洋青年帶有中國文化人的理想。我們在前面分析
過，郁達夫式的自我放逐不同於西方式的精神流浪，在珍視
自我的情感中有不能忘懷的社會責任感，我們從郁達夫對南
洋文學青年的期望與責任感可以看出這點。

郁達夫到新加坡後不久，如同大多數旅人一樣，旅居地
的一切都令他感到新鮮和興趣，他在 1939 年寫的〈南洋文化
的前途〉一文中就表達這樣的感覺。他在文中這樣寫道：「到
新加坡還不久，對於一切問題，都有研究的興趣，而都還沒
有入門。譬如樹膠椰子的種植，和世界市場的起落；錫礦的
採掘，和供求的分配；米穀之能否在馬來半島成為主要植物
之一等等。此外還有像人種的問題，雜婚在優生學上的現象，
以及言語系統等，也是很有意義，並且更富於趣味的問題。」

---

38 同（34），頁 528。
39 同上。
40 同（36）。
41 同（36），頁 528-529。

[42]郁達夫對於這些問題的研究興趣反映了一個旅人的好奇心理，是一時的綺思異想。因爲郁達夫從事編輯副刊的文化工作，在工作間接觸過許多教育界人士，使他更能夠觀察和分析南洋文化的特質和問題所在。因而當「半月刊編者」邀請他就南洋問題談談看法和意見時，郁達夫自然選擇了文化這個課題陳述他對「南洋文化的所見所感。」[43]在〈南洋文化的前途〉這篇文章中，郁達夫認爲，「沒有教育，便沒有文化。」所以「要想提高南洋的文化，第一，當從提高南洋的教育做起。」[44]但是南洋由於是一個僑民社會，客觀環境使得南洋的學校教育困難重重，如選用課本、聘用教員等都不象在中國那樣自由；另外，僑民社會中的一些操權的人和一部分僑胞父老，缺乏遠見卓識，輕視精神勞動，他們對待從事教育工作的人「彷彿就和自己私人出了錢雇在那裏的傭人一樣。」[45]這些觀察和分析確實是當時南洋教育界的癥結，我在其他的遊記中也常見到這類問題的記述和分析。如巴人的南洋遊記《一個大頭家》就寫了一所學校校長事事受校董（大頭家）牽制的情景；再如，梁紹文在《南洋旅行漫記》中就十分生動地講述了學界泰斗章太炎當年在南洋主動拜訪爪哇華僑巨富黃仲涵卻被無禮拒見的趣事。郁達夫在談到南洋華僑教育問題也參照中國的情況，在比較中丈量把握，以

---

42 郁達夫〈南洋文化的前途〉，見郁風編《郁達夫海外文集》（北京：三聯，1996），頁 289。
43 郁達夫〈南洋文化的前途〉，見郁風編《郁達夫海外文集》（北京：三聯，1996），頁 289。
44 同上，頁 292。
45 同（40），頁 291。

理悅人。在郁達夫看來，南洋雖爲一塊工商業的新開之地，但同中國相比，這裏沒有「舊文化的痼疾」、沒有「保守病」，而有的是「一股蓬蓬勃勃的新生氣」，只要「我們這些以文化爲事業的人」能夠「竭盡其善去做」，南洋就有一個「文化燦爛」的前途。[46]從這些言論看，郁達夫似乎在自我放逐南洋中走到了文化策劃者的中心。

二、幾個問題的論爭：旅人的雙重視角

郁達夫到南洋後不久，爲在出席檳城的一個歡迎會上回答一些文藝青年的詢問而寫的〈幾個問題〉，1939 年 1 月 21 日在《星洲日報》上發表。幾個問題包括：一、南來的文藝界，當提出問題時，大抵都是把國內的問題全盤搬過來，這現象不知如何？二、南洋文藝，應該是南洋文藝，不應該是上海或香港文藝。南洋這地方的固有性，就是地方性，應該怎樣使他發揚光大，在文藝作品中表現出來。三、在南洋做啓蒙運動的問題。四、文藝大眾化，通俗化，以及利用舊形式的問題。[47]

郁達夫就這「幾個問題」闡述了自己的意見，結果引出新馬文學青年一些反對意見，結果雙方就這幾個問題各表其態而引出一場爭論，其中最大的分歧在如何看待魯迅以及在南洋文藝的地方色彩。這些問題在今天看來可能都不成爲問題，可是在當時的歷史環境，許多人只把南洋作爲暫住之地，

---

46 同（40），頁 292。
47 郁達夫〈幾個問題〉，見溫梓川《郁達夫南遊記》（香港：香港世界出版社），頁 55-60。

效忠的是中國。因此強調南洋本土化的問題就顯得特別艱難。表現在文學創作方面，新馬作家幾乎把魯迅的寫作模式奉爲圭臬，而忽視了本土性的表達。郁達夫認爲，「文藝，既是受社會、環境、人種等影響的產物，則文藝作品之中，應該有極強烈的地方色彩，有很明顯的地方投影。」[48]所以，「生長在南洋的僑胞，受過南洋的教育，」所寫的作品當然應具有「南洋的地方色彩」。[49]很明顯，郁達夫是在奉勸南洋文藝青年不要一味模仿魯迅的雜文文風，而失去了個性以及南洋的地方性，因爲在他看來，魯迅的文體和風格只能是魯迅的，是屬於魯迅的那個社會、環境的產物。如果南洋文學青年不顧其本土性的表達而盲從學習，那只是削足適履。郁達夫的觀點，在今天看來是非常客觀的，但在當時要打破已成習慣的社會評判，自然是吃力而不討好之事。當然，郁達夫初來乍到，對南洋歷史還不太熟悉，一時還很難服眾。事實上，正是因爲他是「新客」，才有能力提出不同常規的見解。因爲郁達夫是一個旅人或邊緣者的視角，看問題能夠越出常規和習慣而發表新奇的見解。我們已經知道：旅人或處在放逐中的人實際上是把自己從中心邊緣化，但這並不是完全割斷歷史，旅人或放逐者在看待問題時常用過去的經驗和目前的情勢一起思考，所以常常帶著雙重視角，即不會以單一的立場看事物，每看到新土地上的事物，他自然會聯想舊地方的事物來比較思考，並且這種思考常常可以是新的、不可預料的眼光。因爲旅人或放逐者的思考狀態是流動的，

---

48 同上，頁 66。
49 同上。

不會墨守成規。郁達夫在放逐南洋後，在觀察和分析南洋問
題時就明顯具有這些特點，分析問題中總有一個中國參照系
的存在，但又不固守一隅，而是融入和考量南洋的因素。也
許正因爲旅人或放逐者在看問題時的雙重視角，與南來其他
中國作家相比，他對新馬文壇貢獻是最大的。[50]

小　結

我們由上述的分析可見，郁達夫的南洋夢雖然反映了中
國知識份子看南洋的普遍色彩，但卻很具個性特徵。與當時
許多中國文化人南來心態最爲不同的，就是郁達夫抱著自我
放逐的心態而來南洋。而郁達夫身上的新舊矛盾又使他的自
我放逐不同於西方式的精神流浪。簡而概之，郁達夫式的自
我放逐，既像舊文人失意後的舉措，也有珍視自我的現代慾
求，又有不能捨棄的社會責任感。因而，郁達夫在南洋的活
動引出許多爭議，但他以旅人的視角對南洋文化的理解卻最
爲值得重視，其貢獻也是最大的。

---

50 林萬菁教授對中國南來作家作過研究，他認爲郁達夫對新馬文
　壇的貢獻最大。見林萬菁《中國作家在新加坡及其影響》（新加
　坡：萬里書局，1994）。

第六章　旅行途中的浪漫思考： 以老舍爲個案研究

第一節　從倫敦到新加坡旅途中 滋生的浪漫思考

　　老舍在 1929 年應英國倫敦大學東方學院之邀到該學院教授中文課程，聘期 5 年。英國的生活使老舍走上了文學創之路。這期間，他創作小說有《老張的哲學》、《李大哥》、《二馬》，反映了老中國人的溫暖性格和迂腐落伍之處。其中《二馬》則側重刻畫中國人與英國人形象，在二者比較中自暴家醜，批判了中國落後的國民性，同時對英國的現代生活和理性文化則表現很強的嚮往之情。然而，5 年後，當老舍離開大英帝國，乘船回國經新加坡的途中，逆寫帝國話語的慾望卻越來越明確。在船上，老舍曾寫過一本叫《大概如此》小說，講的是一個發生在倫敦的愛情故事。「文字寫得並不錯」，[1] 可是，老舍對它的「題旨」不滿意，終於把已經

---

1 老舍〈我怎樣寫《小坡的生日》〉，見《老舍全集》第 16 卷（北京：人民文學出版社，1999），頁 180。

寫了長達 4 萬多字的這部著作毅然地丟棄了。對於作出這個決定的原因，老舍在〈我怎樣寫《小坡的生日》〉裏交代得很清楚「設若我還住在歐洲，這本書一定能寫完。可是我來到新加坡，新加坡使我看不起這本書了」。[2] 從這段話我們似乎可揣測些許老舍對過去創作的否定。對老舍而說，放棄這本小說的寫作，是否預示著他要開創新的文學視野，新的寫作方式呢？在我看來，這種放棄，本身孕育著一種新的文學視野和寫作慾望。事實上，老舍還在英國時，對南洋就抱有一種寫作的期待，希望在南洋寫出超前的作品。在〈我怎樣寫《小坡的生日》〉裏，他這樣寫道：

> 為什麼我想看看南洋呢？因為我想找寫小說的材料，像康拉德的小說中的那些材料。不管康拉德有什麼民族高下的偏見沒有，他的著作中的主角多是白人；東方人是些配角，有時只在那兒作點綴，以便增多一些顏色——景物的斑斕還不夠，他還要各色的臉和服裝，作成個「花花世界」。我也想寫這樣的小說，可是以中國人為主角，康拉德有時候把南洋寫成白人的毒物——征服不了自然便被自然吞噬，我要寫的恰與此相反。[3]

幾乎一到新加坡，老舍就放棄了續寫《大概如此》這篇戀愛小說了。老舍在文中這樣交代：「我一遇見他們，就沒法不終止寫『大概如此了』。一到新加坡，我的思想猛的前

---

2 同上。

3 老舍〈我怎樣寫《小坡的生日》〉，見《老舍全集》第 16 卷（北京：人民文學出版社，1999），頁 176。

進了好幾丈，不能再寫愛情小說了！」[4]這裏的「他們」指的
新加坡的中學生，老舍在他們身上看到民族解放的希望，成
爲後來小說《小坡的生日》的人物形象的原型。

老舍對康拉德由學習到反叛，說明了他在殖民語境中民
族意識的覺醒，民族意識正是在他感受到白人優勢文化的壓
迫的陰影中誕生。他要以中國人爲主角，打破東方人的沉默，
清楚地發出自己的聲音，破壞康拉德小說中的那種熟悉的並
置：白人/東方人，自我/他者。老舍要區分於康拉德的寫作
策略，很明顯是要反白人文化優越的神話。那麼，老舍在超
越康拉德的東方主義話語體系、在建構他自己的話語體系
時，需要一種什麼樣的獨立分明的文化資源呢？老舍對此作
過明確的說明：

> 我要寫的恰與此相反，事實在那兒擺著呢：南洋的開
> 發設若沒有中國人行麼？中國人能抵抗一切疾痛：毒
> 蛇猛虎所盤據的荒林被中國人鏟平，不毛之地被中國
> 人種滿了蔬菜。中國人不怕死，因為他曉得怎樣應付
> 環境，怎樣活著。中國人不悲觀，因為他懂得忍耐而
> 不惜力氣。他坐著多麼破的船也敢沖風破浪往海外
> 去，赤著腳，空著拳，只憑那口氣與那點天賦的聰明，
> 若再能有點好運，他便能在幾年之間成個財主。自然
> 他也有好多毛病與缺欠，可是南洋之所以為南洋，顯
> 然的大部分是中國人的成績。……無論怎樣吧，我想
> 寫南洋，寫中國人的偉大；即使僅能寫成個羅曼史，

---

4 同（1），頁 181。

南洋的顏色也正是豔麗無比的。[5]

　　這段對中國人翻案的書寫，將中國人開發南洋的的力量和重要突出出來，寫中國人開發南洋的艱辛歷史，寫中國人的勤勞和戰勝大自然的勇氣。這些就是中國人區分與西方人的文化資源。老舍要通過書寫他們來建構自己的民族神話。他說：

> 本來我想寫部以南洋爲背景的小說。我要表揚中國人開發南洋的功績：樹是我們栽的，田是我們墾的，房是我們開的。都是我們作的。毒蛇猛獸，荒林惡瘴，我們都不怕。我們赤手空拳打出一個南洋來。我要寫這個。我們偉大。是的，現在西洋人立在我們頭上。可是，事業還仗著我們。我們在西人之下，其他民族之上。假如南洋是個糖燒餅，我們是那個糖餡。我們可上可下。自要努力使勁，我們只有往上，不會退下。沒有了我們，便沒有了南洋；這是事實，自自然然的事實。……幹活是我們，作買賣是我們，行醫當律師是我們。住十年，百年，一千年，都可以，什麼樣的天氣我們也受得住，什麼樣的苦我們也能吃，什麼樣的工作我們有能力去幹。說手有手，說腦子有腦子。我要寫這麼一本小說。這不是英雄崇拜，而是民族崇拜。[6]

　　老舍要寫的中國人再也不是病態的，而是開發南洋的主

---

5 同上，頁 176-177。
6 老舍〈還想著它〉，見《老舍文集》第十四卷（北京：人民文學出版社，1993），頁 30。

人。這與康拉德小說中的中國人形成鮮明的對比。老舍在這兒反復強調的中國人的優良品質，就是在打造民族的意識，反擊白人對中國人的偏見。正如王潤華教授所言：「在殖民社會裏，民族主義（Nationalism）是抵抗帝國主義控制其中最重要的基地之一，它能使到殖民社會或國人去創造自我的意象，從而把自己從帝國主義壓迫之下解放出來！」[7]老舍到新加坡後，由於工作的原因，他看到新加坡青年學生身上的革命熱情，從而看到了民族革命解放的希望。這使他更堅定地放棄《大概如此》的寫作，寫了一個「最小最小的南洋」，一部民族解放的寓言的文本。

第二節　在華僑中學的觀感與夢幻思考

　　老舍帶著寫作的幻想與計畫來到南洋，新加坡的繁榮景象、中國人開發南洋艱苦卓越的豐功偉績與他的寫作慾望遇合。但初來乍到，窮困潦倒，為解決生活的實際問題，不得已到華僑中學教書。在與學生的接觸的過程中，老舍「看見了他們身上的革命火花」。在〈我怎樣寫《小坡的生日》〉裏，對華僑中學學生的革命熱情作了這樣的敍述：

> 在新加坡，我是在一個中學裏教幾點鐘國文，我教的
> 學生差不多都是十五六歲的小人兒們。他們所說的，
> 和他們在作文時所寫的，使我驚異。他們在思想上的

---

7 王潤華《華文後殖民文學 —— 本土多元文化的思考》（臺北：文史哲出版社，2000），頁 29。

激進，和所要知道的問題，是我在國外（指英國 ── 筆
者注）的學校五年中所未遇到的。不錯他們是很膚淺；
但他們的言語行動都使我不敢笑他們，而開始覺到新
的思想是在東方，不是在西方。

在今日想明白什麼叫革命，只有到東方來，因爲東方
民族是受著人類所有的一切壓迫；從哪兒想他都應當
革命。這就無怪乎英國中等階級的兒女根本不想天下
大事，而新加坡中等階級的兒女除了天下大事什麼也
不想了。[8]

老舍將他在新加坡的經驗與英國的對比，發現被壓迫民
族的革命要求和革命的理由。所以，在《小坡的生日》裏，
他寫東方小孩，寫他們在玩耍中玩「打倒」的遊戲，這些中
國孩子，印度孩子，馬來孩子經常在一起，在遊戲中團結一
起對付共同的敵人。

老舍原初預想到新加坡尋找材料，寫出一部中國人在南
洋的開荒史，這個願望打了一個折扣，因爲在學校的遊歷和
對學生的觀察轉而寫了一本反映南洋學生的「小人書」。雖
說《小坡的生日》並非一如原初的設想，但老舍通過這個「最
小最小的南洋」，還是在一定程度上反映了他寫南洋的初衷。
在這本書中，他沒有寫一個白人的孩子，讓中國孩子作主角，
與其他東方民族孩子一起玩「革命」與「打倒」的遊戲。這
種安排與寫法極富隱喻色彩。如果我們把《二馬》看作是殖
民語境中出產的「混血兒」，那麼，《小坡的生日》則是逆

---

8 老舍〈我怎樣寫《小坡的生日》〉，見《老舍全集》第 16 卷（北
　京：人民文學出版社，1999），頁 180。

寫帝國寄託中國人希望的大書寫。王潤華教授曾在對小坡的
論述文章中，提出《小坡的生日》「雖然是以小孩為主人翁」，
但「不能算作童話」，「因為裏面有不屬於兒童世界的思想」。
[9]這種觀點合乎作者的寫作事實。在〈我怎樣寫《小坡的生日》〉
裏，老舍對小坡的主題就作了這樣的描述：

> 以小孩為主人翁，不能算作童話。可是這本書的後半
> 又全是描寫小孩的夢境，讓貓狗們也會說話，彷彿又
> 是個童話。前半雖然是描寫小孩，可是把許多不必要
> 的實景加進去；後半雖是夢境，但也時時對南洋的事
> 情作小小的諷刺。總而言之，這是幻想與寫實夾在一
> 處，而成了個四不像了。不屬於兒童的思想是說明呢？
> 是聯合世界上弱小民族共同奮鬥，此書中有這些小
> 孩，馬來小孩，印度小孩，而沒有一個白色民族的小
> 孩。在事實上，真的，在新加坡住了半年，始終沒有
> 見過一回白人的小孩與東方人小孩在一塊兒玩耍。這
> 給我很大的刺激，所以我願把東方小孩在一塊玩一處
> 玩，將來也許立在同一戰線上去爭戰！[10]

很明顯，《小坡的生日》不能被簡單化地理解為童話了。
老舍是要通過寫小孩寫出民族解放的希望，通過寫「最小最
小南洋」完成反殖民話語的書寫，因而可以說這是一部關於
民族解放的寓言小說，其中的幻想、夢境正是這一希望的寄
託。老舍對《小坡的生日》所包含的寓意是十分滿意的，在

9　老舍〈我怎樣寫《小坡的生日》〉，見《老舍全集》第 16 卷（北
　　京：人民文學出版社，1999），頁 30。
10　同上，頁 178-179。

文中，他這樣描述他的歡快心情：

> 希望還能再寫一兩本這樣的小書，寫這樣的書使我覺
> 得年輕，使我快活；我願永遠作「孩子頭兒對過去的
> 一切，我不十分敬重；歷史中沒有比我們正在創作的
> 這一段更有價值的。我愛孩子，他們是光明，他們是
> 歷史的新頁，印著我們不知道的事兒─我們只能向那
> 裏望一望，可也就夠痛快的了，那裏是希望。」[11]

老舍把民族的希望寄託在小孩子的身上，所以，在《小坡的生日》裏，他寫中國小孩，印度小孩，馬來小孩，讓他們一起玩耍，而讓白人小孩不出現在他們玩耍的現場。老舍以排斥白人小孩的寫作策略來顛覆白人的主宰地位，通過寫小小的南洋完成民族革命解放的大書寫。

第三節　《小坡的生日》：民族意識與本土慾望之表述

由以上的分析我們已經知道：《小坡的生日》是一部逆寫帝國話語的大書寫。我們在這節要分析的是老舍在顛覆白人的東方主義時，是如何採用本民族的文化資源完成其民族意識的書寫以及與此相關的本土慾望的表述。

老舍在 1929 年寫《小坡的生日》，當時，他在現在的華

---

11 老舍〈我怎樣寫《小坡的生日》〉，見《老舍全集》第 16 卷（北京：人民文學出版社，1999），頁 179-180。

僑中學執教。《小坡的生日》發生的背景是新加坡。新加坡
在當時屬英國的殖民地，其社會已經形成以華人爲主體，印
度人、馬來人爲少數民族的結構。華人大多從中國南來，靠
以出賣勞力爲生，給英殖民統治者帶來廉價的勞力，同時也
帶來了中華文化的某些傳統，尤其是中華的民俗文化。進入
二十世紀後，隨著資產階級革命家在新加坡的宣傳活動，以
及大量革命派的書籍、雜誌、報刊的傳播，演講、戲劇的宣
傳教育，新加坡的華人的民族意識和愛國觀念進一步增強。
在 1929 年前後，由於日本帝國主義不斷加強對中國的侵略，
更加激發了海外華僑的民族意識和愛國情感。在中國的抗戰
期間，新加坡的華僑不僅從經濟上對祖國的抗戰給以支持，
而且大批熱血的愛國青年紛紛走到抗戰的前線，爲民族的戰
爭獻出了寶貴的生命。同時，民族意識的加強使新馬的華人
認識到興辦華校的重要，因此，在 1920 後的十年間是華校大
力發展的時期。隨著華僑的民族意識和反對殖民主義壓迫的
鬥爭不斷增強，英國殖民政府便對華校進行打擊，限制和控
制，干涉學校的行政和教學，迫害進步的教師和學生，從而
激起了華僑反對英國殖民當局干涉、控制華校的鬥爭。[12]另
一方面，民族意識的加強也引發了本土意識的產生，強調對
本地社會的貢獻。老舍的《小坡的生日》正發生在這樣的歷
史空間，是這一歷史真實的藝術反應。

　　現在，我要做的是從華人語群、新加坡社群和國家社群
三個方面來分析《小坡的生日》裏的民族意識和本土慾望表

---

12 參見林遠輝、張應龍著《新加坡馬來西亞華僑史》（廣州：廣東
　　高等教育出版社，1991）。

達的內在結構。在老舍的《小坡的生日》裏，與民族意識、本土意識緊密聯繫的「華人語群」和「新加坡社群」的觀念被作者有意識地提出。按老舍在文本中的表述，簡單地說，所謂「華人語群」是指講各自方言的華人社群，它僅指廣東人、福建人、上海人等華人，而「新加坡社群」則指的是使用一公共語言的人群，它不僅指華人，還包括印度人、馬來人。對於華人語群的表達，老舍是作爲一個社會現實來描述的，方言是其認同的核心原則。小坡的爸爸是廣東人，是一個開國貨店的老闆，他講的是廣東話。小坡的爸爸很不喜歡他隔壁開洋貨的林老闆，林老闆是福建人，講福建話。小坡的父親「對林老闆的感情的壞惡，差不多等於他恨日本人，每談到林老闆的時候父親總是咬著牙說：他們福建人！不懂得愛國。」[13]小坡父親對非廣東人的憎恨反映了新加坡早期華人不同方言群的對立現象，不同方言群之間的權利爭鬥而形成的幫權政治。[14]

　　不過，早期華人的這種幫權政治在老舍的筆下並不是描寫的主筆，相反，他通過小坡對林老闆的印象把父親的「窩裏鬥」置換到邊緣或不重要的地位。在小坡的眼裏，林老闆是個會作生意的的華人，十分可愛。他甚至還模仿林老闆的

---

13 老舍《小坡的生日》，見《老舍文集》第二卷（北京：人民文學出版社，1993），頁 12。
14 參見王賡武《中國與海外華人》（臺北：臺灣商務印書館，1990），林孝勝《東南亞華人與中國：經濟與社會》（新加坡：新加坡亞洲研究學會，1995）以及《新加坡華社與華商》（新加坡：新加坡亞洲研究學會，1995）。

裝扮。[15]小坡對林老闆的態度否定了父親輩的狹隘的社群認同，也表明了一種新的社群觀念。在《小坡的生日》的第二章，提供的就是一種新的社群認同模式。起初，小坡弄不清楚自己到底是什麼人？「是福建人，是廣東人，是印度人，是馬來人，是白人，還是日本人。」[16]。因為看到「新加坡人人喊著打倒日本，抵制仇貨」他也恨起日本，把人種表中的日本人勾抹去掉。但小坡還是不清楚他是哪國人。對父親、母親討厭一切「非廣東人」的態度，他覺得是沒有理由，也是不能明白的。在追問身份的過程中他漸漸形成了自己的社群觀念：「他以為這些人都是一家子的，不過是有的愛黃顏色便長成一張黃臉，有的喜歡黑色便來一張黑臉玩玩。」[17]在小坡看來，膚色沒有美醜，人種沒有高貴，只是因為個人的喜好不同而已。於是，小坡就用他的「寶貝」紅綢子將自己變成各色人種：印度人、馬來人、阿拉伯人，洋人等，但裝扮洋人最不倫不類，被妹妹嘲笑。小坡的社群意識顯然是新加坡的產物，既是給被壓迫的民族說話，也是本土慾望的表達，其族群意識與本土色彩等觀念緊緊地捆綁一起。

　　最耐人尋味的是，小坡名字的來源。小坡的哥哥「是父親在大坡開國貨店時生的，所以叫大坡」。小坡呢，「是父親的鋪子移到小坡後出生的」，故而父親就給他取名小坡。新加坡是一個環海的島嶼，地形起伏不平，大坡和小坡顯然

---

15 同（14），頁 12-13。

16 老舍《小坡的生日》，見《老舍文集》第二卷（北京：人民文學
　　出版社，1993），頁 10。

17 同上，頁 14。

是新加坡的兩個不同的地方。據王潤華教授所說，大坡就是現在的牛車水，小坡可能就在今天的華僑中學附近，因爲老舍在文中所描寫的老虎學校「是在一個山環裏」，小坡每天上學走路就可到達學校。而「如果今天從武吉知馬走進華中校園，有一條半園形的通路，靠馬路這邊形成一個半圓，那邊是運動場，另外一邊的山坡上，有一排樹林便是華中的主要建築物。」[18]這與老虎學校的地理位置十分相似。作爲新加坡土生土長的華人，小坡已有很強的本土意識。他知道父親與母親是從中國來的，對中國有一種神秘的親切感，在過年的時候他是最快樂的孩子。可是，小坡出生在新加坡，他不再有父親那樣的宗鄉幫派的偏狹論見，在父親不在家的時候，小坡將福建孩子、馬來孩子、印度孩子、和廣東孩子邀請到家裏一起玩耍，「他們像一家人，講著共同的語言」。[19]從小坡摒棄父親的宗鄉觀念，打破籍貫、種族和語文的藩籬，和各族小孩在一起遊戲，我們可以看到一個新加坡社群的形成。

很有意味的是，老舍在《小坡的生日》裏有許多處描寫花園：新加坡是個沒有四季，一年到晚樹葉總是綠的。「花兒總是不斷的開著，蟲兒是終年的叫著。」[20]小坡家的後院也是一個美麗的花園，有綠色的香蕉樹，結著又大又胖的香

18　王潤華《華文後殖民文學 —— 本土多元文化的思考》（臺北：文史哲出版社，2000），頁 10。
19　同上，頁 11。
20　老舍《小坡的生日》，見《老舍文集》第二卷（北京：人民文學出版社，1993），頁 18。

蕉，有蟲兒鳥兒唱著歡快的歌，還有滿園金色的太陽。[21]老舍
還用兩章描寫小坡在花園裏與多民族的孩子遊戲的快樂情
景，並有意讓白人小孩缺場，這種安排顯然出於作者的寫作
動機。因為要反西方人的偏見，讓中國人當主角，所以在花
園裏玩的孩子都是有色人種。小坡很善於表達自己，在遊戲
中扮演領導角色。從這個意義上來看，花園就不只是一個客觀
的環境，而極具有寓言色彩，寄寓一個脫離殖民統治後，多
元民族和諧相處的美麗家國。由此看來，新加坡社群又朝向
國家社群發展，1965 年獨立後的新加坡就是它的現實模式。

小　結

通過上面的分析，我們看到，老舍從英國到新加坡的遊
歷，實際上是一個關於民族思考的旅行。由《二馬》到《小
坡的生日》，老舍在其中進行了深刻的文本間的對話。對話
不僅涉及了對殖民霸權話語的顛覆，而且開拓了多元民族國
家建設的新視野。從《二馬》的「雜和性」[22]到《小坡的生

---

21 同上，頁 18-21。

22 老舍在英國創作的作品，尤其是《二馬》，把中國人與英國人置
於對比的話語，旨在剖析和批判中國人的弊病。老舍在分析中
以英國人作為衡量標準，以消除中國人與英國人的差距，由此
可見老舍對英國的嚮往之情。但老舍對英國並不是沒有不滿情
緒，在遊記作品中他就十分凸現地表達了對英國人所抱持的文
化優越感的不滿情緒。由此可見，老舍的在英國寫作時的精神
狀態是很複雜的。也就是說他對英國文化既有認同也有不滿；
對中國文化既感溫暖又作痛心疾首地批判。

日》的民族性、戰鬥性、本土性，從老舍對西方話語的接受和民族身份的迷失到面對被壓迫民族說話，以及本土的表達，我們看到一個「民族還魂記」的旅行。

　　當然，老舍在通過寫作「民族還魂記」來建構反殖民話語時，他又落入到大中國的話語體系中，對同是被英國殖民統治的民族，印度人、馬來人抱有偏見，透露出中國人的文化優勢論。這也是我們在討論民族問題時值得注意的問題。

第七章　南洋情結與中國主義

　　現代中國人帶著各自夢幻踏上了南洋之旅，如在一些遊記作品中所描寫的異域浪漫奇遇、淘金發財之夢、革命與避亂之所以及文學尋夢等等。然而，現實的南洋的確並非一如夢幻想像。誠如有些作家在其遊記中所描述的另類圖像，南洋的許多地方是蠻煙瘴雨、窮鄉僻壤、落後荒涼，南來淘金聚財的中國人在極其惡劣的自然環境中求生存。雖然有些發了財置了產，但大多數人卻過著孤寂、壓抑和艱難的生活。這些沉默的、毫無光色的一群，常為許多遊記作家所忽略，即便有所記述，如巴人、艾蕪在遊記中的一些描述，也被彌漫其中的浪漫情愫消弱。在一片慾望的夢幻中，南洋圖像頗有詩意，宛如人間樂土。在這裏引出一個很有意義的問題，為什麼中國作家在描述南洋時如此喜好運用抒情筆致，甚至將荒涼的、悲愴的浸濡在詩意的文筆之中？我認為，中國人的綠色情結與其詩意化的描寫，以及如何看待南洋文本的態度，與單純的南洋圖像之間十分關聯。中國現代作家筆下的南洋圖像，還傾注著很強的中國眼光，這不僅在描述南洋圖像時注入了中國問題的思考，如南洋華僑以艱苦奮鬥的精神開闢出的南洋樂土神話與中國問題的探索自然交織、西方帝國在南洋的成功殖民與中國民族性問題的思考，同時還融入

了各種浪漫幻想，想像化了南洋，或隱或顯表述了各種慾望，流露出中國心態，故而，有些學者斥之爲「大中國主義」，但是否如此，還有待做深入分析。本章將圍繞上述問題從四個方面展開分析。

第一節　綠色體驗與詩意南洋

環境心理學在探討人的心理特徵與環境的關係時，認爲人們對於一些環境有偏好或追求，例如自然景觀中被樹木環繞的草地、森林以及清澈的水最能吸引人的注意力。[1]這種風景偏好之「心理模式」出自早期心理學者對自然一般審美判斷的研究，認爲人們處在一個特定環境判斷其是否美感時，尤其注意其身處環境的複雜性、新奇性、不調和意外性等對照性（collative properties），進而有些環境心理學者認爲，任何能喚起人們好奇心的事物都是最令人感到愉快的。[2]這些研究無疑具有啓發意義。在我看來，旅人的遊蹤就具有令人愉快的特徵，因爲它是非慣常性的，是變化的、不可預知的、複雜的，與旅人的日常所居環境相比就具有令人強烈的新奇感和意外感。沿著這樣的方向思考，我認爲中國現代遊記作家在南洋的經歷無不具有這樣的「綠色經驗」（The Green

---

1　麥安卓（Francis T. McAndrew）著、危芷芬譯《環境心理學》（臺北：五南圖書出版公司，2001），頁 310-311。

2　麥安卓（Francis T. McAndrew）著、危芷芬譯《環境心理學》（臺北：五南圖書出版公司，2001），頁 314。

Experience）。[3]我們知道，中國人口眾多，地勢多爲貧瘠的
山地、高原，耕地極爲有限，爲了生存，許多原爲樹木叢林
的地帶卻被人爲開發爲耕種土地，使原本就少有的綠色之地
不斷減少；而且，現代中國，內憂外患，戰火連綿，戰火的
摧毀和破壞也是森林減少的原因之一。相比較而言，南洋不
但開發較晚，許多地方還較爲原始，而且人口稀少，土地肥
沃，自然環境十分優良，因爲屬熱帶雨林氣候，土地多被原
始森林、灌木叢林所覆蓋，再加上南洋居民又多以種植橡膠
園爲業，形成大片人造的綠色景觀。當中國作家來到南洋，
穿越於南洋的行蹤自然是一派生機盎然的「綠色體驗」，無
疑，這種「綠色經驗」讓他們感到新奇和愉快。我們閱讀巴
金的南洋遊記，看到他一到南洋時，就被展現於眼前的「綠」
吸引了。在文中這樣描寫了他的南洋印象與感受：「腳踏上
安南的土地，我覺得是到了南方了。我的第一個印象是：一
切十分鮮明。太陽好像永遠不會落，樹木也永遠長青。到處
是花，到處是果，到處是光，到處是笑。想到冬天，想到風
雪，就像做了一個渺茫的夢。記得有一位俄國人說過，人已
到了南方就像變得年輕了，他只想笑，想叫，想唱歌，想跳
舞，甚至想和土地接吻。」[4]巴金的南洋遊記記述的多是航行
途中船停泊港口時到岸上觀光的匆匆一瞥的印象，顯然帶著
很強的主觀色彩。然而，透過這段詩情畫意的描寫則更能看

---

3 瑞秋・卡普蘭（Rachel Kaplan）用來描述人親近和追求綠色經驗
　的名詞。見 S.Kaplan & R.Kaplan(Eds.),*Humanscape: Enviroments
　for people* (North Scituate,MA:Duxbury Press,1978）.
4 巴金《海行雜記》（香港：南國出版社，1970），頁 14。

出讓他的情感放飛的因素，這就是讓他感到無比新鮮和奇異
的南洋風景，而最讓他激動和情緒跳躍的新鮮景觀就是南洋
的綠色。

　　南洋綠色甚至也給在漂泊流浪中的艾蕪不少震動與誘
惑。現代作家艾蕪在 1925 年受勤工儉學和蔡元培「勞工神
聖」一文的影響，又為逃避家庭的包辦婚姻，踏上了去南洋
半工半讀的人生旅途。艾蕪在南洋有過大約六年的漂泊經
歷，其行蹤遊歷主要記有《漂泊雜記》和《南行記》[5]兩種。
從這兩本遊記文集來看，艾蕪在南洋的行旅窮愁無依，一路
滿是艱辛和危險，正如一些學者指出的《南行記》是一部「流
浪者手記」。[6]即便是這樣貧病交加、孤寂漂泊的旅程，作者

5　《漂泊雜記》是艾蕪的第一本遊記文集，由傅東華編入「創作文
　　庫」，1935 年 4 月由上海生活書店出版。1982 年雲南人民出版社再
　　次出版，但在原有的 40 篇上又加進了 6 篇，這 6 篇均發表於 30 年
　　代的報章副刊上，如《申報・自由談》，所以由雲南人民社再版的
　　《漂泊雜記》共計 46 篇。《南行記》也有兩個版本：初版由上海文
　　化生活出版社於 1935 年出版，收入遊記 8 篇；1963 年由北京作家
　　出版社出版的《南行記》，共收入了 24 篇，這些作品都反映了作
　　者解放前在中國西南邊境以及在東南亞國家的流浪人生。這裏需
　　要說明的是，雖然《南行記》多被視作小說文體，作家本人在其
　　「後記」中交代此文集中篇章採用了第一人稱的形式將親身經歷
　　以及所見聞的一些人事用小說的題材描繪出來。　但我認為它實
　　則更像一部遊記文集。因為就其文本的敘述特徵和內容而言，文
　　中各篇記述的是一個旅遊者的所見所聞，以遊蹤見聞取勝。雖然
　　有些篇目描寫了人物和性格特徵，但其中津津樂道是對這些人物
　　漂泊、流浪於邊緣的傳奇經歷的記述，可說是遊歷之中的遊歷，
　　敘述中顯然焦點是遊歷而無意於故事情節的經營，因而我更傾
　　向於把它看作一部遊記散文集。作者願將這些作品看作小說，也
　　許考慮到小說比散文更具影響力，而讀者也就尊重其意願了。
6　見胡德培編《艾蕪》（北京：三聯、人民文學出版社聯合出版，
　　1984），頁 244。

也在文中處處流露出新奇與興奮之情，正如蔣明玳在有關文中評述的：「艾蕪的『流浪漢小說』極喜歡把南國邊疆那樣人跡罕至、蒼茫蕭然的自然風光放進自己的藝術視野之內，他的筆端總是塗抹著大自然的瑰麗色彩，並且時時散發出一種帶有異域情調的野性生活的氣氛和神秘的誘惑力。」[7]這種帶有野性的自然就是野森森的原始森林。

綠色的自然景觀對巴人而言，除了一種異域情調的新奇與興奮以外，更多的是一種「避亂」的場所。巴人在南洋長達 7 年的時間，其中就有 5 年的逃亡生活，《印尼散記》就十分傳神地描述了他在印尼各個偏僻鄉村逃往的經歷。巴人從一個菜園到另一個菜園的隱蔽，也就是選擇一個更適合於隱蔽的安全環境，最後退避到一個被森林包圍的山芭，與猴子、猿、山豬、猩猩為伍。作者借人物之口敘述了這個荒僻的環境：「『你們住的村子是頂荒僻的了』旅行了幾乎半天回到村子時他這麼說，『不過現在日本人治世，住在越荒僻的地方越好。』」[8]。很顯然，這兒的森林景觀不是為了滿足好奇，而是具有藏身躲避外在威脅和危險的棲居功能。很有趣味的是，巴人同時賦予森林景觀以價值的意義，有一種回歸原始生活的嚮往。這表現在作者對遠古悠遠的森林意境、自然古樸的民風民情以及二者相輔相成的神秘氛圍的營造上，甚至在作家筆下，這些荒落的原始的山芭，給人一種詩意的棲居之感。

---

7 蔣明玳〈艾蕪：漂泊者人生追求之歌 —— 論艾蕪「流浪漢小說」的文學價值〉，見《江蘇教育學院學報》（社科版），頁 65。
8 巴人《印尼散記》（長沙：湖南人民出版社，1984），頁 293。

事實上，在許多作家的筆下，南洋綠色的自然景觀並不僅僅是新奇的異域情調，在抒寫中的景觀中輸入了自己的價值觀念，也就是說自然景觀在文本中作爲一個價值系統而呈現，如斐爾的〈馬達山遊蹤〉、梁啓超的〈遊錫蘭島〉，在他們的詩意的描述下，南洋的綠色森林與現實的政治、戰爭等醜惡的爭鬥隔開，具有超脫凡世的功能，令人嚮往。

我們從如上的分析中看到南洋的地理景觀中綠色森林不僅讓對中國作家來講有一種異域情調的新奇感，也是避亂的安全場所，同時也是寄予價值的嚮往之所，因而，在他們的筆下，南洋具有樂土特徵；而且，這些作家熱情浪漫，富於理想情懷，這些特質注入寫作中，苦難的也富於詩意。艾蕪的遊記，雖然記述的多是放逐於邊緣的凄苦與危險生活，但在對其行蹤遊歷描述中充滿詩意與快樂。這樣的心情，後來艾蕪在〈想到漂泊〉一文中有過詳細描述：

> 我可以說：窮困的漂泊，比富裕的旅行，就更令人感到興味而且特別神往些。但這需要有長久苦悶心情的人，才能領略這種意味的 —— 倘若他並沒有實際漂泊過的話。
>
> 善寫知識份子苦悶的契訶甫，我想，他的心情，也一定是極端苦悶吧？去年的諾貝爾獎金的蒲寧，就曾經記敘過契訶甫臨死以前，常常高聲說著的夢話：「變成一個流浪者，一個香客，到那些聖地去，住在寺裏，林中，湖畔。夏天的晚上，坐在回教禮堂前的登上……。」這是怎樣地憧憬著漂泊啊！
>
> 我自己，由四川到緬甸，就全用赤足，走在那些難行

的雲南的山道，而且，在昆明，在仰光，都曾有過繳
不出店錢而被趕到街頭的苦況的，在理是，不管心情
方面，或是身體方面，均應該倦於流浪了。但如今一
提到漂泊，卻仍舊心神嚮往，覺得那是人生最銷魂的
事啊！[9]

艾蕪從漂泊的行旅中找到發洩苦悶的出口，在一路自然
風光中看到人生的美麗。艾蕪在南洋各地流浪時，正值青春
浪漫年華，一切灰暗的陰鬱的人生風景摧毀不了他那顆年輕
的心，因而，轉化到他筆下的淒苦眾生，多是充滿快樂和意
志的精神；另一面，南洋的自然風景更能感動這顆年輕的心，
所以他在描寫浪跡於「四周藍色的山層」裏，或者放逐於森
林江水間，抑或徘徊於茅草村舍間的時候，往往忘記了饑餓
和困苦，為大自然的神奇與美麗而顫動，文字間充盈著明快
和怡然的詩意。這正如周立波在談自己讀《南行記》的感想
時所言，在艾蕪的《南行記》中，始終貫穿著「一個有趣的
對照；灰色陰鬱的人生和怡悅的自然詩意」。[10]

總之，中國人對綠色風景的感動，森林灌木所提供的安
全隱居以及對太古原始平靜生活的嚮往都使得中國作家對南
洋有怡然詩意之感。當然還有其他的因素使然，如在南洋感
覺的異域情調也讓作家之筆充滿詩情遐思（這點在上的篇章
作了詳細分析，在此不贅）；另外，大多數中國作家與南洋
只是擦身而過，早懷南洋夢想的作家在這匆匆一瞥下，更易

9　艾蕪《漂泊雜記》（昆明：雲南人民出版社，1982），頁 197。
10　周立波〈讀《南行記》〉，見《中國現代作家選集：艾蕪》（北京：
　　人民文學出版社，1986），頁 255。

滋生夢幻般色彩。

第二節　慾望南洋的文本性
態度與想像南洋

薩義德在《東方主義》一文中提出了「文本性的態度」並分析了它與東方主義的關聯，薩義德認爲有兩種情況會促使文本性態度的產生：其一，當人於某個位置的、危險的、以前非常遙遠的東西狹路相逢的時候。在這種情況下，人們不僅求助於以前的經驗中與此新異之物相類似的東西，而且求助於從書本上所讀過的東西，如旅行書或旅行文本。這樣人們對書本有很強的依賴，有些情況甚至是手捧書本按圖索驥去尋找；其二是成功的誘惑。在這裏薩義德形象地比喻，假如讀者讀到一本描寫兇猛的獅子倏然後果真遇到一頭兇猛的獅子，這種情況可能會激發你閱讀這個作者所寫得更多得數並且信以爲真。但如果那本描寫獅子的書還教這個讀者遇到兇猛的獅子時該怎樣做而且這些方法行之有效，那麼，這個作者會獲得更大的信任，並且他還被激發嘗試寫更多這類型的書籍。這之間存在著一個相互強化的互動關係，亦即意味著讀者在現實中的經歷爲其所閱讀的東西所決定，讀者的信任反過來又影響作家去描寫那些東西。於是一本描寫如何對付兇猛獅子爲主題的書可能導致一系列以獅子兇猛、兇猛

之源等爲主體的書的產生。[11]薩義德所談的在兩種情況下所產生的文本性的態度，就我看來，第一種文本性態度產生的情形並非具有普遍性，中國人對南洋的文本性態度，顯然多是在第二種情形下產生。下面我就針對中國人對有關南洋文本的各種態度作出分析，說明其製造了南洋的想像。

薩義德所講的促使文本性態度產生的兩種情況，有一個共同點，這就是有關描述某種情形或事物的文本對讀者而言具有實用性，亦即意味著能夠滿足現實的需要。然而，對中國人而言，南洋具有滿足各種慾望的功能，如淘金、避亂、浪漫幻想、革命後方等等，關於這點，在上述章節的論述中有過分析。這樣看來，南洋既是擺脫現實困境之所也是可讓精神自由流放之地。在記述南洋的遊記文學作品中，關於來南洋淘金、避亂的敍述比比皆是，這類敍述既源於現實生活，又源於描述這類情景的作品。近代中國以來，中國內憂外患，戰爭烽火年年不斷，再加上天災頻仍，到二十世紀，人口過剩，耕種土地非常有限，而南洋相對平靜的環境以及寬廣肥沃的土地吸引中國人南來謀生，尤其是馬來半島，不僅土地開發較晚，而且英國在馬來半島的殖民統治實行比較寬鬆的政策，多數時候對中國人持歡迎態度，所以中國人大批湧向馬來亞半島。[12]現實中成功的例子，比如有某個來自福建某

---

11 薩義德著、王宇根譯《東方主義》（北京：三聯書店，2000），頁 121-122。

12 有關中國人到馬來亞謀生的內外因素許多學者作過詳細的研究，代表性的有楊建成主編《華僑史 ── 南洋研究史料叢刊》（臺北：中華學術院南洋研究所，1985）；又見巴素著、劉前度譯《馬來亞華僑史》（檳榔嶼：光華日報有限公司，1950）。

個荒僻破落鄉村的農民，在南洋幾年或十幾年的千辛萬苦，
最後或因橡膠園或開掘錫礦成功而成富人，然後衣錦還鄉，
在家鄉廣治地產，興建房屋，聲名遠播；這就無疑給處在困
苦之中的鄉人帶來希望之夢，於是每年就有大批的鄉鄰帶著
發財的單純信仰結伴漂洋到南洋。這種情形在司馬文森的《南
洋淘金記》中的第一章「苦難多唐山難過淘金去遠渡重洋」
有其生動地描述，因為「今年日子比前年難過多了」，「出
洋的人就特別多」，其中，一名原在南洋做車夫豬仔的鄉親，
一夜之間致富，從南洋帶回燦燦黃金，化作鄉間排排高大氣
派的屋宇。這種公開誘惑，使許多三餐難以溫飽的鄉親不慮
分離之苦，想盡辦法出洋謀生，請看作者在文中的一段描述：

> 做父母的，一個小錢一個小錢的積蓄著，為的是積蓄
> 成較大的一筆款子，買了張「大字」把兒子送過番。
> 當小孩剛學會開口說話，他所受的第一課家庭教育
> 是：「你長大了做什麼？」「大了過番發財！」「對，
> 這孩子有出息。」初初結過婚的的女人，並不怕別離
> 苦，當她們完成了婚禮後的第一件大事，是問丈夫什
> 麼時候出洋去發財。有多少現成的故事在教訓這些
> 人，有人會告訴你，某某婦人，在結婚三天后，她把
> 丈夫送走，受了二十三年活寡，滿以為他死了，再不
> 能見面了，可是，他有一天突然回來了，把成箱成箱
> 的金銀珠寶交給她，她把它買了田建了屋成為全城中
> 第一個富戶。有人又會告訴你，某一個童養媳，從十
> 二歲起，一直守著那個過番的未婚丈夫，直到四十五
> 歲才正式結婚，然而他們仍像一對年輕夫婦一樣恩

愛，像一個富貴人家過著豪華日子。一種富有宗教意味
的森嚴的苦行規約，在教育著這兒的人們，大家似乎
都在，都改為一種共同要求而生存，那種要求就是——
沉住氣，苦等，苦鬥，運氣到了，好日子是你的！[13]

從這段生動的描述可見南洋對中國人賦予怎樣的現實意
義了。南洋不僅讓南來的中國人有工作可做，而且充滿著發
財的機遇，也就說，南洋有使中國人由窮變富的功能。這種
功能類似於薩義德所講的促使文本性態度產生的第二種情
況，亦即成功誘惑。在這種情況下人們通常產生對文本的信
任和依賴的態度。這種態度反映在文本中就是關於南洋美麗
的夢想和單純的嚮往。「這樣的文本不僅能創造知識，而且
能創造他們似乎想描寫的那種現實。久而久之，這一知識和
現實就會形成一種傳統，或者如蜜雪兒‧福柯所言，一種話
語，對從這一傳統或話語中產生的文本真正起控制作用的是
這一傳統或話語的物質在場或力量，而不是某一特定作者的
創造性。」[14]中國人對南洋的描述文本可追索到很遠，這點
在第一章中有過簡要的論述，其中，有關南洋遍地沃土黃金
的描述真像「詠歎調」。這些文本強化和凸現了現實中的成
功經驗，有意或無意淡化了中國人在南洋苦熬、苦鬥的經歷。
如此這般，這樣描述南洋的文本就創造了一種現實，即一種
空間詩學的、充盈夢幻的現實。與淘金避亂的主題相比，有
關南洋的情色想像則更富於浪漫的色彩。這方面的描述同樣

13　司馬文森《南洋淘金記》（香港：大眾圖書公司，1948），頁 5-6。
14　薩義德著、王宇根譯《東方主義》（北京：三聯書店，2000），
　　頁 122。

形成了一種文本傳統，影響或創造著後來文本的構成內容或
情節。

　　現在，我們對南洋遊記文本來做一個簡略的檢視，以此
考察這種文本相生或互文性之關係。早在元朝的周達觀，在
其《真臘風土記》中對真臘的印象（今被稱為柬埔寨）就做
了這樣的描述：「自入真蒲以來，率多平林叢木。」「古樹
修藤，森陰蒙翳，禽獸之聲，雜遝於其間。」[15]然而到了二
十世紀現代作家的筆下，有關南洋的景觀描述多與此類似。
例如斐兒在《馬達山遊蹤》中描述：「滿眼是青翠繁茂的森
林，滿眼是生氣蓬勃的原始世界的景象。」「四面全是黑壓
壓的的野森林，被禽獸的鳴聲所充滿著」[16]。很有趣，這兩位
遊記作者相距幾百年，但他們對南洋的森林印象的描述，無
論是敘述的模式，還是句子的陳述狀態，竟是驚人的相似，
似乎南洋的風貌一成不變。同樣，有關南洋或南洋人的情節、
性格以及故事等等在文本中進行著同樣的操作處理。徐志摩
在 1928 年 6 月出遊日本、英國和印度，同年 11 月返國途中
經過新加坡，〈濃得化不開〉（星家坡）就是一部描寫新加
坡景物和人物的印象作品，無論是景物或人物都是一種濃得
化不開的肉麋氣息中展開描述，「濃得化不開」並成為人們
引用的經典話語。劉吶鷗在 1932 年發表的《赤道下》，可說
是徐志摩浪漫想像的續曲，書中描寫的南洋兄妹也被賦予濃

---

15 （元）周達觀《真臘風土記》，收入《中華交通史籍叢書》（北
　　京：中華書局，2000），頁 140。
16 斐兒〈馬達山遊蹤〉，見錢谷融主編《現代作家國外遊記選》（上
　　海：上海文藝出版社，1983），頁 24-25。

得化不開的情慾色彩，另外來遊者迷醉。有趣的事，甚至沒
有來過南洋的張資平和張愛玲在作品中也免不了對南洋的想
像。[17]（當然，這兩位作家非南洋遊記作家，故不作具體詳
細分析。）

　　從這幾個作家及其作品可看出，他們在文本中對南洋的
相似性的想像書寫中所顯示出的態度，這表現在物質和精神
兩個方面，在物質上，南洋是脫貧致富之地，在精神上，又
是各式慾望的出口與放飛之地，同時，它還是逃匿隱蔽的安
全之所。而且，這些有關南洋的想像首先建構在現實中需要
和成功的資訊上，同時這些需要和資訊又活躍了作家的想
像，並在文本中反復描述這些相類似的情景，由此培育了讀
者對南洋文本的信任態度，從而又刺激新的類似文本的產
生。這樣如此反復描述，其形塑的南洋圖像無疑只具單純的
色彩，流失了複雜的原貌。薩義德在《東方主義》中對於西
方人所描述的東方作過這樣的評述：「東方與其說是一個地

---

17 張資平有關南洋的作品有《最後的幸福》、《性的屈服者》以及
　　《苔莉》等，在這些作品中，南洋被作爲一個很重要的情節處
　　理。有關論述可見林春美在 2002 年 4 月參加新加坡國立大學中
　　文系舉辦的中國現代文學國際研討會「跨界與跨國：中國現代
　　文學的區域視角與多元探索」（Border-Crossing and Transnational
　　Dialogue: Regional Perspectives and Pluralistic Inguiries in the
　　Studies of Modern Chinese Literature）宣讀的論文《慾望朱古
　　力：解讀徐志摩與張資平的南洋》。張愛玲也在作品中想像化了
　　南洋，如《傾城之戀》，講的是南洋的花花公子范柳原與上海舊
　　式小姐白流蘇的愛情故事。南洋的翩翩公子出入各色多樣的摩
　　登場合，見過許多新式小姐，可卻偏偏對這個舊式小姐動了心，
　　但又不想與她結婚。想同居又覺不可，於是他想到了南洋，決
　　定帶白流蘇到馬來西亞去，在那兒白流蘇也許會自然一點。可
　　見，范柳原對南洋的想像化解他的情慾苦惱。

域空間，還不如說是一個論說的主體（topos），一組參照物，一個特徵群，其來源似乎是一句引語，一個文本片段，或他人有關東方著作的一段引文，或以前的某種想像，或所有這些東西的結合。」[18]這段文字同樣可以概括說明中國作家筆下之南洋圖像的特徵。

第三節　民族家國之慾望與思考

如果說梁啓超、巴人、斐爾等遊記作家對南洋的詩意描述記述了一處古老、原始、太初、儉樸與異域的南洋場景，重建了帶有個人的浪漫情懷；那麼，老舍、郁達夫等人的南洋遊記文本則作爲較大地越出了個人慾望的地理座標，建構了疆域和家國的思考和宏圖。老舍的《小坡的生日》中的花園意象和夢境，實際上意味著家國的建構。這個夢境的創造是老舍在英國和南洋的「地區體驗」（the experience of place）的比較結果，它擺脫了殖民的話語體系，回到民族希望的建構中。當然，老舍筆下的花園意象，如前所述，表達對本土華人前景的關懷，但很大程度寄予是中國人的夢想，是對中國民族未來和出路的思考。事實上，在當時的歷史情境中，南洋華僑大都認爲是中國人，並未有我們今天所謂的中國人、華人的清晰區別，南洋人也就是中國人。不可避免，老舍筆下的中國人，也不脫這樣的意味。我認爲，一個在域外

---

18 薩義德著、王宇根譯《東方主義》（北京：三聯書店，2000），頁 229。

的中國作家，其遊蹤就像是發現一個引發思考的文本，這個
文本以一個充滿見證的在場，思考本國與外國的差距或差
異，反映在遊記文本中，圍繞異國形象展開的描述和評論，
其實在關於「他者」的書寫和評價中建立了一種比較的關係，
也就是說在遊記文本中的各種「他者」實際上構成評定的參
照系。我們帶著這樣的思考，不難看出，老舍對南洋時空和
地理圖景的建構，隱含地表達了對中國前景的構想。

　　郁達夫在麻六甲的遊歷也建構了一種比較的關係。1939
年9月郁達夫趁到馬來亞的吉隆玻主持《原野》演出揭幕式
的機會，遊覽了麻六甲，隨後記有〈麻六甲遊記〉。在這篇
遊記中，一如許多遊記的寫法樣，文章首先簡要記述在行旅
中的精神狀況、此行的因由，沿途的馬來風景。麻六甲的風
貌則是其遊蹤記述的重點，作者首先追述了麻六甲古城風貌
以及葡萄牙、荷蘭人以及英國人在麻六甲的殖民歷史，然後
聯想到中華民族的缺憾。文中這樣寫道：「我想起了三寶公
到此地時的這周圍的景象，我又想起了我們大陸國民不善經
營海外殖民事業的缺憾；到現在被強鄰壓境，弄得半壁江山，
盡染上腥汗，大半原因，也就在這一點國民太無冒險心，國
家太無深謀遠慮的弱點之上。」[19]從這篇遊記的結構來看，
進入作家之眼的麻六甲風景則是闡述「我」的觀感的前結構，
一個漸進思考與評論的語境場，一個參照的坐標系，由此引
出有關「我」的問題和想法。郁達夫在麻六甲穿行的當兒，
中國正值抗日戰爭的烽火，外來侵略的屈辱以及民族的出路

---

19 郁達夫〈麻六甲遊記〉，見錢谷融主編《現代作家國外遊記選》
　　（上海：上海文藝出版社，1983），頁7。

擺在每個中國人面前。中國人再也不能沉湎於輝煌的過去，他們被外來的堅船利炮震醒，開始清醒認識到中國的落後現實，尋找抵禦外來侵略、民族富強良方，其中反思抑或批判中國傳統文化（儒家文化）成為勢在必然。郁達夫在這樣的歷史情境中，在麻六甲看到葡萄牙、荷蘭人以及英國人在麻六甲的成功殖民，觸景生情，聯想到中國也有過一段這麼讓人驕傲的對外關係，可是，三寶公到南洋只是懷柔遠人，無意於海外殖民。為顯示中國浩蕩威力和皇恩，中國為此還要付出巨大的開支。郁達夫在麻六甲由現實回溯到歷史問題的反思，顯然，遊蹤的情景建構了思考的場域。這就說明遊記作者在文中對於地理景觀的建構與自我問題的關懷（personal identity）之間緊密關聯。這點由艾蕪的現身經驗得到印證。艾蕪在〈緬甸人給我的印象〉一文中就闡明瞭這一書寫現象，他這樣寫道：「我到一個地方，總愛研究那些異鄉人的性情的，而且喜歡把先前接觸過的人，拿來兩相比較，覓出他們的差異來 — 我高興這樣做的。我覺得緬甸人是要比中國民族年輕些，孩子那樣好玩的脾氣，頗帶得濃重的……我們中國呢，可不是這樣，總常常是莊重的，沉靜的。即使在最愉快的時刻，像過舊曆的新年，也還是沒有怎樣的放懷縱歌，盡興玩耍的狂態。」而緬甸人的過年，「到處都飛舞著水花，洋溢著嘩笑，緬甸人全樂得像瘋了一般。」最後作者幾乎情不自禁感歎道「回到中國來，就常常覺得周遭的一切，太沉悶了，太古老了，年輕的少壯的血液，總需得

打上一針的。」[20]艾蕪的這篇遊記只有千來字，對其遊蹤的描述不過寥寥幾句，似乎專為引出評述的話題而設，全文幾乎都在比較和評介中國人和緬甸人之間的差異，把在異國空間的思考延伸到中華民族的精神和心態。

從上述分析我們看到，南洋遊記文學貫穿了遊記作者聲音的書寫，其間交織著遊記作者與地理、與他者、與自我之間的關係。這也就是說，遊記作者在南洋的旅途中目睹了一個異於自己文化的一個新的文化天地，他們的懷疑、思考、比較反映到遊記文字中就展示了一個「南洋」與「中國」的詮釋場域，在對南洋的觀察中發現了中國問題。

第四節　中國人看南洋：中國主義嗎？

我相信，任何人在看或觀察他國形象或異域形象的時候，都帶著自己的文化裝備，自己的眼光，自己的問題興趣，不然則形成不了視角。正如巴柔在《從文化形象到集體想像物》一文中所言「旅遊不僅僅是在地理空間內或在歷史時間中的位移；他還是在一種文化中的一種位移。人們只有使用在自己的（文化）行李中攜帶著的工具才能去『看』異國。」[21]

中國人看南洋，寫南洋同樣如此，但並不應因此而一概斥之為中國主義或中原心態。我想，所謂中國主義之說，很

---

20 艾蕪《漂泊雜記》（昆明：雲南人民出版社，1982），頁 131-133。
21 巴柔〈從文化形象到集體想像物〉，見孟華主編《比較文學形象學》（北京：北京大學出版社，2001），頁 146-147。

大程度上受薩義德《東方主義》（Orientalism）的影響和啓
發。薩義德認為西方人筆下的東方形象，是一想像的產物，
歐洲旅遊家、探險家、商人、學術機構等共同描述了這一東
方形象。這種描述，無論是過去還是現在，都是以歐洲或西
方觀點定位的。《東方主義》揭示了西方對東方有系統的「他
者化」的描述，東方是一個異類文化圈，被定於處於邊陲或
蠻荒的位置。「許多術語可以詮釋此種關係，……東方人非
理性，邪惡（墮落）、稚氣、『異常』；而歐洲人則代表理
性、品德高尚、成熟，『正常』等等優劣對比描述。」[22]薩
義德的《東方主義》劃出東方與西方的權力關係模式，成了
批判殖民主義的理論的典範式文本，無疑給學術界提供了一
種批評視角。

　　中國有著悠久的歷史和文化，而南洋開發較晚，大多地
區荒僻落後，因而中國人在看南洋時有意或無意間流露出優
勢的文化心理，在這種心理下出產的南洋遊記文本不可避免
地有些「中原心態」。如同薩義德所批評的「東方主義」，
中原心態描述下的南洋形象賦予邊緣氣質，作為滿足的書寫
目標，文本凸現個人慾望，或建構慾望，其造型的南洋，是
想像的物體，是中國化的產物。這些從我上述分析的章節中
可以看出。雖然如此，但是我們如果將這種書寫現象等同於
「東方主義」，則有些以偏概全和粗淺武斷。中國人看待南
洋有著很複雜的歷史和現實因素，對南洋空間的建構或書寫
並不完全是「大中國主義」，因為他們的遊記文本不同於薩

22　Edward W.Said, *Orientalism* （New York: Vintage Books, 1979），
　　pp.40.

義德在《東方主義》中所批評的西方對東方的單向建構，一
味描述中心與邊緣、強勢與弱勢的等級差別。我認為，《東
方主義》給人最關鍵的啟迪在於人們在看待「他者文化」時
完全持一種優勢的心裏或對「他者文化」作矮化的心態，即
所謂的一系列的二元對立：如東方與西方、野蠻與文明、進
步與落後等。但是，中國人看南洋並不全然如此。

　　研究中國與南洋關係的學者常常會用「南來」這個詞來
說明中國作家到南洋[23]，這一說法就很具代表性地說明瞭南
洋與中國有著千絲萬縷的聯繫以及曖昧關係，這就完全不同
於西方與東方之關係，這裏透出有一種距離的親近感和認同
感。當然不可否認的是，這裏面也有以大中國或中原心態建
構南洋特定話語體系的運作。另外，還有一個不同於「東方
主義」的關鍵所在，就是中國人在描述南洋圖像時不忘對自
我民族或文化的檢討和批評，這在南洋遊記文本中比比皆
是，如艾蕪、巴人等人的遊記文本，他們筆下的南洋雖然區
別於中原的開發後的文明生態，帶有人類始祖的遺跡，給人
一種「化外」野荒的或原始的感覺，但文字間不僅對當地人
充滿溫情式的理解，還不時涉及到自我修正或批評的觀點。
在此以巴人一例來做引證，在《印尼散記》中作者不僅在多
處檢視了一種出於民族優勢心理對馬來人、爪哇人的誤解，
而且還在多處寫了「自我審查」以及「自我批評」的文字以
及對馬來人、爪哇人的讚美之詞，這裏引出其中一段作者與
爪哇人端·古魯的對話來作說明。作者這樣寫道：

23　如林萬菁就持這種說法。見《中國作家在新加坡及其影響》（新
　　加坡：萬里書局，1994）。

我（爪哇人端·古魯—筆者注）聽說，西洋鬼子也喜歡
研究這一套，用我們的落後來襯托他們的文明，好來
證明我們就是註定要讓他們征服的，可是咱們那時只
是落後，人的心呀很公平的。現在也是落後，人的心
可給他們教壞了。你們大概是好奇吧，就愛問我們以
前的生活。其實呢，你們可以過河到對面去看看，對
面那塊土地上還有咱門過去村子的遺址呢。

端古魯這麼一說倒使我有點慚愧了。我真的發現自己
這種好奇心的背後，怕還有不少民族自大的心理
吧。……在我平日同印尼人接觸中，尤其是鄉下的勞
動人民，他們頭腦裏的私有觀念是不深的，佔有慾是
不強的，這較之我們自己的同胞要磊落得多了，爽直
得多了。[24]

作者不僅自我檢查，還不時流露對馬來人、爪蛙人的
生活情態、公正平和的品質和心態流露出敬佩和嚮
往。「我絕沒有輕視他們的落後，卻更敬佩他們公平
正直的精神。而聽了端·古魯這一段話後，我有更領會
了這個民族的自尊心是深入與窮鄉僻壤的每一個人
的，這將是一種不可征服的力量。」[25]

　　由此可見，我們看到作者對南洋的書寫表現出高度自省
與反思能力，說明了中原主體心態並非固定不變；而且有些
作家作品的主題隨著在南洋的經驗而發生轉變，有意挑戰自
我位置。如郁達夫在新加坡編輯副刊期間看到新馬青年作家

---

24 巴人《印尼散記》（長沙：湖南人民出版社，1984），頁 274。
25 同上。

一味模仿中國作家之風的現象時，呼籲南洋文藝需要本土
化，爲此引起一場激烈的爭論（請見上述章節的分析）。很
有趣的是，我們從這場爭論中看到在南洋生活的華僑反而在
看待問題時更中國化，有些舉措比「純粹中國人」更爲極端，
倒讓人深思。

　　我們從上述的分析看到，「中國主義」之說是很難成立
的。更何況南洋對中國人來說是一個令人愉快的距離。這種
距離感可無顧忌、身心放鬆，也容易滋生慾望與想像。這就
是爲什麼我們在南洋遊記文本中看到多爲浪漫情思、特殊際
遇、巧遇意外的驚喜、新的生活方式、閒適自在以及隨處漂
泊的描寫。而且，南洋包含著多重文化空間，轉換生活方式
有選擇餘地。以郁達夫在南洋的生活一例來作說明。郁達夫
在新加坡期間一面努力編輯副刊，[26]寫政論文章，[27]熱心扶掖
文藝青年[28]，宛如一個激進之士（此方面在上面章節已作過
詳細分析，故在此不贅）；一面又寫舊詩、自我放縱，毫無
約束。據李向的文章：「郁達夫那時被一批舊式文人包圍著，
經常去喝酒、打牌、玩樂。他本來就是一個風流才子，這種

---

26 郁達夫在新加坡期間主編過《星洲日報》四種副刊：《晨星》、《繁
　星》、《文藝》和《教育》。此外他還兼編《星檳日報星期刊》的
　《文藝》雙月刊、《星洲十年》、《星洲日報半月刊》的《星洲文
　藝》欄以及英國情報部出版的《華僑週報》。
27 郁達夫因爲編報之關係，常常在報刊上發表文章。根據姚夢桐
　仔細的考證，郁達夫在新加坡期間寫的文章共 462 篇，其中政
　論就占 104 篇。詳細資料見姚夢桐《郁達夫旅新生活與作品研
　究》（新加坡：新加坡出版社，1987）。
28 參見林萬菁《中國作家在新加坡及其影響》（新加坡：萬里書
　局，1994）。

逢場作戲的場合他是安之若素的，於是和紅舞女同坐黃包車招搖過市有之，和什麼姐妹花左一個又一個合拍照相者有之，甚至帶著妻子兒子上『公館』（俱樂部），當著他們面前和別人打情罵俏的怪事也做了出來。王映霞私下裏曾對友人說，郁達夫在上海時雖也慣於冶遊，可也沒有像在新加坡時這樣胡鬧的」。[29]郁達夫當年在新馬引起文學青年圍攻，除了雙方看待問題的視角不一樣外，另一個也許是很重要的原因，他們不滿於郁達夫的舊文人生活。本來他們對郁的頹廢一面早有所聞，而郁達夫在一到新馬後就被一批舊式文人包圍住，彼此做些唱和風雅之作，疏遠抗戰文藝工作，當然會加重這不滿的情緒。[30]應該說郁達夫在南洋的生活是很滋潤的，因爲南洋既有大批熱情蓬勃向上的青年，也有舊學遺少，正如他自己所言：「偶吟俚句，南洋詩人和者如雲」。

　　郁達夫在南洋的二面人生蹤跡就說明，南洋的多重文化空間能夠給旅居的作家一種汪洋恣意之感。再者，旅行本身容易給旅人帶來浪漫綺思，也就是說旅人在進行身體旅行時候同時伴隨著慾望旅行，同時旅人心情隨變化的風景浪漫波動，這樣一來，那些長期被禁錮的、消極被動的、不敢言說

29　李向〈郁達夫在新加坡〉，見王潤華《郁達夫卷》（臺北：遠景出版事業有限公司，1984），頁 222。

30　如張楚琨在一文中就十分有針對性地指出：抗戰要求每一個文化人參加抗日統一戰線，因此即使是以頹廢文人著稱的郁達夫先生，我們也希望他能夠本其熱情和正義感，動員他的筆和口，爲民族服務，這便是郁先生到新加坡來雖然聲稱是「慕南洋風光」，而南國文化青年們仍不減其熱誠希翼的原因。見張楚琨〈讀了郁達夫先生的〈幾個問題〉以後·編者附言〉，見《南洋商報·獅聲》，1939 年 1 月 24 日。

的等等慾望得以釋放。由此看來，中國作家在這種距離和心
境下描繪的南洋就很難說得上是建立什麼權威的話語，倒更
像是一種夢幻和憧憬；而且，遊記作者寫異域他邦、彼類的
社群，用自己的文化認識他類，其書寫的建構和再現的表述
不可避免會帶有想像。

小　結

　　我們通過上述對中國人在南洋的綠色體驗、慾望南洋的
文本性態度、民族家國之慾望與思考的分析，以及中國看南
洋是否為中國主義的辨識，我們發現，中國人對南洋有一種
特殊的情結。故而，其描述的南洋圖像彌漫著種種美妙的想
像。而由如上分析我們知道，其情結既源於南洋的客觀環境，
也來自非真相的幻想，同時也源於中國人內在的喜好。由此
不難看出，中國人看南洋，是既熟悉又奇異、既遙遠又可到
達。這個恰到好處的距離容易給他們愉快的心理感覺，但卻
不太能夠形成中國主義。

下　　編

理性的思考：英美遊記研究

　　由上述部分的分析，我們看到，中國作家在描述南洋時大多帶著詩意的感覺，因而所描述的南洋圖像有頗濃的想像色彩；而且，文筆感性，詩情畫意，洋溢著各種慾望的浪漫情懷。究其原因，主要在於南洋的生活環境以及生存方式與中國人口味、習慣很相契合，並且，南洋對中國人來說有一個容易產生愉悅的距離，因而，其描述的南洋多表現為想像的和心理的南洋。由此我們引出有趣的思考，當中國知識份子在由南洋航向西方的途中，以及當他們在英美留學、工作、考察及遊觀的時候，與其相隨的又是一種什麼樣的慾望之旅呢？其描述的英美圖像又呈現怎樣的色彩呢？南洋遊記與英美遊記之間是否有些延續的東西呢？抑或紀遊書寫發生了什麼樣的轉變呢？等等。帶著這些問題和思考，本編將逐章展開分析。

第八章　序幕：現代前行者
—— 王韜與他同輩的英美之旅

　　我在這章之所以一節篇幅來討論王韜，就在於我們從王韜的西行個案可見近代中國變遷的一個側面；而且，王韜西行代表了近代中國知識份子人生轉捩和某些非常新的東西。也就是說我們可以通過考察王韜英美遊蹤來闡明上個世紀許多中國人（儘管各自都有著自己的方式）經歷的轉變過程，從王韜瞭解近代中國走進世界的歷程。[1]

第一節　王韜的西行路徑：從舊到新的慾望軌跡

　　王韜（1828-1897）在 1867 到英國遊觀，直到 1869 年回到香港。期間王韜還遊歷了歐洲大陸，後來在眾人的催議下寫《漫遊隨錄》，敘述這次旅英見聞。引人深思的是，這部

1　（美）柯文著　雷頤、羅檢秋譯《在傳統與現在性之間 —— 王韜與晚清改革》（南京：江蘇人民出版社，1994），頁 216。

遊記並不是由起程落筆，而是從出身寫起，憶述自己的童年、
少年、家庭變遷、個人遭遇以及際遇，展現了王韜充滿變遷
的人生軌跡。同許多近代知識份子一樣，王韜從小就接受中
國古典詩書教育和訓練，曾參加科舉考試。但由於他整天忙
著寫「貽某女士書」或到「校書」家吃酒，結果名落孫山。[2]
從此王韜就屏括帖（八股）而弗事，棄諸生（秀才）而不為，
立下「讀書十年而出為世用」的雄心研究學問，但一面又過
著「酒色徵逐」的生活。這種生活在王韜身上留下了很深的
痕跡，流毒一直到晚年。這在《扶桑日記》[3]裏有十分明顯的
反映。1847 年，王韜的父親到上海開設蒙館。第二年王韜到
上海「省親」，從此進入到一個新的世界。《漫遊隨錄·黃浦
牆帆》記述的就是王韜初到上海的印象。王韜在機緣巧合下
認識了倫敦教會（The London Missionary Society）派遣來華
的麥都思（Dr.W.H. Medhurst）。[4]1849 年夏天，麥都思正式
邀請王韜到墨海書館參加中文古書的編校工作。王韜在《與
英國理雅各學士書》中敍述了這段緣由，但在墨海書館工作
的情形卻鮮少敍述，我們可從郭嵩燾的日記略窺一二。傳說
王韜一度從上海回家探母，被太平軍俘獲並為太平軍做過文
事，為此，清政府定王韜為叛逆罪並緝拿歸案。在不得已的
情況下，34 歲的王韜逃到香港。當時香港開埠還不到 20 年，

2　王韜在《漫遊隨錄》以《白下傳書》、《白門訪豔》兩節的篇幅憶
　　述了這段情況。

3　王韜由歐美返回香港後，名聲大振。日本慕名邀請王韜訪問。1879
　　年王韜訪日，記《扶桑日記》。

4　麥都思（Dr.W.H. Medhurst）是最早隨馬禮遜（Robert Morrison）
　　東來的新教教士之一。

市景十分荒涼。其情景見《漫遊隨錄·香港羈蹤》中的描述。
王韜在香港旅居了 5 年多。他一面協助英華書院理雅各
（James Legge）翻譯中華經典，一面廣泛接觸西方的文化知
識。在《漫遊隨錄·物外清遊》這節，王韜驚羨地寫道：「中
藏西國書籍甚多，……輿地之外，如人體、機器，無不有圖，
纖毫畢具。」[5]1867 年（同治六年），理雅各返回英國，招
王韜偕行。王韜於陰曆十一月二十日啓程，四十多天后到達
馬賽，再到英國，從此開始了他在英國兩年多的旅居生活。
從《漫遊隨錄》的記述看，王韜的遊程豐富多彩：在倫敦遊
覽、在牛津演講、在杜拉（Dollar）見北極壯色，期間還訪
問愛丁堡、亞伯丁、格拉斯哥等等歐洲城市。異國的風土人
情，使王韜大開眼界。尤其是剛經歷工業革命和實行自由貿
易的英國資本主義社會，留給他更為深刻的印象。王韜和英
國傳教士、外交官、漢學家較有良好的私人關係，因而遊觀
視線開闊細緻，且沿路受到熱情接待。這一切使他在 1867
年返港後所寫的《漫遊隨錄》在同類作品中最為真切細緻。[6]

　　王韜由一個無名的鄉間秀才到率先出遊歐洲，生命歷程
無疑充滿傳奇色彩。王韜在《漫遊隨錄·自序》中自豪地寫
道「余之至泰西也，不啻為先路之導，捷足之登。」[7]這並不
是王韜誇耀。他在蘇格蘭遊居甚久，方才聽到中國第一個派
往西方國家的外交使團（包括志剛、孫家谷、張德彝等在內

5　王韜在《漫遊隨錄》以《白下傳書》、《白門訪豔》兩節的篇幅憶
　　述了這段情況，頁 68。
6　錢鐘書主編、朱維錚執行主編《弢園文新編·導言》（北京：三
　　聯書店，1998），頁 7。
7　同（2），頁 43。

的蒲安臣使團）「星軺在道」的消息。[8]而他比郭嵩燾、劉錫
鴻駐紮英國，更整整地早了7年。儘管王韜過去在上海、香
港與洋人共事時接觸過西洋現代文化，但此次歐洲之行不僅
是第一次「破天荒」的賦有現代意義的行動，而且也是第一
次親臨其文化境域的接觸，新鮮與眼界之變乃是前所未有。
王韜在《漫遊隨錄》中就感歎地寫道：「既抵法埠馬塞裏，
眼界頓開，幾若別一世宙。若里昂、若巴黎、名勝之區，幾
不勝紀。迨至倫敦，又似別一洞天。」[9]作爲一個讀書人，
他對「別一世宙」的興趣首先表現在文化方面。在巴黎，王
韜著重記述了盧浮宮的文化寶藏和萬國博覽會的盛況，云：
「凡所臚陳，均非凡近耳目所逮，洵可謂天下之大觀矣！」[10]
到倫敦後，他更是「每日出遊，遍歷各處。嘗觀典籍於太學，
品瓌奇於各院，審察火機之妙用，推求格致之精微。」[11]在
《漫遊隨錄‧製造精奇》中，王韜介紹了英國的現代科學，
即所謂「實學」。他這樣寫道：

> 英國以天文、地理、電學、火學、氣學、光學、化學、
> 重學爲實學，弗尚詩賦詞章。其用可由小而至大，如
> 由天文之日月五星距地之遠近、行動之遲速，日月合
> 璧，日月交食，彗星、行星何時伏見，以及風雲雷雨
> 何所由來。由地理知萬物之所由生，山水起伏，邦國
> 大小。由電學知天地間何物生電，何物可以防電。由

8　同（2），頁129。
9　王韜在《漫遊隨錄》以《白下傳書》、《白門訪豔》兩節的篇幅
　　憶述了這段情況，頁99。
10　同上，頁90。
11　同（2），頁96。

火學知金木之類何以生火，何以無火，何以防火。由氣學知各氣之輕重，因而創氣球，造氣鐘，上可淩空，下可入海，以之察物、救人、觀山、探海。由光學知日月五星本由光耀，及他雜光之力，因而創燈戲，變光彩，辨何物之光最明。由化學、重學辨五金之氣，識珍寶之苗，分析各物體質。又知水火之力，因而創火機，制輪船、火車、以省人力，日行千里，工比萬人。穿山、航海、掘地、浚河、陶冶、製造以及耕織，無往而非火機，誠利器也。[12]

不難想像，這些科學名稱對以文章顯達、詩賦揚名的傳統文士來說真有如「天方夜譚」。但我們從遊記看到，王韜用了許多時間且帶著研究的興趣去理解它們大概是怎樣一回事，然後向國人介紹。我們知道，重科學而「尚詩賦詞章」，正是中西文化的根本差異。後來王韜訪問牛津、愛丁堡等地以後，對英國教育注重「實學」的情況有了進一步的觀察和瞭解，認為「英國學問之士，俱有實際；其所習武備、文藝，均可實見諸措施；坐而言者，可以起而行也。」[13]與當時中國大多數文人或士大夫相比，王韜的眼界和現代知識顯然比他們寬廣和淵博得多。因為這些人對西方的認識還停留在「夷狄」的水準，王韜卻在「夷狄」的土地上觀賞和研讀「夷狄」的現代實用學問；還在他們諱談洋務的時候，王韜卻在洋人的土地上研究西洋文化，可謂明智通達。作為一個文人，王

---

12 同（2），頁 116。
13 王韜在《漫遊隨錄》以《白下傳書》、《白門訪豔》兩節的篇幅憶述了這段情況，頁 125。

韜在英國期間的交友多爲文人學士，如法國博士儒蓮、蘇格蘭牧師湛約翰。湛約翰還與王韜討論《春秋》朔閏和日食紀述。[14]後來王韜在這方面頗有研究和收穫，著有《春秋朔閏之日考》、《春秋日食辨證》等著作。

旅英所見的新事物使王韜感受到從未有過的「震撼」。旅途中，他乘坐火車，感到「如迅鳥之投林，狂飆之過隙，樹林廬舍，瞥眼即逝，不能注睛細辨也」，說火車的快速與驢馬之行相比「不啻天壤之別」。[15]他遊觀倫敦，驚見高樓大廈鱗次櫛比，街道整潔寬敞，市鎮建設十分現代。在遊記中他這樣寫道：「每日清晨，有水車灑掃沙塵，纖垢不留，雜物務盡。地中亦設長渠，以消污水。」「至於吸道，不事穿井，自然利便，各街地中皆範鉛鐵爲筒，長短曲折，遠近流通，互相接引。」[16]而晚遊圜闠，不僅街路整潔，而且燈火「真如不夜之城，常明之國。」[17]電報局竟使天涯若比鄰：「有所慾言，則電氣運線，如雷電之迅，頃刻千里，猶如覿面晤對，呼應問答。其法精微，有難析述者」。[18]王韜還遊觀了倫敦博物館。博物館高達數丈，寬約束力，陳列無其不備，讓他歎爲觀止。請見描述：「百數十楹，凡天地間所有之鳥獸麟介、草木穀果，……莫不棋布星羅，……縱令士庶往觀，所以佐讀書之不逮而廣其識也」。[19]他遊蘇格蘭，見

---

14 同上，頁 131-132。
15 同（2），頁 79。
16 同（2），頁 101。
17 同（2），頁 96。
18 同（2），頁 106。
19 同（2），頁 102-103。

蘇格蘭人勞動「無一不以機器行事」，「力省功倍」而驚羨不已。

在鴉片戰爭之前，中國人總認為自己是詩書禮儀之邦，一切都比外邦優越卓著，因而，對外洋世界採取排斥心態。王韜也曾經有如此心態，但經過長久與西洋人共事、交往接觸，尤其是這次英國之行，使他大開了眼界。在王韜的觀察中，英國不僅在很多方面處在世界領先水準，而且人民生活富裕，社會風氣淳厚。請見他在文中的描述：「英國風俗醇厚，物產蕃庶……日竟新奇巧異之藝，地少慵怠遊惰之民。由可羨者，人知遜讓，心多愨誠，國中士庶往來，常少鬥爭欺侮之事。異域客民旅居其地者，從無受欺被詐；恒見親愛，絕少猜忌。無論中土，外邦之風俗尚有如此者，吾見亦罕矣。」[20]不僅如此，王韜還觀察到禮儀在英國發揮了重要作用。它不只使英國民風俗淳厚、人民親愛優雅生活，而且它還是維繫國家太平安樂的和平武器。在文中他這樣分析道：「蓋其國以禮儀為教，而不專恃甲兵；以人信為基，而不先尚詐力；以教化德澤為本，而不徒講富強。……英土雖偏在北隅，而無敵國外患已千餘年矣，謂非其著效之一端哉！」[21]王韜的觀點，可能會給當時中國知識界一個警醒。在當時許多知識份子看來，我們需要的只是西洋的科技文化。王韜也曾一度這麼認為，但這次在英國的經歷使他提高了認識水準，意識到中國在其他方面也同樣需要變革。言外之意，中國在許多

20　王韜在《漫遊隨錄》以《白下傳書》、《白門訪豔》兩節的篇幅
　　憶述了這段情況，頁 107。
21　同上。

方面應該向西方學習。後來，王韜成為 19 世紀 70 年代中國
制度變革（變法）的最早倡議者[22]，應該說與這次英國經歷
十分有關。

　　王韜在英國的時候，香港一家報紙刊登一篇文章，其中
說「老、莊之旨，柔可以克剛，退可以為進，惟能善用其弱，
而弱即可為強矣……延至三百餘年，則以弱而能自存也。」[23]
這篇文章旨在說明，如果中國人相信以放棄本身歷史悠久的
習俗、方法而取法西方來反對西方，這是自我欺騙。中國最
好的抵抗方法不在於訓練軍隊、製造武器及建築炮臺，而在
於道家的無為和儒家的仁義禮智信等聖德。這家報紙的編譯
將該篇文章送給遠在蘇格蘭的王韜。王韜看後立即寫了長篇
反駁文章，申明自己認為中國亟需變革的立場。這篇回應文
章後被收入《弢園文錄外編》。[24]如果王韜沒有親歷英國的
見證，也許他不會有這麼強烈的反應。王韜在歐洲兩年有餘，
其中大部分住在英國，因而對英國的觀察最為深刻。後來王
韜在他所寫的有關西學論證的文章中，英國是他經常引證的
事例。如他在《甕牖餘談》中說：「英國不過蕞爾三島，而
富甲於海外。」[25]又在《弢園文錄外編》中，王韜經常提到

22　（美）柯文著　雷頤、羅檢秋譯《在傳統與現在性之間——王
　　韜與晚清改革》（南京：江蘇人民出版社，1994），頁 138。
23　這篇文章被收入王韜著、楚流鄧選注《弢園文錄外編》（瀋陽：
　　遼寧人民出版社，1994），頁 295。
24　見王韜著、楚流鄧選注《弢園文錄外編》（瀋陽：遼寧人民出版
　　社，1994）。
25　王韜〈甕牖余談〉（卷 3），見《清代筆記叢刊》（濟南：齊魯書
　　社，2001），頁 2781。

英國的商業貿易，認爲它是英國富強的主要決定因素。[26]

　　王韜到歐洲遊觀，本是一個觀察者，但無意間卻變成了一個被觀察者。在英國，王韜被人凝視的書寫是《漫遊隨錄》中很有趣的部分。據《漫遊隨錄》記述，王韜走在英國的街道上經常引起當地人的好奇注目，尤其在一些小鎮，更引出陣陣騷動或圍觀，甚至有時需要出動員警來維持秩序。也許，王韜的出現給英國人帶來了一股新鮮神秘的東方情調之感。很有趣的是，王韜被英國人蜂擁圍觀，並沒有因此焦慮難堪；相反，他還流露出沾沾自喜。王韜爲何這樣雍容大方？在我看來，王韜這輩人在研究西學或考察參觀西方國家的時候，骨子裏其實懷抱很強的民族自豪感。這點就很不同於後來的中國知識份子，他們往往在看西方的時候容易陷入自卑感。王韜在《漫遊隨錄·倫敦小憩》中訪牛津大學的記述，就相當有趣地說明了這點。他這樣寫道：「英之北土曰哈斯佛，有一大書院，素著名望。……監院者特邀余往以華言講學。余備論中外相通之始。」「一堂聽者，無不鼓掌蹈足，同生稱賀，牆壁爲震。其中肄業生之年長者……特來問余中國孔子之道與泰西所傳天道若何？」余因之曰：「孔子之道，人道也；有人斯有道，人類一日不滅，則其道一日不變。泰西人士論道必溯源於天，然傳之者必歸於本人；非先盡乎人事，已不能求天降福，是則仍系乎人而已。」[27]明顯可見，王韜

26　王韜著、楚流鄧選注《弢園文錄外編》（瀋陽：遼寧人民出版社，1994），頁 159-165。

27　王韜在《漫遊隨錄》以《白下傳書》、《白門訪豔》兩節的篇幅憶述了這段情況，頁 67。

在演講中侃侃而談「中國之道」、中華民族的道德倫理觀，沒有絲毫自卑感。也許在他看來，「中國之道」是人類永久的追求價值。

　　另外，王韜在英國與女人的交往很值得一提。從《漫遊隨錄》的記述可見，王韜對女人的興趣始終未變，在多處作細膩描述。但王韜對女人的興趣已不再表現在「美人醇酒」的風流事上，而轉爲介紹英國女人的現代風範。請見他在文中的描述：「名媛幼婦，即於初見之傾，亦不相避，食則並席，出則同車」。[28]並曰：「女子與男子同，幼而習誦，凡書畫曆算、象緯輿圖、山經海志，靡不切就璚言，得其精理，中土鬚眉，有愧此裙釵者多矣！」[29]像王韜這樣一個曾經詩酒風流的人能發出這樣的感歎，可見其思想作風變化之大。

　　我們由上述分析看到，王韜的西行是一次充滿現代見識的旅程，但他並沒有被「西風歐雨」迷醉。縱觀王韜的人生軌跡，可謂歷經滄桑，很有傳奇色彩。王韜曾試圖以科舉進入仕途，失敗後走進對西學的研讀中，並一度長居英國。而隨著時光流逝，王韜對仕途的看法發生了很大的變化，不再爲進入官場仕途拼搏，而是把重心放在對西學的研究上。他曾以詩言志說：「千古文章心自得，五洲形式掌中收。頭銜何必勞人問，一笑功名付馬牛。」[30]在19世紀70年代初期，王韜有關「洋務」的社論和著作得到同代人愈來愈多的承認，

---

28 王韜在《漫遊隨錄》以《白下傳書》、《白門訪豔》兩節的篇幅憶述了這段情況，頁126。
29 同上，頁107。
30 同（2），頁192。

甚至一些官史開始徵詢他的建議，那些年輕的改革者也將自己的作品送給他指正。他的社會價值感不再體現在達官顯貴，而是作爲討論西學的政論家而「顯達」了。[31]王韜經歷的幾次危機如科舉考試落地、叛逆罪，可說在中國任何時代都會碰到。但是，他度過這些危機的特殊方法，卻只有 19 世紀中葉以後才能採用。這種人生模式在晚清愈益普遍。[32]如果歷史的時針倒轉幾十年，王韜很可能會無所事事終其一生。他的天資再高，才學再好，也無非在吳地再添一個唐伯虎、祝枝山式的「風流才子」。[33]

總之，王韜的《漫遊隨錄》給讀者敍述了一個由舊到新的慾望旅程，在帶著傳奇色彩的轉折中給人以許多啓示。王韜西行之旅爲更爲正式的、更有規模的中國知識份子或官僚到歐美學習或考察拉開了序幕，許多儒生或外交官到歐美之前都要請教王韜，如郭嵩燾，在出任英國使節遷就前往王韜處虛心請教。那麼，王韜同時代的知識份子開始了怎樣的歐美之旅呢？對此，我將在下節作簡要分析討論。

第二節　集體西行：慾望通往世界的旅程

王韜是以私人身份到歐洲遊歷觀光的。實際上，在王韜

---

31 （美）柯文著　雷頤、羅檢秋譯《在傳統與現在性之間 —— 王韜與晚清改革》（南京：江蘇人民出版社，1994），頁 77。

32 同上，頁 81。

33 鐘叔河〈王韜的海外漫遊〉，見鐘叔河《走向世界叢書》（長沙：嶽麓書社，1985），頁 13。

之前也有因個人際遇到英美工作、考察或留學。這些人出身貧寒，多住在沿海一帶，因為這些地方是傳教士或外國商團頻繁活動的地方，他們往往是在機緣巧合下放洋出海，其中最著名的有容閎、黃勝、林鍼等人。

容閎（1828-1912），美國耶魯大學畢業生。幼年因為家貧被送到美國人辦的教會學校，偶然機會得以在 1847 年赴美留學。事隔 61 年後，即 1909 年用英文寫成回憶錄 My Life in China & America，1915 年譯成中文，譯名為《西學東漸記》，但是很少記述初到美國的印象。

林鍼（1824-?），就在容閎到美國留學的同一年隨美國商人到美國。林鍼出身貧寒，幼時無機會讀書進士，隨伯父到廈門，並自學外語。少年林鍼在洋商那裏任通事翻譯和教授中文以「謀菽水之奉」。於 1847 年春天「受外國花旗聘舌耕海外」，隨「花旗」商人航行美洲，1849 年回國，作《西海紀遊草》。據鐘叔河考證，《西海紀遊草》大約定稿於 1849 年 6 至 7 月間。林鍼把他的記述比作「測海窺蠡」，把自己的所見所聞比作測量大海的貝殼，可見其前所未有的眼界和胸襟。林鍼在美國工作了一年多後回福建。在《西海紀遊詩》中，林鍼敍述了他出洋的經過，曰：「足跡半天下，聞觀景頗奇。因貧思遠客，覓侶往花旗。」[34]林鍼又在《西海紀遊詩》和《西海紀遊自序》用了主要篇幅記述了他初到美國紐約的見聞，而後者更是用洋洋灑灑的文字敍述了他對「花旗」的最初印象，在大段的序文和夾註中，介紹了不少他在美國

---

34 林鍼著、楊國楨標點《西海紀遊草》，見鐘叔河《走向世界叢書》
　　（長沙：嶽麓書社，1985），頁 43。

看到的新鮮事物，如「男女混雜」、「彩煥雲霄」及「支聯脈絡」等。[35]但林鍼的記述已不再像我們古人那樣完全爲炫奇志異。美國所見給林鍼很大感觸，他感歎說：「往年之觀天坐井，語判齊東；年來之測海觀蠡，氣吞泰岱。」[36]意思說過去對外國的傳聞半信半疑，以爲是「齊東野語」；現代親歷花旗的經歷，哪怕是「以蠡測海」，眼光和氣度非同一般。[37]言語間流露出幾分得意和自信。林鍼作爲第一個由民間去美國並及時紀遊的普通人，其遊記受到當時名人的高度推崇。實際上，在《西海紀遊草》中，林氏的文字只不過有九頁，而三十六頁則是由別人寫的題記、序跋以及題詩。如左宗棠、福建巡撫徐繼畬等人的題記。當時人們把林鍼的美國之遊看作空前壯舉。如一首詩云：「西極周航古未通，壯遊似子有誰同。足心相對一球地，海面長風萬里風。留意所收皆藥石，搜奇多識到魚蟲。此行不負平生學，歷盡波濤悟化工。」[38]無疑，林鍼出洋遊美確實具有劃時代的意義。但當時在林鍼周圍仍然有不少人還很守舊，把西洋視爲「蠻貊」、「居蟲」。例如這首詩云：「蠻貊能將語意通，可知忠信此心同。針程九萬跨遊跡，筆記千言備采風。救客免爲銜石鳥，思鄉不羨寄居蟲。歸來又得詩盈篋，袖裏煙雲畫更

---

35 林鍼著、楊國楨標點《西海紀遊草》，見鐘叔河《走向世界叢書》（長沙：嶽麓書社，1985），頁 36。

36 同上，頁 39。

37 鐘叔河〈從坐井觀天到以蠡測海〉，見鐘叔河《走向世界叢書》（長沙：嶽麓書社，1985），頁 18。

38 此篇詩作收入林鍼著、楊國楨標點《西海紀遊草》，見鐘叔河《走向世界叢書》（長沙：岳麓書社出版，1985），頁 51。

工。」林鍼本人也為時代所限，記遊敘事用駢體文，頗受限制。但正如鐘叔河所言，林鍼之文雖不佳，但因為寫的是新鮮事物，包含了比較充實的內容，故讀來人饒有興味。因為有了直接的接觸（不管如何有限），也就有了真實的瞭解（不管如何膚淺），所以就和「坐井觀天」有了本質的不同，更不是過去的《四夷列傳》和《淵鑒類涵》一類捕風捉影之詞所能比擬的了。[39]

像容閎、林鍼等人因個人際遇留學或遊歷歐美的畢竟還屬於少數，近代中國知識份子出洋，在大多數情況下屬於官方派遣的性質，是奉政府之命到英美任職、考察、觀光或留學。

張德彝（1847-1918），1866 年以同文館英文班學生隨斌椿遊歷歐洲，著有《航海述奇》，1868 至 1870 年他又隨志剛出使歐美，著《再述奇》。此篇在鐘叔河收入《走向世界叢書》中改名為《歐美環遊記》。張德彝是近代中國第一所外語學校的第一屆學生，當時的年齡不過十八九歲。他先後八次出國，每次都留下一部以日記體述奇的見聞錄，可算得上一個大遊記家。[40]

張德彝在這些「述奇」中，記述了歐美社會的各種「奇

---

39 鐘叔河〈從坐井觀天到以蠡測海〉，見鐘叔河《走向世界叢書》（長沙：岳麓書社出版，1985），頁 18-19。

40 張德彝前後八次寫的「述奇」，曾一度不知所蹤，經鍾叔河四處尋找，終於在北京柏林寺發現其中七種稿本。鍾叔河在《叢書》中還對這八種「述奇」的稿本題名、卷數、刊行情況作了列表說明，是一次珍貴的資料收集。見鍾叔河〈航海述奇的同文館學生〉，收入鍾叔河《走向世界叢書》（長沙：岳麓書社，1985），頁 407-408。

異性」，如火輪車、照相機、大劇院以及避孕套等，由此可
見他對歐洲人現代生活的接觸面之廣泛。值得一提的是，張
德彝1877年隨郭嵩燾抵英，任使館翻譯官，記有《隨使英俄
記》，原名為《四述奇》。在這部述奇中，張德彝遊記極為
瑣細有趣。他不僅記述了英國風土人情，社交禮俗，使館對
外記者招待會以及當日的盛況，甚至還對英國的文化作歷史
的搜尋和考察。如光緒三年正月十七日記英國姓氏、族徽的
大段文字。張德彝前後八次出洋，對西洋的瞭解一次比一次
深入，我們可從對他前後幾種「述奇」稍做比較就一目了然。
張德彝自己也在本則遊記中，好幾次談到他對西洋認識的進
步和提高。如光緒三年九月十八的日記、四年十月初八的日
記、同年十一月初七的日記。而觀之同次遊歷中郭嵩燾的日
記，則記述非常簡單，常常是一筆帶過。在張德彝的記述中，
也反映了他和郭嵩燾的一些不同的見解，例如關於對茶會如
何署名問題，既反映了中國和歐洲男女關係的差別，也反映
了郭、張二人對傳統觀念的不同態度，從中足以窺見當時中
國知識份子看西方的矛盾心理。無疑，張德彝的《述奇》為
後人研究近代知識份子在看西方問題時所昭示的精神現象留
下了珍貴的遺產。正如鐘叔河所言，「張德彝《述奇》的價
值，不僅在於它記述了中外交往上許多有趣的事實，而且也
因為它生動地反映了像張德彝這樣的一個人，即使是在不自
覺的情況下被歷史潮流捲上了走向世界的道路，也就不可能
不承認新的、多樣化的世界確實是客觀存在的事實。」[41]

---

41 鐘叔河〈航海述奇的同文館學生〉，見鐘叔河《走向世界叢書》
（長沙：岳麓書社，1985），頁430-431。

　　祁兆熙（?-1891），1865 年奉清廷之命護送第三批留美幼童出洋，記有《游美洲日記》並附有《出洋見聞瑣述》，主要記述了幼童到美國的情況。祁兆熙是在 1865 年 10 月 22 日抵達美國，於 12 月 3 日乘船歸國，旅程十分短促，故所述之事多爲速寫。

　　斌椿（1804-?），1866 年因總稅務司赫德（Sir Robert Hart）的建議，受清政府派遣，率同文館學生遊歷歐洲，途中遊觀英、荷、普、丹、瑞、芬、俄、比、法諸國。斌椿在此次遊歷中紀事抒情，作有《乘槎筆記》、紀遊詩《海國勝草遊》和《天外歸帆草》二種。這次由斌椿父子率領的同文館學生一行五人，是第一批由清政府派遣的考察團，主要目的是要熟悉外國情形。

　　志剛（生卒年不詳），1868 年以「辦理中外交涉事務大臣」的身份，參加「蒲安臣（Anson Burlingama）使團」巡迴出使英、法、瑞典、丹、荷等國家。1870 年返回中國。此次行蹤由「避熱主人」編《初始泰西記》及「且園主人」編《初始泰西紀要》。

　　李圭（1842-1903），1876 年作爲中國工商業的代表前往美國，參加美國爲慶祝建國一百周年在費城舉辦世界博覽會。會後前往歐洲遊覽，作《環遊地球新錄》，由署名可見作者寓意。李圭在《美會紀略》中關於費城賽會的記錄十分翔實。鐘叔河將之與布朗氏《美國歷史地理》一書中關於費城賽事的記載作過比較，發現李圭對於費城賽會的記述與之

驚人相符，甚至對有些地方的記述則更為詳盡。[42]李圭對於
費城賽會不僅平實詳錄，而且毫不隱含地表述了自己的觀
感。最讓李圭感歎不已的不是來自世界各國的奇珍異寶，而
是那些各種新型機器和設備，對美國等西方國家在工業製造
方面的成就表達出嚮往與讚歎之情。在李圭看來，正是這些
現代化的機器設備使美國從一個農業國家邁進一個世界現代
強國。在機器展覽院，李圭看到美國的展品佔據了大部分，
進而分析道：「美國地大人稀，凡一切動作，莫不持機器以
代人力。故其講求之力，製造之精，他國皆不逮焉。」[43]李
圭這次在博覽會上的親眼目睹，讓他感到世界已進入到一個
機器化的時代：「於以歎今宇宙，一大機局也。」[44]基於這
種認識，李圭在遊記中用許多筆墨描述了各種各樣的機器，
如抽水機、挖泥船、縫紉機、蒸汽機等，給當時中國讀者大
開了眼界。

　　值得注意的是，博覽會還專設了一個「女紅院」，展示
婦女所做的各種書籍、繪畫、圖卷、女紅等物。李圭遊這個
展覽院，可說又經歷了一次文化震盪。此建築院全由女性完
成，展覽院的導遊解說也是女性，她們「舉止大方，無閨閣
態，有鬚眉氣。心甚敬之，又且愛之。」[45]李圭感歎萬分地

42　鍾叔河〈李圭《環遊地球新錄》〉，見鍾叔河著《從東方到西方
　　——〈走向世界叢書〉敘論集》（上海：上海人民出版社，1989），
　　頁 292。
43　李圭著、谷及世校點《環遊地球新錄》（長沙：湖南人民出版社，
　　1980），頁 26。
44　同上，頁 26。
45　同（43），頁 41。

寫道：「天下男女數目相當，若只教男不教女，則十人僅作五人之用。婦女機敏不亞男子，且有特過男子者，以心靜而專也。故外國生男喜，生女亦喜，無所敬重也。若中國，則反是矣，有輕視女子者，有沉溺女子者，勸之不勝勸，禁之不勝禁。究何故歟？」[46]李圭對於西方婦女地位的觀察和對中國婦女的反思，可算是近代中國第一次為婦女爭平等權利的宣言。

李圭作為中國工商的代表，著重介紹了中國館在賽會上的情況。與西方的展品相反，中國的展覽品全為「手工製造，無一借力機器」，頗引人深思。李圭在「美會記略」中對前來參看賽會的中國留美幼童的情形作了生動的描述。在他看來，中國留美幼童在美國接受了良好的教養，從中國幼童身上，李圭看到了西方教育的好處，這就是「不尚虛文，專務實效。」[47]這對當時朝野間流傳的一些有關留美幼童蜚語，則是一個很有力的抨擊，同時也意味著對清朝廷準備撤回幼童的計畫表示了質疑。[48]李圭在結束「百年盛會」的參觀活

---

46 同（43），頁 42。
47 同（43），頁 106。
48 清廷規定留美幼童，必須保守中國生活習慣，遵循封建禮教規範，按時要向清廷皇帝磕頭，定期讀四書五經，需留著象徵忠君愛國的長辮子。但對於這些心智還尚未成熟的孩子來說，西方的自由空氣使他們很快地接受了美國的觀念和理想，對自己的裝扮感到不自在。他們同美國同學打棒球、踢足球，甚至毫無拘束地與美國女孩交往，有些還剪掉了辮子、穿起了西服、皈依了基督教。清廷很快聽到在這些發生在留美幼童身上的變化，擔心他們完全「美國化」後不願回國服務，於是下令全部撤回留美幼童。這方面的詳細資料清參見高宗魯編《中國幼童留美史 —— 現代化的初探》，以及錢剛、胡勁草著《留美幼童：中國最早的官派留學生》（上海：文匯出版社，2004）。

動後，還遊覽了華盛頓、哈特福德、紐約等城市，然後前往英國倫敦、法國巴黎，繼續東行回國。李圭在華盛頓遊「渭德好施」（白宮），拜會「洋務衙門」費大臣，瞭解美國人辦公情況。費氏問李圭：「辦公之法，較中國何如？」李圭雖答「大致相同」，但內心卻不得不承認現代機關比封建官僚衙門的效率要高得多，對於費氏之言「公事宜簡不宜繁，用人宜少不宜多，奉金宜厚不宜薄，蓋事簡易明，人少無推諉，奉厚則心專」，李圭認為這些是「誠確論也。」[49]

總的看來，李圭向中國人介紹了一個嶄新的世界，但其意不在獵奇志異，而在注意探求美國富強的根源，「冀收利國利民之效」。[50]由此可見其一片苦心孤詣。然而，在李圭的描述中，雖然這個新世界比舊世界有不少優勝之處，卻也並非十全十美。在現代文明的背後隱藏著陰暗，如美國白人過著富裕文明的生活，可是土著族「因顛」（印第安）人，卻過著「披髮赤皮」的生活，政府還要「派兵駐守彈壓」。另外，雖然美國城市熱鬧、繁華，可是噪音嘈雜，睡在四層樓的旅館感到床榻搖動，不能成寐。

郭嵩燾（1818-1891），是清廷派往歐洲的第一人。1876年出任英國大臣，後兼使法國。1878年被招回國。郭嵩燾是「文館詞林」出身的「少宗伯」，是傳統士大夫階級的上層人物。「他親歷西方，代表的不僅是這個搖搖欲墜的『天朝

49　李圭著、谷及世校點《環遊地球新錄》（長沙：湖南人民出版社，1980），頁 62。

50　李圭著、谷及世校點《環遊地球新錄‧自序》（長沙：湖南人民出版社，1980），頁 1。

帝國』，而且是源遠流長的中國傳統文化。」[51]郭嵩燾在任命期間，寫日記近 60 萬言，內容極爲豐富。當時僅以《使西紀程》爲名出版，不過文字刪減到大約兩萬字，主要記述的是郭嵩燾出使英國從上海到倫敦五十天的日記。《使西紀程》出版後，引起「滿朝士大夫的公憤」。[52]《使西紀程》隨即被申斥毀版。《使西紀程》毀版後不到一年，郭嵩燾即從公使任上被撤回，從此未再啓用。郭嵩燾的遊記激起的軒然大波，梁啓超曾有過諷刺文字。他這樣寫道：「光緒二年，有位出使英國大臣郭嵩燾，作了一部遊記。裏頭有一段，大概說：現在的夷狄和從前不同，他們也有二千年的文明。噯喲！可了不得。這部書傳到北京，把滿朝士大夫的公憤都激動起來了，人人唾罵，……鬧到奉旨毀版，才算完事。」[53]清朝統治階級的精神支柱，是所謂「天朝上國」，但郭嵩燾的遊記打破了這種神話，認爲西洋的政教優於中國，英國的「巴力門」（parliament，國會）議政院有維持國事之議，設買阿爾（mayor，民選市長），治民有順民願之情，而「中國秦漢以來二千餘年適得其反」[54]，在郭氏看來，這就是爲什麼西洋人稱中國爲「哈甫色維來意斯德」（half-civilized，半開

---

51 鍾叔河著《從東方到西方 ——〈走向世界叢書〉敘論集》（上海：上海人民出版社，1989），頁 182。

52 鍾叔河〈李圭《環遊地球新錄》〉，見鍾叔河著《從東方到西方 ——〈走向世界叢書〉敘論集》（上海：上海人民出版社，1989），頁 183。

53 梁啓超〈五十年中國進化概論〉，見吳嘉勳、李華興編《梁啓超選集》（上海：上海人民出版社，1984），頁 833。

54 鍾叔河、楊堅整理《郭嵩燾：倫敦與巴黎遊記》，見鍾叔河《走向世界叢書》（長沙：岳麓書社出版，1984），頁 407。

化）的原因。[55]很明顯，郭嵩燾的遊記揭穿了清朝自欺欺人的神話。後來郭嵩燾在譏笑怒罵中度過了一生。「作為一位傑出的歷史人物，郭嵩燾的真正價值，就在於它不僅超越了『天朝帝國』朝廷交給他的使命，而且還能夠超越幾千年封建專制主義形成的觀念和教條，能夠比較客觀和實事求是地去考察和發現這個陌生的『地上的世界』新事物和新道理，從而做出了西方不僅有『艦船利炮』，而且在『政教』、『文物』等方面都已經優於當時的中華，中國若要自強，就必須向西方學習這樣一個極為重要的結論。」[56]

劉錫鴻（生卒年不詳），作為郭嵩燾的副使，於 1877 年到英國，居住 9 個月後，同年夏天改任駐德使臣，多天從英赴德，在德國也沒久呆，1878 年 8 月 25 日被召回國。也就是在同一天，郭嵩燾也從英國被召回。劉錫鴻記有《英軺私記》，《日爾曼紀事》若干則，但後者不在本論文討論範圍內。據有關研究，劉郭二人在未出國之前已尖銳對立，清廷安排二人出使英國顯然是為了使他們相互鉗制，彼此掣肘。[57]劉錫鴻在《英軺私記》中也寫到此行目的：「此行能左右郭公，善為修好弭釁，私願即畢，不必……為三年駐紮計。」[58]相比較而言，劉錫鴻代表朝廷守舊勢力，正如鍾叔

55　同上，頁 491。

56　鍾叔河著《從東方到西方 ——〈走向世界叢書〉敘論集》（上海：上海人民出版社，1989），頁 182。

57　鍾叔河〈「用夏變夷」的一次失敗－劉錫鴻《英軺私記》〉，見劉錫鴻著、朱純校點《英軺私記》（長沙：湖南人民出版社，1981），頁 5-6。

58　劉錫鴻著、楊堅校點《英軺私記》，見鍾叔河《走向世界叢書》（長沙：岳麓書社出版，1986），頁 74。

河所言，「劉錫鴻在前往英國時，思想上做好了對一切『用夷變夏』的嘗試都給以迎頭痛擊的充分準備，而且還準備努力去『用夏變夷』，可盡一個大臣子的職責。」[59]因此他最初在英國考察時，對其「一器一技」總不忘予以貶斥，甚至妄說這些現代的機器、設備、現代方法在外國通行，可並不適宜於中國。然而，事實勝於雄辯，一次又一次親眼目睹的事實使他不得不承認西方的現代進步。劉錫鴻在未出國前如同許多當時國人一樣，把西洋人視爲野蠻人，但他到英國後觀念發生了很大的改變。他在與英國人的接觸中認識到英國人講文明，重禮貌，並對英國政俗、風俗頗有好感。這與他先前對英國事事進行醜詆的情形相比，可謂進步不小。劉錫鴻原來對「中國禮教尙義不尙利」倍感自豪，而對「夷狄之道」「尙利不尙義」持以鄙視，認爲讓中國人「尙利」，讓技巧製造之事盡人習之，這就會動搖中國君尊臣卑的政教基礎。但後來在英國的親歷觀察使他認識到西人尙利確有收效，並承認逐末之人參定國事有作用的，說「英國之富，宜矣」。在劉錫鴻看來，英國能夠富甲天下，主要在於「尙利」之道，他這樣分析說：「英之重重庶，強半勤謹，不自懈廢；商賈周於四海，而百工竭作，亦足繁生其物，以供懋遷之需；國之致富，蓋本於此。非然者，火車輪船即能致遠，而可販之貨國中無從造而成之，金幣究如人何哉？」[60]這與他出國

59　鍾叔河著《從東方到西方 ——〈走向世界叢書〉敘論集》（上海：上海人民出版社，1989），頁 347。

60　劉錫鴻著、朱純校點《英軺私記》（長沙：湖南人民出版社，1981），頁 54-129。

前在上海時斥西洋之圖富強爲「刳田剖地，妄矜巧力，於造化爭能」的態度已相去甚遠。應該說，劉錫鴻是一個很忠實的人。在《英軺私記》，劉錫鴻還如實記述了他和馬格裏、博朗、井上馨等外國人思想交鋒的紀錄，如實地反映了自己被對方擊敗的情況。在與博郎的一方爭論後，劉錫鴻不得不感歎曰：「余言其言，而心口熟商之日：事理無窮，因乎時勢。如人之一身，疾癘未起，則補養元氣，自可退外邪，此一理也；疾癘一起，不先祛外斜，而惟言補養，則其病終不可療，此又一理也。……余素持治國務本之說，由今思之，未可偏執也。」[61]在劉錫鴻看來，自己吃敗仗是因時勢使然，這也就意味著他那頑固的保守的思想武器打了敗仗。從劉錫鴻觸摸西方的旅程我們看到中國近代知識份子在看西方和看自己上所發生的變化。

　　黎庶昌（1837-1897），1877 年隨郭嵩燾赴英，同年冬隨劉錫鴻赴德，1878 年調任法使館參贊，1880 年複調西班牙，先後遊歷瑞、意、荷、比等國，1881 年回國。記有《西洋雜誌》，收集了他旅歐期間所寫的雜記、遊記、有關書簡和三篇地志，此外還摘錄了郭嵩燾、劉錫鴻、曾紀澤等人遊記的一些片斷。黎庶昌的遊記，可說別具一格。其記述的焦點不在其行蹤交往，亦不是使館的交際應酬，而重點在采國風、觀民俗，向當時國人介紹不同膚色、不同服飾、不同風俗、不同山河，不同的生活方式、不同的價值觀念、不同的制度和文明，但很少言及政治。黎庶昌是一位善於用筆的文

---

61 劉錫鴻著、朱純校點《英軺私記》（長沙：湖南人民出版社，1981），頁 179。

人，其「雜記」文采豐沛，宛如一卷風俗畫，為當時國人前
所未見。

徐建寅（1845-1901），1879 年由李鴻章奏派往歐洲訂
購鐵甲戰艦，並考察製造工藝。徐氏在歐洲遊歷有兩年時間，
訪問和考察了德國、英國、法國等國，遊歷各國各種工廠，
記有《歐遊雜錄》。徐建寅在「雜錄」中記述了定購鐵甲的
情況，並對歐洲各國的「聲光化電」、「堅船利炮」也作介
紹和描述，寫作極為務實，如鐘叔和所言，徐建寅的歐洲之
旅是「一個技術專家的腳步」。[62]

曾紀澤（1839-1890），在 1878 年出使英法，接任郭嵩
燾，記有《出使英法俄國日記》。此則日記多關於日常生活、
例行事務的記錄，往往三言兩語，讀來很少趣味。曾紀澤不
象郭嵩燾大膽真率，處處落筆謹慎，極少表白自己，也不大
談論公事，馳騁議論之筆幾乎完全沒有。曾紀澤精通英文，
在英國時曾用英文撰寫 "China, The Sleep and the
Awakening" 發表在倫敦 The Asiatic Quarterly Review 雜誌
上。

薛福成（1838-1894），1890 年離滬出遊歐洲，至 1894
年 7 月回到上海，在歐洲有四年半的時間。記有《出使英法
義比四國日記》、《出使日記續刻》兩種，鐘叔河將這兩種
日記合編為一冊，書名統稱為《出使英法義比四國日記》。
薛福成在出遊歐洲之前，對於中國學習西方還只限於「取西
人器數之學，以衛吾堯舜禹湯文武周孔之道」的水準；親歷

---

62 鍾叔河著《從東方到西方──〈走向世界叢書〉敘論集》（上海：
　　上海人民出版社，1989），頁 337。

西方後，由於他親眼目睹西方議院的議政情形、學堂教學的情形、高速而又發達的交通情形等等，因而他對西方的看法發生了很大變化。如在光緒十六年三月十三的日記就坦率寫道：「昔郭筠仙侍郎，每嘆羨西洋國政民風之美，至爲清議之士所牴排，余亦稍訝其言之過當。以詢之陳荔秋忠丞、黎蓴齋觀察，皆謂其說不誣。此次來遊歐洲，由巴黎至倫敦，始信侍郎之說，當於議院、學堂、監獄、醫院、街道徵之。」[63] 觀念的改變使薛福成能夠以樸實的心態看問題，在比較思考中忠於自己的觀察而不是閉上眼睛自欺欺人。在薛福成的遊記中，反映西方「變化」的記述就有很多。如在寫於十六年正月二十六日的日記云：「余觀火輪舟車之迅速，因念人心由拙而巧，風氣由樸而華，故系宇宙間自然之理。自開闢以後不知幾何年，古聖人始創爲舟車，爲弧矣。乃閱四千數百年以迄於今，弓矢變而爲槍炮，舟車改駛以火輪。……若再設想四五千年或萬年以後，吾不知戰具之用，槍炮變而益猛者爲何物？行具之用，火輪舟車變而益速者爲何物？但就輕氣球而論，果能體制日精，升降順逆，使球如使舟車 —— 吾知行師者，水戰、陸戰之外，有添雲戰者矣；行路者，水城、陸路之外，有改雲程者矣。此外禦風、禦雲、禦電、禦火、禦水之法，更當百出而不窮，殆未可以意計測也。」[64] 由此可見，薛福成已經警覺到今日世界是處在日新月異的時代。薛福成甚至認爲富人無私利，可以竭力治理國家。這個觀點

---

63 薛福成著、張玄浩、張英宇校點《出使英法義比四國日記》，見鍾叔河《走向世界叢書》（長沙：岳麓書社，1986），頁 124。

64 同上，頁 83-84。

可能有些失之片面，但卻也包含很多道理。今天中國政府提倡高薪養廉也許就是其中的啟示。

戴鴻慈（1853-1910），1905 年奉清廷之命，出洋「考察政治」，記有《出使九國日記》。在考察政治之外，戴鴻慈對西方的文化教育、經濟等方面的觀察也作了記載。與戴鴻慈同行的還有載澤，記有《考察政治日記》，主要是對外國官員、學者講解憲法及國家制度、政治組織的記錄。

由如上述分析，我們看到，清朝外交史官、留學生因為公務、職責所圍，或學業負擔，遊觀考察沒有王韜那樣輕鬆寫意、自在逍遙，故而遊寫記事多為例行公事，[65]缺少王韜的那股充沛的文氣和情感，所以讀來少有趣味性。但他們畢竟是第一次大規模走入世界強國，所寫所記給國人帶來現代的視野。

小　結

通過上述兩節的分析，我們看到王韜和他同時期的知識份子人生的遭遇和巨變已鮮明顯現。這代人的「西遊記」幾乎全是從東到西全球地貌的描寫，起點終點都作交待，有些甚至從家庭出身、遭遇寫起，有一個很明顯的出發點，指向

---

65 晚清清廷要求出使大臣記日記並按月匯成一冊咨送總理衙門。既然要送呈上司審閱，自然要平實紀錄，不能有所潤飾。如戴鴻慈在 1905 年奉清廷之命，出洋「考察政治」，記有《出使九國日記》。在例言中，他說「日記」「隨時記錄，間及瑣細」。

一個朝向西方帝國的旅程。這些遊記帶著自傳性主題、出走
的主題，記錄了作者心路歷程。遊記者對英美的考察，既是
經濟的、政治的調查，又是對自我問題的探索。這代知識份
子第一次走出家國，第一次「在場」放眼看世界。他們看到
了英美發達的通訊、交通工具、世界市場、各大公司、世界
博覽會、大學教育、政治、社會等各方面的情況，第一次為
西方的先進而震撼，隨之引起一些觀念的變化。這些遊記主
要對現代機器設備等作了十分新奇的描述，他們在驚歎別樣
世界的同時也發現了中國落後之現實，此種情形，給他們精
神上巨大的衝擊力。由此，他們在遊記的寫作中丟棄了古典
浪漫的情懷，帶著急切的現實關懷，對國家和社會的保守有
一定程度的反省，並引出一些改變中國傳統的現代性想法，
如關於婦女、政治等問題的思考。同時我們看到，這代知識
份子筆下的英美圖像，不再是荒誕的、怪異的世界，而是新
鮮的、生機勃勃的、給人進取精神的現代圖景，滲進了時代
之聲。然而，我們也看到這代人的現代性觀念畢竟有限，因
為他們出身於傳統文化的陣營，中國傳統思想和文化象恒定
的大氣壓，還是他們思考問題的基點，因而在對現代的描述
中混雜著矛盾的聲音。另外，引人注意的是，近代英美遊記
絕少精神主題，遊記者的觀察點是以驚人的快速將西方世界
一幕接一幕展示下去，缺乏與自己所熟悉的事物進行精神層
面的比較，其描述的效果給人陌生感，因而這些遊記所記述
的似乎是一個不確定的、別人的世界。因而，遊蹤像一幕一
幕反復重演的畫面，但不乏現代慾望色彩。由此看來，他們
似乎夾在傳統與現代的縫隙之間，左右搖擺、無所適從，幾

乎是一個流浪漢。曾經在英國度過一段意義生活的王韜，甚至曾以翻譯《天演論》起家且在英國留過學、與郭嵩燾熱切、慷慨激昂討論改革中國問題的嚴複，在晚年卻都吸鴉片，一派頹廢模樣，就很能代表性地說明這方面的問題。

第九章　中國現代作家英美遊記概述

第一節　留學英美：社會風尚

　　中國進入現代，知識份子到英美留學已成為社會風尚，因而一批批知識份子摩肩接踵到西方留學。就拿胡適在 1910 年赴美留學的情況來看，同行的就有 70 人。十三年後，冰心到美國留學，同她乘船一起到美國留學的中國學生，單是清華大學的學生就有 70 多人，可見留學英美已蔚然成風。下面我將按時間先後對中國作家到英美留學或遊觀的軌跡作一個簡要的概述。

　　陳衡哲（1893-1976）中國新文學第一位女性作家，1914 年夏被清華學校錄取為留美生，入瓦沙女子大學學習西洋歷史，兼修西洋文學。1918 年獲瓦沙大學文學學士，後轉入芝加哥大學攻讀碩士學位，1920 年回國任北京大學教授。陳衡哲在美留學時嘗試用白話寫了一篇小說《一日》，發表在《留美學生季刊》上。它描寫美國女子大學一群新生一日間的瑣細生活，活像一篇流水帳：從起床、吃飯、談笑、上課、交

遊到互道晚安作息爲止。因爲它是一篇嘗試之作，因而藝術極爲幼稚。陳衡哲寫過一篇《加拿大露營記》的遊記，文章極短，且也不在討論範圍。

　　林語堂（1895-1976），1919 年赴美國哈佛大學，攻讀比較文學，師從白璧德教授（Irving Babbitt）。白璧德教授的中國學生還有梅光迪、梁實秋、吳宓等人。林語堂 30 年代又去美國旅居，應美國獲諾貝爾獎的女作家賽珍珠（Pearls Buck）的邀請，撰寫了一部《吾國吾民》（My Country and My People）的書，一炮而紅。但這本書以英文寫作，讀者對象爲美國人，故不在本論文討論之列。林語堂寫過一些反映旅美生活、見聞的遊記文章，發表在《宇宙風》期刊上。如〈抵美印象〉[1]、〈課兒小記〉[2]（海外通訊之一），前者是一篇典型的遊記。在林語堂的印象中，美國「豐衣足食、諸事安全」，「美國又有綠色魅力之原野」，人們過著文明、歡樂、安福的生活。後者記述了作者在美國給自己孩子中文教育的方法。

　　傅斯年（1896-1950），1919 年考取山東省的官費到英國留學，1920 年夏進入倫敦大學，主修實驗心理學。傅斯年到英國不久，就以署名孟在北京《晨報》每日連載〈留英紀行〉、〈要留學英國最先要知道的事〉[3]，這兩篇遊記主要述說沿途風景和倫敦大學以及英國幾所著名大學的情形，供有

<hr>

1　《宇宙風》，1936 年 12 月 1 日第 30 期。
2　《宇宙風》，1936 年 12 月 16 日第 31 期。
3　歐陽哲生主編《傅斯年全集》（第一卷）（長沙：湖南教育出版社，2000），頁 399-414。

志留學英國的學生參考。

劉半農（1891-1934），1919 年底獲教育部獎學金到英國倫敦大學留學，專攻實驗語音學。在倫敦期間，寫過詩作，如〈1921 年元旦 —— 在大窮大病中〉、〈稿子〉，訴說在英國留學期間的窮困生活。1921 年 5 月號《新青年》刊登劉半農的詩《倫敦 —— 一首昏亂的詩》，他在詩中把倫敦比作是「墨墨的一個霧窟，黑蝴蝴的一簇，鑽著，鑽著」。劉半農在倫敦寫的詩，大都是在寫病、餓、窮困。這與徐志摩的倫敦之旅迥然不同。在這種困窘的生活境遇裏，劉半農自然地思戀起祖國，〈教我如何不想她〉就是劉半農在倫敦寫的另一類思鄉之作，後被譜曲，廣爲傳唱。另一首思鄉之作〈一個小農家的暮〉，也是現代詩歌名作。從傅斯年和劉半農留英時所選讀方向看，明顯帶有用科學方法來啓蒙的志向，體現了五四一代話語。

俞平伯（1900-1990），1922 年赴美留學，到紐約後作〈到紐約後初次西寄〉。[4]這是一篇在紐約寫給戀人的抒情短詩。其實早在 1919，俞平伯年就同傅斯年一起到英國留學，但因吃不慣洋食，又難忍思鄉之苦，不到一個月就偷偷踏上返國之路。據說，傅斯年苦苦追他，阻止他回國，追到馬賽，但也沒能夠說服他留下。[5]

聞一多（1899-1946），1922 年去美國留學，學習西洋

---

4 俞平伯〈到紐約後初次西寄〉，見《俞平伯選集》（香港：香港文學研究社）。
5 趙毅衡〈求博還是求精：傅斯年的例子〉，《對岸的誘惑》（北京：知識出版社，2003），頁 17。

畫，首站是在芝加哥美術學院學習美術。第二年轉入科羅拉多大學，1924 年 9 月又轉入紐約藝術學院，1925 年 6 月回國。當時的芝加哥是美國大工業之都，同時也是「美國詩歌文藝復興」運動的中心。在芝加哥美術學校的同學中，就有後來成名的詩人 Kenneth Rexroth，此人後來取漢名「王紅公」，為推進當代美國詩壇的中國熱不遺餘力。聞一多到芝加哥後，他讀了許多美國詩，由此詩興大發。在給好友梁實秋的信中說「近來的詩興尤其濃厚……現在我心裏又有了一個大計畫，這便是一首大詩，擬名色彩 Symphony，在這裏我想寫一篇秋景，純粹的寫景 —— 換言之，我要用文字畫一張畫。」[6]所謂「用文字畫一張畫」實際上是當時美國詩壇學習東方藝術的表現。[7]1922 年出版的聞一多的新詩《紅燭》，處處可見美國新詩派對他的影響。聞一多在美國被意象派的藝術宗旨感染，而正是自己的祖傳法寶在異國的摹寫。而且這種「濃麗的東方藝術」正在自己的國土上逐漸消亡。聞一多在紐約見到過意象派後期領袖 Amy Lowell，在紐約時得人介紹信，回到芝加哥見到當時風頭最健的 Carl Sandburg 和芝加哥的詩歌主編 Harriet Monroe。1923 年夏天，聞一多轉到美國科羅拉多大學，與梁實秋會合。在學繪畫藝術之外，他還選修《現代英美詩》。這給聞一多的詩歌趣味帶來了一個轉折，1928 年出版的第二本詩集《死水》，則明顯有美國「雅致派

---

6 1922 年 10 月 30 日給梁實秋的信。見《聞一多書信選集》（北京：人民文學出版社，1986），頁 93。

7 意象派詩人 John Gould Fletcher 在自傳中就聲稱他自己從 1914 年以後的詩作，「無一例外，全得自東方藝術」（Life Is My Song, 1914），pp.199．

詩人」的詩風。聞一多後來主張寫詩要有「建築美、格律美、音樂美」，也可見其的學院基礎。趙毅衡認爲聞一多的兩種詩歌風格都有美國淵源。[8]

梁實秋（1903-1987），1923年赴美留學（同冰心同船），首站是美國科羅拉多溫泉（簡稱珂泉），在珂泉的一所大學（爲哈佛所承認的西部七個小大學之一）修讀英國文學。一年後轉入哈佛大學研究所，修讀白璧德的講課《英國十六世紀以後的文學批評》，並閱讀了白璧德大量的著作，其中有最能代表白璧德文學思想的是〈羅梭與浪漫主義〉，這給梁實秋思想很大的「震撼」，他開始反思自己浪漫派作風，並也開始爲中國新文學呈現的「混亂的浪漫」撥亂反正，〈文學的紀律〉、〈文學的批評〉等篇由此出現。可以說梁實秋的文學批評給中國新文學出來一股清凉的理智之風。梁實秋沒有專文記寫留美生活，但在其作〈憶冰心〉可窺見一二片斷。

許地山（1893-1941），1923年同冰心一起乘船赴美留學。許地山入讀哥倫比亞大學，獲文學碩士學位後轉到英國求學，曾同老舍同居一室，關係十分親密。許地山后來到牛津攻讀宗教神學。從老舍的旅英遊記看，許地山在倫敦時也寫過小說。

老舍（1899-1966），1924年夏天接受英國倫敦大學東方學院之聘任中文教師，爲期五年。英國的生活經驗及觀察使老舍走上文學創作之路，創作有《二馬》、《趙子曰》、《老

---

8 趙毅衡〈聞一多與美國「死水」〉，見《對岸的誘惑》（北京：知識出版社，2003），頁26。

張的哲學》。老舍在這些作品中把自己對於英國人的觀察和
自我民族的思考寫進去。老舍回國後寫了幾篇英國遊記：〈頭
一天〉、〈我的幾個房東〉、〈東方學院〉、〈英國人〉以及〈英
國人與狗〉，描寫英國人的生活習慣、性格以及其文化，文筆
不僅詼諧有趣，並且引人思考。在老舍的描述中，大多數英
國人有明顯的文化優越感，認為只有他們才稱得上是世界上
最優等的民族。而在大多數英國人看來，中國人是野蠻、缺
乏文明的教養的民族。英國人對中國的偏見，傷害了老舍的
民族自尊心，因而老舍在對英國人的描述中不乏詼諧之筆。
但是老舍並沒遮住自己的雙眼，英國人的獨立精神、認真工
作的態度以及英國的現代文明、美麗的自然環境等等，都讓
老舍感動佩服，並流露出嚮往之情，而由此展開對中國問題
的思考。

朱湘（1904-1933），1927 年秋進入美國的威斯康辛州
勞倫斯學院，朱湘在美國寫過遊記〈迎神 —— 過檀香山島作〉
以及一些詩詞評論文章。[9]這篇遊記以極其形象精細的語言描
述了檀香山人迎神的宗教儀式，文字優美精緻，情調從容優
美。但朱湘對其他的遊蹤觀感則沒有記述。

錢鍾書（1910-1998），1935 年秋天攜新婚夫人楊絳赴
英國牛津大學攻讀英國文學，楊絳自學拉丁文。錢鍾書夫婦
留學英倫的情況，楊絳在晚年的回憶文字《我們仨》[10]作了
生動地描述。

---

9 朱湘〈迎神 —— 過檀香山島作〉，收入《中書集》（上海：上海
 書店印行，1986）。
10 楊絳《我們仨》（北京：三聯書店，2003）。

　　蕭乾（1910-1999），1939 年應英國倫敦大學之邀前往
教書，同時奉命擔任《大公報》居歐記者，直接報導歐洲戰
事。蕭乾旅英長達 7 年時間，其間除了工作外，還在英國劍
橋大學讀完「英國心理派作家」論文的碩士學位，也到歐洲
大陸、美國出訪遊觀。蕭乾寫過數篇旅居英國的遊記文章及
一二篇美國遊記，收入遊記文集《海外遊蹤》[11]、《負笈劍
橋》[12]、《未帶地圖的旅人：蕭乾回憶錄》[13]以及《西歐戰場
特寫記》[14]。從篇幅數量考慮，我就應該以一個專章來討論
蕭乾的英美遊記。但是，這些遊記幾乎都是以一個戰地記者
的視角來報導第二次世界大戰歐洲戰場的情況以及戰時歐洲
人的困苦狀況，描述的是一個非常態時期的英美圖像，因而
缺乏風俗、文化意味上的代表性，故而不做專章討論。當然，
蕭乾的旅英遊記也有個別另外走出了對戰火紛飛的描述，如
《負笈劍橋》[15]，描述了劍橋恬美幽靜的校園風景、校園文
化以及一種特殊的教學方法，也就是徐志摩所描述的「煙與
文化」的教學法。蕭乾在歐洲期間主要旅居英國。英國作為
中國的「盟國」，那是「西方人對中國最『善意』的時候」。
[16]因而蕭乾在英國期間受到英國人很友好的看待，常被英國
友人邀往家中度週末。據蕭乾回憶錄以及旅英遊記，蕭乾曾

11　蕭乾《海外遊蹤》（長沙：湖南人民出版社，1983）。
12　蕭乾《負笈劍橋》（香港：三聯書店，1986）。
13　蕭乾《未帶地圖的旅人：蕭乾回憶錄》（臺北：士報出版公司，
　　1994）。
14　蕭乾《西歐戰場特寫記》（北京：新華出版社出版，1986）。
15　蕭乾〈負笈劍橋〉，收入蕭乾遊記文集《負笈劍橋》，頁 156。
16　趙毅衡〈蕭乾：永遠的少年〉，見《對岸的誘惑》（北京：知識
　　出版社，2003），頁 77。

作為文化界「援華會」（China Campaign Committee）的貴賓，
周遊英國各地演說，並與英國大作家伍爾夫（Virginia Woolf）
的丈夫 Leonard Woolf、大作家威爾士（H.G.Wells）等有密
切交往，碩士論文的寫作又親炙於福斯特（E.M.Forster）的
指導；作為戰地記者，又與海明威、威爾遜（Edmond Wilson）
等作家同行於軍旅。英國的經歷給蕭乾後來的創作帶來很大
的影響。蕭乾在談到他的小說創作時也承認英國文化的淵
源，認為福斯特、勞倫斯（D.H.Lawrence）、伍爾夫等英國
作家的故事結構、抒情筆法、氛圍心理的捕捉都影響了他的
小說創作。[17]早在二十年代，徐志摩在英國留學時與英國的
文化名人也有過密切的交往，但不像蕭乾有這樣廣泛的聯繫。

　　鄒韜奮（1895-1944），1933 年以一個新聞記者的身份
遊歷觀察歐洲。他順著郵船航線到過威尼斯、日內瓦、巴黎、
倫敦，隨後又訪問了德國、比利時、荷蘭、蘇聯和美國，走
遍了幾乎當時的發達國家，1935 年回國。鄒韜奮前後在倫敦
旅居了一年多，寫過多篇遊記發表在國內雜誌上。這些遊記
後來結集為《萍蹤寄語》（一、二、三集）及《萍蹤憶語》
（一集）。這些遊記視野廣闊、內容十分廣泛，涉及政治、
經濟、社會狀況以及華僑的生活情況。有關倫敦的遊記如〈由
巴黎到倫敦〉、〈華美窗帷的後面〉、〈曼賈斯特〉、〈利物浦〉、
〈大規模的貧民窟〉、〈紙上自由〉、〈獨立觀念中的叫化子〉
等。在這些作品中，作者往往將視線投射到英國現代文明的
背後，如平民窟、叫化子等的貧困生活，明顯帶著中國三十

---

17 蕭乾〈創作四試·前記〉，見傅光明編《蕭乾散文》（下）（北京：
　　中國廣播電視出版社，1997），頁 581。

年代「左傾」意識形態的操作。

　　華五（生卒年不詳），1935 年留學英國倫敦大學，寫過多篇英國素描的遊記文章發表在《宇宙風》上，如描寫倫敦的霧、夜、中國飯館、旅館、新年、居住、公園、倫敦大學的政治經濟學院以及英國的漢學家等等情景。這些遊記主要勾畫了倫敦的天氣與倫敦人的面貌特徵、留學生的旅居生活、英國漢學家真假學問、公園的自由氛圍等等。作者雖然沒有對英國的國會辯論及英國的文化和自然名勝作解說或描述，但正如作者所言，在描述「美麗中的醜惡、醜惡中的美麗中，人生裏的人生、花園裏的花園」，為讀者「展開了一片眼界。」[18]實際上，到英美留學或准留學的現代作家還有不少，但沒有相關遊記。如，洪深，在 1916 年赴美留學，在俄亥俄州立大學學習陶瓷工程，1919 年轉入哈佛大學，專攻戲劇和文學，並在波士頓表演學校學習表演，1922 年回國。又如邵洵美，1923 年赴英留學，讀了一年預科後進入劍橋大學攻讀英國文學。英國浪漫主義和現代主義詩歌對邵洵美產生很大的影響，尤其是王爾德（Oscar Wilde）唯美主義思潮。邵洵美留英時幾乎每期必讀唯美主義刊物《黃書》（Yellow Book），愛不釋手，回國時全套帶回中國。[19]邵洵美後來成為中國具有影響力的唯美主義作家，明顯源於他留學英國時所接受的教育和培養起來趣味。此外林徽因、陳西瀅、丁西

18　〈倫敦素描·引言〉，見《宇宙風》，1935 年第 7 期，頁 342。
19　邵洵美的生平見盛佩玉寫的二篇回憶文章，〈憶邵洵美〉，見南京師大編《文教資料》，1982 年第 5 期，頁 47-72。〈我和邵洵美〉，見 1984 年《潮州師專學報》。

林、葉公超等人，都曾到過英國或美國留學過。

另外，我要特別說明的是，因爲本編將對梁啓超、胡適、徐志摩、冰心的英美遊記作爲個案研究，故在此不贅言。爲什麼我選擇對四位作家的英美遊記作專章的分析呢，不僅因爲這四位作家的英美遊記篇幅量大，其影響深遠，而且他們對英美圖像的描述以及其表述的西方情感具有各自的特徵和代表性，故而將按他們到英美的前後順序逐章分析。

第二節　慾望場：嚮往與壓抑、 感動與憤激之交戰

中國現代作家對英美描述，不像近代中國知識份子筆下的英美圖像那樣絕少精神主題，他們帶進了自己很濃烈的情感色彩或精神趣味，這表現爲在對英美圖像的描述中交織著嚮往與壓抑、感動與憤激的混雜情感。首先我們看傅斯年筆下的英倫圖像。傅斯年到英國時，正值歐洲第一次世界大戰後，因而他看到的英國並不像在國內時所想像那樣富足，甚至有些「烏煙瘴氣」，「到了倫敦，所見窮人之多，街道之不清潔，學校建築設備之苟且，差不多要和北大一樣。」[20]然而他筆鋒一轉寫道，英國人在精神上並不如在中國所想像的那樣低法，他們體現在一般做事精進的精神，和一切公德心

---

20 傅斯年〈留英紀行〉，見《傅斯年全集》（第一卷）（長沙：湖南教育出版社，2000），頁 401。

的表現，和社會上往來的德素，實在和在遠東所遇見的英國人完全不一樣。同時傅斯年感到在英國讀書「受益必當不少」，甚至主張中學生過來更好，認爲「如此可以徹底的求學，徹底的探尋歐化。」[21]在傅斯年描述中，留學英國的益處在於英國文化是進取的，這表現在兩個方面：一是英國的理想派，二是英國的實際派，這兩派「相得益彰」。尤其是英國的實際派，追求實效、追求致用，這些是中國文化所沒有的德素，在傅斯年看來，中國人的書生氣，太輕視物質了，經濟的觀念也很薄弱，所以，民族的力量斷難得強。[22]因而，我們學而用之，則可以拯救落後的中國。在傅斯年的觀察中，英國與中國實際上都是老大國，但英國力求人生的建設，如在學校建設方面，就很注重投資，很值得中國學習和借鑒的。傅斯年的這些見解明顯流露出他對西方教育的嚮往之情。

　　英國的讀書空氣讓傅斯年感到心神安靜，同時也認識到自己知識的不足。在遊記中，傅斯年坦然寫到他在思想上所發生的變化，認爲他以前他意氣極盛，現在心神卻十分平靜，但同時也失去了很多盲目的自信。[23]傅斯年在英國倫敦大學讀書時追求廣博，在專攻心理學之外，還花大量的時間修讀其他的課程，如數學、化學等課程，甚至後來轉到柏林大學，乾脆不定專業，選修或旁聽多門學科。[24]但實際上，讀書對

---

21 傅斯年〈要留學英國的人最先要知道的事〉，《傅斯年全集》（第一卷）（長沙：湖南教育出版社，2000），頁 404。
22 同上，頁 407。
23 傅斯年〈留英紀行〉，見《傅斯年全集》（第一卷）（長沙：湖南教育出版社，2000），頁 401。
24 趙毅衡〈求博還是求精：傅斯年的例子〉，見《對岸的誘惑》（北京：知識出版社，2003），頁 18-19。

傅斯年來說很難有一種精神上的喜悅感，主要原因是這些學科切近適用，這對於精神還神遊在詩之古國的傅斯年來說太不合口味了。在旅英遊記中，傅斯年感歎地寫道：在英國讀書「因爲切今世，於是漸在用上著想，這個求合實際、求有成功的心思，固不是一概不對，但因此總很難和學問生深切的交情；不能『神遊』，所以讀書總覺不透徹。」[25]然而我們看到，雖然傅斯年感到在英國讀書不能做到精神的「神遊」，但在理智的層面上卻認爲爲了中國的「今世之用」，這是必須經過的煉獄。[26]我們再看聞一多的留美之旅。聞一多在美國遊學將近三年，除了幾篇詩作如〈秋色〉、〈火柴〉外，卻鮮少描述美國形象或談其觀感，幾乎把全部情感傾注在對中國古典文化神話化般的描述之中，詩情詩趣極其理想典雅。聞一多的現象說明瞭他在美國的讀書感受有些類似於傅斯年，不能在精神深處「神遊」。與傅斯年相比，聞一多的中國情趣更爲濃厚，故而，許多評論者認爲聞一多在美國的寫作是一種愛國主義的表現。愛國主義的評議是不會錯的，但是卻忽視了在英美留學者在精神上的失落感。具體表現爲，他們一方面在理智層面上認識到留學是大勢所趨，是社會風尙；但是，另一方面，他們在學習西方文化中卻又感

---

25 同（25），頁 401。

26 在傅斯年看來，在國外的留學生活，比在國內剛硬得多，也就是說辛苦得多。在國外無論做什麼事都得自己親自動手而不能借他人之力，勞苦不可避免；而在國內則是過著一種稀泥一般的軟懶生活。這與國內讀書人的生活舒適的程度相比，在外國留學無異於是一種煉獄了。見傅斯年〈要留學英國的人最先要知道的事〉，《傅斯年全集》（第一卷）（長沙：湖南教育出版社，2000），頁 404。

到不能神遊的精神尷尬。唯能解救的辦法就是在寫作中找到出口，聞一多的詩作就是在這種出口下的產品。

與傅斯年、聞一多的留學生活相比，朱湘的遭遇更不如意。朱湘在美國留學的兩年期間，據說在美國受歧視，常生憤怒，以至換了三個學校，「大吵架小生氣足有十幾場，數次『罷課』，最後乾脆回國」[27]朱湘在給友人的信中說，「我在外國住得越久，越愛祖國，我不是愛的群眾，我愛的是新中國的英豪，以及古代的古賢豪傑」[28]朱湘在身心受挫後回到對本民族文化的熱愛之中，《中書集》中的多篇文章就寫於留學時期，其中主要是對中國文學的討論。這就說明，中國知識份子對西方文化的學習是出於理智的外在訴求，一旦遇上內在的精神本真，這種訴求則轟然崩潰。

中國作家留學英美體驗的另一個精神煉獄是留學生的孤獨寂寞，而這又與英美洋人對中國人的種種歧視密切相關。老舍在倫敦大學東方學院教書時就感到交不了英國人做朋友的孤獨寂寞感。他在〈英國人〉一文中，開筆就寫道：「據我看，一個人即使承認英國人民有許多好處，大概也不會因為這個而樂意和他們交朋友……至於一個平常人，儘管在倫敦或其他的地方住上十年八載，也未必能交上一個朋友。」[29]在老舍的觀察中，英國人除了一天到晚為工作忙碌沒有餘暇

---

27 趙毅衡《對岸的誘惑》（北京：知識出版社，2003），頁 82。

28 朱湘 1929 致趙景深的信。見蒲花塘、曉非編《朱湘散文》（下集）（北京：中國廣播電視出版社，1994），頁 218。

29 老舍著、楊雯編《二馬旅行》（海口：南海出版公司），頁 265。說明：楊雯編的《二馬旅行》，收編的是老舍旅居英國期間創作的作品。題目為編者所加。

交友外，主要在於英國人受許多規矩限制使然，他們表現傲氣、古板，使人很難接近，甚至「他的禮貌與體面是一種武器，使人不敢離他太近了。」[30]老舍在倫敦的朋友中，實際上也有一兩個英國人，這在他的〈我的幾個房東〉一文中作了生動地記述。當然，老舍最爲得心稱意的朋友要算許地山了，他們曾同住一室，非常親密，無所不談，甚至有時在街上也要談上三兩個小時。也許這是兩人派遣寂寞的方式。當時，許地山已是成名作家，老舍在寂寞中嘗試著寫小說。老舍《二馬》、《趙子曰》就寫於旅居英國時期，這是他的處女作，經許地山審閱和推薦發表在國內期刊上。我們從老舍英國遊記看到，老舍對英國人的情感是複雜的，當他在大英帝國的土地上與英國人相逢時，一種屬於「文化兩棲動物」的雙重視野就形成了。他一方面對英國高度的文明以及一切的好的東西熱情嚮往。在老舍看來，英國人有知識，這是英國人的厲害；英國人有訓練，有秩序，這是英國成爲強國的密寶。他觀察到英國人對國家盡力盡責，認真工作而不空喊口號，因而認爲「一個中國人能像那樣作國民便是最高理想」。[31]另一方面，老舍又對英國人的冷傲的強國心態不以爲然。作爲弱國的子民，老舍在大英帝國的工作酬勞受到不平等的對待。老舍在東方學院教授中文，其工作量之瑣碎和繁重很難想像，在〈東方學院〉裏，老舍對此作過詳細的說明。我們看到，老舍在教學上非常認真，業務能力也遠遠超

---

30 同上，頁 267。
31 見老舍在〈東方學院〉、〈我的幾個房東〉、〈我怎樣寫《二馬》〉中描述和表達的感想。

過英國教員。老舍一向持東方人的謙和態度與人相處，並得
到周圍廣泛的承認。特別是他應東方學院之邀，用英語爲師
生作了題爲〈唐代愛情小說〉的學術演講後，學院師生在更
高的層次認識了他。1926 年 6 月 10 日，東方學院秘書小姐
在一封信裏說：「舒先生在這裏的工作非常令人滿意」，「所
有和他接觸的人，都非常喜歡他」。[32]但是，老舍在東方學
院工作時的工資，年薪 250 英鎊，而當時一般學生在英國的
生活費每年也需 300 英鎊，老舍在英國時的生活之困窘以及
不平等的對待所反應出的種族歧視是顯而易見的。據寧恩承
回憶說「一套嗶嘰青色洋服多夏常年不替，屁股上磨得發亮，
兩袖頭發光，胳膊肘上更亮上閃閃的，四季無論寒暑只此一
套，並無夾帶」。[33]在老舍的描述中，大多數英國人認爲自
己是最優等的民族，而中國人則是野蠻，缺乏文明的教養。
他們對中國的認識持著明顯的文化優越感。其實就在老舍初
到英國的頭一天，他就感受到大英帝國的優越的文化氣勢。

　　把留學英國寫成天國神話的，最著名的就是徐志摩。在
徐志摩的描述中，他交了許多英國朋友，學到許多聰明，受
到很大啓發。他在一篇文章中深情地寫到「我在康橋的日子，
可真幸福，深怕這輩子再也得不到那甜蜜的洗禮，一個人就
變氣息，脫凡胎。」[34]但是，徐志摩在美國的留學日子則沒
有像在英國那樣舒心愜意，相反，他感到死板、機械、壓抑

---

32 李振傑《老舍在倫敦》（北京：國際文化出版公司，1992），頁 22。
33 （美）寧恩承〈老舍在英國〉，見《老舍研究資料》（上）（北京
　　十月文藝出版社，1985），頁 274。
34 徐志摩〈吸煙與文化〉，見趙遐秋主編《徐志摩全集》（卷三）
　　（南寧：廣西民族出版社，1991），頁 103-104。

和毫無趣味性，因而兩年後轉棧英國。胡適雖然沒有像徐志摩那樣以生花之筆把留學生活寫成天國神話，但從他的留美日記看到，他在美國留學時很受美國人歡迎，常被美國人邀請到家中宴會或聚談有關宗教文化的話題，他的美國朋友有大學教授、基督教徒、家庭婦女、女性朋友等，胡適同他們的交往不僅獲益匪淺，而且使單調的留學生活增添了不少的風采。因為我將對胡適、徐志摩的英倫遊記將作為專節分析，固而在此不論。此外，還有冰心以及蕭乾，他們在英美的旅程幾乎沿路載滿鮮花笑語，因而，在他們的遊記中流動著感動之筆。蕭乾在《負笈劍橋》、《海外遊蹤》及《未帶地圖的旅人：蕭乾回憶錄》許多處敘述了被英國人熱情友好款待。其中有這樣一段趣事，一次蕭乾在倫敦的公共汽車上，鄰座的英國人發現他是中國人後大聲向他問好，全車的人聽到後都鼓掌歡迎中國人。這由民眾發出的對中國人的好感，蕭乾深表感動鞠躬答謝。[35]蕭乾與英國文化界人士的友誼則更是一篇篇佳話。另外，冰心在美國留學也備受禮遇，其感動在她的一篇篇《寄小讀者》通訊中作了深情的表露，這在冰心專章中作了詳細分析，故在此不敘。

小　結

現代中國之初，到英美留學已成為社會風尚，一批批知

---

35 蕭乾《未帶地圖的旅人：蕭乾回憶錄》（臺北：時報出版公司，1994），頁 155-156。

識份子紛紛到英國、美國等西方國家留學觀光，寫下大量的遊記作品。他們對英美的描述和介紹，帶進了自己很濃烈的情感色彩或精神趣味。這主要表現爲一方面嚮往英美物質富足、環境優美、民主文化、靜心讀書和做學問；另一方面則對英美環境、社交文化、日常生活等方面感到陌生和不習慣，甚至因缺少交往感到孤獨寂寞。當然，也有例外，如徐志摩、蕭乾，他們在英美的旅程中，往往身邊彙集了許多良師益友、許多博學且趣味豐然的朋友，所以，在他們的英美圖像中，洋溢著融入其中的快樂和感動。

　　總的來說，中國作家在英美的遊程既是嚮往、憧憬之旅，也是孤獨、內在趣味、精神愉悅的壓抑之旅。旅程中，既有感動，也有憤激，甚而升發出一種愛國主義的情懷。

第十章　梁啓超的英美遊記

　　梁啓超是對現代中國具有深遠影響的革新家、思想家，也是很負盛名的現代作家。梁啓超在 1898 年的戊戌變法失敗後流亡日本，之後，兩次從日本航海西行，足跡英美等西方國家。梁啓超在域外的行旅中，遊記所見所聞所想，且「筆鋒常帶感情」。中國現代之初的知識份子幾乎沒有不受其影響。在中國知識界，梁啓超可說是一個路標式的人物。郭沫若在自傳中就描述了梁啓超給現代中國人的影響力。他說：「二十年前的青少年，……可以說沒有一個沒有受過他的思想或文字的洗禮的。他是資產階級革命時代的有力的代言者。」[1]本章主要以梁啓超的兩部英美遊記即《新大陸遊記》和《歐遊心影錄》為分析文本，沿著遊蹤線路探討作者如何由所見所聞引出的對現代性慾望與思考；同時也結合其語境的分析探討作家的心路歷程，並由此揭示他看西方的方式。

---

1 郭沫若《郭沫若自傳‧少年時代》（第一卷）（香港：三聯書店，1978），頁 112。

第一節　兩次美國之旅：眼界之變與反思

第一次被腰斬的美國之旅

　　梁啓超在 1998 年秋由於戊戌變法失敗流亡到日本，繼續從事變革活動。期間受美國三藩市華人邀請，在己亥年十一月十八日（即 1899 年 12 月 20 日）年前往美國，但遭到清政府阻撓，此行只到夏威夷就停止了。這次美國之行，是梁啓超生平以來「遊他洲之始」。[2]並隨時記日記，[3]但到夏威夷檀香山後十天就沒再記日記了。也許日程排得太緊、應酬太多，無暇記述。這部不太完整的《汗漫錄》「篇幅雖少，但作為《新大陸遊記》的前奏，卻是值得重視的。」[4]梁啓超這次夏威夷之行，正當青春韶華，時年 27 歲。他懷著變革中國的夢想，一路意氣風發，揮寫詩篇。在〈二十世紀太平洋歌〉中他抒發少年壯志說：「耳目神氣頗發皇；少年懸孤四方志，未敢久戀蓬萊鄉。誓將適彼世界共和政體之祖國，問政求學

2　梁啓超《汗漫錄》，見《走向世界叢書》（長沙：岳麓書社，1985），頁 588。

3　梁啓超在《汗漫錄·小序》中說，「昔賢旅行，皆有日記，因效其體，每日所見所行所感，夕則記之，名曰《汗漫錄》，又名曰《牛九十錄》，以之自證，且貽同志雲」。見梁啓超《汗漫錄》，收入《走向世界叢書》（長沙：岳麓書社，1985），頁 588。

4　鍾叔河〈啓蒙思想家梁啓超〉，見《走向世界叢書》（長沙：岳麓書社，1985），頁 394-395。

觀其光」。[5]「蓬萊鄉」指當時日本。梁啓超當年抱著「以國
事東渡」流亡日本，進行一系列的政治活動以及文化活動，
如創辦《清議報》、設高等「大同學校」、學習日文、通過
日文閱讀西學的學說。在往夏威夷的旅途中，梁啓超回憶這
段在日本的充實生活，感到日本有如第二故鄉。因爲他身邊
不乏志同道合的朋友促膝交談，又與日本友人的交往「形神
俱親」，還有商人、弟子的鼎力相助，辦事諸多。[6]但梁啓超
不「久戀蓬萊鄉」，決定赴美國三藩市華人之邀航太平洋，
擴展視界，問政學於西方。在他看來，這次美國行是到西學
的始祖取經，因而抱著很大希望，認爲從此傳播西學，不再
僅限於新詞新語的膚淺引用，而可將在旅行考察中親見體味
的「歐洲之真精神」，「竭力輸入」。[7]

　　與梁啓超的另外兩部美英遊記相比，《汗漫錄》篇幅不
長，但確是能體現梁啓超筆帶情感的一篇域外遊記。全篇遊
記可以分爲兩個部分，第一部分是抒發他航太平洋，放眼四
海，心潮澎湃，激情高揚，壯志淩雲之感，其中大部分爲激
情飛揚的詩作。作者在此篇遊記中自道平時「不能爲詩」，
並對所讀的他人之詩也不滿意，認爲不是大同小異，就是了
有新意，也「未能確然成一家之言。」梁啓超所謂「不能爲

5　梁啓超《汗漫錄》，見《走向世界叢書》（長沙：岳麓書社，1985），
　頁 600。
6　梁啓超滿意地寫道：「又自居東以來，廣搜日本書而讀之。若行
　山陰道上，應接不暇。腦質爲之改易，思想言論，與前者若出兩
　人。每日閱日本報紙，於日本政界、學界之事，相習相忘，幾於
　如己國然。」見〈汗漫錄〉，收入《走向世界叢書》（長沙：岳麓
　書社，1985），頁 589。
7　同（2），頁 595。

詩」，並非夫子自謙，主要是他意識到他的性情不宜作詩，因爲他「愛恨最盛、嗜慾最多，每一有所染，輒沉溺之」。不過，此行途中「新空氣」衝破了他理智的決斷，他不禁「詩興大發」，欲「作詩界之哥倫布、馬賽郎」，寫用「新意境」、「新語句」、「以古人之風格入之」的驚世詩篇。[8]這些詩作如〈壯別二十六首〉、〈二十世紀太平洋歌〉，氣勢磅礡，立意宏偉，內容關涉近世的思想家、改革家、內海與大西洋文明、帝國主義的恃強跋扈以及要我同胞正視優勝劣敗之律來迎風破浪以颺等內容。詩人激情如大潮洶湧，抒發了自己對西洋現代學說的嚮往以及對中國前途的信心。第二部分記述的是到夏威夷後的觀感。這部敘述語言轉爲平實。作者主要敘述了夏威夷華人的生活狀況以及其愛國情懷，並對夏威夷亡國的教訓作了引人思考的總結，這就是「生存競爭，優勝劣敗」，認爲這是「天下萬世之公理也。」[9]中國人應警之。梁啓超在夏威夷考察後，準備繼續前往美國大陸，但受到清政府的阻撓只得在夏威夷呆了半年後啓程回國，途中經過香港、新加坡、檳榔嶼、印度、繞澳大利亞一周，在辛丑年（1901）4月經過菲律賓復至日本。四年後，梁啓超（也就是1903年）又開始了第二次美國之旅。雖然第一次擬就到美國新大陸的旅程被腰斬，但無論從遊程與情緒來看，第二次美國之旅實爲是第一次延續的現代慾望之旅。

---

8 同（2），頁 593。

9 梁啓超《汗漫錄》，見《走向世界叢書》（長沙：嶽麓書社，1985），頁 610。

第二次美國之旅：眼界之變

　　梁啓超的第二次美國之旅完全是一次政治旅行，其任務是促進北美的「中國維新會」（即保皇會）的建設。[10]梁啓超在這次行程中通行無阻，沿路受到高款禮遇和歡迎。他在癸卯年（1903）正月二十三日（2月20日）從日本橫濱乘船到加拿大的溫哥華（Vancouver）上岸，停留兩個月後在乘坐「加拿大太平洋鐵路」火車往東訪問首都阿圖和（Ottawa）和滿地可（Montreal），然後南下紐約（New York）。再以紐約爲中心，來回波士頓（Boston）、華盛頓（Washington, D.C.）、費城（Philadelphia）、波地摩（Baltimore）、必珠葡（Pittsburgh）；再由必珠葡南下先絲拿打（Cincinnati）、扭柯連（New Orleans），然後轉西北方向經聖路易（St.Louis）、芝加高（Chicago）、汶天拿省（Montana）、到西岸北邊之舍路（Seattle）、砵崙（Portland）；於9月25日南下三藩市（San Francisco），遊觀一月後啓程北上溫哥華，於九月十二日（10月31日）乘「中國皇后」船，九月二十三日（10月31日）返抵橫濱。梁啓超將這次美國之旅比喻爲到「新大陸」。在此篇遊記中，他敍述了見從所未見、聞從所未聞，是名副其實的「新大陸」之旅。這些新見主要體現在以下五個方面：

1.讓人震驚的兩次美國總統演說

　　梁啓超到新大陸遊觀的首站是溫哥華，在溫哥華參觀之

10 鍾叔河〈啓蒙思想家梁啓超〉，見《走向世界叢書》（長沙：岳麓書社，1985），頁394。

餘，閱讀報章新聞時看到美國總統盧斯福（羅斯福）巡視太平洋沿岸的報告以及其雄辯滔滔的二次演說，都給他留下強烈的印象並感到非常震驚，故在新大陸遊記中作了詳細的紀錄，以引起「國人猛醒」和思考。盧斯福在演講中，霸氣十足，宣佈美國在太平洋的勢力範圍，並號召美國人發揚祖先的進取精神，不要錯過天賜的機會，在二十世紀成為太平洋「第一之驕子」。盧斯福在視察途中經過三藩市，又作演說，其霸氣更為強盛，竟然公開主張帝國主義，說「及今親見之，而益信夫？欲進吾美於強盛之域，為我子孫百年之大計，舍帝國主義期末由也（原注－拍掌）。在近世紀中，惟能在太平洋上占優勝者，為能於世界歷史上占優勝權。」[11]美國總統的自負和擴張言論不能不令梁啓超感到震撼和驚奇。在梁啓超看來，盧斯福的演講，野心勃勃，所反映的霸權意識與中國的文化精神絕然不同。我們知道：中國文化講究平和、保守、知足常樂，滿於現狀、缺少競爭意識；如此相隨，在處理外事方面，往往以泱泱大國的心態，懷柔遠人，顯示皇恩浩蕩。長此以往，國無生氣、國力疲弱，以至在近世紀使外來者乘虛而入，淪為半殖民之地。青年梁啓超對於中國文化的癥結有深刻的認識，為此，他曾跟隨康有為銳意改革，但卻慘遭失敗而流亡日本。梁啓超的這些痛苦的經驗以及西行途中的見聞不能不引起他警醒和思索，因而，他極有感觸地說：「嗚呼！何其言之自負乎！而大統領之自負，亦即全

---

11 梁啓超著、鍾叔河、楊堅校點《新大陸遊記》，收入《走向世界叢書》（長沙：岳麓書社，1985），頁430。

國民自負之代表也。」[12]又說：「吾在報中，見盧斯福此演說文之後，吾怵怵焉累日，三複之不能去焉。夫其曰『執世界舞臺之大役』，曰『實行我懷抱之壯圖』，其『大役』、『壯圖』之目的何在乎？願我國民思之。」[13]應該說，美國總統的這些擴張言論，正是梁啓超的焦慮之處。作為一個致力於改變中國落後面貌的知識份子，梁啓超深知中國缺少的就是像美國總統那樣抱宏圖、務遠略的朝廷和國民，而中國正需要輸入這些新鮮霸氣的言論，以刷新中國已腐舊的文化意識，跟上時代的潮流。

2.歎為觀止的繁盛大都市

梁啓超在加拿大遊歷了兩個月後，在四月十六日由滿地可抵達美國紐約。他在紐約呆了兩個月，其間到過華盛頓、費爾特費、哈佛，再返回紐約。所以，實際上，梁啓超在紐約的考察時間不過一月。梁啓超這次訪問美國是以中國維新運動領袖的身份，因而所到之處，備受歡迎禮遇。在紐約時，梁啓超許多時間是在接見幫人、報館訪事、演說、赴宴，「遊覽調查之事」「草草殊甚」，但為不辜負此行，他常常利用晚間的時間閱報或到市間訪問市民，所見所聞雖有些隔靴搔癢、並非全面，但畢竟是親歷所見，確實開了眼界。為此，他在「繁盛之紐約」中這樣感歎道：「從內地來者，至香港、上海，眼界輒一變，內地陋矣，至日本，眼界又一變，香港、上海陋矣，不足道矣。渡海至太平洋沿岸，眼界又一變，日

---

12 同上。

13 梁啓超著、鍾叔河、楊堅校點《新大陸遊記》，收入《走向世界叢書》（長沙：岳麓書社，1985），頁 433。

本陋矣，不足道矣。更橫大陸至美國東方，眼界又一變，太
平洋沿岸諸都會陋矣，不足道矣。此殆凡遊歷者所同知也。
至紐約，觀止也未？」梁啓超幾次眼界之變，實際上，見證
的是一個不斷現代的變化。在梁啓超的描述中，紐約無疑是
一個現代大都市，它不僅是美國的商業中心，也是世界的商
業中心。紐約的街景是喧囂忙亂、快速變化的，簡直讓人眼
花繚亂，目不暇給。紐約的房屋遠遠看去像一個個的鳥籠，
到處架著電線，如絲竹網狀；街上的電車如「百足之蟲」奔
跑；「街上車、空中車、隧道車、馬車、自駕電車、自由車，
終日殷殷於頂上，砰砰於足下，轔轔於左，彭彭於右，隆隆
於前，丁丁於後，神奇爲昏，魂膽爲搖。」[14]顯然可見，對
梁啓超而言，紐約是另一宇宙世界，有不可思議的高效率。
事實上，從敍述所表露的情感來看，梁啓超是不適應這個世
界的高速運轉和機器的轟鳴。但很有趣的是，他在理智的層
面上卻帶著賞羨和驚歎。因爲他看到，那些剛來紐約的人在
過十字馬路時，「呆立終日，一步不敢行。」而紐約人卻「眼
必較常人爲快」。[15]由此看來，急促的都市生活節奏，訓練
了紐約人，使他們反應敏捷，這在梁啓超看來，這就意味著
一種進步。

　　在梁啓超的描述中，紐約的繁盛不僅體現在一般紐約居
民住有其屋，而且高樓聳立。紐約的大旅館，鋪設繁華、房
價昂貴，當年李鴻章到紐約訪問時住的也只是二等房間，像

14　同上，頁 460。
15　梁啓超著、鍾叔河、楊堅校點《新大陸遊記》，收入《走向世界
　　叢書》（長沙：岳麓書社，1985），頁 460。

李鴻章這樣一個一等的人物，到紐約卻作二等客人，可見紐
約經濟超級發達。讓梁啓超更爲感動是，雖然紐約中心之地
貴於黃金，若改爲市場，「可三四倍於中國政府之歲入，以
中國人之眼觀之，必曰棄金錢於無用之地，可惜可惜。」[16]但
紐約的市政領導者卻開闢爲中央公園，讓人散心遊玩。因爲
他們認爲繁盛的大都市，「若無相當之公園，則於衛生上與
道德上皆有大害」，對此，梁啓超身有同感地寫道：「吾至
紐約而信。一日不到公園，則精神混濁，理想汙下。」正因
爲紐約市政領導人物的崇高見識，「紐約全市公園之面積，
共七千方嗑架，爲全世界諸市公園地之最多者。次則倫敦，
共六千五百方嗑架。」[17]紐約的繁盛景象一方面讓梁啓超歎
爲觀止，一方面感到有點像劉姥姥進大觀園，不知所措，事
後回憶起來也難以形容描述，他說：「今欲語其龐大其壯麗
繁盛，則目眩於視察，而疲於聽聞，口吃於演述，手窮於摹
寫，吾亦不只從何處說起。」[18]這正如梁啓超的同學徐勤所
言：「凡遊野蠻地爲遊記易，遊文明地爲遊記難。」[19]這種
言語的痛苦，主要在於文明地的「稀奇事物」超前了自己原
來的學識範圍，因而帶來了理解和描述的困難，而對讀者而
言，卻能引發其神奇的幻想和憧憬。也許，這是作者有意畫
龍點睛之筆。

16　同上，頁 430。
17　同（11），頁 430。
18　同（11），頁 438。
19　梁啓超著、鍾叔河、楊堅校點〈新大陸遊記・自序〉，收入《走
　　向世界叢書》（長沙：岳麓書社，1985），頁 417。

3.大資本的「怪物」:「托辣斯」

在梁啓超對紐約大都市繁盛壯大的描述中,「托辣斯」
（Trust）又是一個描述的焦點。它不僅所占篇幅很長,而且
描述、議論、抒情甚至還用具體的圖表進行介紹。在梁啓超
的觀察中,這是一個產生於紐約的「怪物」。它不僅擁有巨
大的財富和勢力,支配美國資本的十分之八;而且勢力範圍
遍佈美國,甚至擴展到全世界。其實,梁啓超對「托辣斯」
早有所聞,但直到紐約後才有機會親見考察,識其真相。「托
辣斯」的雄奇壯偉,使他驚羨不已,以至在描述中幾次情不
自禁感歎地寫道:「嘻!豈不異哉,豈不偉哉!」[20]「其氣
象之偉大,真不可思議,不可思議!」[21]毫無掩飾對「托辣
斯」地表露出欣賞與讚美之情,但同時梁啓超也看到了伴隨
在利益中的弊端,如因爲「托辣斯」的壟斷阻礙了自由的競
爭和技術的進步。不僅如此,梁啓超還進一步敍述了「托辣
斯」所存在的問題和引起的爭議。他這樣寫道:「這近十年
間,美國全國之最大問題,無過托辣斯。政府之所焦慮,學
者之所討論,民間各團體之所嘩囂調查,新聞紙之所研究爭
辯,舉全國八千萬人之視線,無不集中於此一點。」[22]儘管
如此,梁啓超很清醒地認識到「托辣斯」勢不可擋,且愈來
愈盛的趨勢。因而,在此文的末尾,他警醒地說:「我輩不
能以對岸火災視此問題也明矣。至其起原、其利害、其影響,

---

20 梁啓超著、鍾叔河、楊堅校點《新大陸遊記》,收入《走向世界
　　叢書》(長沙:岳麓書社,1985),頁 440。
21 同上,頁 444。
22 同(11),頁 446。

及吾國今後對之之策，吾將別著論論之。」[23]鑒於這種考慮，
因而，梁啓超用了大量的篇幅詳細對國人加以介紹，以擴展
中國人之眼界。

4.驚見經濟、政治、科技文化之盛況

梁啓超在新大陸遊歷所發生的眼變還表現在來自美國經
濟、政治、科技文化的震撼。實際上，在這篇遊記中，梁啓
超以主筆敍述的是美國如何由一個移民的國家在短短的時間
裏成爲二十世紀最強大的資本主義國家。這才是他要關注的
中心。他以紐約爲例說：「紐約在美國獨立時，人口不過二
萬餘（其時美國中一萬人以上之都市僅五處耳）。迨十九世
紀之中葉，驟進至七十餘萬。至近二十世紀初，更驟進至三
百五十餘萬，爲全世界中第二至大都會（英國倫敦第一）。
以此增進速率之比例，不及十年，必駕倫敦而上之，此又普
天下所通信也。」[24]我們知道，人口是衡量一個都市是否繁
盛的尺子，人口稠密，意味著商業的活躍、經濟的繁榮昌盛。
事實上，紐約快速激增的人口，帶來了消費人群，從而刺激
了商業，使紐約在二十世紀成爲世界的商業中心。因此，當
梁啓超走在紐約街上，連連感歎其繁盛的氣象非筆墨所能形
容。梁啓超還以一系列的數字說明美國經濟的突飛猛進：「一
八六零年，英國所產工業品之金額每人平均九十五元，其年
美國所產值工業品之金額每人平均不過五十九元」，而一九
零零年，美國「每人平均百七十一元有奇」，英國則「每人

---

23 同（11），頁 448。
24 梁啓超著、鍾叔河、楊堅校點《新大陸遊記》，收入《走向世界
叢書》（長沙：岳麓書社，1985），頁 438。

平均百二十元耳」。[25]美國雄厚的經濟基礎造就了世界級的
大型企業家而世界級的大型企業家也造就了美國。因而，梁
啓超在紐約市時慕名訪問了托辣斯大王摩爾根（Morgan），
雖然訪問時間不過五分鐘，但摩爾根的言行作風給他留下深
刻的印象和感悟。梁啓超以極其驚歎之筆介紹了摩爾根所擁
有的雄厚的財富實力，所控制之鐵路「足以繞地球四周而有
餘」，其資本佔有全美國資本的半額，「當中國政府二十年
之歲入」。在梁啓超看來，摩爾根就是「商界之拿破崙」、
「當世英雄」。美國的科技也讓梁啓超驚奇不已，為此，在
遊記中，他用專節介紹太平洋海底電報的神奇速度。在太平
洋海底電線開始通報時，有線通信十二分鐘即可環繞地球一
周。這不可思議的事情使他想到英國聖索比亞（莎士比亞）
的夢遊詩句：「吾有寶帶兮，以四十分鐘一周地球。」這個
不過三百年前的夢想竟成為眼見的現實，因而，他感歎道：
「物質文明之發達，不可思議。我輩生此二十世紀者，競人
人皆得以至微末之代價，利用彼索士比亞之寶帶而有餘。嘻！
不亦異哉，不亦偉哉！」[26]

　　梁啓超在美國的行程，大多是來去匆匆，借助現代交通
工具，大都市、小城鎮、東南西北，快速穿行。現代交通工
具不僅改變了人們的生活節奏，也改變了了人們的生活方
式。作者在第三十四節敍述到「墾士雪地」的遊蹤就談到這
方面的觀感。這次旅程，他乘坐大北鐵路。這是條橫貫美洲

25 同上，頁 449。
26 梁啓超著、鍾叔河、楊堅校點《新大陸遊記》，收入《走向世界
　　叢書》（長沙：岳麓書社，1985），頁 512。

大陸的「大北鐵路」。在未有鐵路之前，沿線各省「皆一望林莽，獸蹄鳥跡相交錯，時或有一二紅印度人持石鏃、手鑽燧相與出沒而已。」有了鐵路後，沿線各省的命運發生了巨大的改變：「千數之大村落、百數之大城市彈指一湧現，歲歲產七千萬石以上之小麥供給世界市場，其餘物產亦稱是。至今全世界農業制度最完美之區，惟此為稱首。」[27]由此對比敘述。不難看出作者所要表達的意義。梁啟超遊華盛頓時還參觀了美國國會，深感美國政壇的素樸之風，認為美國之所以超速發展在於其政治素樸清廉。他這樣描述道：「喀別德兒（首都 —— 筆者注）之莊嚴宏麗如彼，而還觀夫大統領之官邸，即所謂白宮（White House）者，則渺小兩層堊白之室，視尋常富豪家一私第不如遠甚。觀此，不得不嘆羨平民政治質素之風，其所謂平等者真乃實行，而所謂國民公僕者真絲忽不敢自侈也。於戲，偉乎遠矣！」[28]在論述美國政治時，梁啟超著重介紹了美國的地方自治和地方分權，並引羅梭、波倫哈克的政治理念作為其支柱，認為美國兩黨之間的競爭和調和是美國繁榮強大的關鍵。他在對美國政治結構進行觀察和分析的同時，以憤慨之筆指出「現時中國政府」「摧鋤新黨」。兩者比較之間，褒貶取捨自見。

在遊記中，梁啟超對美國人的自由之風作了十分憧憬的表述。記述遊波士頓之遊就是一例。波士頓是英國最初殖民於美洲的地方。早在五年前，梁啟超有感於英國人開拓波士頓、開創自由之精神，寫了一條題為〈自由祖國之祖〉的文

---

27 同上，頁 530。
28 同（11），頁 482

章，收入在《飲冰室自由書》。這次親臨觀光，感慨萬千，
故而，又將這篇文章摘錄此篇遊記中。文章是這樣描述的：
「回憶此一百有一之先人，於千六百二十年十二月二十日冽
風陰雪中，舍舟登陸，躄足而立於大西洋岸石上之時，其胸
中無限塊壘抑塞，其身體無限自由自在，其襟懷無限光明俊
偉，殆所謂本來無一物者；而其一片獨立之精神，遂以坯胎
孕育今日之新世界。天下事固有種因在千百年以前，而結果
在千百年以後者。今之人有欲頂禮華盛頓者乎？吾欲率之以
膜拜此百有一人也。」[29]繼而感歎地說：「吾夢想此境者有
年，吾今乃得親履其地，撫其遺跡，余欣慰可知矣。」[30]對
自由的嚮往明顯可見。在梁啓超看來，美國的成功就在於美
國人珍視自由、人權之故。在這次美國之行中，梁啓超正好
遇上美國獨立之日的大慶典，他在遊記中說其盛況難以描
述，但感觸之餘，作了兩首詩篇，其中說「成功自是人權貴，
創業終由道力強。」[31]這就是對美國成功經驗的總結。沿著
這樣的思考，梁啓超還介紹了西方思想界的一些主義和學
說，給閉目塞聽的中國人輸入一些現代之音，從而起到啓蒙
的作用。但值得注意的是，梁啓超看到有些美國人積極為婦
人爭取從政權利，感到不可思議，居然在談論美國政治之缺
點時，把婦人涉足政治視其一大弊病，這不能不說是他的局
限和偏見。

---

29 梁啓超著、鍾叔河、楊堅校點《新大陸遊記》，收入《走向世界
　　叢書》（長沙：岳麓書社，1985），頁 473-474。
30 同上，頁 474。
31 同（11），頁 511。

5.新的反思：論中國人的缺點

　　一個遊記作者，既是一個觀察者，也是一個評論者，這
雙重身份的特徵在梁啓超尤其明顯。梁啓超這次新大陸的旅
程，見證了美國的繁盛強大，飽覽了現代都市快速又刺激的
空氣，感受現代文明的震撼。他的遊蹤就是一個調查和研究
的過程。梁啓超這次到美國本就是完成一次政治旅行，其任
務是促進北美「中國維新會」的建設。所以，梁啓超每到一
個城市，必訪問華人社區，瞭解維新會以及華人的生活情況。
對於梁啓超的到訪，各地華僑都給與了高格調和隆重的歡
迎。就梁啓超所見，華僑愛鄉心都非常強烈，這也就是愛國
心的具體表現。華人在美國謀生勤勞、節儉、刻苦耐勞，大
都從事低下的工作，如洗衣業、漁業、採礦業、飲食業、雜
貨店等。華人成立鄉宗團體，團員一般是同姓之人，「相親
相愛，相周相救。」這些品質讓梁啓超感動讚賞。但他認為，
與西方社會比較起來，華人社會卻存在許多缺點。因而，他
在對美國華人社會尤其是三藩市的華人社會作了一番考察
後，由此總結出中國人存在的缺點。這就是第一，有族民資
格而無市民資格；第二，有村落思想而無國家思想；第三，
只能受專制不能享自由；第四，無高尚之目的。在每一條缺
點中，梁啓超都展開了具體的分析。如在評論中國人無高尚
之目的這一缺點時從幾個方面進行分析：在理想方面，說中
國人除了衣食住之外，別無更大的目的，往往安於現狀，不
思更大的進步；在真善美方面，雖然中國人不乏善的言論，
但言美則甚為稀少。而歐美人有高尚之目的就在於有好美之
心；在工作方面，西方人每日只工作八小時就休息，而中國

商店每日早晨七點就開店門，到晚上十二點才打烊休息，終日勞累，卻不能富於西方人。原因何在？梁啓超認為「凡人做事，最不可有倦氣。終日終歲而操作焉，則必厭；厭則必倦，倦則萬事墮落矣。故休息者，實人生之一要件也」。進而他總結地說「中國人所以不能有高尚之目的者，以無休息時是其咎。」[32]在梁啓超看來，休息對於人的精神面貌、道德情操以至事業是否成功都至關重要。中國人所住之地多為不潔髒亂，而西人所住之地總是整齊乾淨。西人走路「身無不直者，頭無不昂者。」而「吾中國人則一命而傴，再命而僂，三命而俯。相對之下，真自慚形穢。」[33]這些萎靡不振的面貌怎麼會有高尚的目的呢？梁啓超這些言論並不在要自暴家醜，而是要引起中國人自我反省。當然，十分明顯的是，梁啓超是以一個西方的視角看中國人、採用西方的價值標準評價中國人的，其中必定有失公許之處。

第二節　「新大陸」之現代性慾望敘述

我們認為，遊記一般是對一個地方或國家形象的描寫，通過這個形象的描述，作者希望宣傳或要表達些什麼，如文化的、社會的、意識形態的觀念或看法。因此，我們在分析一篇遊記時，不僅是要探討遊記作者描寫了什麼？是怎樣描

---

32 梁啓超著、鍾叔河、楊堅校點《新大陸遊記》，收入《走向世界叢書》（長沙：岳麓書社，1985），頁 560。
33 同上，頁 562。

述的？而且，關鍵是，我們要探討遊記者描述的形象或地方
感覺所要向讀者表達什麼？帶有什麼目的？帶著這些思考，
我們來分析梁啓超在《新大陸遊記》中所體現的寫作動機和
情感傾向。梁啓超的這部《新大陸遊記》並不是最初的原貌。
從美國回返日本後，梁啓超花了兩個月的時間修改和整理而
成。關於這點，作者在此遊記的「凡例」中有所交待說明：
「茲編本遊歷時隨筆所記，但叢稿盈尺，散漫無紀，令讀者
有恐臥之想。故返日本後，以兩旬之力重理之。」「中國前
此遊記，多紀風景之佳奇，或陳宮室之華麗，無關宏旨，徒
災棗梨，本編原稿中亦所不免。今悉刪去，無取耗人目力，
惟歷史上有關係之地特詳焉。」[34]由此可見，梁啓超這部《新
大陸遊記》是有明確的寫作方法和目的，即是讓一切紀遊記
蹤服務於寫作巨集旨。我們認為，所謂寫法和寫作目的必須
通過語言表達出來，這就意味著語言不只有表情達意的功
能，更重要的是它具有語言意識，即作者憑藉語言意識表達
目的或觀念等。因而，我們在分析作品時需要通過語言意識
的分析判斷、揭示作者在其作品中所要宣傳或贊同或寫作的
目的。語言意識不僅包容著觀念、價值判斷等，它還體現為
作者如何寫的意識，甚至包括遣詞造句修辭手法等的運用。

　　梁啓超在對新大陸的所見所聞的敍述中，具有很強的語
言意識。其敍述語言既不晦澀模糊，也沒有雙關、掉書袋用
典之類，可說通俗易懂，明顯不同於先前的遊記散文的語言
色彩。在我看來，梁啓超這樣寫，就是在想像著如何讓更多

---

34 梁啓超著、鍾叔河、楊堅校點《新大陸遊記》，收入《走向世界
　叢書》（長沙：岳麓書社，1985），頁 419。

的讀者容易看懂，從而讓更多的國人瞭解西方世界。基於要向國人介紹「新大陸」世界的目的，因而，梁啓超在敍述新大陸的遊程時把重點放在描述新世界的「新」上。由上面小節的分析，我們可以這樣概而言之，其「新」具體表現在社會、政治、經濟、資本主義思想、學說以及大都市生活的各個方面。與當時中國的情況相比，這些顯然十分現代，並具有進步的意味。我們看到，梁啓超對新世界的敍述，往往敍述中有論有議，筆帶情感，且帶著對中國問題的深切關懷，因而敍述、議論、抒情中交織強烈的慾望色彩。

不僅如此，「新大陸」的語言意識，不僅體現在遊記敍述中、評論中，而且也成了一種敍述的方法。如作者在《新大陸遊記》開篇設計的，把焦點放在有關「宏旨」的描述上，對那些無關「宏旨」的所見，如風土人情、異國情調等作盲視或冷卻處理。這可由作者對遊哈佛一節的敍述可見一斑。梁啓超在遊哈佛之前，一直在紐約遊觀。紐約雖然繁盛現代，但他並不習慣大都市的快速的生活節奏，而且高速運轉的轟鳴聲、喧囂聲也使他感到耳鳴目眩、不得安寧。然而，梁啓超一到哈佛，他就感到「如入桃源，一種靜穆之氣，使人翛然意遠」。接著，他描述道：「全市貫以一淺川，兩岸佳木競蔭，方草如簀。居此一日，心目為之開爽，志氣為之清明。」[35]顯然可見，哈佛清幽寧靜的環境使他一直繃緊的身心得到舒展，無疑正合他口味，以至情不自禁破例寫了幾句似乎無關「宏旨」之話，但抒懷描景還沒展開，其激情很快就被理

---

35 梁啓超著、鍾叔河、楊堅校點《新大陸遊記》，收入《走向世界叢書》（長沙：岳麓書社，1985），頁 471。

智抑制，敍述又恢復到有關「宏旨」的敍述，表現出很清醒的語言意識。

閱讀《新大陸遊記》，我們還注意到，「變化」是梁啓超在其中的核心敍述。在他的描述中，新大陸是一片神奇的土地，充滿著許多奇跡般的變化，也就是從原始、荒涼、落後等到現代、繁盛、進步等的變化。紐約、波士頓等大都市的變化自不待說，就是那些交通不發達、偏遠的地區，在短短的時間內也發生了巨大變化。很有意識的是，作者在這些變化的敍述中包含著對變化合理性的、發展的、進步等觀念的判斷。如「遊芝加高」這節，主要描述的就是「芝加高」的變化史。十九世紀上半期的芝加高，只是一個「三家村而已」，然而，數十年間，就一躍而爲美國第四大都市。繼而作者說：「由此觀之，美國諸市，皆歲歲進步」。[36]對於變化的合理性描寫，作者往往是通過絕然不同的兩幅圖畫對比，說明由落後到先進的變化，以此表達價值判斷和慾望。

第三節　英國之旅：現代性慾望之幻滅感

1918 年梁啓超以巴黎和會中國代表團會外顧問的身份訪問歐洲，途中遊歷義大利、瑞士、巴黎等城市，然後到英國旅居一年有餘。《歐遊心影錄》就是這次遊歷之作。作者以耳聞目睹、親身考察的事實，向人們介紹歐洲資本主義世

---

36 同上，頁 521-523。

界在第一次世界大戰的淒殘衰敗景象，並把科學發達說成是
戰爭的罪惡根源，大叫要用東方精神文明去挽救西方資本主
義物質文明的破產。與《新大陸遊記》相比表述了很大不同
的基調，流露出對現代性的幻滅之感。

　　倫敦之旅是其中一站，所呆時間最長，因而紀遊記蹤頗
有篇幅。梁啓超這次遊歷正值在第一次世界大戰後，歐洲各
國深受其創傷，到處是一片蕭條衰敗景象，所以遊記調子陰
鬱壓抑。梁啓超到倫敦的時候，正好是深冬季節，深冬陰冷
灰暗使戰後的倫敦看上去更有幾分蕭殺之氣。作者在首節就
對霧中的倫敦作了陰慘的描述：「我們繞登岸，戰後慘澹淒
涼境況，已經觸目皆是。」[37]雖然，梁啓超一行住的旅館屬
於上等，但因為戰後物質匱乏，就連用於取暖的煤的供應也
十分有限，更談有不上其他高等享受。歐洲戰後的困狀讓梁
啓超感歎不已。曾幾何時，西方人還在享受極豐盛的物質文
明，然而，現在的歐洲卻彌漫一片蕭殺蕭條之氣。在《新大
陸遊記》中，作者很少有寫景之筆，認為這「無關宏旨」的
敍述，然而，在《歐遊心影錄》中則不然，在敍事、議論中
盡情寫景狀物，彼此相互烘托呼應。如這段：「院子裏那些
秋海棠野菊，不用說早已萎黃凋謝。連那十幾株百年合抱的
大苦栗樹，也抵不過霜威風力，一片片的枯葉蟬聯飄墮，層
層堆疊，差不多把我們院子變成黃沙荒磧。還有些樹上的葉，
雖然還賴在那裏掙紮殘命，卻都帶一種沈憂淒斷之色，向風
中顫抖抖的作響，訴說他魂驚望絕。」[38]作者這樣寫，也許

37 梁啓超《歐遊心影錄》（香港：三達出版公司出版），頁89。
38 同上，頁1-2。

正是他失望空落心境的寫照。

如果說《新大陸遊記》是一幅幅給人振奮憧憬的圖景，那麼《歐遊心影錄》則是讓人失望歎息的敗落殘景。在《歐遊心影錄》的「楔子」中，梁啓超以極其感性的語言描述了歐洲的凋零敗落，敍事、議論、寫景抒情，流露幻滅與無奈之感，與《新大陸遊記》形成顯明的對比。比如，在《新大陸遊記》中，作者以極其嚮往之筆描述了新大陸的新鮮和朝氣氣象，並隨之加以學說的引證，以此說明一個國民的精神風貌與其信奉的學說、社會思潮密切關聯。在梁啓超看來，美國之所以能夠搖身一變成爲世界頭等強國，其要訣在於受了一般學說的恩惠。然而，這次歐洲之旅他卻看到這些學說、社會思潮的禍根。例如，在梁啓超看來，自由主義、個人主義本是宣導個性自由發展、反對強權專制的武器，然而，另一面卻帶來了利己主義的惡性滋長。再如，生物進化的理論以及「物競天演、適者生存」的生物界法則，運用到人類社會就變爲「生存競爭優勝劣敗」的人生哲學，幾乎成爲金科玉律，並且與自由主義、個人主義結合，就演變爲利己主義、幸福主義。這不僅會讓社會道德淪喪，而且有礙於社會的進步和發展，作者繼而分析道：「就私人方面論，崇拜勢力，崇拜黃金，成了天經地義。就國家方面論，軍國主義帝國主義，變了最時髦的政治方針。」在作者看來，這些主義就是導致世界大戰的罪魁禍首。[39]還在上次「新大陸」旅行的時候，梁啓超對西方的科技文化驚歎不已，傾羨之情溢於言表；

---

39 梁啓超《歐遊心影錄》（香港：三達出版公司出版），頁 16-17。

但這次看到科學之夢破滅了，認為科學並非萬能。科技文化
雖然改變了人們的物質生活，但由此而引出了許多內在的、
精神方面的問題，最為明顯的表現是信仰的危機。最後，梁
啟超總結地寫道：「歐洲人做了一場科學萬能的大夢。」[40]信
仰危機反映在文學中就不再是對前途、希望與光明的抒寫，
而是充滿懷疑、充滿失望，因而，梁啟超看到整個歐洲文壇
表現出「陰沈沈地一片秋氣」。[41]鑒於這次所見所感，在思
考中國的現實問題方面，梁啟超改變了原先一味朝向西方的
想法，認為中國的問題不能盲目照搬西方的那一套，而是應
該克服急躁的、悲觀的情緒，懷著不滿的且努力向上的心態，
找出「病症」所在，從而開出診斷方案。那麼，什麼樣的診
斷方案可以治癒中國的落後現狀呢？在梁啟超看來，這就是
中國文明與西洋文明相結合起來的新文明。也就是說西方文
明不再是唯一的救世方案，中華文明同樣對世界文明擔負有
重大的責任。他這樣寫道：「我們的國家，有個絕大的責任
橫在前途。什麼責任呢？是拿西洋的文明來擴充我們的文
明，又拿我的文明去輔助西洋的文明，叫他化合起來成一種
新文明。」[42]曾在幾年前，梁啟超到新大陸遊歷觀光時，運
用西方文明標準檢照中國人身上的缺點，後來並以此為依據
寫了一系列的評論文章，如〈新民說〉、〈論公德〉、〈論國家
思想〉、〈論進取思想〉、〈論自由〉、〈論進步〉以及〈論自尊〉
等等，這些文章在中國思想界引起巨大的反響，成為當時青

---

40 同上，頁 23。
41 同（37），頁 27。
42 梁啟超《歐遊心影錄》（香港：三達出版公司出版），頁 68。

年學子的精神食糧。然而，這次歐遊所見證的敗落慘景給梁啓超巨大的打擊，因而對原來的想法作了修正。

另外，梁啓超發生轉變之因，還在於這次歐遊中，見到西方學者對中國傳統文化推崇備至，嘆服中國文化博大精深，認為中國傳統文化能夠拯救西方，而中國人卻要棄之於敝屣，引起他深刻的反思。所以，當西方學者對他抱怨說中國人把中國那些傳統寶貝文化藏起來而對不起他們時，梁啓超深感愧疚，這樣寫道：「我想我們還夠不上說對不起外人，先自對不起祖宗罷了。近來西洋學者，許多都想輸入些東方文明，令他們得些調劑，我仔細想來，我們實在有這個資格。」[43]言語間頗顯自信。在梁啓超看來，西方文明之所以破產，就在它偏重科學，講求實用之價值，拋棄了對人生高尚理想的追求，而中國傳統文化則相反，它強調性靈，看重個人人格修養，追求高尚的人生目的。由此看來，經過這次見證，梁啓超對西洋文化產生了某些幻滅之感，而回到對中國傳統文化的重新評估之中。但梁啓超畢竟是一個很有洞見的思想家，他既認識到西方文明的缺憾，也更知道中國傳統文化所存在的弊端。因而，在這次遊歷中，它還是將西方的、值得中國人學習的東西帶回來，比如他們的研究方法、組織能力及法治精神等，他認為都值得我們學習借鑒。

為此，梁啓超在倫敦的遊記，除了記述倫敦在戰後大環境的破落殘敗、流露失望之感外，把焦點放在記述倫敦政治界的見聞趣事及選舉情況上面，通過這些描述，說明英國人

---

43 同上，頁 69。

搞政治具有民主作風及法治精神。在「下議院旁聽」這節，
梁啓超敍述了他在倫敦旁聽國會兩黨議政的情景，看到倫敦
對立派兩黨討論國事竟然如同婦人圍坐議論家務之事而震撼
不已，同時對他們嚴肅認真辯論的態度也「感服到五體投
地」，認爲英國憲政就是這麼議論出來的。所以，他極有感
觸地說：「我勸我國民快些自覺些罷，從這裏下番苦功啊。」
因爲在梁啓超看來，這些議政模式充分體現了民主作風。在
「巴力門逸話」這節，梁啓超以生動詼諧之筆記述了英國國
會議員的逸聞趣事，簡言概之，就是國會議員在議事參政中
如何講究「阿達」（order）的逸聞趣事，如有議員不符合「阿
達」，其他議員則群起反對，直至合乎「阿達」爲止。在梁
啓超看來，國會中的「阿達」「就是英國人法治精神的好標
本」。相比之下，中國人做事則缺少責任心，不講規則、更
談不上法制修養。英國國會議員遵守「阿達」的精神使梁啓
超啓蒙醒悟不少，他這樣寫道：「我如今覺悟過來了，所以
要趁這個機會，向國民痛徹懺悔一番。並要勸我們朋友輩，
彼此洗心革面，自己先要把法治精神養好了，才配談政治哩。」
言外之意，中國社會之所以毫無秩序，政治之所以一片混亂，
就在於沒有明文的法律作爲保障。而英國社會之所以有井然
有序、政治之所以守章清廉，就在他們事事奉行法治。所以，
梁啓超很有感觸地說：「總之我自從這回到了歐洲，才覺得
中國人法律神聖的觀念，連根芽都還沒有，既沒有這種觀念，
自然沒有組織能力，豈但政治一塌糊塗，即社會事業，亦何

從辦起。唉！我國民快點自覺啊！快點自懺啊！」[44]由此看來，梁啓超這次歐遊行，雖然流露出失望、無奈、陰鬱的調子，但通過旁聽國會等活動，對英國人辦事守規則、政壇議政遵守法制的情形留下深刻的印象，並毫無掩飾地表達嚮往之情。

小　結

通過以上三節的分析，我們發現《新大陸遊記》和《歐遊心影錄》描述了西方世界判若兩輪的圖像。《新大陸遊記》聚焦的一幅幅現代都市景象。它不同於田園式的風景圖畫，寧靜優美祥和；它是喧囂和忙碌的、高速運轉的街景，充滿激動人心的急劇變化的「發家史」以及野心勃勃的權利追逐。這對於世紀初的中國人來說無疑是一幅幅現代圖景，其中一些現代學說、主義等都讓當時中國人耳目一新，美國政黨的作風以及其權力結構也讓中國人深思。在對新大陸的描述中，作者敍事、議論、抒情帶著中國問題的思考，在寫法上也緊扣「宏旨」，因而，《新大陸遊記》交織著作者強烈的現代性慾望色彩。當然，在現代繁盛的都市的景象的背後，作者也描寫了陰暗、汙濁、貧困等另一幅慘景。如在描寫繁盛的紐約一節，作者主筆描寫了紐約的繁榮昌盛、充滿振奮氣息和光明的景象，但也沒有閉上眼睛，描寫了「黑暗之紐

---

44 梁啓超《歐遊心影錄》（香港：三達出版公司出版），頁119。

約」。他開筆就說：「天下最繁盛者宜莫如紐約，天下最黑暗者殆亦莫如紐約。」[45]接著，他詳細描述了紐約平民窟的骯髒汙穢、破亂不堪、貧窮死亡等黑暗面。這一明一暗的兩幅就形成了一個區別明顯的景觀，讓人看出其間貧富懸殊和所蘊含的諸種社會問題，引人深思。

而《歐遊心影錄》記述則是第一次世界大戰後歐洲市井蕭條、哀鴻遍野的圖像，由於作者親聞目睹了歐洲文明的破滅、歐洲人精神的坍塌，從而引起他對自己文化的重新認知，認為中國對世界文明負有責任，西洋可以引進中國文明以重建歐洲人已崩毀的精神家園。基於這樣的思考，作者在遊記中敘事、議論、發感想，不再惟西方為圭臬，而往往會用自己的文化資源作為考量準則，並在孔子、老子、墨子等文化大聖的思想與西洋文明之間尋找相通性與互補性，這在我們今天看來，無疑是一個比較成熟的看世界的方式。

通過對梁啓超兩部西行遊記的分析，我們發現無論從這兩部西行遊記方式抑或遊記內容，都昭示了一個中國人看西方的成長過程。

---

45 梁啓超著、鍾叔河、楊堅校點《新大陸遊記》，收入《走向世界叢書》（長沙：岳麓書社，1985），頁 461。

第十一章　胡適的美國遊記

　　與梁啟超相比，胡適在西方旅居不僅時間長久，經驗也深廣豐厚得多。正如格里德（Jerome B. Grieder）所言：（梁啟超）「至多只是以一個旅行者的身份來瞭解歐洲的，⋯⋯相形之下，胡適的教育和經歷都完全是美國式的，所以他談到的西方就是他心中的美國。」[1]如果說梁啟超是現代中國思想界的代言人，那麼胡適則是現代中國文學界「正字者」。[2]李大釗曾預言說：「由來新文明之誕生，必有新文藝為之先聲，而新文藝之勃興，尤必賴有一二哲人，犯當世之不韙，發揮其理想，振其自我之權威，為自我覺醒之絕叫，而後當時有眾之沉夢，賴以驚破」[3]而胡適就是這麼一個「為新文藝的勃興」而「絕叫的哲人」。胡適之所以能夠成為新文學的「正字者」，之所以能夠在中國文壇的過渡期振臂一呼而群者回應，[4]很大程度與胡適的留美經歷密切關聯。[5]胡適的思

1　（美）格里德著、魯奇譯，王友琴校《胡適與中國的文藝復興：中國革命中的自由主義》（1917-1937）（江蘇人民出版社，1989），頁165。

2　胡適在《文學改良芻議》中提出「八不主義」可謂是新文學的正字標誌。

3　李大釗〈「晨鐘」之革命〉，見1916年8月15日的《晨鐘報》創刊號。

4　胡適的《文學改良芻議》不僅得到激進者陳獨秀的強力支援，陳

想源泉、文化資源、思維方法等無不受惠於長達 7 年的留美
生活。因而本章沿著這樣的思考，以《胡適留學日記》以及
胡適回憶留美生活的傳記或文章爲分析文本，考察和分析胡
適在留學期間的遊蹤、社會活動、社交關係以及修讀科目等
等對青年胡適的影響，並探討胡適在對美國形象的描述中滲
進了怎樣的現代文明之音，同時也分析胡適在美國如何思考
中國問題以及表述了怎樣的現代慾望。

第一節　美國遊蹤

　　1910 年胡適（1891-1962）考取「庚款」第二批留學生，
是年 8 月 16 日從上海乘船赴美，一行 70 人。其中有趙元任、
竺可楨等後來著名的學者。9 月 17 日到美國的紐約綺色佳鎮
（Ithaca），入康乃爾（Cornell University）大學。胡適鑒於
他二哥的叮囑和經濟的考慮，入學時候屈志報讀了農科，但
他在學農的過程逐漸感到不切實際，天性上也沒有學農的興
趣，經過反復思量，決定改讀文科。胡適後來以一次分辨蘋
果的經驗來說明選擇專業要依據個人興趣的重要性，他說：

氏旋即發表〈文學革命論〉呼應；而且，胡適溫和的基調贏得另
一種讀者的聲音，如古文字家錢玄同給《新青年》寫信，從語言
文字進化的角度說明白話文取代文言文的勢在必行；語音學家劉
半農撰〈我之文學改良觀〉與錢氏的文章相互唱和，劉錢二人的
「雙簧信」引起廣泛的社會注意，極大地推廣了白話文的影響。
5 分析留學生在當時之影響地位，這方面的論述可參見余英時的
《中國近代思想史上的胡適》以及《五四運動與中國傳統》。

「我們中國，實際也沒有這麼多蘋果。所以我認爲學農實在是違背了我個人的興趣。」「在康大附設的紐約州立農學院學了三個學期之後，我作了重大犧牲，決定轉入該校的文理學院，改習文科。」[6]於是，1912 年春，胡適正式轉入康乃爾大學文理學院讀書，修讀了哲學、心理學、英國文學、政治以及經濟學等科目，並以優異的成績畢業。對此，胡適無不自豪的回憶道，「康乃爾文學院當時的規定，每個學生必須完成至少一個『學科程式』才能畢業。可是當我畢業時，我已完成了三個『程式』：哲學和心理學；英國文學；政治和經濟學。」[7]對文學的興趣顯然是胡適學業優異的原因。事實上，即便是在學農期間，他也任興趣所在把很多精力放在對文學研究上。1911 年，他寫了〈詩三百篇言文字解〉。這篇文章發表在 1913 年 8 月《神州叢報》上，得到章士釗的欣賞。[8]此外，胡適還寫了〈爾汝篇〉、〈吾我篇〉等考據文章在《留美學生季報》上發表。從這些可以看出，胡適不僅對文學有興趣，而且還很有根底。因爲學習法文、德文的關係，胡適翻譯法德的文藝作品，其中，有幾篇短篇小說後來在中國影響很大，這就是法國文豪都德的〈割地〉（又名〈最後一課〉）、〈柏林之圍〉以及莫泊桑的〈二漁夫〉。〈最後一課〉還

---

6 唐德剛譯注《胡適口述自傳》（上海：華東師範大學出版社，1993），頁 37-38。

7 同上，頁 40。

8 章士釗當時在日本辦《甲寅》雜誌。二人未曾見過面。之前，胡適曾在《甲寅》上發表過譯文〈柏林之圍〉，後來又將〈論九流出於王官說之謬〉投寄《甲寅》，可見二人是以文交友。見白吉庵著《胡適傳》（北京：人民出版社，1993），頁 51。

被選入中小學語文課本。[9]胡適在康乃爾大學學習期間，不僅
學業優異，而且還經常走出課室、校園，積極參加社會、宗
教、政治的活動。他在回憶中說「他愛管閒事，愛參加課外
活動，愛觀察美國的社會政治制度，到處演說，到處同人辯
論……」[10]他參加學校裏的各種學生會組織，如中國學生會、
世界學生會、耶穌以及愛國會（被舉爲主筆）；並設立了「薪
膽會」，即臥薪嚐膽之意。他應邀出席學校內外各種演講會，
聲明遠播。對此，胡適還在口述自傳中得意地回憶道：「我
在康乃爾時代，講演的地區是相當遼闊 —— 東至波斯頓，西
及俄亥俄州的哥倫布城。這個區域對當時在美國留學的一個
外國學生來說是相當遼闊的了。」[11]胡適的演講，主要是向
美國人講解中國的事情，如關於中國的家庭、婚禮、婦女生
活、禮教以及辛亥革命發展的經過和意義。胡適在多次的演
講中逐漸培養出對美國政治的興趣，他還特定選了一門講授
美國政府和政黨的專題課，並熱情參加美國選舉總統的活
動，教授們直接參加國家大政的事給胡適留下深刻的印象。
他說「這些集會引起我的興趣也一直影響了我以後一生的生

9　這篇文章很具愛國主義精神，很能夠鼓舞人們的鬥志。當時日
　本侵入中國，中華民族正處於危亡的關頭，青年人讀了這部作
　品，會激起強烈的愛國熱情。解放後這篇文章也被選入中學語
　文課本。我在小學時讀過，留下深刻印象。胡適還是將法國大
　文豪都德的作品介紹給中國的第一人。

10　胡適《胡適留學日記‧自序》（臺北：遠流出版事業股份有限公
　司，1986），頁 5。

11　唐德剛譯注《胡適口述自傳》（上海：華東師範大學出版社，
　1993），頁 51。

活。」[12]。隨著胡適對美國的政治興趣的日益濃厚，他在1912年11月發起「政治研究會」的組織，目的在於讓我國留學生有研究世界政治的機會和場合。1915年胡適爲了能夠專心讀書決定離開處處是朋友和熟人的康乃爾大學而轉學紐約的哥倫比亞大學，師從杜威先生。在離開前夕，同學朋友間彼此寫詩唱和，而由此引出一場詩歌要不要革命的論爭。胡適抱著進化論的觀點，認爲一時代應有一時代的文學。文言在新的時代已失去表情達意的生命活力，且迂腐累贅，應該用生動活潑的白話文取代。胡適的主張，尤其是作詩如作文的主張受到梅廣迪等人的激烈反對。雙方經過一來一往反復的爭論，使胡適的理念更爲清晰、主意更爲堅定。於是在1916年8月，胡適在與陳獨秀的通信中談到「文學革命的八個條件」，陳獨秀看後大喜，要求胡適將具體的想法整理成文，胡適隨後將成文的〈文學改良芻議〉寄給陳獨秀，發表在《新青年》上，由是在國內引起巨大的反響。一直以來，胡適在日記或與他人的通訊中都是用「文學革命」一詞，但在這次向全中國社會公開的文章中，他慎重用了「芻議」一詞，這主要是出於策略的考慮。胡適後來回憶這篇「造亂」的文章時說：「爲了考慮到無可懷疑的老一輩保守分子的反對，我覺得我要把這一文題寫的溫和而謙虛。所以我用這個題目，說明改良而非革命。」[13]後來陳獨秀以大膽的姿態寫了一篇言詞更爲犀利的文章，這就是〈文學革命論〉。

---

12 唐德剛譯注《胡適口述自傳》，頁33。
13 唐德剛譯注《胡適口述自傳》（上海：華東師範大學出版社，1993），頁149。

　　胡適不僅在理論上對白話文入詩作了探討，而且還在寫作中嘗試用白話寫詩抒情，這些「嘗試詩」多被發表在《留美學生季報》上，並在國內外產生很大影響。[14]1917 年，胡適向哥倫比亞大學交了博士論文，結束了在美國 7 年的留學生涯，踏上了回國的航程。

　　從以上的簡要敍述來看，胡適遊學美國的旅程，對其思想、心智、人格的成長具有型塑和導航的作用。[15]1910 年胡適到美國求學時還是一個少年，只有 19 歲，回國時也正值青春年華，年僅 27 歲。由此可見，美國是胡適成長的重要搖籃，以致胡適在回國之際難以離別。胡適曾在〈歸國記中〉道出他與康乃爾及朋友離別時的痛苦：「吾常謂朋友所在即是吾鄉。吾生朋友之多無如此邦矣。今去此吾所自造之鄉而歸吾父母之邦，此中感情是苦是樂，正難自決耳。」[16]依依不捨之情躍然紙上。從胡適的行蹤來看，胡適在美國的學習是全面的。他不僅在康乃爾、哥倫比亞大學獲知書本知識；由於他經常走出課室圍牆，參加校內外各種團體活動，因而他還學到了有關社會政治、時事動態、宗教禮儀以及風土人情等

---

14 因爲《留美學生季刊》在上海中華書局發行，所以國內讀者一樣可以看到這些詩作。

15 唐德剛認爲青年胡適與老年胡適的思想沒有什麼變化。他在「譯注」中評道：「胡適之先生這篇有關政治思想的自述，是他晚年著述中很重要的一篇。這裏所談得雖是他青年時代的故事，但也是他晚年期的夫子自道；而且是一片對他幼年思想重新估價，從頭核准，儲無絲毫『修正』的夫子自道。」見唐德剛譯注《胡適口述自傳》（臺北：傳記文學出版社，1981），頁 80。

16 《胡適留學日記》（4）（臺北：遠流出版事業股份有限公司，1986），頁 237。

方面的知識學問。在一定程度上，我們幾乎可以說，如果胡適當年沒有到美國留學，那麼，中國就沒有一個現代意義上的胡適了。

第二節　胡適之眼：現代文明美國人

美國基督教徒

　　胡適筆下的美國人，大多是基督教徒。閱讀《胡適留學日記》，我們看到胡適與美國基督教徒密切交往的蹤跡。這些基督教徒常邀請胡適到家中聚會、吃飯、歡度佳節，甚至還爲胡適慶祝生日，讓他倍感異鄉溫情。從胡適的津津樂道的記述來看，顯然他對這些社交活動很感新奇和興趣。其實在我看來，當時的中國人也不乏這些社交禮儀，關鍵是，與西方人相比，我們缺少因學識而來的雅趣以及因富足而來的歡樂。我們知道，一個土生土長的中國人，從小體驗的就是嚴肅粗糙的生活，謀生的艱難讓人們忽視了生活中的樂趣。中國人也過節，也請客吃飯，但且不說物質豐富與否，因爲主客之間禮讓客套、禮節瑣碎，讓人感到煩心傷神；言談舉止又講究穩重、一本正經，氛圍就缺少那種令人興奮快樂的味兒。就胡適的經驗而言，他 3 歲失去父親，跟著年輕的母親長大。母親愛兒心切，加上子貴母榮、光宗耀祖的心理，胡適很小就被母親送到私塾讀書識字，而且母親每天的「晨

訓」，[17]也催熟他那顆稚嫩的童心，胡適很早就得在母親面前扮演一個成年男子的角色，還是少年的胡適就得出外謀生。與當時千千萬萬的同年人相比，胡適應該還算是幸運的一個，因爲許多人每天慌慌張張的依然是與肚皮饑餓的掙紮。當胡適來到美國時，看到生活在這塊土地的人們活得優雅滋潤，生活充滿朝氣、自由、歡樂的味兒，無不感到一種強烈的文化震撼。他後來在自傳中描述道：「我滿懷悲觀地到達美國，但不久就結交了一些朋友，並且十分喜愛這個國家及其人民。美國人天生的樂觀主義和朝氣蓬勃給我已很好的印象。在這裏似乎沒有一件事不能以人的智慧和努力而獲得成就的。我無法躲避這種以興致勃勃的眼光對待人生的感染。幾年工夫就漸漸治癒了我的少年老成的習氣。」[18]胡適還在多則留學日記中描述了美國人生活情景。在胡適的描述中，美國人大多有知識學問，富有人情味。生活方式既簡單又快樂、輕鬆而有情調。他們不像中國人那樣每天面朝黃土

---

17 胡適在《四十歲自述》談到母親「晨訓」的情景，他說：「每天天還未亮，母親便把我喊醒，就我在床上坐起。然後告訴我，就他所知關於我父親的一切。他盼望我能效法父親，步他的後塵。他認爲我父親是她一生中所見到的最善良、最偉大的人。據她說，父親是一個多麼受人敬重的人，以致在塔尖或回家逗留期間，附近的鴉片煙館和賭場都會暫停營業。她對我說，我惟有以良好的行爲，學業和考試上有成就，才能爲父母增光。又說，她所受得種種苦楚，得由我的勤奮用功學習來補償。我往往半眯著眼聽著。但她除了有女客與我們同住一個房間的時候以外，難得會放棄這番晨訓的。」耿雲志編《胡適傳記作品全編》(上海：東方出版社，1999)，頁 112。

18 耿雲志編《胡適傳記作品全編》(上海：東方出版社，1999)，頁 121。

背朝天不停地工作，過的還是不得溫飽的生活；他們一周中有休息日，這天也是人們公共活動的日子，做禮拜、唱聖歌，日子過得有寄託，充滿歡欣。胡適在留學日記中多處記述自己參加基督教的活動，如上教堂、讀聖經、過耶誕節等。胡適在描述這些日常生活和社交活動時，筆調總是蕩著快樂和感動。當然，胡適感到的文化震撼主要還是對美國基督教徒在傳教精神以及寬容博愛心懷的認識方面。

早在十二世紀就有西方基督教徒到中國傳教，至近代，西方基督教徒到中國的傳教則更具有規模和組織，甚至深入到中國的偏僻鄉村，在生活極度艱辛的情況下傳播基督教義，精神可謂十分可嘉。[19]可初到美國的胡適並不以為然，認為這些西方基督教徒在中國傳教犯了一個大忌，這就是「好為人師」。隨著時間的推移以及與美國基督教徒的深入接觸，胡適認為這些基督教徒「用心良可敬也。」觀念發生了很大的變化。[20]我們知道，在二十世紀初，當中國留學生第一次踏上美國這塊土地時，基督教徒便對他們敞開寬廣博愛的胸懷、表現出極大的熱情，許多的美國基督教家庭承擔了教育這批留美幼童的任務，他們盡心盡職，傾心關愛，宛如慈母慈父。[21]稍晚來美留學的胡適也備受禮遇。在《胡適口述自

---

19 參見王立新著《美國傳教士與晚清中國現代化 —— 近代基督新教傳教士在華社會文化和教育活動研究》（天津：天津人民出版社，1997）。又見（法）沙白裏著、耿升、鄭德弟譯《中國基督徒史》（北京：中國社會科學出版社，1998）。

20 〈答某夫人問傳道〉，見《胡適留學日記》（2）（臺北：遠流出版事業股份有限公司，1986），頁 85。

21 李圭著、谷及世校點《環遊地球新錄》（長沙：湖南人民出版社，1980），頁 105-107。

傳》中，胡適就很感恩地回憶了當時美國基督教徒接待中國
留學生的情況。他說：「我就是第二屆第一批考試及格的七
十人之一。所以 1910 至 1911 年間也是中國政府大批報送留
學生赴美留學的一年。抵美之後，這批留學生乃有遠見的美
國人士如北美基督教青年會協會主席約翰·穆德（John
R.Mott）等人加以接待。」[22]

　　美國人有怎樣的遠見呢？在胡適看來，這體現在美國基
督教徒意識到除了在課堂中教授中國學生各種知識外，還十
分注重從日常生活中對他們進行全面的「洗禮」。他很欣賞
地說：「像穆德這樣的美國人，他們深知這樣做實在是給與
美國最大的機會，來告訴中國留學生，受美國教育的地方不
限於課堂、實驗室和圖書館等處；更重要的和更基本的還是
在美國生活方式和文化方面去深入體會。因而通過這個協
會，他們號召美國各地其他的基督教領袖和基督教家庭，也
以同樣方式接待中國留學生，讓他們知道美國基督教家庭的
家庭生活的實際狀況；也讓中國留學生接觸美國社會中最善
良的男女，使中國學生瞭解在美國基督教整體中的美國家庭
生活和德性。這便是他們號召的目標之所在。許多基督教家
庭響應此號召，這對我們當時的中國留學生，實在是獲益匪
淺。」[23]胡適的這段話，說得非常樸實。如果把它與《胡適
留學日記》的相關記述結合起來閱讀，就明顯看到他始終對

22　唐德剛譯注《胡適口述自傳》（上海：華東師範大學出版社，
　　1993），頁 28。
23　唐德剛譯注《胡適口述自傳》（上海：華東師範大學出版社，
　　1993），頁 28。

美國基督教徒懷著敬仰之情。在胡適眼裏，這些基督教徒有
教養、講道德，宛如我們中國人所說的善男信女；他們的家
庭生活不僅雅致、溫情脈脈，而且色彩繽紛、不乏民主自由
的空氣。因而胡適認為中國學生應該浸濡其間，從日常生活
的細微處體味和被薰染，言下之意，這是改造中國人身上「病
疾」最重要的一環。胡適對自己能夠沐浴於美國這樣的文化
氛圍很感得意。這表現在他在留學日記中的記述意氣風發、
躊躇滿志，充滿快樂的筆調。我們從《胡適留學日記》看到，
胡適初到美國時，課餘的時間多在玩牌。隨著與美國基督教
徒的交往，他的課餘時間則多用在文化生活的體驗之中，如
參加各種社團舉辦的演講、到這些基督教徒的家中做客、與
友人討論語言、文化以及藝術、參加政治活動等等。我們看
到，胡適的社交圈子除了留學美國的同胞外，主要是美國的
基督教徒。他讀聖經，頻繁地參與綺色佳基督教家庭舉辦的
親密聚會，經常出入當地基督教堂。胡適與這些基督教徒的
交往有如魚得水之感。如，他在談到與康乃爾大學法文系教
授康富德（W. W. Comfort）交往時的感受說：「他的家庭生
活便也是個極其美好的教友會教徒的家庭生活。」以至後來
將自己的兒子思杜送到這位教授任職（擔任校長）的學校讀
書，全面接受現代文化、文明的薰陶，讓兒子在這種優雅的
帶有濃郁文化氣息的生活環境中成長。由此明顯看出胡適對
基督教徒的敬仰與信任。

　　當然，我們必須承認，胡適被基督教深深吸引，還在於
基督教的「不爭」和「不抵抗」的教義與中國文化的相通性。
在他看來，基督教的這些精神與中國古代哲學家如老子所宣

揚的「無爲」、甘於淡泊、平和的思想有十分相似之處；同
時，在胡適看來，基督教的寬容、博愛的教義讓人自覺修心
養性，並能感化浪子回頭，這點與中國儒學所說的「立人」
思想也有相近之處。在 1911 年參加的一次基督教學生的集
會，胡適進一步認識到這種相通性。在這次會議中，胡適親
眼見證了一個發生在自己朋友身上的變化。這個朋友就是三
年沒有見過面的老同學陳紹唐。在一天的下午，陳紹唐爲胡
適講述耶穌大義，胡適聽了很有感觸，認爲老同學原來並不
怎麼樣，但自從他入教後，前後判若兩人，其言行舉止，眞
如宋代程朱學者一樣，道貌岸然，令人望而敬愛。不僅如此，
基督教寬容博愛的精神也讓胡適深深感動。在這次會議中，
胡適聽到一個棄惡從善的眞實故事：一個惡習累累的美國青
年後來在基督教的感化下改過自新。也就是在這種感動下，
胡適當場表示願意做一個耶穌教徒。胡適在這次會議間的活
動和心理體驗在《胡適留學日記》以及《胡適口述自傳》中
都有描述，雖然這兩部作品的寫作年代相隔近半個世紀，但
胡適對基督教及其教徒的感情始終未變，對他們的道德情
操、博愛心懷表現出明顯的嚮往之情。胡適身上謙謙君子、
平和、寬容的氣質，不能說不是早年受基督教的感染以及基
督教徒的影響。正如白吉安所言，「胡適雖然最終沒有入教，
但他的思想與基督教的教義有相通之處。」[24]

　　我們注意到，胡適描述美國人，不像後來到美國的留學
者，如朱湘、聞一多，很少帶有民族主義的激憤，而是滿懷

---

24 白吉安著《胡適傳》（北京：人民出版社，1993），頁 57。

嚮往與感恩之情，甚至在多處充滿深情的筆調描述了美國人
對自己如同家人骨肉。[25]我想，這當中除了個人性情相異之
外，胡適當時所遇的美國人確實有讓人稱頌讚美的地方。在
這點上，唐德剛極表贊同。[26]

美國人的家庭生活

　　胡適那個時候的中國留學生，不僅人數少，對美國人而
言有異域情調之感；而且，這些留學生通過政府考試選拔，
品學兼優、儀錶堂堂，大受美國人歡迎，尤其是基督教徒。
基督教徒的「國際精神」，除了胡適稱道是遠見外，作為基
督教徒，應該也有他們自己的思考：通過教化這些非基督徒，
可以宣揚基督教的精神和擴大其影響。因此，當時的中國留
學生雖然不能像早期留美的「幼童」那樣食居在美國人家裏，
但是也多次被邀前往家宴或聚會，瞭解美國人的日常生活狀
況。胡適在日記中就多次記述了被邀請到美國人家宴或聚會
的情形。如一九一二年十二月二十五日的日記言：

　　今日為耶穌誕節，Patterson 夫婦招吾飯於其家，同飯
　　者數人，皆其家戚屬也。飯畢，圍坐，即連日所收的
　　節日贈禮一一啟示之，其多盈一筐。西國節日贈品極

25　如〈海外人之家人骨肉〉，見《胡適留學日記》（2）（臺北：遠
　　流出版事業股份有限公司，1986），頁235。另外，胡適還在與
　　母親的通訊中多次談到韋蓮女士家人對他的骨肉之情。
26　唐德剛以他自己留學美國的經驗，佐證了胡適對美國教徒的讚
　　美並非洋奴大班的「崇洋」。在唐德剛看來，這群教徒和善熱誠
　　等修養，是「衣食足、禮儀興」之後生活方式的一環，而這些
　　又與胡適個性情懷極為融洽。見唐德剛譯注《胡適口數自傳》
　　（上海：華東師範大學出版社，1993），頁43。

多，往來投贈，不可勝數。其物或書，或畫，或月份
牌。其在之好，則擇受者所愛讀之書，愛用之物，或
其家所無有而頗需之者，環釧刀尺布帛匙尊之類皆
可，此一風俗之一端也。贈禮流弊，習為奢靡，近日
有矯其流弊者，倡為不增禮物之會，前日報載會中將
以前總統羅斯福為之首領。Patterson 夫婦都五十餘
矣，見待極厚，有如家人骨肉。羈人遊子，得此真可
消我相思。前在都門，楊景蘇夫婦亦複如是，嘗寄以
詩，有『憐我無家能慰我，佳兒嬌女倍親情』之語。
此君夫婦亦憐我無家能慰我者也。此是西方淳厚之
俗。[27]

　　這則短短的日記，描寫美國人耶誕節日的生活情景，節
日的歡樂氣氛，人倫親情、親朋友愛洋溢其間。我們不妨將
它與中國的過舊曆新年的通常情景作一個對比，從中就可清
晰看出這則日記所透出的文化資訊。中國的舊曆新年如同美
國人的耶誕節一樣，是中國人一年中最大的節日。中國人往
往在新年來到的前一個月就開始為過年作準備，這主要是籌
備食物。除夕這天，一家人按老幼尊卑次序坐定吃年飯，這
是一年中最豐盛的一餐。雖然爆竹聲聲，然而那是給天上的
神聽的，似乎與當前的人生無關，所以氣氛總歡娛不起來。
年飯後一般沒有遊戲活動，往往悶悶地在昏暗的燈影中睡
去。隨後，親朋間的拜訪除了吃還是吃，整個新年就是對吃
的期盼和享受，但又不是那麼淋漓暢快。然而，美國人的新

27　《胡適留學日記》（1）（臺北：遠流出版事業股份有限公司，
　　1986），頁 122-123。

年（耶誕節）在胡適的描述下，吃幾乎是敍述的「盲點」，而把焦點放在飯後拆開禮品的娛樂活動的敍述上。這些禮品無外乎書、畫、日曆及小物品，但都是接受禮品者愛讀之書、需用之物，絕無奢華浪費。觀之中國，在新年時是絕沒有人會送這些東西的，所送的大都與吃有關，而且往往要費盡心思或財力。所謂「禮輕仁義重」在此似乎極不合時宜。我們知道，日記記述的往往是個人所見所感，敍述的角度是第一稱「我」的經驗視角。這樣的視角最能展示敍述者的所思所想。雖然在此則日記中胡適並未明言論及中國人過舊曆新年的風俗習慣，但我認爲，一個作者在對異域經歷的事件進行描寫前，一般會有一個引發他書寫的思考起點，亦即爲什麼而寫，反之，我們從作者寫了什麼可知敍述人的思考點。我們從這則日記看，胡適焦點聚在美國人在聖誕中簡單快樂情景的描述上，並且這種快樂不是來自於消化系統的滿足，而是來自親情友愛的娛樂活動。當我們閱讀時，會情不自禁感歎道：這些快樂的情景不正是中國人所缺少的嗎？也不正是對中國人過舊曆新年時繁瑣、壓抑、毫無精神情趣的反思嗎？如果從這個角度理解，那麼，這裏面實際上隱含著一個對比的結構，引出讀者相關的思考。

在一般中國人的印象中，西方人講功利、圖享受，以爲西方人待人缺乏友愛關懷，更談不上民風淳厚。胡適在這則日記中的描述，顯然顛覆了這樣的想像。胡適首先以第一人稱「我」經驗的視角記述了他被 Patterson 夫婦邀請歡度耶誕節日的情景，說：Patterson 夫婦「見待極厚，有如家人骨肉。羈人遊子，得此真可消我相思。」。然後，將自我經驗的視

角轉到第三者的視角，說：「前在都門，楊景蘇夫婦亦複如
是，嘗寄以詩，有『憐我無家能慰我，佳兒嬌女倍親情』之
語。此君夫婦亦憐我無家能慰我者也。此是西方淳厚之俗。」
[28]如果把《胡適留學日記》的敍述人「我」視爲正在經歷事
件時的眼光，《胡適口述自傳》中敍述人「我」是追憶留學
往事的眼光，我們看到這前後不同時期的聚焦都是一種很感
動的眼光。就美國人的「淳厚之俗」一面，胡適在口述自傳
中就作了與上則日記相類似的回憶，他充滿感情地說：「在
綺色佳地區康乃爾大學附近的基督教家庭，──包括許多當
地紳士和康大教職員──都接待中國學生。」[29]胡適是很受
感動的。他說：「對一個外國學生來說，這是一種極其難得
的機會，能領略和享受美國家庭、教育，特別是康大校園內
知名的教授學者們的溫情和招待。」[30]在胡適看來，美國人
的淳厚之俗不僅體現在對他人有關愛之心，而且是一種細膩
溫情的方式，在我看來，這是文明、文化高度發達後的品格。

　　美國人的家庭生活是很吸引胡適的視線的。在「根內特
君之家」是一則追憶日記，極其詳細地描寫美國人家庭生活。
現將日記中幾個主要的片斷摘錄如下：

> 八月中吾友根內特君（Lewis S. Gannett）邀往其家小
> 住。其家在彭省 Buck Hill Falls。汽笛在山中，不通鐵
> 路。山中風景極佳。……內根特君之父，年七十六矣，

28　《胡適留學日記》（1）（臺北：遠流出版事業股份有限公司，
　　1986），頁 122-123。
29　唐德剛譯注《胡適口述自傳》（上海：華東師範大學出版社，
　　1993），頁 28。
30　唐德剛譯注《胡適口述自傳》，頁 29。

> 而精神極好，思想尤開通。其母亦極慈祥可親。……
> 此一家之中，人人皆具思想學問，而性情又甚相投，
> 其家庭之間，可謂圓滿矣。[31]

　　這段描述可視爲三個片斷，分別描述的是山中優美的風景、內根特家人開明快樂的精神面貌以及皆有學問思想、家人之間性情和融相投的情景。不難看出，這是一個非常圓滿的家庭。這種家庭，在當時中國，可以說是很難見到。我們中國的家庭，父親通常是滿腹經綸，但母親大多爲文盲或半文盲，想法往往比較保守；父親大多是一幅嚴父面孔，操控家庭，家人之間關係嚴肅、生冷，家庭氣氛呆板，缺少生機趣味。我們認爲作者的寫法，也就是意味著對如何活法的思考。由此看來，胡適這樣寫，是否意味著對這種活法的憧憬？我們從這則日記的修辭來看，胡適在描述中一連用了幾個表示程度的副詞和形容詞，顯然可見其讚美與憧憬之情。而所謂憧憬，如同烏托邦，則是對於現實存在的不滿和反叛。對胡適而言，不滿和要反叛的當然是中國家庭的生活現狀。

　　胡適在這則日記中反映的資訊與相關思考，還表現在他極有興味地詳述了根君與新女友在家休假時享受家人體貼、細心關照的情形，如根君一家人在歡聚之時，其家人不時有意給這對戀人有單獨相處的機會。相比之下，在這方面，中國的傳統觀念與做法可說是非常不近人情。未婚青年男女，嚴格規訂婚前不能見面，如同陌路人，更不說有私下單處空間。胡適的婚戀也沒逃過此劫。這個中的苦味，胡適在留學

31　《胡適留學日記》（4）（臺北：遠流出版事業股份有限公司，
　　1986），頁 94。

日記中多有流露或表述。我們從胡適的寫法來看，他明顯被根家其樂融融的家庭氛圍融化和感動，流露出嚮往之情。

俗話說，人是環境的產物，亦即曰環境對人的個性的成長具有重大的影響。我認爲這點在胡適身上表現非常明顯。胡適到美國留學時年方十九，可謂年少，個性正處在形塑期。他與美國家庭頻繁接觸，其生活方式對胡適產生潛移默化的影響。胡適母親、未婚妻幾乎是半文盲，但胡適卻給她們頻頻寫信問候，詳細介紹自己在美國的學習、課外活動及交友情況，其文筆不僅細膩周到，而且不厭其煩，充滿現代文明之風。這與同代留學知識份子相比是一個很獨特的文化景象。我們閱讀胡適的傳記看到，胡適後來的小家庭生活，雖然缺乏琴瑟相和之樂，但胡適也能諒解妻子文化低的缺憾，在日常家庭生活中也能與妻子平等相待，甚至能容忍妻子的「粗暴」，或對自己一時的不適宜的舉動和言詞過後還能向妻子心平氣和檢討。在這點上，胡適可說與同鄉人又一度是同盟的陳獨秀迥然相異。我想，除了個人性情使然外，胡適身上的溫文爾雅、寬容大度以及細膩、平和等特性應該說與他在留美生活中所受的教養無不有關。我們常說胡適很有紳士風度，也就是在這點上。

美國女子

胡適留美前所見的女子，除了母親和姐姐外，接觸十分有限。因爲舊時中國女子一般深居家中，沒有讀書的權利，更沒有到社會娛樂的權利，正所謂「養在深閨人未知」。這種情況到了胡適回國後，也未有什麼改變。即便有些女性有

才學，也只不過是某些男人的「籠中鳥」，鮮少自由活動的空間。所以，胡適回國後感到「中國男女交際還不曾十分發達。」不久在給母親的信中說：「我在外國慣了，回國後，沒有女朋友可談，覺得好像社會上缺少了一種重要分子。」[32]很顯然，胡適的失落感源於與留美時的社交生活的比較。很有趣的是，胡適初到美國留學時並沒有意識到這個缺憾。他幾乎不光顧女生宿舍，因爲缺乏對西方女性的瞭解，認爲西方女子雖擁有讀書、社交自由的權利，但實際上社會地位卻比中國女人低。他以婚姻一角而論，認爲西方的自由婚配實爲「墮女子之人格，驅之使自獻其身以釣取男子之歡心者」，並說這是「西方婚姻自由之罪也」。[33]相反，他則認爲中國的舊婚俗可顧全女子之廉恥名節，實能尊重女子之人格。並認爲名分能自然長成「真實的愛情」。[34]他還以自己的經歷作了一首由名分而生愛情的詩：「我不認得她，她不認得我，我總常念她，這是爲什麼？豈不因我們，分定長相親，有分生情意，所以非路人？海外『土生子』，生不識故里，終有故鄉情，其理亦如此。豈不愛自由？此意無人曉：情願不自由，也是自由了。」[35]胡適的這種說法不一定是在爲中國舊

32 胡適致母親的信。見耿雲志、歐陽哲生編《胡適書信集》（上）（北京：北京大學出版社，1996），頁148。
33 《胡適留學日記》（1）（臺北：遠流出版事業股份有限公司，1986），頁139-140。
34 〈吾國女子所處地位高於西方女子〉，見《胡適留學日記》（1）（臺北：遠流出版事業股份有限公司，1986），頁139。另外可參考本卷151頁及2卷214頁同內容的日記。
35 胡適〈病中得多秀書〉，見《嘗試集》（北京：人民文學出版社，1984），頁19。

式包辦婚姻辯護，而實在是他原有的認識水準。還是少年的
胡適在上海中國公學求學之時，在爲其主編的《競業旬報》
寫的〈婚姻篇〉一文中，就主張兒女婚姻大事應由父母做主，
因爲只有父母最愛兒女，懂得兒女。[36]這種認識水準反映了
中國兒子對於母親的集體情結，一個未成熟男孩的心理素質。

　　然而，隨著胡適與美國女性的接觸，認識就發生了變化。
1915 年在 6 月 8 日的日記中，胡適記述了「第一次訪女生宿
舍」的感受。這則日記敍述了自己與女性交往的成長史。首
先胡適回顧了幼年時受母親、姐姐等親人愛護和影響，雖有
融融之樂，但見到其他女性時總感害羞。所以初到美國時對
於「青年女子之社會，乃幾裏足不敢入焉。」並認爲社交生
活中女性的缺席導致他個性成長中走向了極端的一面，成爲
一個「冷血之世故中人。」胡適後來認識到，與女性交往，
能夠使男人變得「高尙純潔」和「靈敏之感情」。因而，他
說：「吾在此邦，處男女共同教育之校，宜利用此時機，與
有教育之女子交際，得其陶冶之益，減吾孤冷之性。」在這
篇日記的結尾，帶著無不後悔的筆調寫道：「吾在此（康乃
爾大學 —— 筆者注）四年，所識大學女生無算，而終不往訪
之。吾四年未嘗入 Sage College（女子宿舍）訪女友，時以
自誇，至今思之，但足以自悔耳。」並且發誓說「今夜始往
訪一女子，擬來年常爲之。」[37]這只是認識開始，隨著與女
性交往的加深，胡適感到與女子的交往是社會生活中不可或
缺的一部分，受益匪淺。

36　見《競業旬報》，1908 年第 24-25 期。
37　《胡適留學日記》（1），頁 228。

　　我們閱讀《胡適留學日記》，看到他在美國與女性交往的頻繁蹤跡。1915 年 5 月 8 日記述了與韋蓮女士的交往（在下面再作詳述）；在〈瘦琴女士〉中記道「去年夏季，有瘦琴女士（Nellie B. Sergent）在此習夏課，與余相識。別後偶有所質詢，遂通函簡，積久漸多，幾盈一寸。今年女士重來此習夏課，與余相見亦頻。女士業英文教授，故精英文。年事稍長，更事多，故談論殊有趣味。吾去年一年中所與同屬最賢者爲 C.W. ，其次即此君耳。」[38]1915 年 5 月 21 的日記，記述了與狄女士談論俄、美大學生的不同之處，狄女士認爲美國人沒有俄國人愛自由。日記寫道：「吾友狄泊特女士（Barbara Vital De Porte），俄國人，嘗肄業俄國女子高等學院，今隨其兄居此（美國康乃爾大學 —— 筆者注）。一日，女士謂余曰：『此幫之大學學生多浮淺，無高尙思想，不如俄國學生之具思想，富膽力，熱心國事，本走盡瘁之可敬也。』余極以爲然，吾論此邦學生亦持此說。女士居此，日服勞五時以自給，而學課所需時力不與焉，可敬也已。」[39]狄女士的看法甚合胡適的觀點。1915 年 10 月 12 日記《胡彬夏女士》[40]，說胡彬夏女士讀書頗多，聰慧和藹，議論很有見地，是新女界不可多得之人物。1916 年 7 月 13 日記〈克鸞女士〉，克鸞女士是胡適的朋友，學哲學，獲康乃爾大學博士學位，後被康乃爾大學授爲「女學生保姆」（adviser for women）。

38　《胡適留學日記》（3）（臺北：遠流出版事業股份有限公司，1986），頁 179。
39　《胡適留學日記》（3），頁 74-75。
40　《胡適留學日記》（1），頁 132。

其職位與大學教授同列，「女士爲第一人充此職。」胡適認爲這是「女權之一大進步也」，並在日記中稱讚克鸞女士說「其人好學，多讀書，具血性，能思想。爲人灑落不羈，待人誠摯，人亦不敢不以成待之。見識敢爲，有所不合，未嘗不質直明言，斤斤爭之，至面紅口吃不已也。」[41]1916 年 11月 9 日記〈舒母夫婦〉，舒母（Paul B. Schumm）是胡適在康乃爾大學的同學。因爲胡適認爲他是個真能獨立思考的人，與他相交契合，並與舒母的家人也有接觸。胡適在此篇日記中著重寫了舒母的妻子（Carmen S. Reuben），這位女性自命爲「新婦人」（New Woman），不從夫姓而用其本姓。胡適對此極爲欣賞，稱讚道：「女士端好能思想，好女子也，誠足爲吾友佳偶。」「婚後吾友回綺色佳理舊業；女士則留紐約以打字自給，夜間則專治音樂。自此以後，吾與之相見數次，深敬其爲人，此真『新婦人』也」。[42]從胡適的這些日記的描述來看，這些女性完全不同於當時中國女性，她們有社交、娛樂的空間，能獨立自主生活，讀書多，有思想、有見地，敘述明顯表達出讚賞。

胡適的美國女友中，韋蓮司女士（H·S·Williams）算是關係比較特殊的一位。唐德剛等學者認爲她是胡適一度心儀的女朋友。[43]而我從胡適在日記中對韋蓮女士的描述來看，胡

---

41 《胡適留學日記》（4）（臺北：遠流出版事業股份有限公司，1986），頁 57-58。

42 同上，頁 147-148。

43 唐德剛《胡適雜記》（臺北：傳記文學出版社，1979），頁 191-194。但夏志清在爲唐德剛的《胡適雜記》所作的序言中則認爲唐德剛德的推斷「站不住腳」，頁 13-15。

適應該更欣賞的是韋蓮女士獨特的個性和文化氣質。在胡適的描述中，韋蓮女士出身於一個很有教養的家庭，父親是康乃爾大學地質系的教授，母親開明厚道，她本人在紐約學習美術。這樣的一個家庭，對胡適無疑具有吸引力。胡適在寫給母親的信中，經常很感激地談到他與這個家庭的交往。他告訴母親說：「韋蓮夫人待兒甚厚，時常在她家吃飯，有幾十次之多。」[44]爲此，還特要母親寄來些家鄉特產送給威韋蓮夫人，以表謝意。由此，兩家開始書信往來。胡適在認識韋蓮女士之前，應該說很少看到像她這樣放達且具有現代知識的女性。在胡適眼裏，無論學識修養、道德境界，還是言行裝扮，韋蓮女士都表現得與眾不同。他們經常一起散步，或討論學術、或談詩賞畫，「縱談極歡」。胡適在日記中描述，韋蓮女士不尚服飾，衣服「數年不易，其草冠敝損，載之如故。又以長髮、修飾不易，盡剪去之，蓬首一二年矣。行道中每爲行人指目」[45]胡適雖然沒有評價，但字裏行間流露欣賞之情。但筆者認爲很難說是男女之愛的那種滋味。一個女孩不尚穿著打扮，甚至蓬首不整，就已經減去了女孩吸引男孩所特有的女性魅力。我認爲，吸引胡適的應該是她的學識見解方面，因爲，這對胡適來說是很新奇的。在胡適的社交經歷中，他很少見到這樣有知識、有見解的女性。「余所見女子多矣，其真具思想、識力、魄力熱誠於一身者，惟

---

44 《胡適留學日記》（4）（臺北：遠流出版事業股份有限公司，1986），頁53。

45 《胡適留學日記》（3）（臺北：遠流出版事業股份有限公司，1986），頁57。

一人耳」。[46]胡適說韋蓮女士「狂狷」，[47]這一般是用來描述一個男性的說法。在我看來，胡適認為韋蓮女士是一個很好的談話物件，一個相談甚歡的知己。他們相見頗密，談人生、藝術、政治，涉及廣泛，有呼有應，好不愜意。這從他在給母親的一封信中可見一斑。在寫給母親信中說：「在此幫所認識之女，以此君為相得最深，女士思想深沉，心地慈祥，見識高尚，兒得其教益不少。」[48]胡適在留學日記中也多次描述了對韋蓮女士的仰慕，認為她是一個見地高遠、非尋常女子。[49]在要離開美國起航回國之時，胡適還特地由紐約轉折綺色佳，在韋蓮女士家中住了數日，難於離別之情在日記中深情表露。[50]由此可見，胡適與韋蓮女士及其家人的友情是非常深厚的。

在與韋蓮女士的親密交往中，胡適對女性的認識發生很大的變化，他原有的愛情、婚姻、家庭觀念等開始動搖。在〈女子教育之最上目的〉中坦然寫道：「吾自識吾友韋女士以來，生平對於女子之見解為之大變，對於男女交際之關係亦為之大變。女子教育，吾向所深信者也。惟昔所注意，乃在為國人造良妻賢母以為家庭教育之預備，今始知女子教育

46　《胡適留學日記》（二）（上海：商務印書館，1947），頁 524。
47　胡適《胡適留學日記》（2）（臺北：遠流出版事業股份有限公司，1986），頁 179。
48　胡適致母親的信。見耿雲志、歐陽哲生編《胡適書信集》（上）（北京：北京大學出版社，1996），頁 53。
49　如見《胡適留學日記》（4）（臺北：遠流出版事業股份有限公司，1986），頁 224，以及《胡適留學日記》（3）（臺北：遠流出版事業股份有限公司，1986），頁 57-58。
50　《胡適留學日記》，頁 237。

之最上目的乃在造成一種能獨立之女子。國有能自由獨立之
女子，然後可以增進其國人之道德，高尚其人格。概女子有
一種感化力，善用之可以振衰起儒，可以化民成俗，愛國者
不可不之所以保存發揚之，不可不之所以因勢利用之。」[51]這
個大的變化也使胡適心中抱住那個「容忍遷就」的策略就有
了懷疑，[52]並對自己包辦婚姻表示不滿，一度寫信給母親宣
洩這種不滿情緒。[53]當然，胡適最終屈就，但還是在最大可
能的情況下用現代新女性標準改造未婚妻江冬秀。他頻繁寫
信叮囑江冬秀多讀書，並勸她大膽放足。在得知未婚妻放足
已有好些年後，胡適大為歡喜。[54]「書中言放足事已行之數
年，此大可喜也。」[55]

　　胡適在美國留學期間，對美國婦女參政運動十分關注。
1915 年 7 月 27 日在記述〈婦女參政運動〉一文中說「昨日
本校日看作社論，評論紐約拳術比賽場中有婦女侵入強作宣
傳婦女參政之演說，其論甚刻薄，吾作書駁之。」[56] 1916 年
2 月 3 日的日記附有蘭鏡女士（Miss Jeannette Rankin）的相

51　《胡適留學日記》（3）（臺北：遠流出版事業股份有限公司，
　　1986），頁 215。
52　胡適在〈『容忍遷就』與『各行其是』〉一文中說，「吾於家庭之
　　事，則從東方人，於社會國家政治之見，則從西方人。」這裏
　　的家事就是指那男女婚配之事，胡適認為兒女服從父母的包辦
　　婚姻則是行守孝道 。見《胡適留學日記》（2）（臺北：遠流出
　　版事業股份有限公司，1986），頁 190-191。
53　1915 年 4 月寫給母親的信，寫了自己對未婚妻江冬秀諸多不滿。
54　〈得冬秀書〉，見《胡適留學日記》（3）（臺北：遠流出版事業
　　股份有限公司，1986），頁 52。
55　《胡適留學日記》，頁 52。
56　《胡適留學日記》，頁 127。

片，此女士是美國婦女做國會議員之第一人。[57]在 1915 年 10
月 30 日的日記中，胡適詳細記述了美國紐約的女子參政大遊
行的盛況，認爲此次女子遊行「最足動人」。並說「紐約省
投票結果，反對女子參政者戰勝矣，然贊成者乃至五十萬人
之多，則雖敗猶足豪也。」[58]

　　胡適留學美國時與女性的頻繁接觸和傾心交談對他後來
婦女觀念的形成有著重大的影響。胡適回國後寫了一系列關
於婦女的文章，爲中國的婦女形象塑造開闢了輿論的現代空
間。1918 年 5 月胡適作了〈易卜生主義〉，發表在《新青年》
（四卷六號）上。胡適還與羅家倫合譯了易卜生的《娜拉》。
易卜生是挪威作家，主張資產階級改良，尤其提倡男女平等。
易卜生主義和娜拉形象給當時中國人巨大的震動和力量，一
時間有關婦女地位和前途的討論蔚然成風，《新青年》還創
辦了「易卜生」專號，《小說月報》也積極刊登易卜生的文
章，魯迅等大家撰文寫感。隨著新文化運動全面展開，婦女
解放的呼聲更爲高漲，有關男女平等、女子教育、職業、參
政以及與之相關倫理成爲當時社會極爲關注的問題。1918 年
胡適寫〈貞操問題〉[59]，就貞操問題提出了自己的看法，他
寫道：「男子對於女子，丈夫對於妻子，也應有貞操的態度；

57　《胡適留學日記》（4）（臺北：遠流出版事業股份有限公司，
　　1986），頁 187。
58　《胡適留學日記》，頁 215-216。
59　此文是針對陳獨秀 1916 年 12 月發表的《孔子之道與現代生活》
　　一文的呼應。陳獨秀在文中指出「婦女參政運動，亦現代文明
　　婦人生活之異端」。當時的有影響的人物如周氏兄弟、李大釗、
　　等人就此文涉及中國婦女的問題撰寫文章，胡適的《貞操問題》
　　正是這個氣氛下的產物。

這就是說貞操是男女相待的一種態度，是雙方交互的道德，不應只對女子而言」。認爲「烈女不更二夫」，「餓死事小，失節事大」是傷天害理的男子專職的貞操論。隨後又發表了〈論貞操問題〉，進一步闡發了他的貞操觀。還與朱經農通信，討論貞節問題。同年，又寫〈美國的婦人〉、〈女子解放從那裏做起〉，比較中國婦女與西方婦女之不同，表示不滿意於中國婦女的「良妻賢母」模樣，並提出應該向西方女子那樣自立、參政。1919 年胡適爲一個普通女子寫《李超傳》，向整個社會訴說家長、族長專制，對女子受教育難等問題提出強烈譴責。這年又寫〈大學開女禁的問題〉一文，提倡改革教育，大學招收女生。在這篇文章中，胡適開宗明義說：「我是主張大學開女禁的。並提出『開禁』的三個具體辦法：（一）延聘有學問的女教授；（二）先收女子旁聽生；（三）女學界的人應該研究現形的女子學制。」[60]胡適希望大學招收女子進來，大學也成爲女性的深造空間。[61]在創作領域，胡適寫《終生大事》，主張自由戀愛、結婚，反對父母干涉兒女的婚姻大事，可說是帶有個人經驗的啓示錄和情感的懺悔錄。

從上述胡適的文章看，胡適關於婦女解放思想的核心，概括爲女子不僅要有做人、平等、自由的權利，還要追求學問，有見識，求發展的進取心。胡適婦女解放思想無疑與他

---

60 歐陽哲生編《胡適文集》（11）（北京：北京大學出版社，1998），頁 44。

61 北京大學在 1920 年招收兩名女生上課，首開我國男女同校之例。胡適當時任北大代理教務長，爲招收女生自然起了很大的作用。

留學美國時與西方女子密切交往的經驗相關，這種感性的認
知是形成他日後改造中國婦女的思想來源，也就是說胡適是
從日常生活中感知西方的人權平等學說，然後將這真實的感
知上升到理論的高度。胡適有關行塑中國婦女的觀念明顯與
中國傳統婦女觀分庭抗禮，是新文化運動的重要組成部分。[62]

第三節　在美國場域之現代中國慾求

　　我這裏的場域，特指產生一種文化的現場，也就是法國
社會學家波狄奧所提出的「文化生產場」。[63] 波狄奧在分析
一個文化現象的時候，特別注意追溯產生此一文化現象的文
化生產場地，分析它與權力場、階級關係場之間的複雜微妙
的關係。有關波狄奧的《文化生產場》理論，筆者在緒論中
已作過較為詳細的解述，故而在此不贅。沿著「文化生產場
理論」的思考，我們說，胡適到了美國，就意味著到了一個
培育和引發他思考的文化場域。1910 年，年近 20 歲的胡適
來到美國。這個從封閉、落後、孤獨、腐朽的中國走出的青
年，對於美國社會的一切均感新鮮，也喜愛對美國社會的情
況作觀察和思考，甚至投身其間，體驗其利弊好壞。他曾說：
「余每居一地，輒是其他政治社會事業如吾鄉邑政治社會事

---

62 胡適婦女觀的形成時間早於魯迅，也更系統。魯迅婦女解放思想
　　的代表作是〈我之節烈觀〉（1918 年 8 月 15 日）、〈隨感錄二十五〉
　　（1918 年 9 月 15 日）、《隨感錄四十》（1919 年 1 月 15 日）。

63 Pierre Bourdieu, *The Field of Culture Production: Essays on Art
　　and Literature* （Cambrdge: Polity Press, 1993）.

業。一股每逢啓迪有政治活動，社會改良之事，輒善於聞之。
不獨與聞之也，又將投身其中，研究其厲害是非」。[64]胡適在
1910 到 1915 年間，在美國著名學府康乃爾大學浸濡學習，
1915 年 9 月轉入哥倫比亞大學哲學系，直到 1917 年夏回國。
在這期間，他寫許多關於中國問題思考的文章，如〈歐美學
生與中國學生〉[65]、〈東西人士迎拒新思想之不同〉[66]、〈論
革命〉[67]、〈國家與世界〉[68]、〈中國似中古歐洲〉[69]、〈今
日吾國急需之三術〉[70]、〈我所關心之問題〉[71]、〈樂觀主義〉
[72]、〈夢想與理想〉、〈美國各大學之體育運動費〉[73]、〈綺
色佳城公民議會旁聽記〉[74]、〈一種實地試驗之國文教授法〉
[75]、〈吾國人無倫理觀念〉[76]、〈我國之『家族的個人主義』〉
[77]〈再論無後〉[78]以及〈非留學篇〉等。

64　胡適《藏暉室劄記》（上海：亞東圖書館，1939）。
65　《胡適留學日記》（3）（臺北：遠流出版事業股份有限公司，
　　1986），頁 124。
66　《胡適留學日記》，頁 250。
67　《胡適留學日記》，頁 57。
68　《胡適留學日記》（1）（臺北：遠流出版事業股份有限公司，
　　1986），頁 127。
69　《胡適留學日記》，頁 130。
70　《胡適留學日記》，頁 150。
71　《胡適留學日記》，頁 151。
72　《胡適留學日記》，頁 158。
73　《胡適留學日記》，頁 152。
74　《胡適留學日記》，頁 174。
75　《胡適留學日記》，頁 177。
76　《胡適留學日記》，頁 214。
77　《胡適留學日記》，頁 225。
78　《胡適留學日記》（2）（臺北：遠流出版事業股份有限公司，
　　1986），頁 159。相近內容可見參考本卷頁 141 及頁 189 的日記。

閱讀這些文章甚至僅從這些題目的命名看，明顯可見胡適在寫這些文章的時候有一個啓發他思考的美國文化場域。近年來，有關跨國文化的交流成爲人們一個熱門課題，其中有關旅遊文學的研究、留學生的研究方興未艾。在這些研究中，一個占主流的觀點，就是認爲跨國活動的人或旅人，他們對事物的看法不會固守一端，而是有一個雙重的視野，即是對自己文化和所在國文化作雙方比較和思考，在思考中往往有一個參照的體系。但實際上，只要存在政治、經濟而來的權利的不平等，不受影響或牽制的對話或交流只是理想化的想像，在現實中，正如波狄奧所說，是不可能實現的。相反，它總是被權力場所主宰。由是看來，在文化交流中充當參照體系的往往是強勢文化的一方。我們說胡適在留學日記以及口述自傳中流露的對西方文明的憧憬，以及後來主張的「全盤西化」，就很好地說明美國（對胡適而言，美國就代表西方）強勢文化的影響力。我們知道，中國人學習西方並非出於一種自覺，而是在中國的國門被西方的堅船利炮打開後，中國知識份子才集體意識到民族的危機，認識到自己在國際上的弱勢地位，認識到要走進世界的強國之林，就必須學習西方。於是，在文化的建設方面，中國開始向西方派出留學生，1872 年晚清政府派遣的留美幼童掀開了中國到西方留學的序幕。[79]於是，中國人開始世界大旅行，第一次拜素

79　從 1872 到 1875 年，清政府先後派出四批共 120 名官費留學生，遠渡重洋，踏上美國的土地，開始留學美國的生活。有關留美幼童的介紹，見錢剛、胡勁草著《留美幼童》（上海：文匯出版社，2004）。

被稱爲「蠻人」的西方人爲老師。隨後進入 20 世紀，留學英
美更是時尚。正如趙毅衡在其著《對岸的誘惑》所言，「20
世紀，中國人到西方，是去做學生的。徐志摩去做曼殊菲爾
的學生，金岳霖張奚若去做拉斯基的學生，吳宓梅光迪去做
白璧德的學生，梁宗岱去做瓦雷里的學生。……」；而「西
方人到中國，是來做老師的：莊士敦來做溥儀的老師，燕卜
蓀給西南聯大做老師，杜威羅素蕭伯納來給全體中國知識界
做老師，……。」[80]中國人向西方學習的是他們現代的東西，
因爲這些現代的東西把世界上古老的東西遠遠拋在後面，並
成功地在這些古老的土地上殖民，中國也在被殖民的危險邊
緣。爲挽救民族的危機，中國必須學習西方現代的東西，使
傳統中國走向現代中國。胡適留學美國正是這個時代的產
物。[81]中國知識份子在民族危亡時往往有一種自覺的使命
感，胡適適逢這樣的時代。還在乘船前往美國的途上，胡適
就寫了一首慷慨悲歌：「扣舷一凝睇，一發是中原。揚冠與
汝別，征衫有淚痕。高邱其無女，猙獰百鬼蹲。蘭蕙日荒穢，
群盜滿國門。搴裳渡重海，何地招汝魂！揮淚重致詞：祝汝
長壽年！」[82]胡適在這首中把到美國留學比作前往征戰，大
有北伐中原的氣概。當然胡適留學美國的動機也有世俗功名
的考慮在內。在出國前夕寫給母親的信中，胡適就道出了這

---

80 趙毅衡《對岸的誘惑·自序》（北京：知識出版社，2003），頁 3。
81 事實上，中國人拜西方爲老師，已有一個世紀之久。時到今日，
　中國人還是源源不斷地前往西方求學，以求一紙具有普適性的
　西方文憑，後顧無憂，哪怕中文系，情形也是如此。筆者並無
　反對之意，只是有些置疑「言必西方」的做法。
82 胡適《嘗試集》（北京：人民文學出版社，1984），頁 175。

樣的心情，認爲博取功名途徑的科舉制度已廢，要振興衰微的家業，唯有出洋留學一途。[83]國憂家慮明顯使剛剛步入青年的胡適早熟。我們閱讀《胡適留學日記》，發現他不僅結交廣泛，而且多爲忘年之交，同時勤於思索探討問題。

　　我們從上節對胡適在美國留學遊蹤的追述可見，胡適並不囿於課間的學習，而是經常走出課外，熱情參加美國文化、政治、宗教等方面的活動。他的遊蹤之遠、空間之廣在當時留學生中實爲少見。在與母親的一封信中說：「兒三年來約演說 70 餘次，有時到數百裏外去演說。兒之所以樂於此道，自有其故；一是介紹我國之眞文明……二是對英文學習有好處。」[84]作爲剛來乍到的留學生，通過演講練習英文的確是一個很好的學習方式。但如果沒有興趣和對現實的關懷，這種耽誤學業的演講是很難堅持下去的。[85]作爲一個中國人，自然在演講中向美國人介紹中國的事情，所以他就中國家庭、婚制、婦女生活、禮教以及兒童教育等作了專題演講，而這些都是當時中國知識份子最關心的課題。這就說明，胡適的這些演講，不只是對美國人講中國人的事情，給美國人那種異國情調趣味，而是帶著對中國現實的關懷和思考。

　　胡適的演講文章基本收在《胡適留學日記》中。胡適是

---

83 胡適致母親信。見耿雲志、歐陽哲生編《胡適書信集》（上）（北京：北京大學出版社，1996），頁 140。

84 胡適致母親的信。見耿雲志、歐陽哲生編《胡適書信集》（上）（北京：北京大學出版社，1996），頁 57。

85 爲了各種演講，胡適花了許多時間準備，以至一度荒廢了學業，爲此康乃爾大學以荒廢學業爲由而停發了他的「塞基研究獎金」。

一個敏於觀察勤於思考的人，所以他的留學日記所記述的問題可謂非常廣泛：從國家到個人、從理想到現實、從宗教文化到家庭生活、風俗人情，甚至學校的費用、房地產的情況也在其內，真乃一個無所不包的時空體，全面展現了胡適 7年在美國的留學軌跡。在下面，我將對胡適所思考的問題展開分析，但因爲龐雜，討論不可能做到面面俱到，因而只就兩個主要且對中國現代文化進程具有重大影響的問題展開論述。

文學革命的慾望版圖

胡適在現代中國文學界以及思想界立足的基點就是他的一篇寫於美國的〈文學改良芻議〉，這篇文章發表在 1917年 1 月的《新青年》雜誌上，像一枚炸彈，給當時中國文化界帶來巨大的震動。文壇幹將陳獨秀立即撰寫〈文學革命論〉一文給與積極支持的回應，相對胡適平和的語調，陳獨秀的立場則更爲堅定和鮮明。[86]甚至曾師從章太炎的古文字教授錢玄同也揮戈上陣，撰文支持文學革命。[87]魯迅、劉半農、周作人等也都積極撰文呼應。在一片討伐的聲浪中，白話終於取代了文言文，中國新文學由此誕生。胡適後來談到當年在美國留學期間進行「文學革命」是被「逼上梁山」，這在《四十歲自述》、《胡適口述自傳》以及《胡適留學日記》中都有詳細敍述。在這整個的過程中，胡適處於苦心經營、孤

---

86 陳獨秀〈文學革命論〉，見《中國新文學大系·建設理論篇》，頁44-47。
87 〈答胡適之〉，見《中國新文學大系·建設理論篇》，頁 56。

軍奮戰的狀態。讓我感興趣的是，什麼因素導致胡適要對中
國文學進行革命？胡適受到同學圍攻時為什麼還堅信己見？
如此同時梅光迪等為何反對胡適的主張？帶著這些問題，我
們返回到胡適留學美國的歷史現場。胡適是一個勤於記日記
的人，也喜歡對自己過去的思想軌跡作回憶和總結，這就使
我們在討論分析這些問題的時候能夠通過對這些記述的閱讀
回溯到青年胡適留學美國的歷史情景。

　　胡適在回憶文學革命是如何開始時講了這麼一個有趣的
小故事，他說在留學期間每月總會收到一張來自華盛頓的一
張支票，裏面總有一張夾條，上面寫著「不滿二十，不娶親。」
「廢除漢字，該用字母！」「多種樹，種樹有益」[88]平時胡
適一向對這張紙條不經意，總是隨手丟到廢紙簍。然而，有
一天，他心血來潮，給對方回敬了這樣的幾句話：「像你這
樣的人，既不懂漢字，又不能寫漢字，而偏要胡說什麼廢除
漢字，你最好閉起鳥嘴！」事後，胡適對自己的魯莽行為深
感懊悔，認為這個每次寫夾條的人雖然不懂漢字，但他是一
個「和善而又關心改革中國社會風俗和語言文字的人」，並
意識到「我們這些能夠資格的人實在應該在這方面用點功。」
很明顯，這件小事給胡適一些刺激，促使他日後去思考、研
究中國的文字問題。

　　胡適認識到自己並非是文字問題方面的專家，為此問題
的「可行和不可行」之見，他找到對文字學有專深研究的趙
元任一起商討。1915 年美東的中國學生會新成立了一個「文

88　唐德剛譯注《胡適口述自傳》（上海：華東師範大學出版社，
　　1993），頁 138。

學科學研究部」，胡適利用擔任文學組的委員之便，就把「中國文字的問題」作為這年文學組討論的論題。在會議上，趙元任宣讀了〈吾國文字能否採用字母制及其進行方法〉，胡適則宣讀了〈如何可使吾國文言易於教授〉一文。胡適在這篇文章中把討論的焦點放在「漢字究竟可為傳授教育之利器否」，由此引出漢字的四大弊端，其中提出「文言是半死文字」是胡適最獨特的見解，也是他後來進行文學革命的理論基點。

1915 年夏，胡適在由康乃爾大學轉去哥倫比亞大學的前夕，約了任鴻雋、楊銓、唐鉞以及安徽老鄉梅光迪到綺色佳度假。趁此聚會，胡適把在〈如何可使吾國文言易於教授〉中提出的觀點與他們進行了討論，其他同學並未發表什麼意見，但老鄉梅光迪卻不同意中國文字是半死文字之說，兩人為此展開激烈的辯論。當時爭論的情形胡適在留學日記中作了詳細記載。暑假過後，梅光迪要去哈佛大學繼續深造，胡適為此作了一首白話送別詩。這首送別詩並沒寫離愁別緒，而是就文學革命議題激勵他，希望能為同道。胡適這樣寫道：「梅生梅生毋自鄙！神州文學久枯餒，百年未有健者起。新潮之來不可止，文學革命其時矣！吾輩勢不容坐視。且復號召二三子，革命軍前仗馬箠。鞭笞驅除一車鬼，再拜迎入新世紀！以此報國未雲菲，縮地戡天差可擬。」[89]這首詩寫得可謂大氣磅礴、雄姿煥發。在胡適看來，文學革命是大勢所趨，是符合時代潮流之舉，青年學子應順應時代潮流，為文

---

89 《胡適留學日記》（3）（臺北：遠流出版事業股份有限公司，1986），頁 196。

學革命作馬前卒，爲中國進新世紀衝鋒上陣。梅光迪則不以
爲然，還是冷眼相待。一直旁觀的任鴻雋就胡適在這首詩中
出現的一連串外國人名和譯音連綴一串成打油詩，嘲笑胡適
的文學革命論，認爲文學革命乃爲「狂言」。胡適頗爲不服
氣，在前往紐約的火車上，很莊重地寫了一首詞答復任鴻雋，
說：「詩國革命何自始？要須作詩如作文。琢鏤粉飾喪元氣，
貌似未必詩之純。」[90]我們看到，在前面的爭論中，胡適還
只能指出文言文乃是死文字，但要如何才能革掉文言文的
命，胡適還是很模糊的。但在這首詩中胡適指出了明確的方
法，這就是「要須作詩如作文。」可是這個具體的建議在朋
友中引出又一次激烈的筆戰。在梅光迪等看來，「詩」與「文」
是根本不能混爲一談。梅光迪就說：「詩文截然兩途。詩之
文字（Poetic Diction）與文之文字（Prose Diction）自由是文
藝來（無論中西），已分道而馳。足下爲詩界革命家，改良
『詩文文字』則可。若僅移『文之文字』於詩，即謂之革命，
則不可也。」[91]面對眾朋友的反對，胡適還是極其心平氣和
與他們討論。在一來一往的筆戰中，胡適變得更爲激進。經
過反復的思考，胡適終於得出這樣的結論：「一整部中國文
學史，便是一部中國文學工具變遷史 —— 一個文學或語言上
的工具去代替另一個工具。」同時「一部中國文學史也就是
一部活文學逐漸代替死文學的歷史」[92]這就是說，文學形式

90　同上，頁 200。
91　《胡適留學日記》（3）（臺北：遠流出版事業股份有限公司，
　　1986），頁 252。
92　唐德剛譯注《胡適口述自傳》（上海：華東師範大學出版社，
　　1993），頁 142。

的革新實際上構成了中國文學不斷「革命」、發展的基本線
索。既然如此，「何獨於吾所持文學革命而疑值！」他將這
些見解再次用長信告訴在哈佛的梅光迪，出乎意料，梅氏竟
欣然接受了胡適的觀點。胡適大為高興，寫了〈沁園春·誓
詩〉，表達要「為大中華，造新文學」的雄心壯志。

　　1916 年 4 月？日，胡適在日記中對那首〈沁園春·誓詩〉
作了修改，同時又寫下了這樣一段話：「吾國文學大病有三，
一曰無病而吟……；二曰模仿古人……；三曰言之無物」[93]。
這段話比較前面的認識，無疑又深入了一步。周圍朋友也給
與首肯。但是要將白話完全取代文學，還有一段漫長的爭論
之路要走，尤其是白話是否適於寫詩，還是很有爭論的。1916
年 7 月初，任鴻雋寄給胡適一首〈泛湖即事〉，這首詩記述
的是任鴻雋、陳衡哲、胡適等人在綺色佳的風景區凱約嘉湖
上泛舟，但忽遇暴風雨襲擊，慌忙靠岸中將船弄翻。任鴻雋
本想與胡適以詩唱和愉悅，不料胡適認為有些小題大作，而
且詩中用了許多陳詞老調，「文字殊不調和」。胡適的批評
令任鴻雋大為不悅，此時梅光迪又轉變態度，與任鴻雋一起
對胡適展開「炮轟」。但此時的爭論只就「詩學革命論」，
也是文學革命攻克的最後一個「堡壘」。經過反復的爭論，
胡適認識到，「一切的理論都不過是一些假設；只有實踐證
明才是檢驗真理的唯一標準。」[94]帶著這個想法，胡適轉向用
白話寫詩的嘗試，並堅信「自古成功在嘗試」。從此，胡適
不再寫舊詩。胡適有意識的白話詩試驗，雖遭同學的嘲諷但

93　《胡適留學日記》，頁 290。
94　唐德剛譯注《胡適口述自傳》，頁 148。

不爲所動。1917 年，胡適任《留美學生季報》主編，用職務
之便，他選些白話詩作刊登在上，一時間在國內產生很大影
響。經過寫白話詩的嘗試，他得出了一些經驗和認識。這樣，
在 1916 年 8 月 21 日的日記中，他由此歸納出〈文學革命八
條件〉，第一次完整地提出了「八不主義」即文學的八項基
本要點：不用典，不用陳套語，不講對仗，不避俗字俚語，
須講求文法（以上形式方面）；不做無病呻吟，不模仿古人，
須言之有物（以上精神方面）[95]。至此，胡適的文學革命理
論終於形成。同一天，胡適將自己的這些想法以寫信的形式
告訴《青年雜誌》主編陳獨秀，陳獨秀甚爲欣喜，立即回信
說：「文學改革，爲吾國目前切要之事」，並要求胡適「詳
其理由，指陳得失，衍爲一文，以告當世」。[96]據陳獨秀的
要求，胡適將想法整理成文，這就是〈文學改良芻議〉，旋
即被陳獨秀發表在 1917 年 1 月 1 日出版的《新青年》第二卷
第五號上。由此，中國文學界拉開了革命的序幕。

　　引起我思考的是，胡適在眾多的反對聲中爲何對自己的
文學革命主張懷滿信心？胡適雖然後來聲稱「文學革命」是
被眾同學「逼上梁山」的結果，但是，我們不能不考慮產生
這個想法的「文化場域」。1916 年 12 月 26 日胡適在日記中
記錄了美國意象派詩歌的六條原則，胡適認爲此六點原則與
自己的主張相似：「此派所主張，與我所主張多相似之處。」

95　《胡適留學日記》（4）（臺北：遠流出版事業股份有限公司，
　　1986），頁 96。
96　陳獨秀〈大師之《文學革命》〉，見《新青年》第 2 卷第 2 號，
　　1916 年 10 月 1 日。

[97]胡適在同日日記中雖然記述已將「文學改良私議」寄往了《新青年》，似乎在避其影響之嫌（這點曾被梅光迪指責，認爲胡適的主張在拾西人之牙慧）。但至少可以說明，美國意象派的主張與胡適「詩學革命論」的相似性，無疑給胡適的文學革命提供了依據和自信心。事實上，胡適留學期間，正值美國文藝界復興運動（An American Renaissance）。在這一運動中，美國的思想文化界出現了許多冠以「新」字樣的名詞，如「新婦女」、「新人文主義」、「新藝術」、「新文學」、「新自由主義」、「新思想」、「新體詩」等等。在詩歌創作方面，1912-1918 年間，是美國詩歌創作的推陳出新時期，1912 年，哈利特・門羅（Harriet Monroe）在芝加哥創辦了著名的《詩・韻文雜誌》（*Poetry: A Magazine of Verse*），一時風靡美國；1913 年該雜誌發表了意象派（Imagistes）詩人埃茲拉・龐德（Ezra Pound）的論文《幾個不》（A Few Don'ts），提出了幾個反對傳統的觀點，包括不用典、不用陳腐的套語等。此後，遵照這些原則所寫的新詩體在美國大量出現，蔚然大觀。[98]這些新詩體從傳統詩歌（如英國傳統的雅致詩）的詩法中解放出來，使用平易的口語韻文。用美國另一意象派詩人修木（T.E.Hulme）的話來說，這些新詩是「愉快、平淡、精細的」，它們「不折不扣是文字上的鑲嵌細工，每一字都十分確實」。[99]最關鍵的是，

---

97 《胡適留學日記》，頁 160-162。

98 參見朱文華《胡適：開風氣的嘗試者》（上海：復旦大學出版社，1992）。

99 參見馬庫斯・坎夫著、方傑譯《美國文學》（香港今日世界出版社，1975）。

這一新詩運動很大程度是受中國古典詩歌的影響。美國詩人們曾一度對中國古代詩歌發生了濃厚的興趣，形成了「中國熱」。在他們看來，中國古典詩歌是「自由詩」，並以此認識翻譯中國古典詩，在翻譯時幾乎刪略了原作的全部典故。這樣的「翻譯」可說是一種改寫了。經過美國新詩人們改寫後的中國詩明顯比原貌明朗清新，我們可從龐德的《神州集》可見一斑。

　　胡適 1910 年到美國至 1917 年回國，這段時間正是美國詩壇新詩化的過程，從時間上看，胡適應該看到美國新詩運動的整個過程。我們知道，胡適對於中國古典詩歌有很深的修養，可以說遠遠超過美國的所謂漢學家之輩。當胡適看到美國新詩壇意象派所主張的「幾個不」的原則以及他們在翻譯中國古詩時刪去典故的做法時，很可能有種外行人說內行話之感歎，這不能不引起他的注意和認真思考。這正如朱文華所言，「胡適在感受美國詩歌革新精神的同時，也對中國式的文言文舊體詩不適應新的時代，不是於更深切地表達新時代人的思想感情的缺陷，開始作認真的反省。」[100]我們在前面的論述中看到，胡適在與梅光迪等的爭論中，認識到用生動的白話寫小說、戲劇、評話，梅光迪等倒容易接受，但對於詩歌，他們則認為是高雅的藝術，決不能通俗化。胡適看到美國新詩的作法，無疑使他找到了突破口，使他在理論形成和寫詩嘗試中信心百倍，最後，〈文學改良芻議〉一文橫掃中國文壇迂腐之氣。

---

100 朱文華《胡適 —— 開風氣之先的嘗試者》（上海：復旦大學出版社，1992），頁 61。

　　很有趣的是，胡適與梅光迪等同是當時美國留學生，爲什麼在文學革命的問題上會分庭抗禮呢？對於這個問題，我認爲在於他們在美國所接受的不同教育使然。梅光迪與胡適同鄉，比胡適晚一屆的庚款留美學生，首入威斯康辛大學獲英國文學學士，後到芝加哥的西北大學，其間讀了白璧德的著作，被其吸引，1915 年秋又轉到哈佛大學研究所，師從白璧德（Irving Babbitt），1919 獲碩士學位，第二年回國，任南開大學、東南大學等英文系主任。白璧德（1865-1933），是哈佛大學教授，主要講授法國文學及文藝批評，桃李滿天下。中國弟子有梅光迪、吳宓、梁實秋以及林語堂等。白璧德的思想範圍非常廣泛，包括教育、文學、藝術、倫理、政治等。其主旨認爲應該重視對人本身的研究，如此相隨，他反對功利主義，並進行打擊各種各樣的「假科學」Pseudo-science，這在當時追求工業化的美國社會，註定不合時宜，因而被大多人認爲是守舊的、迂腐的；另一方面白璧德極力駁斥放縱的情感和想像的浪漫主義，《羅梭與浪漫主義》（*Rousseau and Romanticism*, 1919）是最能代表他這方面思想的著作。據梁實秋說，當時美國有一家雜誌刊登了一幅挖苦白璧德的漫畫，畫的是一位老人在寢室裏彎著腰俯著身揭開床單向床下探望，看羅梭在不在床底下？[101]在梅光迪、梁實秋的描述中，白璧德是一位融匯東西文化的大學問家[102]，學問淵博深厚，思想中庸穩重。梅光迪師從這樣一位導

---

101 梁實秋〈關於白璧德先生及其思想〉，收入《文學因緣》（臺北：文星書店，1964）。

102 梁實秋曾在 30 年代《現代》雜誌第 5 卷第 6 期發表《白璧德

師，精神又與之極其契合，其作風當然會有乃師之風。梅光迪在 1917 年就讀哈佛時用英文寫了〈我們這一代的任務〉發表在《中國學生月刊》上。梅光迪在這篇文章中說：「我們今天所要的是世界性觀念，能夠不僅與任一時代的精神相合，而且與一切時代的精神相合。我們必須瞭解、擁有通過時間考驗的一切真善美的東西，然後才能應付當前與未來的生活。這樣一來，歷史便成為活的力量。也只有這樣，我們才有希望達到某種肯定的標準，用以衡量人類的價值標準，判斷真偽，與辨別基本的與暫時性的東西。」[103]由這段文字來看，梅光迪與白璧德在思想上一脈相承，都認為人類存在一個永恆不變的真善美的東西。這樣的觀點顯然與進化論的思想相悖。而胡適提出需要對中國文學進行革命的理論依據就是進化論，認為文學應隨時代而變。胡適求變求新的思想並非與生俱來，明顯是對杜威思想的承襲。胡適在 1915 至 1917 年在哥倫比亞大學授業杜威，選修杜威課《倫理學之宗派》、《社會政治哲學》。實際上，胡適在 1915 年 9 月正式

及其人文主義〉一文，其中說白璧德的「母親生於中國之寧波」，後來又說「白璧德先生的父親生長在寧波」。見梁實秋《梁實秋論文學》（臺北：時報文化出版事業有限公司，1978），頁 5。在梁實秋看來，白璧德幼年時很可能隨雙親在中國生活多年。這樣特殊的身世環境和後天修養，所以白璧德通曉儒家經典和老莊的著作，也對梵文深有研究，對東方思想頗有淵源。但後來有研究者認為梁實秋對於白璧德父母親出身於中國的說法沒有依據，是道聽塗說。見朱壽桐〈歐文·白璧德在中國現代文化建構中的宿命角色〉，見《外國文學評論》，2003 年第 2 期，頁 122。

103 譯文見侯健《從文學革命到革命文學》（臺北：中外文學月刊社，1974），頁 61。

註冊入哥倫比亞大學師業杜威之前，就對杜威的學說發生過
興趣，興趣來自聽了其他教師對於杜威的批駁後有意地去「潛
心閱讀杜派之書」後才形成的。[104]在成為杜威弟子親聆教誨
後，更能深入理解杜威的思想。杜威思想的主軸是實驗主義
（Experimentalism）哲學，並注重思維方法的問題。就胡適
理解，杜威的實驗主義有「兩個根本觀念：第一是科學實驗
室的態度，第二是歷史的態度」。在胡適看來，杜威的「科
學實驗室態度」，也可稱之為「試驗的方法」，它注重「（一）
從具體的事實與境地入手；（二）一切學說理論，一切知識，
都只是待證的假設，並非天經地義；（三）一切學說理論都
需用實行來試驗過，實驗室真理的唯一試金石」；而「歷史
的態度」又可稱之為「歷史的方法（「祖孫的方法」）」。[105]
而「試驗主義」，胡適解釋說，強調的是一種「評判的態度」，
它「含有集中特別的要求」，即：

　　1.對於習俗向傳下來的制度風俗，要問「這種制度現在
還有存在的價值嗎？」

　　2.對於古代遺傳下來的聖賢教訓，要問「這句話在今日
還是不錯的嗎？」

　　3.對於社會上糊塗公認的行為和信仰，都要問「大家公
認的，就不會錯了嗎？

　　大家這樣做，我也該這樣做嗎？難道沒有別的樣作法比

---

104 唐德剛譯注《胡適口述自傳》（上海：華東師範大學出版社，
　　1993），頁 91。
105 胡適〈杜威先生與中國〉，見劉健雄選編《胡適雜文集》（西安：
　　太白文藝出版社，1999），頁 36。

這個更好、更有力，更意了嗎？」[106]

　　這顯然與梅光迪「強調應把歷史看作人類求不變價值的努力的紀錄」[107]的認識是截然相反。胡適就是在杜威的思想和方法中得到了啓發，悟出了文學革命的道理，而梅光迪是在對白璧德思想的吸收中走向保守。

　　由此可見，胡適和梅光迪關於中國文學革命的爭論，其根本理論的來源就是他們美國導師的思想和方法。杜威與白璧德都是當時美國學術界、思想界的鉅子，但兩人在學術界各抒己見，由此而影響其中國弟子的思想，並由此引出「文學革命」的論爭以及後來「學衡派」與「新文化」陣營的爭論。[108]

　　總之，在以上的論述中，我們是循著胡適的文學革命的蹤跡，發現胡適見證了美國的新詩運動，並從中得到啓示，同時又親炙於杜威門下，服膺於杜威的實驗主義的思想方法，以此思考中國文學的革命問題，這就說明美國文化場與胡適慾望文學革命之間的關聯。現代中國學者一般不滿意於「西方決定論」，但關鍵是，在近代中國，我們無法自主選擇，我們不得不緊跟西方強勢文化，改變自己，這是無法否認的事實。因而，所謂「向西方尋求真理的中國學人本就有

106 胡適〈杜威先生與中國〉，見劉健雄選編《胡適雜文集》（西安：太白文藝出版社，1999），頁 78。
107 樂黛雲〈重估「學衡」── 兼論現代保守主義〉，見劉青峰編《歷史的反響》（香港：三聯書店，1990），頁 268。
108 學衡派的核心人物梅光迪、吳宓及胡先驌都師從過白璧德，深受其影響。1922 年，這批教授創辦《學衡》雜誌，介紹白璧德極其著作，表明他們的保守主義，反對新文學。《學衡》共出版六十期，可見此派也有其影響與同調者。

自己的歸依」[109]之說看來只是一個美好的謊言。

慾望教育救國

胡適思考的視線總是遙望著祖國，關注著祖國的問題。我們在上述的討論中看到，胡適下決心到美國留學，帶有志取功名、振家立業的世俗心態，但胡適是一個有遠大志向的人。我們看到，胡適在踏出國門之時，就把出國留學視作北伐中原。在留美期間，密切關心國內局勢，爲國家前途擔憂，胡適在 1911 年 3 月 24 日的日記裏寫道：「連日所思危，夜所夢囈，無非亡國慘狀，夜中時失眠，『嫠不恤緯，而憂宗周之隕』，使人情天理中事也。」[110]同年 10 月 12 日胡適獲知武昌起義成功的消息，當天在日記上寫道：「聞武昌革命軍起事，瑞澂棄城而逃，新軍內應，全城遂爲黨人所據。」17 日又記云：「相傳袁世凱已受命（接受清政府委任爲陸軍總帥），此人真是蠢物可鄙。」1912 年的元旦，中華民國正式成立。中國人推翻了封建專制的統治，共和國誕生。這在中國歷史上是個偉大的革命事件，中國人民普天同慶，遠在美國的胡適無不歡欣鼓舞，到處演講相告。

當然，作爲一個留學生，胡適最關心的還是中國的教育、科學以及文化的現狀與發展的問題。由於長期的動盪不安、內憂外患，當時中國的教育、科技真可謂一片空白。因此，

---

109 樂黛雲〈重估“學衡” —— 兼論現代保守主義〉，見劉青峰編《歷史的反響》，頁 272。

110 《胡適留學日記》（1）（臺北：遠流出版事業股份有限公司，1986），頁 17。

胡適常與人討論要拯救中國的危亡局勢，最根本的辦法是應該從教育著手。在寄給許怡蓀的信中胡適就說，如其議論紛紛，「不如打定主意，從根本著手，爲祖國造不能忘之因。」那麼，什麼是不能忘之因呢？胡適認爲，「今日造因之道，首在樹人；樹人之道，端賴教育。故適近來別無奢望，但求歸國後能以一張苦口，一支禿筆，從事於社會教育，以爲百年樹人之際。」[111]這封信寫於 1 月 25 日的夜晚。實際上，「造因之道」並非是突發的靈感，在 1916 年 1 月 4 日的日記中胡適也記下了這方面的思索。他說：「吾常以爲今日國事壞敗，不可收拾，決非剜肉補瘡所能收效。要須打定主意，從根本下手，努力造因，庶猶有死灰復燃之一日。」[112]另外，胡適在同年 1 月 11 日的日記中，用英文寫了一篇〈論『造新因』〉的短文。可見，胡適的「造因之道」的想法是經過了一段時間的醞釀的。在胡適看來，教育是救國最根本的因，中國最首要的任務是要育人，認爲重視教育不但能提高國民素質，同時也能提高道德意識。胡適在 1913 年 10 月 8 日寫的〈道德觀念之變遷〉一文，就是這種思想的延續。在這篇文章中，胡適認爲道德水準的高低取決於人們所受教育水準的高低，如同進化論。首先他簡要敍述了不同國家有不同的道德準則，即便是同一國家，在不同時期道德觀念也不盡相同，道德觀念是遵循天演公理而演進的，其中胡適特別強調了教育的重要作用，他用蘇格拉底「知識者道德也」（Knowledge is

---

111 《胡適留學日記》（3）（臺北：遠流出版事業股份有限公司，1986），頁 240-241。

112 同上，頁 225。

virtue）的話來引出自己的結論，說「吾人但求知識之進，而道德觀念亦與之俱進，是故教育爲重也。」[113]同樣，在〈論充足的國防〉裏，胡適認爲加強國防並不在提高軍備或武器之要，最根本的方法則是：「興吾教育，開吾地藏，進吾文明，治吾內政，此對內之道也」。[114]胡適的觀點，明顯比當時許多人只注重加強國防能力的看法高遠，再次表現了他「好立異」個性。[115]1914 年 6 月，胡適與趙元任、胡明復、任鴻雋、楊杏佛等在美國發起「中國科學社」，以提倡科學，鼓吹實業，審定名詞，傳播知識爲宗旨，[116]並出版月刊，名曰《科學》，分中英文兩種，中文版在上海發行。這是我國第一個科學團體。他們鼓吹學術救國，利用《科學》雜誌向國內介紹留學生的情況及西方的科學知識。1915 年，胡適到波士頓出席 Boston Browning Society 會議，會議期間與哈佛等校同學會面敍談，其中討論了在中國建立國立大學、設立公共圖書館等設施的重要性。這些想法和提議後來胡適在《非留學篇》作了進一步的分析和強調，認爲中國是數千年的古國，東亞文明領袖，出洋留學不僅是不光彩的事情，而且費時傷財。在另一篇日記中，胡適就〈湘省一年之留學費〉的

---

113 《胡適留學日記》（1）（臺北：遠流出版事業股份有限公司，1986），頁 128。

114 《胡適留學日記》（2）（臺北：遠流出版事業股份有限公司，1986），頁 492。

115 胡適的見解往往與當時同學不同，因而許多人常譏笑他「好立異，以爲高」，胡適對此在日記中對自己的觀點有所說明。見《胡適留學日記》（3）（臺北：遠流出版事業股份有限公司，1986），頁 51。

116 同《胡適留學日記》，頁 241。

費用為例，說：「此一省所送已達此數，真駭人聞聽！」[117]在
胡適看來，送學生到外國留學是不得已的過渡時期的辦法，
且事倍功半，不是長久之計。最根本的辦法是國家要振興推
廣大學教育，「為吾國造一新文明」。在此篇文章中，胡適
還針對那些遊而不學或迷失於西方文明的人作了尖銳的批
評，勸他們在留學過程中樹立正確的心態，明白所肩負的責
任。這篇文章在當時留學生中引出很大的反響。

　　值得注意的是，胡適的「非留學論」並非反對留學、向
西方學習，而是主張像西方那樣，興辦大學教育，在學習西
方的同時應該「先周知我之精神與他之精神果何在？又須知
人與我相異之處果何在？然後可以取他人之長，補我所不
足。折衷新舊，貫通東西，以成一新中國之新文明。」[118]他
認為這才是當今中國之急。應該說，胡適的留學見解是非常
中肯和具體可行的。艾德華‧薩依德（Edward E. Said）曾提
出一個「雙重視角」（double perspective）的觀點，認為一
個旅居在外國的人「從不以孤立的方式來看事情。新國度的
一情一景必然因他聯想到舊國度的一情一景。就知識而言，
這意味著一種觀念或經驗總是對照著另一種觀念或經驗，因
而使得二者有時以新穎、不可預測的方式出現：從這種並置
中，得到更好、甚至更普遍的有關如何思考的看法。」[119]我

---

117 《胡適留學日記》（1）（臺北：遠流出版事業股份有限公司，
　　　1986），頁 148。
118 胡適〈非留學篇〉，見白吉安、劉燕雲邊《胡適教育論著選》
　　　（北京：人民教育出版社，1994）。
119 （美）艾德華‧薩依德（Edward E. Said）著，單德興譯《知識
　　　份子論》（臺北：麥田出版社，1997），頁 97-98。

們看到，薩依德所說的雙重視角，在胡適的〈非留學篇〉中
表現得十分明顯。

　　我們閱讀《胡適留學日記》，明顯可見胡適欲望教育救
國的思想軌跡的發展。胡適留學的首站是康奈爾大學。1911
年 9 月，胡適寫了《康奈爾君傳》，康奈爾是康奈爾大學的
創辦人，後人爲表彰他辦學的貢獻，故稱康奈爾大學，以此
紀念。胡適的《康奈爾君傳》是應「中國學生會之約」而作。
在胡適的描述中，康奈爾幼年家貧輟學，不得已到社會謀生，
後來從事電業而發了大財，成爲富翁。因爲早年失學的遺憾，
所以捐出鉅款辦學，這就是後來的康奈爾大學。胡適之所以
選擇寫康奈爾的傳記，我想這與他有感於康奈爾無私辦學的
精神以及他對中國教育現狀的思考密切相關。胡適在文章中
對康奈爾的辦學舉動倍加讚賞，認爲康奈爾「可謂豪傑之士
矣。」[120]胡適在這篇傳記中詳細敍述了康奈爾與白博士
（Andrew . D. White）商談辦學的經過，其中談到高等教育
時，白博士說：「至於高等教育，則知之者鮮矣，然無高等
教育，則教育必不能盡善。」這些話應該給胡適很大的啓發。
胡適後來在日記中多次探討中國辦大學的問題以及他決心獻
身教育的理想，不能不說受了這些觀念的影響。就 1915 年 2
月 20 日的日記而言，胡適記述了與英文教師亞丹先生（Prof.
J. Q.Adams, Jr.）的一次談話，日記開筆就一連寫了亞丹先生

120　胡適是很敬佩富翁爲國效力的高尚情操和遠見的，這類文章還
　　見〈善於施財之富翁〉，見《胡適留學日記》（2）（臺北：遠流
　　出版事業股份有限公司，1986），頁 249。〈「博學鐵匠」巴立
　　特〉（1）（臺北：遠流出版事業股份有限公司，1986），頁 129。

的兩個疑問句：「中國有大學乎？」，胡適無言以對。接著
又問：「京師大學如何？」胡適只能將所聞以對。接著記述
了白博士的看法，他說：「如中國欲保全固有之文明而創
造新文明，非有國家的大學不可。一國之大學，乃一國文學
思想之中心，無之則所謂新文學新知識皆無所富麗。國之先
務，莫大於是。」胡適將他最近在〈非留學篇〉中的主張告
之，白博士激勵贊許。然後白博士就談如何籌款、聘請教授，
並提出參考歐美著名大學的辦學方針，如康奈爾大學、哥倫
比亞大學、哈佛大學等。胡適對於白博士的這些見解是深有
感觸的，因而這篇日記的題名爲「國立大學之重要」，由此
可見其影響。[121]

小　結

　　總之，胡適的治學方法、新文學主張、現代教育慾望以
及現代婦女觀念，都直接反映了他的美國教育背景以及文化
旅程。美國人的家庭聚會、節日習俗、社交和生活方式，都
給胡適以文明的洗禮。同時，美國式政治集會、民主制度、
民主精神乃至民主的會議程式以及現代文明都使胡適心神嚮
往，並對他產生深遠的影響。胡適文學革命的「八大點」也
是他留美「文化場域」的產物，帶有「泥土味」的白話文一
經胡適以現代視野的辯解和提倡，終於走進得了雅文學的殿

---

121 《胡適留學日記》（3）（臺北：遠流出版事業股份有限公司，
　　1986），頁 4-5。

堂。胡適的學生唐德剛曾說，「論『摩登』則天下之摩登莫
摩登於『我的朋友胡適之』者已！」[122]這裏的「摩登」，在
我看來，高度濃縮和形象地說明瞭現代美國對胡適的影響。

---

122 轉引曠新年〈中國現代思想上的胡適〉，見《讀書》，2002 年
　　第 9 期，頁 39。

第十二章　徐志摩的美英遊記

　　相對於梁啓超、胡適的英美之旅，徐志摩的遊程則有趣味得多。尤其是徐志摩留學英國劍橋時，廣結文化名流、雲遊閒逛，日子過得輕鬆惬意。在英美所有的遊蹤中，劍橋給徐志摩留下很深的文化痕跡，對徐志摩產生很大的影響。徐志摩曾深情地把留學劍橋比作是一場「蜜甜」相遇。[1]徐志摩後來的詩作、藝術趣味以至生活情趣都反映出與劍橋文化的淵源關係。對此，本章以徐志摩的英美遊記爲研究文本，擬就從四個方面展開詳細分析。

第一節　美英遊蹤

　　徐志摩在 1914 年中學畢業，考入北京大學預科班，修學政治學。期間，拜梁啓超爲師。1818 年 8 月 14 日，徐志摩乘坐南京號輪，從上海啓程赴美留學。同行的有後來成名的汪精衛、朱家驊、李濟之[2]等人。徐志摩與當時許多有志青年

---

1 「蜜甜」之說見徐志摩〈吸煙與文化〉，見趙遐秋主編《徐志摩全集》（卷三）（南寧：廣西民族出版社，1991），頁 103。
2 徐志摩在留美日記或通訊中均稱李濟。

一樣，是抱著振興國家的豪情壯志而西行求學。他在航海的
途中寫給家人的一封信中說：「……今棄祖國五萬里，違父
母之養，入異俗之城，舍安樂而耽勞苦，固未嘗不痛心欲泣，
而卒不得已者，將以忍小劇而克大緒也。恥德業之不立，遑
恤斯須之辛苦，悼邦國之殄瘁，敢戀晨昏之小節，劉子舞劍，
良有已也。祖生擊楫，豈徒然哉？……垂髫之年，輒抵掌慷
慨，以破浪乘風為人生至樂，今自出海以來，身之所曆，目
之所觸，皆足悲哭嗚咽，不自知涕之何從也，而何有於樂？」
[3]徐志摩抵達美國後，入克拉克大學（Clark University）歷史
系，修讀科目有：

　　　　歐洲現代史（半年）

　　　　十九世紀歐洲社會政治學（一年）

　　　　一七八九年後的國家主義、軍國主義、外交及國際政
　　　　治（一年）

　　　　商業管理（半年）

　　　　勞工問題（一年）

　　　　兩門法文課程（共一年半）

　　　　一科西班牙文（一年）

　　　　一科心理學（半年）

　　　　兩科社會學（共一年半）[4]

　　徐志摩在克拉克大學讀書時曾參加康乃爾（Cornell
University）大學夏令班修了四個學分，達到了克拉克大學的
要求，在 1919 年冬季畢業，取得一等榮譽學位。據梁錫華講，

---

3 《徐志摩全集》（第 8 冊）（上海：上海書店），頁 8。
4 梁錫華《徐志摩新傳》（臺北：聯經出版社，1979），頁 4-5。

李濟曾告訴他徐志摩初到美國時英文不佳，但因爲他十分努力苦學，固進步神速。[5]從徐志摩的留美日記看，徐志摩確實在課業上十分用功。即便身體偶有不適曠課，心裏也感到非常不安。初到美國時，徐志摩與同宿舍同學李濟等共同立訂章程，以互相督促，發憤向上。他們立誓每早六時起身，七時朝會（激發癡心），晚唱國歌，十時半歸寢，日間勤學而外，還要運動跑步閱報。徐志摩還參加了克拉克大學學生陸軍訓練團受軍事訓練，不久後，和李濟連袂前往哈佛大學參加中國同學的「國防會」，並在這次活動中認識了吳宓、趙元任、梅光迪等中國留學生。國防會的情況，吳宓後來也有回憶：

> 我住在哈佛大學宿舍 Thayer Hall 三十五號室。同房住的，是尹寰樞（字任先），是中國國防會的副會長；我們的住室便是國防辦公和職員會議的地方。我那時十分愛國，日夜勞忙，和鄭萊、陳宏振等一般朋友，幫助尹君辦理會務；一面又要打電報到巴黎阻止中國和會代表簽字；一面又要在美國報上寫登文章；一面又要參與中國留美學生會的事情，討論某案，彈劾某人，真是忙個不休，十分起勁……就在那時，我初和志摩認識。一日，有克拉克大學的兩位中國學生，來加入國防會；其中一位李濟（濟之），另一位便是徐章垿，字志摩。照例簽名註冊之後，大家便暢談國事

---

5 同上，頁5。

和外交政治等。[6]

1919 年底，徐志摩在取得了克拉克大學一等榮譽學位後，來到紐約的哥倫比亞大學經濟系攻讀碩士學位。[7]從他的留學日記以及寫給他人的通訊可以看出，徐志摩對政治、社會等問題頗感興趣，因而畢業論文選題爲《論中國婦女的地位》（The Status of Women in China）。徐志摩在學習上依舊十分刻苦，在致李濟的信中說（當時李濟仍在克拉克大學攻讀人類學的學位）：「今大考忽臨，頓教忙措。案頭山積，故習複來，殊可哂也。」[8]又說：「我近來做了些中文，關於社會主義，想登《政學從報》的，抄寫得真苦，臂膀也酸了，指頭也腫了。」[9]徐志摩在美國時，還有過一段勤工儉學的經歷。也許是爲了體驗一下打工的生活，他曾在喬治湖畔的一家餐廳打過工。他的職務是打雜，每天推著飯車，在廚房和餐廳間來來回回，不時口裏吹著歌，迎著和風，別有一番體味。不過，有一次不知怎的，車翻了，碗碟刀叉都跌了下來，摔得粉粹。徐志摩感到惶恐不安，後來得虧一位西班牙人幫忙，幫他把碎屑弄到陰溝裏去，當時徐志摩的兩手被弄得滿

---

6 吳宓〈徐志摩與雪萊〉，見《宇宙風》第 12 期（1936 年 3 月 1 日）。

7 韓石山在《徐志摩傳》中說是攻讀政治系，但梁錫華在《徐志摩新傳》中言讀經濟學系。筆者沿用梁之說，因爲梁氏在寫徐志摩的傳記前到過美國，查過徐志摩的留學檔案，走訪過與徐志摩當時的同學，如李濟等。比較二者，梁說較有依據，故從之。

8 1920 年 1 月 14 日寫給李濟的信，見趙遐秋主編《徐志摩全集》（卷一）（南寧：廣西民族出版社，1991），頁 158。

9 〈徐志摩致李濟的信〉，見趙遐秋主編《徐志摩全集》（卷五）（南寧：廣西民族出版社，1991），頁 163。

是鮮血。[10]

　　徐志摩在美國留學的時候，讀過羅梭（B. Russell，通譯作羅素）[11]的著作，如《往自由的路》（*Roads to freedom: socialism anarchism and Syndicalism*）、《政治理想》（*Political ideals*），因而對羅素的思想深感興趣，在 1920 年 9 月 24 日乘上前往英國的輪船打算到劍橋大學「從羅梭」讀書。不料徐志摩到英國後才始知羅素因離婚之事被劍橋除名，只好在倫敦大學經濟學院跟名教授拉斯科（Harold Laski）念博士。不久，徐志摩認識林長民、林徽因父女，林徽因當時隨父親在倫敦念書。徐志摩見到林徽因後，就陷入到戀愛之中。他幾乎是對林徽因一見傾心。但徐志摩早已結婚，而林徽因只有 16 歲。後來林長民到歐洲大陸遊歷，林徽因離開倫敦到蘇格蘭念書。因爲對林徽因的迷戀，徐志摩不免在課業上分散了精力，據說很少上課。[12]徐志摩在苦悶之際，認識了狄更生（Goldsworthy Lowes Dickinson），經他介紹到劍橋大學作特別生，隨意選擇聽課。在劍橋後不久，徐志摩接來夫人張幼儀，他們在劍橋不遠的沙士頓租房住下。因爲對林徽因一往情深，徐志摩對妻子十分疏遠冷淡，甚至丟下已懷孕的妻子，一個人悄悄來到劍橋住下。不久後終於如願與張幼儀簽字離婚。

10　韓石山《徐志摩傳》（北京：北京十月文藝出版社，2001），頁 61。
11　通譯羅素（1872-1970），英國哲學家、邏輯學家，1921 年曾來中國講學。徐志摩在有關文章中時譯爲羅梭，時又譯爲羅素。因而此文的羅素、羅梭指同一個人。
12　梁錫華《徐志摩新傳》（臺北：聯經出版社，1979），頁 9。

　　從此，徐志摩開始了康橋[13]的真正生活。他依著狄更生的面子，不用上課作論文，日子過得十分輕鬆快樂。在劍橋，徐志摩也結識了許多英國文人名士，開了眼界，受了啓發，興趣從此轉向了文學方面，開始了「分行的抒寫」。就在要轉爲劍橋正式生的當兒，徐志摩卻突然決定回國，1922 年 8 月，徐志摩踏上了回國的航程。

第二節　美英日記：私密敘述與 家國社會紋理之交織

留美日記

　　徐志摩在美國留學時勤於記日記，即便當天有事耽擱了寫日記，隔天后也會抽空補寫。《留美日記》實際上也收入了徐志摩一些記寫遊玩觀感的遊記散文。徐志摩的《留美日記》後來得以出版，見之於讀者，還有一段曲折的經歷。徐志摩在 1931 年 11 月 19 日搭飛機罹難後，《留美日記》保存在他的故鄉海寧乾河街的新宅內。日軍侵略中國時，徐志摩家的新宅成了日軍住硤（海寧）的辦事處。當時有個日本憲兵岡崎國光，因爲從事新聞工作，知道徐志摩在中國文學史上的地位，所以他去海甯徐志摩的家時，拿走了徐志摩的《留

---

13 康橋，Cambridge, 是劍橋大學的簡稱。

美日記》及《府中日記》。岡崎國光回到日本後，將這兩冊日記送給日本中國文學研究會的松枝茂夫，之後，松枝茂夫又轉給專修大學的齋藤教授。直到中日建交後，齋藤以日本社會科學家友好訪華團副團長的身份來到中國，並主動將這兩冊徐志摩的日記送還給中國對外友協。中國對外友協又將日記交到文物管理局外事處。外事處物歸原主，將日記交給徐志摩在美國的兒子徐積鍇保管。徐積鍇晚年又將日記的影印本寄給徐志摩的表妹夫陳從周先生，陳從周是上海同濟大學教授。陳從周如獲至寶，曾寫過〈徐志摩日記的發現〉一文，收入他的隨筆集《簾青集》[14]。後來陳從周喪妻失子，自己也不幸癱瘓，不久逝世。這兩部日記又由陳從周的長女陳勝吾保管。2001 年虞坤林先生到上海陳老先生家尋訪徐志摩的有關史料，陳勝吾捧出日記，征得其同意，虞坤林複印了這兩冊日記，並整理列印，在 2003 年 1 月由北京圖書館出版社出版。徐志摩的《留美日記》不僅對於研究他在美國的留學生活至爲關鍵，而且，對於研究徐志摩留學英國的生活也是一個非常重要的參照點。我們常見這樣的說法，認爲徐志摩從美國轉到英國，是他人生的一個重大的轉捩點。這話何以見得呢？無疑，《留美日記》就是一個最有說服力的見證。當然，徐志摩在有些文章如〈吸煙與文化（牛津）〉以及一些家信談到他留學美英的情況，評論者可依從這些作些比較論斷。但比較而言，《留美日記》就更爲私下，也就更具有真實性，對研究者而言，推論下據，就更爲客觀。

---

14 陳從周《簾青集》（上海：同濟大學出版社出版，1987）。

　　徐志摩的《留美日記》幾乎無所不談，信筆寫來，毫無修飾，這點與胡適的《留美日記》迥然不同。胡適寫日記似乎想到日後要發表的，選字造句較爲斟酌理性；徐志摩則不然，個人喜好性情顯露無遺，不作潤飾。徐志摩的《留美日記》，內容主要歸納爲下面三點：

1.在克拉克大學及哥倫比亞大學讀書買書的情況。

　　與在倫敦大學和劍橋大學留學情況相比，徐志摩在這兩所大學讀書十分勤奮，生活自律。如在十一月三日（乙未九月十一日已未）星期一的日記中言：「……統計學賽先生報告，華盛頓人口調查部需調查員。現習統計學，皆有資格請求。工約十二日薪百元。薪不足計，此機會能得實在經驗，必大裨益。下午無意遇見『談本』小姐，他告訴我上星期密先生要我們做的問題。我就幫著他一起做，一直做到四點過，總算做好了一問……五時與嚴下鎮取書（《營業大全》）。順路揚州吃飯。自到紐約以來，今日止已買書（新書）一百一十五冊，計價一百二十元奇。……琳琅滿架，致足喜也。」[15]又在十一月十二日（已未九月二十日戊辰）星期五中寫到買書的興奮心情：「……買書已成癖。康侯言下城有店，儲書甚富。欣然偕去，摸索二時，得書十三冊，共價九元，攜歸展玩，滿志躊躇。買書自不是壞事，有彰明較著的二大利益。其一買書愈多，奮學之心愈堅。其二因好書故，不浪費金錢……」[16]也許在一般讀者印象中，徐志摩是一個濃詞豔

---

15 徐志摩〈留美日記〉，見《徐志摩未刊日記》（外四種）（北京：北京圖書館出版社，2003），頁 129-130。
16 徐志摩〈留美日記〉，頁 135。

曲的人，再加上短短的生命歷程中就有兩次轟轟烈烈的、不要命的戀愛，就以為徐志摩是一個風流才子。其實不然，他是一個很能自律的人。徐志摩在八月六日（己未七月十一日庚寅）寫的一則日記就能說明這點：「……昨晚有女子唱極蕩褻，心為一動，但立時正襟危坐，只覺得一點性靈，上與明月繁星遙相照應，這耳目前一派笙歌色相，頓化浮雲。那時候有兩種心理上感動：第一是領悟到自負有作為的人，必定是莊敦立身，苦難生活，Take Life Serious！（認真對待生活）決計不可隨眾逐流，貶損威信；第二是想到心地光明，決計不可為外誘所籠罩……」[17]可見徐志摩對生活是極為嚴肅認真的。

2.記留學生活動以及與身邊同學交往之事和見聞

從徐志摩的《留美日記》看到，徐志摩在留美時積極參加留學生的活動，甚至在假期間不計路途遙遠以及花費，攜同學李濟等前往哈佛參加那邊中國同學舉辦的「國防會」。他還常與留美同學如楊蔭榆等討論教育等問題。這些會議的情況以及參與會議的同學，他在日記中作了較為詳細的描述，記事狀人，栩栩如生，讀來極為有趣。但徐志摩就是徐志摩，有一股「頑皮」勁兒，在記述這些活動中有時也對「小姐」們品頭論足、津津樂道。但其實並非全屬「輕佻之筆」，有些玩笑和隨著性情的份兒。

徐志摩在讀書之余，常與同學談天說地，有些瑣事或個人隱秘的私事在徐志摩的日記中有所記述，可見徐志摩在寫

---

17 徐志摩〈留美日記〉，頁 107-108。

日記時是沒想到要發表的。這裏列出的只是徐志摩《留美日記》的主要內容，其實它是非常豐富瑣細的。

3.對社會、國家及留學生社團的思考

然而，徐志摩在《留美日記》私密的敍述中也交織著對家國社會紋理的思考。與當時許多有志青年一樣，徐志摩到國外留學是為學好本領，以期回國後作一番大事業。所以，他們雖在國外，但總是關注著國內的事情。他們就中國的政治、國防、教育以及社會諸種問題常常開會討論，會議十分認真有準備。徐志摩的《留美日記》有多則日記就記述了這類活動情況。但這些活動也存在著一些不太好的現象，如「學生中秘密結社，風行一時」，有些拉幫結派，不團結的跡象。徐志摩對此作了分析，如在八月十二日（已未七月十七日丙申）星期二日記中說：「我一向信心，是在『合群』。按中國情形，我們留學生，都是將來的先鋒領袖。但是最後的成功，是在通力合作。」但是自利心、嫉妒心是破壞團結和群的大敵，「這就是國家發展的大障害」「⋯⋯照我看來，只有誠心，幹得去惡行。所以我的大志，就在（一）廣大自己的誠心，克制惡性；（二）用我的誠心，感動人家的誠心來克制惡性；（三）然後可以合群大成。」[18]徐志摩的這些話說得真摯憨直，體現了他性格單純的一面。在後來的生活中，徐志摩確實也做到了這些。此外，徐志摩在美國享受高度發達的物質文明時不忘祖國的貧窮落後，在七月二十日（已未六月二十三日癸酉）星期四日記中，就以家鄉為例，詳細地

---

18 徐志摩〈留美日記〉，見《徐志摩未刊日記》（外四種）（北京：北京圖書館出版社，2003），頁 110。

分析了衛生環境問題與人的疾病之間的關聯。[19]可見他對社會民生的關懷一面。他甚至在冰天冷凍的美國，一想到國內的受凍受冷的貧民，就「精神爲之一奮」，不再戰縮。[20]從這些來看，徐志摩在美國留學時是極有志向和理想。

留英日記

　　徐志摩在英國留學時也記有日記，在這按寫作地點而言，且稱作《留英日記》。《留英日記》至今沒有出版以饗讀者。這裏面充滿撲朔迷離之說。據說事情是這樣的，1925年徐志摩在赴歐旅遊前夕，提著一隻小箱子去凌叔華家，裏面有徐志摩的《留英日記》、未發表的詩文以及陸小曼的兩則日記。徐志摩平時將這些藏在箱內，秘不示人，故而，徐志摩稱此箱爲「八寶箱」。陸小曼、凌叔華也這麽沿用。徐志摩當時將八寶箱交給凌叔華時，還半開玩笑地對凌叔華說，如果他這次出國沒有回來，請凌叔華根據箱子裏的資料給他寫傳。4 個月後，徐志摩從歐洲平安回來，但並未從凌淑華處取走箱子。也許是顧慮八寶箱放在家中被陸小曼看到箱子裏的秘密，尤其是《留英日記》中的情感秘密。1931 年11 月徐志摩乘飛機遇難，八寶箱應該歸誰所有，就成了一個爭奪的焦點。八寶箱牽扯到的人物主要有凌叔華、陸小曼、林徽因、胡適。凌淑華是受徐志摩所托，認爲箱子的主人不在後應該遵守諾言，保留八寶箱，爲徐志摩作傳。即便要交

---

19 徐志摩〈留美日記〉，見《徐志摩未刊日記》（外四種）（北京：北京圖書館出版社，2003），頁 97-98。

20 徐志摩〈留美日記〉，頁 148。

出八寶箱，也應該交給徐志摩的夫人陸小曼。林徽因認爲八寶箱裏的《留英日記》，留在淩淑華處或交給陸小曼都會讓她難堪。在她看來，徐志摩當年在劍橋留學時棄妻熱切地追逐她，與她談婚論嫁，以徐志摩的性情來看，這些濃烈的情感必定會寫在日記中。林徽因認爲自己去向淩淑華要不會有結果，就搬出胡適的面子。胡適經過與淩淑華的多次交涉，最後淩淑華出於無奈只好全部交給胡適。胡適死後，有關人士在他的兩個保險箱並未看到徐志摩的《留英日記》。那麼，胡適當年果真將《留英日記》交給了林徽因？林徽因病逝於1955年，梁思成後來再婚，他的第二任妻子說找遍家中也沒找到八寶箱。這樣看來，八寶箱在哪兒就是一個迷了。

陸小曼處是肯定沒有的。陸小曼在徐志摩去世後就著手收集整理出版丈夫的遺著。1947 年 2 月，爲紀念徐志摩 50 壽辰，陸小曼收集家中舊有日記，編成一本《志摩日記》，在序中她很無奈地說：「其他日記倒還有幾本，可惜不在我處，別人不肯拿出來，我也沒有辦法，不然倒比這幾本精彩的多。」這「別人」就是胡適、林徽因等人了。如今，胡適、林徽因早已去世多年，八寶箱在哪兒呢？[21] 八寶箱中的《留英日記》記錄了徐志摩在英國的蹤跡和心路歷程，這樣純粹的「私生活」記錄對此文的研究至關重要。因爲，徐志摩有關英國的遊記散文，都是幾年後的回憶文章，回憶性的敍述往往帶有美化的情緒或遺忘掉了重要的地方，如有《留英日

---

21 參見韓石山〈八寶箱之謎〉，收入韓石山《尋訪林徽因》（北京：人民文學出版社，2002）。又見淩淑華在 1983 年 5 月 7 日寫給陳從周的信。

記》作比較，對研究者來說，就可看出其中的種種張力。

第三節　康橋遊記：記憶敘述與隱秘
視角中的英國嚮往之表述

　　徐志摩有關康橋的遊記主要有 1922 年創作的〈沙士頓重遊隨筆〉、〈康橋西野暮色〉、〈康橋晚照即景〉等紀遊詩，1926 年據回憶而作的〈我所知道的康橋〉及〈吸煙與文化〉，1928 年出國漫遊寫的〈再別康橋〉、其實早在 1920 年在英國劍橋大學研究生院讀書期間，徐志摩記有《留英日記》，有關康橋的記述必定不少，但這部日記至今不見公開，研究者也只得無奈暫擱一旁。對大多數中國人而言，康橋是因徐志摩而聞名的，因爲徐志摩，康橋被賦予了意義的色彩，成爲一道讓人傾往的豐麗景觀，正如所謂「尋常一樣窗前月，才有梅花便不同」。我們認爲，作家對一個地區的認識或描寫，帶有他的情感的主觀性。何況，徐志摩筆下的康橋，是記憶的圖像。但記憶並非是舊事的再現，「它包含一個創造性和建構性的過程」，它是「往事的新生」。[22]這就意味著感性在其中的運作。我們閱讀徐志摩的康橋遊記，發現裏面確實有一個情感線索。徐志摩曾在〈我所知道的康橋〉一文中坦言：「我這一生的周折，大都尋得出感情的線索。」[23]這

22　恩斯特・凱西勒《人論》（臺北：桂冠圖公司，1994），頁 76。
23　徐志摩〈我所知道的康橋〉，見趙遐秋主編《徐志摩全集》（卷三）（南寧：廣西民族出版社，1991），頁 106。

裏的感情線索是指徐志摩爲師從羅素而不惜拋棄哥倫比亞大學博士學位的誘惑來到英國。在我看來，這只是作者可以言說的部分，還有一個不可明說的隱含於文中的是一個情人視角，主導著作者記憶的敍述和情感表達。我們知道，徐志摩在倫敦認識林徽因，旋即就對她展開猛烈追求攻勢。林徽因回國後，他又毅然放棄來之不易的正規生的學位學習，追隨林徽因回國。後來徐志摩苦追不果而另娶妻子陸小曼，但徐志摩不久後就陷入婚姻的苦悶中。從這些英國遊記的寫作時間看，作者正處在現實婚戀的失望之中。在此情此景，作者憶述康橋既是對現實的逃離，也是重拾浪漫之舉。由此看來，徐志摩在對康橋的記憶書寫中就很容易以一個情人的視角，塗抹上愛戀和快樂的色彩。當然，徐志摩作爲一代青衿學子，又富家出身，翩翩浪漫，英國的文明富足尤其是劍橋帶著貴族氣的文化氛圍無疑對他具有吸引力，因而記憶書寫中免不了美化的色彩。由是概而括之，記憶中的主觀性、情感性、隱密性以及趣味性都使徐志摩在對康橋的描述中洋溢著快樂與嚮往之情。

迷情銷魂的遊蹤

　　徐志摩在 1920 年 10 月由美國來到英國。據他在文中所說，到英國是慕羅素之名，希望求學於他的名下。不料，羅素因離婚事件被劍橋大學除名，徐志摩最初的願望落空，不得已「在倫敦經濟學院裏混了半年，正感著悶想換路走的時候」，認識了狄更生（Goldsworthy Lowes Dickinson）先生，在他的幫助下，徐志摩成爲劍橋大學的特別生，隨意選科聽

講，「從此黑方巾、黑披袍的風光也被我占著了。」[24]最初，徐志摩在「離康橋六英里的鄉下叫沙士頓地方租了幾間小屋住下」，同居的有他從前的夫人張幼儀女士與郭虞裳。在回憶這段生活時，徐志摩說：「每天一早我坐街車（有時自行車）上學到晚回家。這樣的生活過了一個春，但我在康橋還只是個陌生人誰都不認識，康橋的生活，可以說完全不曾嘗著，我知道的只是一個圖書館，幾個課室，和三兩個吃便宜飯的茶食鋪子。」[25]從徐志摩的這段文字看，他似乎過的是「兩耳不聞窗外事，一心唯讀聖賢書」的日子，實際上，這段時間，徐志摩正經歷著情感的磨難，沉迷在對林徽因的熱戀中。徐志摩到倫敦兩個月就認識了風華正茂的林徽因，幾乎是一見鍾情，旋即對林徽因展開熱烈的追求。這點可見林徽因父親林長民在 1920 年 12 月 1 日寫給志摩的信：「足下用情之烈令人感悚，徽亦惶恐不知何以爲答，並無絲毫 mockery（嘲笑），想足下誤解了。」信末尾附言「徽徽問候」。[26]張幼儀的侄孫女張邦梅在《小腳與西服 —— 張幼儀與徐志摩的家變》（Bound Feet and Western Dress）一書中記述了張幼儀回憶當時她和徐志摩同住在沙士頓的情景說：「後來住在沙士頓的時候，看到他每天一吃完早飯就趕著出門理髮，而且那麼熱心地告訴我，我也不知道怎麼搞的，就猜到他這麼早離家，一定和那女朋友有關係。幾年以後，我才從郭君[27]

---

24 同上，頁 107。
25 徐志摩〈我所知道的康橋〉，見趙遐秋主編《徐志摩全集》（卷三）（南寧：廣西民族出版社，1991），頁 107。
26 韓石山《徐志摩傳》（北京：北京十月文藝出版社，2001），頁 44。
27 郭虞裳，當時與徐志摩夫婦同居一屋。

那兒得知徐志摩之所以每天早上趕忙去，的確是因為要和在倫敦的女朋友聯絡。他們用理髮店對街的雜貨鋪當他的地址，那時倫敦和沙士頓之間的郵件送得很快，所以徐志摩和他的女朋友至少每天都可以魚雁往返。」[28]

　　這段話是否捕風捉影？我們來看林徽音的有關記述便可知曉。1924 年，林徽因與梁思成到美國留學，兩人間時有鬧氣，也許這時林徽因會想起徐志摩的熱戀來。1927 年胡適到美國後與林徽因有過一次深切的交談。交談中可能牽扯到一些林徽因與徐志摩的「人事」，所以林徽因在 3 月 5 日寫給胡適的信中這樣說：「請你告訴志摩我這三年來寂寞受夠了，失望也愈多了現在到能在寂寞和失望中得到自慰和滿足。告訴他我絕對的不怪他，只有盼他原諒我從前種種的不瞭解。但是路遠隔膜誤會是所不免的，他也該原諒我。我昨天把他（徐志摩 — 筆者注）的舊信一一翻閱了。舊的志摩我現在真真透徹的明白了，但是過去，現在不必重提了我只求永遠紀念著。」[29]林徽因所說的「舊信」，應該大部分是徐志摩在劍橋寫給林徽因的信。因為徐志摩在 1922 年 10 月回國，這時林徽因已是梁思成未婚妻，且都在北京，儘管徐志摩還是一如既往熱切追逐林徽因，似乎不必要時時通過寫信。倒是兩人在英國時，徐志摩在劍橋大學，而林徽因有一段時間一人獨在倫敦，[30]癡男孤女頻頻通信實屬正常。這樣看來，

28　張邦梅《小腳與西服 —— 張幼儀與徐志摩的家變》（*Bound Feet and Western Dress*）（臺北：智庫股份有限公司，1996），頁 134。

29　梁從誡編《林徽因文集・文學卷》（天津：百花文藝出版社出版，1999），頁 318-319。

30　林徽因是在 1920 年春天隨父親林長民到倫敦，這年林徽因才

張幼儀所說的徐林「魚雁往來」則不是猜妒之言。後來，徐
志摩爲了林徽因，狠心拋下已懷孕三月的妻子，消聲隱匿於
劍橋。在「不告而別」一章，張邦梅記述了張幼儀這段痛苦
往事：「有一天，徐志摩就像他當初突如其來要求離婚那樣
忽然消失了。他第一天、第二天、甚至第三天沒有回家，我
都還以爲他可能是去倫敦看朋友了。陪我買菜的郭虞裳雖然
還住我家，可是連他也不知道徐志摩的行蹤。我的丈夫好像
就這樣不告而別了。……一個星期過完了，他還是不見人影。
郭君好像猜到事有蹊蹺，有天一大早便帶著箱子下樓說，他
也非離開不可了，說完就走。這時候，懷孕的身體負荷讓我
害怕。我要怎麼辦？徐志摩哪里去了？」[31]這段有關徐林張三
角戀愛並非無關緊要的插曲，而是分析討論有關徐志摩康橋
文字的關鍵。

　　帶著情人的視角，徐志摩回憶康橋是快樂的。快樂是徐
志摩英國遊記的基調。首先，快樂在於他有一顆戀愛的心。
徐志摩在康橋時，雖然與張幼儀已結婚幾年，但似乎並不感
到有什麼束縛和責任，他照樣可以輕鬆戀愛。徐志摩不滿意
於張幼儀，但張幼儀及其家人卻深愛著徐志摩。從張幼儀的
回憶文字看來，張幼儀與徐志摩之間的夫妻關係在開始就註
定不平等，對於張來說，徐被博學的哥哥們崇拜和喜愛，那
麼，徐就是一個值得愛的人。張幼儀回憶道：「以前我們只

---

16 歲。1921 年 6 月，林長民獨自赴歐洲大陸遊歷，小居瑞士。
　　此段時間，林徽因一人留在倫敦。
31 張邦梅《小腳與西服 —— 張幼儀與徐志摩的家變》（*Bound Feet
　　and Western Dress*）（臺北：智庫股份有限公司，1996），頁 139。

肯定四哥說的一件事：徐志摩寫了篇好文章。六哥回南翔以
後，我們對我未來的婆家有了進一步的認識，⋯⋯至於我未
來的丈夫是個什麼樣的人，六哥目光炯炯地說，他才氣縱橫、
前途無量。⋯⋯當然，我很高興聽到這個消息。我以爲自己
嫁了個和哥哥一樣思想前進卻不失傳統、擁有一個堅定價值
觀的男子」[32]；而對徐而言，這是父母之命，不可不聽。徐
志摩娶張幼儀爲妻，是爲了孝敬父母，在這點上張幼儀確實
做到了，並深得徐的父母喜愛。張幼儀與徐志摩在結婚 4 年
後去英國與徐志摩團聚，服侍徐志摩的生活起居，從她的回
憶文字看，應該說做到了沒有挑剔之處。但徐志摩要的不是
這樣的妻子，他求的是「靈魂之伴侶」。在徐志摩看來，林
徽因就是這個可依偎的「靈魂伴侶」。在徐志摩、林徽因都
在英國的時候，徐志摩可以絲毫不顧及妻子的感受，瘋狂追
逐林徽因，毫無心理負擔或內疚。在林徽因回國後，徐志摩
帶著與林相好的希望丟下懷孕的妻子，以迫其離婚。徐志摩
一人在康橋後，因爲懷抱愛情，心情十分快樂。在〈我所知
道的康橋〉，他說：「那年的秋季我一個人回到康橋，整整
有一學年，那時我才有機會接近真正的康橋生活，同時，我
也慢慢地『發見』了康橋。我不曾知道過更大的愉快。」[33]這
裏的「那年的秋天」就是指徐志摩丟下妻子後一個人來到康
橋的那個秋天。作者曾回味無窮地說：

32 張邦梅《小腳與西服 —— 張幼儀與徐志摩的家變》（*Bound Feet
and Western Dress*）（臺北：智庫股份有限公司，1996），頁 76。
33 徐志摩〈我所知道的康橋〉，見趙遐秋主編《徐志摩全集》（卷
三）（南寧：廣西民族出版社，1991），頁 107。

但我要沒有過康橋的日子，我就不會有這樣的自信。我這一輩子就只那一春，說也真可憐，算是不曾虛度。就只那一春，我的生活是自然的，是真愉快的！雖則碰巧那也是我最感受人生痛苦的時期。我那時有的是閒暇，有的是自由，有的是絕對單獨的機會。說也奇怪，竟像是第一次，我辨認了星月的光明，草的青，花的香，流水的殷勤。我能忘記那初春的睥睨嗎？曾經有多少個清晨我獨自冒著冷去薄霜鋪地的林子裏閒步 —— 為聽鳥語，為盼朝陽，為尋泥土裏漸次蘇醒的花草，為體會最微細最神妙的春信。[34]

不難看出，徐志摩在對康橋的記憶書寫隱含著甜蜜快樂的感覺。就〈我所知道的康橋〉而言，這是一篇富有悠閒情調的遊記散文。作者行筆舒緩自適，著意從內心的感受渲染帶有人文景色的美和自然的美，幾乎沒有涉及康橋的學術研究或教育規制。全文從四個部分憶述了作者當年在康橋散淡閒適的蹤影。第一部分交待到英國的情感線索。第二部分抒發「單獨」是一個耐人尋味的現象。第三和第四部分以濃墨重彩的手法描畫了康河的景致和風情。文筆自然流淌，色彩繽紛，情感豐沛，想像瑰麗，且極富有聽覺、視覺、嗅覺、觸覺，給人以溫柔的感動。

浪漫快樂的心遊

〈雨後看虹〉就是一篇快樂的記憶。徐志摩在文中回憶

---

34 同上，頁 112。

了在康橋雨後看虹的優美舒暢、浪漫情調的體驗。一天中午，
徐志摩正在房內看書，房東女孩跑來說要「打震」（閃電打
雷）。徐志摩望窗外一看，果然一片礦灰色，一陣陣的灰在
街心裏卷起，天空中堆起團團的雨雲，路上的行人都急忙往
家裏趕。徐志摩見狀，卻興奮騎車往校門跑去，途中經過溫
源寧的房間，敲開房門沖進去，拉著溫源寧就往外跑，說到
橋上去等著。溫源寧懵住不解，徐志摩興致萬分地說「看雨
後的虹去！」溫源寧聽了好笑說不去，並勸志摩把濕透的衣
服換下。徐志摩還沒聽完溫源寧的話，就奔出了屋外。剛到
校門口，天幾乎漆黑，雷聲已響。校門衛笑迎著說：「呀，
你來得正巧，再過一分鐘，你准讓陣雨漫透！」「我正為要
漫透而來的。」徐志摩興奮地說。果真，雨劈劈叭叭下起來
了，十分鐘後，下得越來越大，不一會兒，雷聲已停，雨也
漸漸停了下來，不久，奇景出現：西方天空沖出一片明霞，
宛如萬道金光，照在教堂和校友居的上面。這些高宇建築背
後及上空卻是一片深青，這樣就越顯得西天的霞光燦爛，彩
焰奔騰。徐志摩專注地瞧著這一切，不料一轉身看到一道色
彩絢麗的彩虹，不禁失聲驚叫了。[35]

　　從〈雨後看虹〉的憶述來看，徐志摩是一個性情浪漫的
人，對美的東西有激情，有觸覺，有一顆為美而感動的心。
另外，徐志摩在康橋有閒情的資本和時間。徐志摩的父親徐
申是個極為成功的商人，幾乎什麼生意都做，如經營錢莊、
發電廠、絲綢莊、梅醬廠等。因為徐家幾代住在硤石，故被

35　徐志摩〈雨後看虹〉，見趙遐秋主編《徐志摩全集》（卷四）（南
　　寧：廣西民族出版社，1991），頁 62-66。

人稱爲「硤石鉅子」。徐志摩是家中獨子，玩得起瀟灑，經得起浪漫。從徐志摩有關的回憶看，他在與英國名士交往時，往往出手大方，古玩字畫，在所不惜。如爲感謝狄更生的相助情誼，徐志摩把一部家藏的康熙五十六年版的《唐詩別裁集》送給狄更生；見曼殊斐兒，帶去一幅趙之謙（1829-1884，清代書畫家、篆刻家。）的「草書法畫梅」，一幅王覺斯（即王鐸 1592-1652，明末清初書法家。）的草書，一幅梁山舟（即梁同書 1723-1815，清代書法家。）的行書。徐志摩在英國時不需打工賺錢，又沒有課業的壓力，所以他有時間作趣味的品嘗和情感的漫步，因而生活是輕鬆寫意的。

康橋文化氛圍也給徐志摩生活帶來了快樂。在〈吸煙與文化〉一文中，作者就十分深情地表達了這樣的情緒。他說：

但我在康橋的日子可真是享福，深怕這輩子再也得不到那樣蜜甜的機會了。我不敢說康橋給了我多少學問或是教會了我什麼。我不敢說受了康橋的洗禮，一個人就會變氣息，脫凡胎。我敢說的只是 —— 就我個人說，我的眼是康橋教我睜的，我的求知慾是康橋給我撥動的，我的自我的意識是康橋給我胚胎的。我在美國有整兩年，在英國也算是整兩年。在美國我忙的是上課，聽講，寫考卷，齦橡皮糖，看電影，賭咒，在康橋我忙的是散步，划船，騎自轉車，抽煙，閒談，吃五點鐘茶，牛油烤餅，看閒書。如其我到美國的時候是一個不含糊的草包，我離開自由神的時候也還是那原封沒有動；但如其我在美國時候不曾通竅，我在康橋的日子至少自己明白了原先只是一肚子顢頇。這

　　　　分別不能算小。[36]

　　從這段文字看來，徐志摩在英國忙的是散步、吸煙、閒談、喝茶、騎自行車、划船等，在徐志摩眼裏，這就是英國文化，雖然帶著貴族閒適的趣味，但卻開啓性靈，感知美與生活情調。徐志摩認爲這是「有活氣的文化。」他說：「我們也得承認牛津或是康橋至少是一個十分可羨慕的學府，它們是英國文化生活的娘胎。多少偉大的政治家、學者、詩人、藝術家、科學家，是這兩個學府的產兒 —— 煙味兒給熏出來的。」[37]不管我們是否贊同徐志摩的觀點，卻是他個人的留學體驗，帶著個人見證的說服力。也許在徐志摩看來，這種文化帶有「自由精神」，與那種死板的、機械性、買辦性的教育更能給人薰陶與教化。從這個角度分析，作者並非是在提倡學生吸煙、閒談，而是欣賞吸煙、閒談背後的一種文化氛圍，一種隱含在其中的自由平等的「人文精神」。這樣看來，吸煙、閒談等已超越了常規意義而成爲了一種精神象徵。爲了說明人文氛圍對個人的性靈的啓發和人格的薰染，從煙鬥裏「抽得出文化真髓來」，徐志摩在這裏還特意把英美的文化教育作一番比較，以說明美國的文化教育是死板的、機械性、買辦性的教育制度，不利於心智的開啓與發展；而英國的文化教育則適宜於心智的自由發展和人格教育。所以徐志摩深有體會地說「我的眼是康橋教我睜的，我的求知慾是

---

36 徐志摩〈吸煙與文化〉，見趙遐秋主編《徐志摩全集》（卷三）（南寧：廣西民族出版社，1991），頁 103-104。
37 徐志摩〈吸煙與文化〉，見趙遐秋主編《徐志摩全集》（卷三）（南寧：廣西民族出版社，1991），頁 103。

康橋給我撥動的，我的自我意識是康橋給我胚胎的。」[38]徐志摩將筆鋒一轉，針對中國當時教育思想的混亂現象，認爲應該丟棄急於功利的心態，這樣就能擺脫那些死板的、機械性的教育方案。在向外看時，應該學學康橋和牛津的教育理念；在向內看時，則可恢復古代的書院制度。在徐志摩看來，中國古代那種書院制度，師生在一個非功利的、絕對閒適的環境中相互問答，類似禪林講學，精神得到互動、心靈得到開啓。這種書院制度的精神，才利於人格的教育，才是真正的、純粹的教育。

如果說〈我所知道的康橋〉是一篇記英國校園風景的遊記，那麼，〈吸煙與文化（牛津）〉是一篇記英國校園文化教育的遊記。在這兩篇遊記中，徐志摩以文氣充沛的筆墨，寫景抒情、記事說理，都明顯表達了對英國的緬懷與嚮往。在我看來，徐志摩對康橋的情結與他的詩人氣質是分不開的。他嚮往的是「草青人遠，一流冷潤」的人文境界，[39]他崇尚愛、自由、美的人生哲學，主張「詩化生活」，把人生藝術化、理想化，這些都是詩人的「赤子之心」的反映。所以，我們說，他對英國學院風景、教育精神的追述和憧憬，可說是他把生活藝術化、一種「浪漫的思鄉病」。

徐志摩成功地融入英國的文人紳士社會，也給他的康橋生活帶來融融快樂。據梁錫華說，徐志摩當時在康橋的朋友瑞玦慈（I.A.Richards）寫信告訴他：說徐志摩經常穿中國長

---

38 同上。
39 徐志摩〈致胡適〉（1927 年 1 月 7 日），見郡強編《徐志摩研究資料》（西安：山西人民出版社，1988），頁 188。

袍飄然出入眾學院間，也經常手寫中國書畫手卷，跟老師同
學們高談闊論；還說徐志摩朋友滿劍橋，特別在皇家學院，
他成了一個有相當名氣的人物。[40]就徐志摩的康橋文字而
言，無論是〈我所知道的康橋〉，還是回憶與這些文學大師
會面的文字，愉快的情緒是很顯明的。與同時期留學歐美的
中國學生相比，徐志摩融入西方社會是最自如的一個，甚至
後來者如在美國出身的華裔還自歎不如。張邦梅就說：「我
認爲徐志摩擁有東西方最優秀的特質，很羨慕他能如此融入
西方世界，他融入得比我這個成長於西方的人要好。」[41]具
體說，徐志摩是完全地走入了英國的「名士」社會，還在美
國的時候，從他的留美日記看，社交範圍主要還是同時留美
的中國同學，到英國後，整個人就變了個樣兒。在 1920 年
11 月 26 日寫給父母的信中興奮地說：「更有一事爲大人所
樂聞者，即兒自到倫敦以來，頓覺性靈益發開展，求學興味
益深，庶幾有成，其在此乎？兒尤喜與英國名士交接，得益
倍蓰，真所謂學不完的聰明。兒過一年始覺一年之過法不妥，
以前初到美國，回首從前教育腐朽，到紐約後，回首第一年
如虛度，今複悔去年之未算用，大概下半年又是一種進步之
表現，要可惜也。」[42]徐志摩在寫這封家書時到英國還不到
兩個月，就感到在英國的社交生活如魚得水。我們從徐志摩
與英國名流交接的記述來看，如〈曼殊斐爾〉、〈謁見哈代的

---

40 梁錫華《徐志摩新傳》（臺北：聯經出版社，1979），頁 30。
41 張邦梅《小腳與西服 —— 張幼儀與徐志摩的家變》(*Bound Feet and Western Dress*)（臺北：智庫股份有限公司，1996），頁 125。
42 〈徐志摩致父母的信〉，見趙遐秋主編《徐志摩全集》（卷五）
   （南寧：廣西民族出版社，1991），頁 6。

一個下午〉，他完全沒有自卑感，且極有信心、興趣和耐心
在英國文人圈交往，這個圈幾乎全是成名文人，如著名作家
威爾士（H.G.Well）、漢學家魏雷（Arthur Waley）、文學評
論家李察斯（I.A.Richards）、大作家曼殊斐兒（Katherine
Mansfield）以及ACthenaeum[43]的總主筆、詩人、著名的評論
家，也是曼殊斐兒一生最後十年間最密切的伴侶麥雷（John
Middleton Murry）、著名作家哈代（T.Hardy 1840-1928），
如果繼續列舉下去，則是一串長長的名單。徐志摩與常與這
些名流漫步、喝茶、坐咖啡、泡酒吧，有時被邀至家宴閒聊，
愜意非常，閒談話題當然離不開文學。張幼儀在回憶與徐志
摩在康橋的生活時就談到徐志摩與洋人交往的快樂神情：

> 有一次，他（指徐志摩 —— 筆者注）把一個名叫狄更
> 生（Goldsworthy Lowes Dickinson）的人帶回家，我
> 知道狄更生是安排徐志摩到康橋大學讀書的人之一。
> 當他用英文和狄更生交談時，他的確活在一個不同的
> 世界。跟狄更生和其他外國人在一起的徐志摩與平時
> 是不一樣的，他是那麼樣的快活。徐志摩以"goldie"
> 昵稱狄更生，他和朋友在一起的時候雖然總是歡天喜
> 地的，可是好像對狄更生情有獨鐘，繞著他手舞足蹈，
> 興奮異常。我只看過他們兩人在一起一次，就能判斷
> 徐志摩崇拜狄更生。我看到他神采奕奕，聲音飛揚，
> 肢體動得迅速又奔放。[44]

---

43 即《雅典娜神廟》雜誌，創刊於1928年，十九世紀一直是英國
   頗有權威的文藝刊物。
44 張邦梅《小腳與西服 —— 張幼儀與徐志摩的家變》（*Bound Feet
   and Western Dress*）（臺北：智庫股份有限公司，1996），頁112。

　　張幼儀的描述應該是很生動逼真，從徐志摩的文字來看，他確實非常崇拜狄更生。據說，每當狄更生在劍橋的皇家學院時，徐志摩就常在狄更生的套房內閑坐聊天；即便不在時，徐志摩有時仍然回到他的宿舍門外呆坐神思，有時一呆就是幾個小時。[45]但是，徐志摩與這些名士交往並非總是如其願望、一路順暢。例如，在會曼殊斐兒之前，徐志摩就做足了「功課」，不僅多次去信求見，還與曼殊斐兒的同居男友麥雷（John Middleton Murry）喝茶聊天、漫談俄國文學（因爲曼殊斐兒最愛契訶夫）。得到允許後，懷著萬分激動的心情冒雨前去會見，不料麥雷卻說曼殊斐兒病重不宜下樓見客。但實際上有好幾人去樓上見了曼殊斐兒。正待失望之際，才得到許可「可以上樓去見她」，這前後的過程不過二十分鐘。又如謁見哈代，更是被怠慢、冷視，在徐志摩的描述中，哈代是個怪異嗇刻的老頭兒，對慕名遠道而來的徐志摩，不僅拒絕拍照留念，而且茶也不請他喝一杯，甚至在徐志摩請求一點紀念品時，哈代只從自己花園裏摘幾朵花送他敷衍完事。但是，對於這些冷遇，徐志摩似乎絲毫沒有受挫之感。他後來撰文悼念曼殊斐兒，說那次會面是「二十分鐘不死的時間」，並用極其美妙的文字描述曼殊斐兒的「仙姿靈態」，並說自己「像受了催眠似的，只是癡對她神靈的妙眼」。[46]這些帶著誇張的描述，被笑爲在製造神話。[47]而在我

---

45 梁錫華《徐志摩新傳》（臺北：聯經出版社，1979），頁 25。

46 徐志摩〈曼殊斐兒〉，見趙遐秋主編《徐志摩全集》（卷二）（南寧：廣西民族出版社，1991），頁 199。

47 趙毅衡〈徐志摩：最適應西方的中國文人〉，見趙毅衡《對岸的誘惑》（北京：知識出版社，2003），頁 10-15。

看來則出於英雄崇拜心理。在徐志摩心中，可說聳立著一座
「英雄的高山」，他有不少散文就描寫了他所崇拜的文化英
雄，如〈拜倫〉、〈泰戈爾來華〉、〈濟慈的夜鶯歌〉、〈丹農雪
烏的小說〉等。在記遊見哈代一文中，徐志摩就袒露了自己
有崇拜文化名人為英雄的心理。在他看來，曼殊斐兒、哈代
等名人就是造就文化的英雄，雖則會面艱難、時間短暫，但
對一個未成名的文學青年，則是莫大的榮幸。徐志摩說：

> 我不諱我的「英雄崇拜」。山，我們愛踹高的；人，
> 我們為什麼不願意接近大的？但接近大人物正如爬高
> 山，往往是一件費勁的事；你不僅得有熱心，你還得
> 有耐心。半道上力乏是意中事，草間的刺也許拉破你
> 的皮膚，但是你想一想登臨危峰時的愉快！真怪，山
> 是有高的，人是有不凡的！我見曼殊斐兒，比方說，
> 只不過二十分鐘模樣的談話，但我怎麼能形容我那時
> 在美的神奇的啟示中的全生的震盪？
>
> 我與你雖僅一度相見——
>
> 但那二十分不死的時間
>
> 果然，要不是那一次巧合的相見，我這一輩子就永遠
> 見不著她——會面後不到六個月她就死了。自此我益
> 發堅持我英雄崇拜的勢利，在我有力量能爬的時候，
> 總不教放過一個「登高」的機會。我去年到歐洲完全
> 是一次「感情作用的旅行」；我去是為泰戈爾、順便
> 我想去多瞻仰幾個英雄。我想見法國的羅曼羅蘭；義

大利的丹農雪烏、英國的哈代。但我只見著了哈代。[48]

徐志摩的這段文字寫得極為坦白率真，一些揣測似乎顯得有些俗氣。雖然徐志摩會見曼殊斐兒只有二十分鐘時間、會面哈代也不及一小時，但他說：「在余小子已算是莫大的榮幸，不能不記下一些蹤跡。」[49]而且，徐志摩出身富家，翩翩公子，性情雅致，極有品味。英國文化人的風度氣質、風流閒適、文學才情以及精神趣味應該極與他的口味相投，因而，徐志摩一到英國，就感到與英國的人文環境極度融合。所以，徐志摩拜會英國名人的記述，就不是矯情造作，而是回味與大師會宴的極品。

第四節　尋夢：追憶於康橋的成長

詩人的成長

徐志摩在對康橋的憶述中表達了十分感恩情懷，認為康橋開啓了他的性靈，使他開始了人生的省悟與轉折。

徐志摩曾說，「在二十四歲以前，詩，無論新舊，與我是完全沒有相干。」[50]徐志摩寫詩作文是到英國以後的事。徐志摩最初到美國留學，是抱著實業救國的理想，希望學有

---

48 〈謁見哈代的一個下午〉，見趙遐秋主編《徐志摩全集》（卷四）（南寧：廣西民族出版社，1991），頁 597。
49 同上。
50 〈猛虎集·序言〉，見趙遐秋主編《徐志摩全集》（卷一）（南寧：廣西民族出版社，1991），頁 180。

所成後進入金融界，做一個中國的漢密爾頓（Alexander Hamilton），[51]因而，徐志摩留美時熱情放在政治、經濟方面。從徐志摩相關的記述來看，在美國他是一個勤奮用功的學生，但也是一個懵懂還未開竅的學生。可是徐志摩在英國則完全不同，雖然隨意東聽聽課、西聽聽課，好多閒暇，心智卻得到自由的發展，靈魂也開了竅。他深情地說：「我的眼是康橋教我睜的，我的求知慾是康橋給我撥動的，我的自我的意識是康橋給我胚胎的。」[52]從後來的情況看，徐志摩沒有如初所願，成為一名經濟學家，卻成為一個著名的詩人。這不能不說與他在康橋的際遇與造化有密切的關聯。

正是康橋，開啟了詩人的性靈，喚醒了久蟄在他心中的詩人的天命，詩情如山洪暴發。他這樣寫道：

> 只有一個時期我的詩情真有些像是山洪爆發，不分方向的亂沖。那就是我最早寫詩那半年，生命受了一種偉大力量的震撼，什麼半成熟的未成熟的意念都在指顧間散作繽紛的花雨。我那時是絕無依傍，也不知顧慮，心頭有什麼鬱積，就付託腕底胡亂給爬梳了去，救命似的迫切，哪還顧得了什麼美醜！[53]

這是徐志摩作為詩人的開始。我們常說，人是環境的作品。英國，尤其是劍橋，文風濃厚。徐志摩在那裏與文學名士的接觸和深交，各種思想、文學、藝術等，幾乎無所不談，

---

51 美國歷史上的政治家，曾任華盛頓的秘書、財政部長。
52 徐志摩〈吸煙與文化〉，見趙遐秋主編《徐志摩全集》（卷三）（南寧：廣西民族出版社，1991），頁 103。
53 〈猛虎集·序言〉，見趙遐秋主編《徐志摩全集》（卷一）（南寧：廣西民族出版社，1991），頁 181。

徐志摩從中無疑會受到啓發和震撼，再加上他本身具備深厚
的文學功底，作詩弄文也是情勢使然。另外，徐志摩對林徽
因的熱切戀情，得不到相應的回音，讓他痛苦萬分而又無法
自拔。這種苦悶憂愁的日子，帶來詩情的迸發。他後來在回
憶這段生活時說：「整十年前我吹著了一陣奇異的風，也許
照著了什麼奇異的月色，從此起我的思想就傾向於分行的抒
寫。一份深刻的憂鬱占定了我；這憂鬱，我信，竟於漸漸的
潛化了我的氣質。」[54]徐志摩在康橋寫的詩，如〈草上的露
珠兒〉、〈春〉等，回國後才發表。

　　其實，戀愛的憂鬱並沒有影響徐志摩在康橋快樂的生
活。除了熱衷結識名士、積極參加校園活動外，他在康橋的
自然景色中流連忘返。徐志摩自稱是個自然的崇拜者。劍橋
的自然景色，尤其是那一流清淺的康河，安撫著他的心靈。
另外，徐志摩結識的文學名士中，大多是自然的崇拜者。如
曼殊斐兒，反傳統、愛自由，崇尙自然，浸染了徐志摩的心
靈；又如，羅素對大自然的傾慕，也撥動了徐志摩靈魂之弦。
在〈我所知道的康橋〉中，徐志摩就動情地抒發對大自然的
熱愛。他這樣寫道：

> 我是一個生命的信仰者，我信生活決不是我們大多數
> 人僅僅從自身經驗推得的那樣暗慘。我們的病根是在
> 「忘本」。人是自然的產兒，就比枝頭的花與鳥是自
> 然的產兒；但我們不幸是文明人，入世深似一天，離
> 自然遠似一天。離開了泥土的花草，離開了水的魚，

---

54 同上，頁180。

能快活嗎？能生存嗎？從大自然，我們取得我們的生命；從大自然，我們應分取得我們繼續的資養。哪一株婆娑的大木沒有盤錯的根柢深入在無盡藏的地裏？我們是永遠不能獨立的。有幸福是永遠不離母親撫育的孩子，有健康是永遠接近自然的人們。不必一定與鹿豕遊，不必一定回「洞府」去；為醫治我們當前生活的枯窘，只要「不完全遺忘自然」一張輕淡的藥方我們的病象就有緩和的希望。在青草裏打幾個滾，到海水裏洗幾次浴，到高處去看幾次朝霞與晚照 —— 你肩背上的負擔就會輕鬆了去的。[55]

　　康橋的自然美景造化著徐志摩，志摩也從康橋的自然受到啟發、獲得詩作的靈感，如他自己所言「我心我智，方始經爬梳洗滌，靈苗隨春草怒生。」[56]他用一支生花之筆，創造了康橋之美。他所吟詠康橋，文字自然，華美流暢，最能表現徐志摩飄逸、活潑靈活，灑脫自如，奔放蓬勃的性情。康橋是徐志摩的靈魂之鄉，精神之所。康橋成為〉他反復吟詠的主旋律。如〈我所知道的康橋〉、〈夜〉、〈康橋再會吧〉、《再別康橋》、〈康橋西野暮色〉及〈康橋晚照即景〉等等，有些成為中國文學的經典，廣為吟誦。郁達夫曾把徐志摩一類的散文家寫作的散文，歸結為「帶有自敘傳的色彩」。[57]對徐志摩而言，有關康橋的遊記散文都是他個人留

55　徐志摩〈我所知道的康橋〉，見趙遐秋主編《徐志摩全集》（卷三）（南寧：廣西民族出版社，1991），頁122。

56　〈康橋再會吧〉，見趙遐秋主編《徐志摩全集》（卷一）（南寧：廣西民族出版社，1991），頁368。

57　郁達夫〈中國新文學大系·散文二集導言〉，見盧今、範橋編《郁

學經驗、情感、信仰、趣味等的反映。徐志摩不僅深受康橋
周圍思想文化氣氛的薰陶，接受了康橋文化的洗禮，還在康
橋的自然美景中，發現了人的靈性，找到了精神的依戀。在
我看來，康橋，在徐志摩，不僅遊記的是一個留學的地方，
它更是作爲現代喧囂繁雜生活之外的一方靈魂的幽靜之所而
存在於詩人心中。所以，我們看到他的康橋的文字寫的是大
自然，是美，是愛，是和諧。徐志摩曾就坦然說過：「我但
自喜樓高車快的文明，不曾將我的心靈汙抹」，慶倖自己雖
然生活在現代都市里，但心靈仍保持著自然單純的天性。康
橋和悅寧靜的環境、聖潔歡樂的氛圍，與徐志摩的精神極爲
契合，這就是爲什麼徐志摩神往於康橋，「在夢的輕波里依
洄」迷醉的原因所在。

人生領悟

胡適在〈追悼志摩〉一文裏曾經對志摩的理想作過這樣
的概括：「他的人生觀真是一種『單純信仰』，這裏面只有
三個大字：一個是愛、一個是自由、一個是美。他夢想這三
個理想的條件能夠會合於一個人生裏。」[58]徐志摩的「單純
信仰」無不來源於康橋的影響。所謂「愛、自由、美」就是
康橋的文化。徐志摩在離別康橋的前夕，以詩情的筆墨描繪
自己在康橋的收穫，他說：

達夫散文》（下）（北京：中國廣播電視出版社出版，1992），頁
474-484。
58 歐陽哲生編《胡適文集》（7）（北京：北京大學出版社，1998），
頁 566。

康橋！山中有黃金，天上有明星，

人生至寶是情愛交感，即使山中金盡，

天上星散，同情還永遠是宇宙間不盡的黃金。

……

恍登萬丈高峰，猛回頭驚見

真善美浩瀚的光華，覆翼在

人道蠕動的下界，朗然照出

生命的經緯脈絡，血赤金黃，

儘是愛主戀神的辛勤手績；

康橋！你豈非是我生命的泉源？

……

天妙合，雖微如寸芥殘垣，

亦不乏純美精神：流貫其間，

而此精神，正如宛次宛土所謂

「通我血液，浹我心臟，」

有「鎮馴矯飭」之功。

……[59]

　　徐志摩確實是康橋的「馨香嬰兒」。他的人生信仰受於康橋文化名士的影響。徐志摩的人生觀中最惹人注目的就是「愛」。他一生對「愛」頂禮膜拜，並身體力行，苦苦尋覓追求，為此付出了痛苦的代價。在他看來，「愛」是「萬物中最有意義的東西」，「愛」不是空想的理論，是生活本身。在徐志摩這裏，「愛」，並不只指單純的「男歡女愛」，他

---

[59] 〈康橋再會吧〉，見趙遐秋主編《徐志摩全集》（卷一）（南寧：廣西民族出版社，1991），頁 367-368。

還包含「同情」、「憐憫」、「親情」、「友情」等人類廣泛意義上的「愛」。當然，我們必須承認，徐志摩對於「愛」的吟誦，與他出身富裕的家庭，倍感親情的溫暖有關，形成了他善良、柔和、單純的性格。但徐志摩在英國所受的有關「愛」的教育，則是最爲關鍵的影響，因爲這段時間正是他心智走向成熟或穩定的時期。徐志摩所崇拜的羅素，就是一個願爲「愛」而犧牲的人。徐志摩當年知道羅素從北京講學回到英國後，就急不可待給這位他心目中「二十世紀的福祿泰爾」寫信求見[60]，羅素欣然接受徐志摩的熱情要求。自此以後，徐志摩與羅素就常有來往。徐志摩不僅常爲羅素府上客，而且羅梭夫婦不時參加劍橋舉辦的「邪學會」（The Heretics Club）。在羅梭的第一個孩子滿月時，徐志摩禮尚往來，在康橋爲羅梭的孩子舉辦了一個小小的慶祝，吃紅蛋和壽麵。[61]這樣密切的關係，想必爲與張幼儀離婚一事還請

---

60 1921 年 10 月 18 日給羅素的信：Mr.Ogden gave me your address but I am not sure this will reach you. I should be greatly privileged if you wrote me when you get to London and we shall then arrange a meeting. Indeed I have been longing for an occasion to be with you ever since I came to England. May I express my very cordial sentiments and wish you happy Honey-moon journey? 譯文：歐格敦先生告訴我先生的地址，但不知先生是否能收到此信。如果先生在回到倫敦後能惠複一音並安排會面時間，我將感到無比榮幸。說真的，自到英國後我就一直渴望有機會見到先生。我願順此送上我的熱忱的問候，祝先生蜜月旅程愉快。此段譯文爲筆者譯。

61 徐志摩在致羅素的信中說：Do let me congratulate Mrs. Russell and yourself most heartily upon the advent of your beautiful baby as I learnt from Miss Power whom I met the other day in Cambridge, we should expect dyed eggs and stewed noodles as is the custom with us in China on this occasion, we expect Mrs.

教過他？「按志摩與羅素通訊的跡象看，羅素是支援志摩離婚的。」[62]至少從羅素那兒得到鼓舞和啟發性的影響。羅素曾在《我的信仰》一書中對什麼是「愛」做出解釋：「愛是一個含有多種情感的字，我是有意用它的，因為我想把多種感情一併包入」，這「多種感情」就是「仁慈」、「憐憫」、「同情」、「歡喜」，並說：「美好的人生是為愛所喚起，並為知識所引導的。」[63]正如梁錫華等學者所言，羅素給徐志摩的影響是很大的。[64]徐志摩有關「愛」的抒寫，與羅素所說「愛」的含義十分接近。徐志摩的愛，在中國文學中頗引人注目，陳夢家曾指出徐志摩具有與眾不同的「博大的憐憫」。[65]當然，徐志摩除了受羅素的影響外，還與其他英國文人有關「愛」的見解和生活密切相關。他所接觸的英國名士，大多信奉愛情，並付諸生活實踐，如曼殊斐爾與麥雷[66]的

Russell shall be able to come with you on the 10th. 轉引劉介民《類同研究的再發現：徐志摩在中西文化之間》（北京：中國社會科學出版社，2003），頁 163。譯文：為了一個美麗的嬰兒的來臨，讓我向尊夫人及你自己致以最熱烈的祝賀。你們的弄璋的喜訊是鮑惠爾這樣小姐日前在劍橋告訴我的。為這次來臨的聚會，我們準備了紅雞蛋和壽麵，這是中國人在這類場合的慣例。我們期望尊夫人在十號那天能和你一起賞臉光臨。譯文沿用韓石山的翻譯。見韓石山《徐志摩傳》（北京：北京十月文藝出版社，2001），頁 88。

62 梁錫華《徐志摩新傳》（臺北：聯經出版社，1979），頁 34。

63 羅素著，靳建國譯出我的信仰的（東方出版社出 1989）。

64 梁錫華在《徐志摩新傳》、韓石山在《徐志摩傳》、劉介民在《徐志摩在東西文化之間》、錢承旦、陳曉律在《傳統與變革之間：英國文化模式溯源》等都論及了羅素對徐志摩的影響。

65 陳夢家〈紀念徐志摩〉，見趙遐秋編《名人筆下的徐志摩　徐志摩筆下的名人》（上海：東方出版中心，1998），頁 116。

66 通譯翰·米德爾頓·默里（1889-1957），英國詩人，評論家，

愛情生活在徐志摩看來，這對「准夫婦」感情篤深，詩文共
賞，精神富有，值得稱羨。在〈哀曼殊斐兒〉一詩中，徐志
摩就道出了他從中受到的啟悟。他這樣寫道：

> 我當年初臨生命的消息，
>
> 夢覺似的驟感戀愛之莊嚴；
>
> 生命的覺悟是愛之成年，
>
> 我今又因死而感生與戀之涯沿！
>
> 因情是摜不破的純晶，
>
> 愛是實現生命之唯一途徑。[67]

另外，徐志摩也從英國上個世紀的有關文人名士「愛情」
的傳說中獲得精神的營養，如「白朗寗夫婦」的愛情佳話，
他所崇拜的文化英雄雪萊、濟慈勇敢地為愛情而離婚的情愛
軼事。[68]後來，徐志摩以極大的勇氣和熱情艱難爭取愛情，
無不是其影響的力量。

如果說徐志摩是一個「情癡」，那麼，如此相隨，他也
是一個「美迷」。因為徐志摩眼中的情人，在當時都是十足
純真的美人。徐志摩愛美，並不只表現在對情人的鑒賞上，
幾乎滲透在各個方面，如生活趣味、文學趣味等等。徐志摩
的美學趣味，既有對東方的承襲，也有來源於西方的生活薰
染。他身上濃厚的英國紳士風度就是明證。康橋如花似錦的

也做過記者、編輯。曼殊斐爾與第一個丈夫離異後，麥雷就一
直與她同居，直到曼殊斐死去。

67 徐志摩〈哀曼殊斐爾〉，見趙遐秋主編《徐志摩全集》（卷一）
（南寧：廣西民族出版社，1991），頁399。

68 徐志摩在《濟慈的夜鶯歌》中談到「雪萊是為他也離婚才去仔
細請教他（濟慈-筆者注）的」。

自然美也開啓了徐志摩的美感。我們從他抒寫的康橋的詩文中
看到，康橋的美巧奪天工，富有神性，如〈雨後看虹〉；康橋
的美是自然的天性、和諧美妙的融合，如〈我所知道的康橋〉。
徐志摩徜徉於康橋的時空，感受著生命的啓悟，感受著自然的
美麗。康橋的自然之美對徐志摩影響深遠。這種影響我們從〈康
橋再會吧〉中抒寫得到證明。這首詩以自傳獨白的方式敍述了
康橋對詩人在精神方面的深刻觸動，反映了詩人崇尙自然、崇
尙美、崇尙和諧的思想，尤其是體現了他的美學追求。他說：
「總之此地，人天妙合，雖微如寸芥殘垣，亦不乏純美精神」。
[69]這就是自然的、脫離塵埃氣的、清澈秀逸的純美精神。

　　徐志摩「純美」的美學觀念在〈曼殊斐兒〉一文中得到
充分的反映，曼殊斐兒幾乎是「純美」的化身。徐志摩在回
憶見曼殊斐兒一文中，幾乎全部描繪的是曼殊斐兒的「仙姿
美態」：衣著裝扮、面容肌膚、坐姿談吐等一一細細道來，
彷彿在鑒賞一件藝術極品，而將見面所談的內容幾筆帶過。
多年後徐志摩對這次「震撼」還感動不已，說「那熱流便是
感美感戀最純粹的一俄頃之回憶。」[70]後來，徐志摩重游英
倫，還到曼殊斐兒墳上哭吊，並寫詩哀之。趙毅衡教授曾在
一文中說徐志摩有點在炮製神話，並以他在英國的遊歷與閱
讀，認爲無論用什麼標準衡量，曼殊斐兒都算不上美人。[71]但

69　〈康橋再會吧〉，見趙遐秋主編《徐志摩全集》（卷一）（南寧：
　　廣西民族出版社，1991），頁 369。

70　徐志摩〈曼殊斐兒〉，見趙遐秋主編《徐志摩全集》（卷二）（南
　　寧：廣西民族出版社，1991），頁 93。

71　趙毅衡〈徐志摩：最適應西方的中國文人〉，見趙毅衡《對岸的
　　誘惑》（北京：知識出版社，2003），頁 11。

我認為，徐志摩的詩人氣質使他在描寫美時免不了幾分誇張，但應該也確實是真言真情。在我看來，曼殊斐爾最能夠使作者感到「純美」的特質。曼殊斐兒是西方人，擁有「純美」的先天因素：皮膚白晢、身材修長、五官端正立體；而且，她又有東方人的神韻和氣質，「她的頭髮是黑的」，束髮的式樣「有心仿效中國式」，「不但純黑而且直而不卷，整整齊齊的一圈，前面像我們十餘年前的『劉海』梳得光滑異常」。兼備東西特徵曼殊斐兒在徐志摩眼裏就像「碧玉似的容貌」、「一個透明體」，再加上她並非尋常女子，富有詩情才華，在作者看來就很有「靈澈性」。所以，徐志摩見到曼殊斐兒時，就感到像被電流所擊般，在「美的神奇的啓示中」「全身振盪」。由此看來，徐志摩的描繪多是真實之感。徐志摩在文章開筆就說「美感的記憶，是人生最可珍的產業，認識美的本能是上帝給我們進天堂的一把秘鑰。」[72]在這裏，我們似乎可以這樣比喻，曼殊斐兒的「純美」是徐志摩美學的重要產業部分，從中我們看到在兩者之間一個「純美」的融合。

同樣，徐志摩的人生觀中追逐自由、尊重個性的思想也與留學英國的經歷密切相關。英國是最早的資本主義國家，資本主義思想如追求個性解放、自由的思想到二十世紀初已經深入人心。這是徐志摩在英國留學時的一個大環境。當然，對徐志摩產生直接衝擊和影響應該是康橋。徐志摩就曾感動地說過：「我的自我意識，是康橋坯胎的。」康橋素有自由

---

72 徐志摩〈曼殊斐兒〉，見赵遐秋主編《徐志摩全集》（卷二），頁190。

文化的美譽，就連拜倫這樣富有爭議的人物也被塑像聳立在
學院的圖書樓上。這種自由的文化氛圍對來自封閉保守帝國
的徐志摩無疑具有吸引力。徐志摩在康橋結識的一批文人，
幾乎都是捍衛自由之士，無疑會對徐志摩產生潛移默化的影
響。在這些「名士」當中，羅素對徐志摩的影響力不可小視。
徐志摩雖然沒能如願從羅素念點書，但徐志摩與羅素的關係
是很密切的。在爲結識羅素之前，徐志摩就讀了不少他的著
作，如《自由人的崇拜》（*The free Man's Worship*）、《試
婚》（*Companionate Marriage*）、《社會重建原理》（*Principles
of Social Reconstruction*）等等。羅素的政治觀念、社會思想
應該對這個主修政治經濟的學生產生影響，徐志摩後來一度
奉羅素爲「中國人的知己」。[73]徐志摩在劍橋時，與羅素有
過多次的親密接觸，如聚會、聽羅素演講。徐志摩從劍橋回
國後，還一直保持與羅素聯繫。當羅素的《中國問題》（*The
Problem of China*）一書出版時，還給徐志摩寄了一冊，並請
徐志摩將此書介紹給中國的讀者。徐志摩不負所望，寫了一
篇〈羅素與中國 —— 讀羅素著《中國問題》〉的文章，介紹
了羅素以及其對中國的真情厚意，並也指出了羅素在分析中
國問題時所存在的不足。1925 年，徐志摩再次到英國時會見
了羅素，並在羅素的家住了兩晚。對此次經歷，徐志摩有文
記載：

> 我在他們家住了兩晚。聽羅素說話正像看法國焰火；
> 種種玄妙的神奇，不可思議的在半空裏爆發，一胎孕

---

73 徐志摩〈這回連面子都不顧了〉，見趙遐秋主編《徐志摩全集》
　　（卷四）（南寧：廣西民族出版社，1991），頁 248-252。

一胎的，一彩管綰一彩的，不由你不驚訝，不由你不
歡喜。[74]

1928 年徐志摩第三次到英國旅行也見到了羅素，在給另
一個英國老朋友恩厚之（L.K.Elmhirct）中談到他們會面的情
景，說羅素還是跟往常一樣，說話機智幽默。他們在一起共
度了美好的時光。因爲徐志摩只有一夜的逗留時間，彼此覺
得珍貴，對坐長談，近至凌晨兩點而不覺。[75]顯然可見，徐
志摩與羅素有著十分親密的聯繫。徐志摩與羅素交談不在文
學藝術的話題上，他們所談的話題是政治、社會、哲學等方
面的問題，在這些方面，徐志摩從羅素那兒獲得不少的思想
火花。徐志摩關於社會人生、政治經濟的思想主要獲益於羅
素的交往與影響。我們可從下面的事例可見一斑。1920 年，
羅素訪問蘇聯，回到英國後，寫了一本《布爾什維克主義之
理論與實踐》（The Practice and Theory of Bolshevism）。徐
志摩讀後馬上撰寫了〈羅素遊俄記書後〉一文，寄回國內發
表在《改造》上。他在文章仲介紹了羅素蘇遊俄的情感歷程
和觀感，並勸告中國青年「吾國青年乏個性，善遷慕新，其
弊猶之頑舊，吾願羅氏醫之。」[76]「志摩從羅素此書內吸取

---

74 徐志摩〈羅素與幼稚教育〉，見趙遐秋主編《徐志摩全集》（卷
   四）（南寧：廣西民族出版社，1991），頁 476。
75 見徐志摩寫給恩厚之（L.K.Elmhjrst）的信：I have found the
   philosopher as pungently witty and relently humorous as ever.
   They are out here, once again, looking after the moral welfare of
   their two kids. We have had a jolly good time together since last
   evening. Since I was only to stay overnight we were very jealous
   of the little while we had with other, so we sat up chatting last
   evening till, before we were aware, it was almost 2 am!？
76 徐志摩〈羅素游俄書記〉，見《徐志摩全集補編》（香港：香港
   商務印書館，1993），頁 72。

不少政治滋養，這是可以肯定的。」[77]另外，從徐志摩寫的
關於羅素的思想的幾篇文章來看，如〈羅素與幼稚教育〉、
〈羅素又來說話了〉，明顯看到羅素對徐志摩的影響。梁錫
華甚至從寫作方面看出了羅素給與徐志摩的影響，他認為徐
志摩在出國前的政論文章是梁啓超式的，筆帶情感而滿紙熱
力活力，但自英國回國後，文體多了一種幽默諷刺的風味。[78]
羅素的思想中追求自由的思想是很重要的部分，這不僅體現
在他的著書立說中，也反映在他的生活方式上。羅素曾說過：
「我的一生，是有三種單純而強烈的熱情支配著：對愛情的
渴望、對知識的探究以及對人類苦厄得難以遏制的同情心。」
[79]羅素的一生都生活在這三種信仰中。且就渴望愛情而論，
他一生中有過 4 次婚姻，每次結婚，都會給他帶來狂喜和浪
漫的生活，但卻為「此類歡樂而犧牲掉其他的生活」。徐志
摩在〈我所知道的康橋〉一文中所提到的那次離婚，付出了
被康橋除名的代價。由此可見羅素對婚姻的離合應該是始終
抱著自由主義的原則的，這也可能影響了徐志摩的離婚事
件。[80]徐志摩反傳統、尊個性、愛自由的思想在他的詩文中
表現更是十分明顯，因而許多學者歸之為浪漫主義。總而言
之，徐志摩的「愛、美、自由」的「單純信仰」是康橋式的。

---

77 梁錫華《徐志摩新傳》（臺北：聯經出版社，1979），頁 37。
78 同上，頁 42。
79 羅素著，靳建國譯出我的信仰的（東方出版社出 1989）。
80 參見高宣揚編著《羅素傳略》（香港：香港南粵出版社，1979）。

小　結

　　通過以上幾個方面的論述，我們看到徐志摩與英國文化的淵源關係。可以說，「康橋情結」貫穿在徐志摩一生的詩文中。詩人的心智、詩人的藝術天賦在康橋得到了開啓，詩人在康橋自由地感受著生命、感受著愛、感受著美。康橋成爲詩人心靈的依戀之鄉！

　　另外，康橋給徐志摩的人生帶來深遠的影響。康橋讓他睜開了眼睛，長了見識，「變了氣質，脫了凡胎」，成了一個十分洋化的中國人。他兩次轟轟烈烈的戀愛，震驚了多少「凡俗」的中國人，他與原配張幼儀的離婚轟動中國知識界，成爲「第一個現代離婚」的文化事件。[81]由此可見，徐志摩的離婚帶著開風氣之先的味道。在當時來說，離婚帶著反傳統爭自由的時尚感。趙元任的夫人楊步偉在《雜記趙家》就

---

81 見張邦梅書中的序言。張幼儀在回憶當時離婚的情景說他與徐志摩當時離婚，徐志摩得到當時許多文化人的支持，就在他們簽字離婚的那天，徐志摩顯得非常快活。他的身邊圍著金岳霖、吳經熊等四個人，繞著徐志摩走來走去，一幅要保護他的樣子，當張幼儀簽完字後，徐志摩控制不住激動地說：「太好了，太好了。你曉得，我們一定要這麼做，中國一定要擺脫舊習氣，我們非離婚不可。」圍在徐志摩身邊的四個朋友還向他們道賀，都想握住徐志摩的手。徐志摩歡天喜地、樂不可支地說：「你張幼儀不想離婚，可是不得不離。因爲我們一定要做給別人看，非開離婚先例不可。」見張邦梅《小腳與西服 —— 張幼儀與徐志摩的家變》(*Bound Feet and Western Dress*)（臺北：智庫股份有限公司，1996），頁 162。

談到這種流行風尙。楊步偉說：「那時還有一個風行的事，就是大家鼓勵離婚，幾個人無事幹幫這個離婚，幫那個離婚，首當其衝的是陳翰笙和他太太顧淑型及徐志摩和他太太張幼儀，張其時還正有身孕呢。」還很有趣的是，這些人也打上了趙元任和楊步偉的主意。有一天羅志希（家倫）來趙家，說有人看見趙元任和他的母親在街上行走。楊步偉大趙元任三歲，一聽就知道羅的用意，當即笑罵道：「你不要來挑撥，我的歲數，人人知道的。」[82]如果從楊步偉的敍述來看，徐志摩的離婚事件就帶有一種悲喜劇的色彩了，這也許是文化過渡時期避免不了的事，何況徐志摩的人生信仰是那樣單純。

　　總之，康橋在徐志摩的筆下不只是一群學院中的代名詞，還是一個美學觀點、一個博愛的載體、一個自由的象徵，是一種理想中的生活方式和生活境界。

　　讓我們思考的是，現代留學生中把留學的母校寫得如此令人神往的就算徐志摩一人了。胡適留學美國時受到洋人關心愛護的程度更甚於徐志摩，結交的洋人圈比徐志摩更廣泛，但胡適並沒有把母校寫得如醉如癡。還有，後來留學者，無論是在「西洋」或「東洋」，大多在詩文中反映出些受氣的味兒，有些甚至表現爲一種民族的激憤。這樣思考下去，我們不禁會問，徐志摩把康橋寫的那樣完美，是否有幾分在爲自己的留學生活作辯解的味兒呢？畢竟，他在康橋的兩年生活是悠悠閑閑地渡過的，真是不帶「一片雲彩」地歸來。

82　楊步偉《雜記趙家》（北京：中國文聯出版社，1999），頁 218。

第十三章　冰心的美國遊記

　　我們在上述章節分析的物件都是現代男性作家。他們在英美遊記中幾乎表述了一個共同的主題，即是對現代中國的慾望與思考。冰心作爲一個女性留學者，無疑是現代留學人潮中一道靚麗的風景線。這裏自然引出這麼一個問題，作爲一個女性作家，冰心的美國遊記是否如同這些男性作家一樣對現代國家主義表現了深切的關懷？或者帶著自己的體驗，遊記書寫直接指向女性特質？抑或兩者兼備？帶著這些問題，我們就來分析討論冰心的美國遊記。

第一節　留學威爾斯大學及其它遊蹤

　　1923 年 8 月 17 日，冰心（1900-1999）由上海乘坐約可遜號輪船前往美國威爾斯利（Wellesley College）留學。這次同船到美國留學的，單是清華大學的學生就有 70 多人。其中，有許地山、梁實秋、吳文藻。半月後，約可遜號輪船停泊西雅圖（Seattle）海港，冰心一行留學生踏上了美國大陸後，如漂泊的風萍分赴美國各地的大學。冰心在《寄小讀者 —— 通訊十八》較爲詳細地記述了沿途的印象。冰心在西雅

圖（Seattle）港岸，第一次見到許多金髮的人。在威爾斯利
大學（Wellesley College）開學以前，冰心到美國其他地方旅
行了三天，如到綠野（Green field），期間參觀了幾個男女
大學，如侯立歐女子大學（Holyoke College），斯密司女子
大學（Smith College），依默和司德大學（Amherst College）
等。對於三天的遊蹤冰心沒有詳細敍述，匆匆之間只寫下「途
中我讚美了美國繁密的樹林，和平坦的道路。」[1]冰心初到威
爾利斯時住在閉璧樓（Beebe Hall），因閉璧約船主（Caption
John Beebe）所建而得名。閉璧樓的大廳、招待室、過道等
處，都懸掛著海的圖畫，這對從小就依偎在大海旁邊成長的
冰心來說，倍感親切。威爾利斯是一所校園風景美麗的女校，
同學們大都穿著色彩鮮豔的衣服，彷彿花園裏繽紛的花朵。
她們往往在傍晚時分，粉墨登場到餐食用餐，歡聲笑語，異
常活潑。這對向來穿著樸素的冰心來說很有幾分新鮮感。她
在寫給小朋友的通訊中寫道：「學校如同一座花園，一個個
學生便是花朵。美國女生的打扮，確比中國的美麗。衣服顏
色異常的鮮豔，在我這是很新穎的。她們的性情也活潑好交，
不過交情更浮泛一些，這些天然是『西方的』！」[2]我們知道，
三十年代的中國女孩，還沒有完全走出庭院，性格往往比較
羞澀矜持，像冰心這樣的閨秀，能夠到美國讀書深造的則已
是乘風潮之勢，屬開風氣之先。但她畢竟是在老中國成長起
來的女兒，思想還有些保守，因而認為西方女孩的交友方式
隨便浮泛，不太認真，並認為這是西方女孩的天性。如果我

1　《冰心全集》（2）（福州：海峽文藝出版社，1994），頁 209。
2　《冰心全集》（2），頁 209。

們將時光拉回到現在，我們看到，現在東方大多數女孩的性
情幾乎與西方女孩一樣活潑飛揚，熱情開放，如此看來，冰
心的「西方天性」之說應該說是中國傳統文化審視下的見解。

威爾利斯大學周圍湖泊環繞，冰心常在課餘傍晚時分到
湖上泛舟，以慰鄉愁。在她看來，湖是大海的女兒，可以慰
安她的思鄉之心，故此，她將湖諧音會意為「慰冰湖（Lake
Waban）。」「每日黃昏的遊泛，舟輕如羽，水柔如不勝槳。
岸上四周的樹葉，綠的，紅的，黃的，白的，一叢一叢的倒
影到水中來，覆蓋了半湖秋水。夕陽下極其豔冶，極其柔媚。
將落的金光，到了樹梢，散在湖面。我在湖上光霧中，低低
的囑咐它，帶我的愛和慰安，一同和它到遠東去。」[3]慰冰湖
成為冰心留學生活中靈魂之鄉。常常在清晨，冰心迎著朝陽，
踏著青草，穿過森林，悄然坐在湖岸邊上。在冰心的描述中，
湖的四周是紅葉、四面是水聲，湖面上閃著點點的銀光，對
岸義大利花園裏亭亭層列的松樹。這極為優美又帶有靈氣的
湖在冰心看來極有寫作的氛圍，她常坐在湖邊，伸開紙張，
拿起筆，給小朋友寫通訊：寫遊蹤，寫思戀，寫見聞趣事，
寫湖光水色、嫵媚景致等。

從冰心的通訊來看，她在威爾利斯大學額外引人注目，
很得教授同學的關心愛護。在校園，在湖畔，在教授的家裏，
都留下冰心與他們親密交談、遊戲的蹤影。冰心在威爾利斯
不久的學習生活中，突然發病住院，引起學校關注，在校園
醫生的建議下，冰心被轉院到青山（The Blue Hill）的沙穰

---

3 《冰心全集》（2），頁 78。

療養院靜養。冰心在沙穰養病的半年時間裏，散步、聊天、遊戲，日子清淡寂寞。因爲無憂無慮，時間閑多，冰心就利用時間寫通訊，在這段閒居養病的日子裏，冰心與小朋友、家人、朋友通訊不斷，或記眼前趣事、或寫自己近況、或寫同病相憐的異國室友及相互之間的關愛、或抒發鄉愁、或回憶往事及故人等等。冰心離開青山後，沒有直接回到學校，在院方和朋友的安排下過了十幾天湖海山色的生活，然後才返校上課。冰心在威爾利斯留學的時候，雖然不是很積極地參加中國同學的各類聚會活動，但她在假期或時間充裕的情況下也加入其中。然而，冰心對於那些大問題，則缺乏興趣，因而，中國同學召開的有關一些主義的活動她往往避免參加，如1925年留學美國的清華校友在波士頓召開的「大江學會」，「大江學會」主旨是宣傳國家主義，反對帝國主義，在這點上，冰心無疑非常贊同，但是，「大江學會」注重政治的宣傳，冰心不太有興趣，因而，會議期間，除了幫忙做一些事務外，冰心沒有參加「大江學會」會議活動，而是與幾位女同學參加遊藝活動去了。1925年的暑假，冰心到康乃爾大學暑期學校補習法語，無意中與也遇上前來康乃爾補習法文的吳文藻，兩人不期而遇，都十分高興。康乃爾大學位於綺色佳（Ithaca），風景十分優美，草木豐茂，清泉悅耳。冰心和吳文藻在課餘之後時常在林中散步，或在崎嶇的山路上攀登，或在溪澗旁仰望兩壁懸崖，或在幽靜的墓園漫遊，這些遊蹤，冰心都有美文記述。如〈綺色佳〉（Ithaca）描述就是詩之景、夢之景。暑期補習班結束後，冰心回到威爾利斯大學開始了畢業論文的準備和寫作，十分緊張忙碌，這段

生活情況在給小朋友的通訊作了描述：「如同緩流的水，無有聲響；有如同帶上銜勒的小馬，負重的，目不旁視的走向前途。」[4]通過勤苦的努力，冰心終於順利完成了碩士論文並通過了答辯，旋即回到日思夢想的祖國。

第二節　《寄小讀者》：病院與家國的敘述結構

　　冰心在美國三年所寫的遊記文章，其中大部分記述的是她在病院的生活和感想，抑或病中對往事的回憶，可謂療病之旅推動了她遊記的寫作。在冰心的經驗中，療病生活十分閒愁又很寂寞無趣，而寫作則是一種很好的寄託和消遣的管道。冰心在多則寫給小朋友的通訊中如〈通訊十九〉，坦然向他們傾訴她在病院中閑悶無趣的生活，她說：「不成問題的病，將一個精神軀殼兩不感痛苦的我，閉置在寂然的空殼裏。沒有呻吟和憂慮，使我稍顧到我自己，整天的光陰，只有消磨在隱几和看山中了。一百五十天的看山，直看到不成圖畫。一春的聽鳥語，直聽到不成音樂。明月清風，都成了家常便飯。」「何其無味？單調的環境，悠閒的白日，使我的心思一天一天的沉潛內斂，除卻回憶，沒有別的念頭，幸而還是歡樂時多，酸楚時少。」每日「生活如刻板文字，全

---

4 《冰心全集》（2）（福州：海峽文藝出版社，1994），頁 253。

然相同的一日一日的悠然過去。」[5]病院生活雖然悠閒單調，
但卻也給冰心帶來了寫作的時機。冰心與徐志摩、老舍等現
代作家不同的是，她在出國前就已經是文壇上一顆閃爍的星
星，代表作有《斯人獨憔悴》、《莊鴻的姊姊》以及《兩個
家庭》，這些作品抒寫母愛、反映時代苦悶和憂慮等問題。
還在冰心將要出國的時候，她的弟弟們及其一幫小朋友就囑
託她到美國後給他們多寫一些有趣的事、好玩的事。不料冰
心到美國不久就病倒了，她躺在病院中想著這些信託，因而
也就感到「因病得閒殊不惡」，利用病中閒適的光陰自由自
在給小朋友寫作。她說：「『閒』又予我以寫作的自由，想
提筆就提筆，想擱筆就擱筆。這種流水行雲的寫作態度，是
我一生所未經，沙穰最可紀念處也在此！」[6]由此看來，療病
滿足她寫作的心願。她甚至有些得意地說：「冰仲怕我病中
不能多寫通訊，豈知我病中較閑，心境亦較清，寫的倒比平
時多。」[7]但是，養病使冰心在美國的生活少了視野，「除卻
回憶，沒有別的念頭」，[8]因而寫作往往在自覺不自覺中走向
了對故鄉、對家人的回憶之中，回憶自己的幼年生活，母親
的愛。母愛與家幾乎成為冰心在美國書寫的主心骨。在〈寄
小讀者〉（通訊九）是冰心在美國發病初始寫給父親的一封
信，後由其弟發表，以饗兒童世界的小讀者。這封似家信又
似公開的信件，寫得極為瑣細，寫了自己的病因和狀況、身

5　《冰心全集》（2）（福州：海峽文藝出版社，1994），頁 156。
6　同上，頁 212。
7　《冰心全集》（2），頁 148。
8　《冰心全集》（2），頁 156。

邊的細小事情，如和朋友在夜間看星星月亮，醫生、看護婦
對她的悉心照顧，病中不斷收到來自朋友、同學甚至是陌生
人的鮮花和問候信。我們看到，病中的冰心活在眾人的呵護
之中，但還是排遣不了她對家人的思念，記著父親、念著家
中的每一個。在〈通訊十〉，冰心完全陷入到回憶的書寫之
中。文章開筆就憶寫自己在家時常常挨坐母親身邊央求母親
講述自己兒時的趣事，母親總是不厭其詳地滿足她的要求。
在冰心的眼裏，她的母親是一個慈祥的母親，給與她這個從
小就十分敏慧的女兒偉大無私的愛。在冰心看來，這種母愛
不僅撫育了她，而且給了她愛的健康源頭，使她日後用健康
的、快樂的愛人之心去愛他人。在這則通訊裏，冰心反反復
複吟唱的就是母親的愛，情感十分濃稠，甚至讓人有些膩感，
作者彷彿一個時刻纏著母親撒嬌索愛的小女孩，筆墨顯得有
些嬌柔做作。這與當時其他女作者相比，冰心彷彿是一個永
遠走不出家、永遠長不大的女孩子。當然，一個最好的理由
就是，她喻設的讀者物件是小朋友，然而，實際上，其間流
瀉的情感是成人的孤悶寂寞，書寫的是抽象的愛、人生的哲
學，鮮少關涉小孩的興趣。這樣看來，我們似乎可以說冰心
的通訊寫作，主要是在澆自己心中的塊壘，在回憶中嗅著「玫
瑰花香氣」般的母愛。

　　實際上，冰心在病院所寫的通訊中，寫母愛及愛母親占
了一個主導位置，幾乎成為一個敍述結構。作者往往以對母
親的思念或母愛為敍述的開始，抑或將母親作為一個傾訴的
物件，由此展開下文的書寫。冰心對母愛或愛母親的書寫，
表達親情愛撫，感情濃烈細膩，其作品表現出強烈情感的特

質。在冰心的描述中，母親不僅是家的靈魂，還被賦予理想的光輝，表達出作者對母親的愛慕和追求。冰心曾說：她母親是她「最初也是最後我所戀慕的一個人」。[9]佛洛德認為，人們對溫柔之愛的感覺源於童年時期的經驗，從冰心所敍述的幼年經驗無疑符合佛洛德的理論。[10]冰心成年後以女性化的溫柔語言，或以孩童化的真摯寫母愛、愛母親以及人世間的一切偉大和平凡的愛，其愛的源頭就在她童年的經驗。如果從心理運作的角度分析，這就說明冰心在進入美國現代社會的同時，其寫作似乎並未超出她的童年經驗。

　　冰心的病是慢性病，需要長期靜養調適，所以她的療病歷程經過了長達半年的時間。冰心在青山（The Blue Hill）的那段日子，住在一個遠離人煙的深山上，大雪封山後更是人跡罕至。冰心除了到山間散步就是在冰冷的室內發呆寫作，通過寫作與家人相會，排遣寂寞。需要說明的是，冰心筆下的家，並不只指狹義的家，對於遠在美國的冰心而言，家則意味著更為廣闊的意義，國家或中國傳統文化也應該是作者家的所指。沿著這樣的思考，我們就可以理解冰心為什麼在給小讀者的通訊中往往大談古典詩詞的緣故。如在〈通訊十一〉，冰心敍述了她在青山（The Blue Hill）沙穰療養

9　〈寄小讀者四版自序〉,《冰心全集》（2）（福州：海峽文藝出版社，1994），頁 337。

10　周雷在〈愛（人的）女人 —— 被虐狂、狂想和母親的理想化〉一文中，運用了佛洛德有關「愛」的理論，分析了像冰心這類「愛（人的）女人」的愛與童年生活的淵源關係，尤其是與母親的親密關係。見周雷《婦女與中國現代性 —— 東西方之間閱讀記》（臺灣：麥田出版有限公司，1995），頁 235-322。

院頹然的心情，在日日夜夜的寂寞中，聊以慰籍是沉浸到古詩古詞的意境中，在夢中重溫親情。她這樣寫道：「頭兩夜聽雨的時候，憶起什麼『……第一是難聽夜雨！天涯倦旅，此時心事良苦……』『酒空階更闌未休……似楚江暝宿，風燈零亂，少年羈旅……』『……可惜流年，憂愁風雨，樹猶如此……』『……細雨夢回雞塞遠，小樓吹徹玉笙寒……』等句，心中惆悵的，現在已經好些了。」[11]從這段零零散散的詩句連綴中，「少年羈旅」的閒愁離緒顯然可見。冰心在病中的閒愁，百無聊賴的情感與中國古典詩詞中的羈旅、夜雨、閒愁營造的意境極為契合，因而冰心在這裏，書寫古典詩詞就成為一種手段，詩人以此從中得到靈魂的慰籍。即便小讀者不懂這些古典詩詞的意蘊，冰心也顧不了這些，任憑其情緒流瀉。她這樣寫道：「小朋友！我筆不停揮，無意中寫下這些詞句。你們未必看過，也未必懂得，然而你們盡可不必研究」。[12]這幾句話，看似閒筆，其實則是理解冰心在病院中寫作動機的關鍵。冰心的〈通訊十六〉是寫給她弟弟的信。這如其說是一封信，倒不如說是一篇有關古詩詞賞析的篇章。作者談詩論詞信手拈來，悠遠蒼古的意境，小橋流水、柳樹人家的情韻，鄉夢閒愁寄予其中。

　　冰心到美國是來求學問、擴充視野、增長見聞的，不料卻要在病院中度過大片的光陰，心裏自然感到非常不安。在寫給母親的信中，她再也掩飾不了這種不安的情緒。她說：「到沙穰以來，第一次的驚心。人家問她功課如何？耶誕節

11　《冰心全集》（2）（福州：海峽文藝出版社，1994），頁 105。
12　同上。

曾到華盛頓紐約否？她不知所答。光陰從她眼前飛過，她一事無成，自己病著玩。」[13]然而，冰心將筆鋒一轉，寫她想到她的母親，心裏就有依歸，內心就轉為平靜。她深情地寫道：「母親！縱使你在萬里外，寫到『母親』兩個字在紙上時，我無主的心，已有了著落。」[14]與冰心的其他通訊比較而言，這則通訊，調子十分憂鬱，情緒煩悶，氣氛單調靜極，除了些許回憶幻想外，似乎難寫眼前。同時，我們也看到作者每寫到寂寥無趣、內心不安時，往往點到為止，筆墨有所控制。而到了〈通訊十四〉，冰心則完全沒有敍述她的眼前狀況，全是抒懷，遙想，花香鳥語、吟風弄月的意境，作者儼然如杜甫詩中所描述的「絕代有佳人，幽居在空谷。」

由以上的分析，我們看到，由於冰心遭遇病旅，走出了正常的生活與學習，進入一個靜寂的山林環境，因而短時間內失去秩序感，於是感到煩悶，寫作幾乎成為她唯一的寄託，用回憶過往慰撫她孤寂的靈魂。我們看到，雖然冰心是在與小讀者通訊，自我定位的讀者物件是小朋友，但其中有許多不是小讀者能夠明白的詩情意感。冰心知道這點。但她似乎很難做到真正迎合小朋友的興趣，在冰心而言，這樣的寫作既是排遣和寄託，也是策略。一方面，冰心把小朋友定位為讀者物件，可以按著小女兒的心態耍幾分憨態和嬌癡，把離家後病中的孤獨和愁悶以及不安煩躁的情緒排遣出去。同時，這樣寫又把她摯愛的家或母親作為一個傾訴的物件，使她在外漂泊無依的一顆心有了著落處；另一方面作者希望寫

13　《冰心全集》（2）（福州：海峽文藝出版社，1994），頁 115。
14　同上。

作能夠有行雲流水的寫作狀態，追求絕對的自由，無疑，明確小朋友作為讀者物件則是一個很好的策略。冰心在後來出版這些寫給小讀者通訊的序言中對當初的那種寫作體驗還記憶猶新，她說：「在我的作品之中，只有這一本（《寄小讀者》——筆者注）是最自由，最不思索的了。這書中的物件，是我摯愛恩慈的母親。她是最初也是最後我所戀慕的一個人。我提筆的時候，總有她的顰眉或笑臉湧現在我的眼前。」「我無有話說，人生就是人生！母親付予了我以靈魂和肉體，我就以我的靈肉來探索人生。以往的試驗探索的結果，使我寫了寄小朋友這些書信。這書中有幼稚的歡樂，也有天真的眼淚！」[15]由此可見，冰心在病院中寄小讀者通訊的寫作，很大程度上是個虛晃的招式，實際上為自己病愁的虛空而寫，這樣，就必然有不少纏綿悱惻的思想交織其間，而少了真正的童真童趣。

第三節　女性遊觀與現代中國之思考

　　冰心作為一個到美國留學的女生，留學的學校、所住的病院以及朝夕相處的人都是女性的空間，其寫作表現出很濃厚的女性特徵的編碼。正如同我在上面小節分析的，冰心在通訊的寫作中，通過疾病、孤獨、思家等情感處境寫對母親的愛、家人的愛、朋友的愛。冰心對這些反復敍述，零散堆

15　《冰心全集》（2）（福州：海峽文藝出版社，1994），頁337。

砌，因而其通訊文本表現得極為細節性、日常性、單調性，
指向女性特質，並且焦點在愛上，又以母親為聚焦對象。冰
心似乎不像其她女性作家，如丁玲，帶著自身的女性經驗探
索被傳統壓抑的女性精神和肉體，書寫女性解放等宏大敘
事。尤其是冰心在走出家國，進入一個全新的現代國家，冰
心的記遊寫作似乎仍然癡迷在對家與母愛或愛母親的吟詠
中。但是，如果我們因此而斷定冰心的域外寫作缺乏對時代
的關懷，則為時過早或以偏概全。冰心作為一個現代作家，
不可能完全走進象牙之塔而聽不到時代的聲音。事實上，冰
心之所以成為新文學一個引人矚目的作家，就在於其書寫很
大程度上反映了時代的焦慮和苦悶而贏得讀者的青睞。[16]現
在，我們掀開冰心在美國寫的遊記文本，分析其中是否有對
中國現代問題的關注，是否也交織著一些現代的聲音呢？我
們看到，在冰心的描述中，家是個溫柔鄉、避風港，母親不
僅無私愛兒女，而且關鍵是她幾句話就能抓住兒女的心，冰
心在通訊中這樣寫道：「她的話句句使做兒女的人動心，她
的字，一點一劃都使做兒女的人下淚！」[17]由此可見，冰心
的母親，應是一個思想開明的母親，她的話能夠打動和開啓
兒女的心扉，這就表明她身上除了無私的愛和奉獻等傳統母
親的特質外，還應有些吸引年輕人的現代特質。這樣看來，
冰心的書寫方式則意味著另一種現代性的書寫。在當時的歷

---

16 關於冰心作品的社會意義，見王瑤在《中國新文學史稿》及《中
　國現代文學史》中有關冰心的論述。又見范伯群、曾華鵬〈論
　冰心的創作〉，見范伯群編《冰心研究資料》（北京：北京出版
　社．1984），頁 262-296。
17 《冰心全集》（2）（福州：海峽文藝出版社，1994），頁 108。

史環境中，家與愛的書寫確實是一種愛的教育，一種有關愛的新文明之風的宣傳。胡適在美國留學的時候，在給家人和朋友的通訊中，也寫過多則日記，描述美國人家庭成員間相互愛護和關懷的情景，帶有啓蒙的作用。同樣，冰心將自己的成長經驗和在美國的觀察和體驗化爲一股暖暖的溫情，在作品中歌頌母愛以至人世間一切的愛，雖然沒有「寫些更重大，更建設的文字」，[18]但是，在中國擺脫傳統走向現代的步伐中，這卻是最爲根本的關懷，因爲家是組成社會的重要細胞。同時，我們也知道，傳統的中國家庭，老幼上下之間雖然因血親關係自然相愛，但家庭成員之間卻缺乏愛的表達和交流，因爲我們羞於口頭表達，慣於將愛埋在心裏或默默表現在行爲中。冰心的在通訊中卻以兒童化的率真語言表達對母親、家人的愛，由此可見出一種現代的風範。這在當時帶有示範和啓蒙的作用。冰心甚至在通訊中就直接教導小朋友如何表達對母親的愛。她這樣寫道：「小朋友！我教給你，你看完了這一封信，放下報紙，就快快跑去找你的母親 —— 若是她出去了，就去坐在門檻上，靜靜的等她回來 —— 不論在屋裏或是院中，把她尋見了，你便上去攀住她，左右親她的臉⋯⋯」[19]冰心在這裏描述的這些親呢的愛的表達方式，顯然對中國人來說是陌生的且不習慣的。即便到了今天，現代中國家庭中的父母親與兒女之間仍然不習慣於擁抱、親吻等親呢的表達愛的行爲，這樣看來，當時冰心通過寫家庭、寫母愛、寫親情宣傳一種不同於傳統的、熱情的愛的表達方式

---

18 《冰心全集》（2），頁253。
19 《冰心全集》（2），頁103。

則應被視為是開風氣之先的舉措。

　　雖然冰心的滿懷愛的寫作多半來源於她成長過程中的經驗，但是，她在美國的經歷和見聞也是一個重要的影響源泉。閱讀通訊我們看到，冰心的美國之旅，也是一次體驗人間愛和溫情的旅程。冰心初到美國就受到友人父母熱情的接待，通過親密的接觸，她細緻地觀察到美國人家庭充滿著溫情脈脈的愛和關懷。後來冰心在患病中，受到來自四面八方的鮮花和滿載關愛的問候。人在疾病憂苦之中，最需要同情和愛。而非親非故非同胞之同情和愛是偉大無私的。因而，這些異國他鄉的同情和愛給冰心極為深刻的愛的體驗。冰心在通訊中說「我要以最莊重的態度來敘述」人間愛和關懷：「這是人類之所以為人類，世界之所以為世界啊！」「愛在右，同情在左，走在生命路的兩旁，隨時撒種，隨時開花，將這一徑長途，點綴得香花彌漫，使穿枝拂葉的行人，踏著荊棘，不覺得痛苦，有淚可落，也不是悲涼。」[20]由此可見，冰心在美國的行程不僅是一帆風順，而且充滿著友愛和關懷。在冰心看來，那些泛泛一面之交的人們也可以手持鮮花為她灑下同情之淚，那麼，家人親人骨肉之間的愛更應該敞亮開來。

　　當然，每個寫作者在寫作時，都會小心選擇一種最為適合自己的敘事方式。冰心的通訊寫作就說明瞭這點。在某種程度上，冰心在通訊中寫家庭、寫母愛或表達愛母親的情感，也是出於策略的考慮和習慣使然。在冰心看來，從對家庭的微觀視角展開書寫「是最自由，最不思索」的寫作方式。但

20　《冰心全集》（2）（福州：海峽文藝出版社，1994），頁213。

這並不意味著就絕對遠離對時代問題的關懷。在當時的歷史情境中，對中國現代作家而言，敘事或多或少都會參與建造一個現代國家的話語。事實上，冰心幾乎在一踏上美國的土地時，就從西雅圖的變化表述了對現代國家的關懷：「西雅圖是三山兩湖圍繞點綴的城市。連街衢的首尾，都起伏不平，而景物極清幽。這城五十年前還是荒野，如今竟修整得好異常，可覘國民元氣之充足。」[21]更主要的是，冰心在有些通訊中，藉由片段的、零星的、日常生活的敘述方式敘說個體經驗，並由此進入對國家問題的思考。〈通訊十六〉，是冰心寫給弟弟的回信。照例，冰心以滿含詩意的語言表達對親人、故國的萬千思戀。但很有意味的是，冰心筆墨縱情於中國古詩舊詞之間，間或陷入對故國景物的回憶或書寫鄉愁，又不時環顧眼前的「新大陸」，於是，過去與現在糾結其間，蒼古莊嚴的意境與鴻蒙初辟的興新氣象相互交織。

在我看來，冰心有些通訊走出了家的範圍，進入對國家民族問題的思考。〈通訊二十二〉就是一例。它敘述了作者出院後隨同美國友人到白嶺（The White Mountains）之遊的情況。這則遊記焦點在白嶺傳說故事上。傳說白嶺山的主人原為紅人戚叩落亞（印第安人 —— 筆者注），後被白人（西方人 —— 筆者注）殺害，隨後白嶺山淪為白人所有，而印第安人被塑成小紅泥人，陳列在店中，成為人們購買賞玩的對象。我們看到，在作者看似無關緊要的敘述中，實際上向讀者講述了印第安人沒落消亡的悲劇。對於印第安民族的命

---

21 《冰心全集》（2），頁 207。

運，冰心心有戚戚焉，浮想聯翩。作者這樣寫道：「這時我
往往神遊於數百年前，想此山正是束額插羽，奔走如飛的紅
人的世界。我微微的起了悲哀。紅人身軀壯碩，容貌黝紅而
偉麗，與中國人種相似，只是不講智力，受制被驅於白人，
便淪於萬劫不復之地！」[22]寥寥數語，平靜中帶著深思和憂
慮。我們知道，上個世紀 20 年代，中華民族正處於擺脫外來
殖民侵略，拯救民族危亡的時刻。在這樣的歷史語境中，冰
心這樣寫，可說意味深長。中國人在極力掙脫過去走向現代
的進程中，其中，向西方學習就在要用現代知識開啓民智，
使中國走近現代民族國家之林。這可說是中國人的現代情
結，它造就了幾代中國知識份子。冰心那個時代的知識份子，
因爲遭遇中華民族的危亡處境，糾結的這種現代情結更爲迫
切。由此看來，雖然冰心慣於家書庭院式的小筆書寫，但偶
也會有反映時代要求的大手筆、大情懷，只不過調子平緩些。

　　另外，冰心有些遊記，看似遠離現代都市的山水景致描
寫，其實裏面也不乏嚮往美國之情。如在〈通訊二十〉，作
者敍述自己與美國朋友縱情山水湖光水景，記述美人芳草、
水邊麗人、歡喜得意的小朋友，綠意盎然的自然風光，筆調
輕盈歡快。如作者在文中這樣描述晚間在湖邊遊玩的人們：
「三三兩兩成群攜手的人兒，男孩子都去領卷袖，女孩子穿
著顏色極明豔的夏衣，端發飄拂，輕輕的笑聲，從水面，從
晚風中傳來，非常浪漫而瀟灑。」[23]歡愉浪漫的感覺溢於言
表。此情此景，令作者不禁想起早在兩千多年的孔子所幻想

22　《冰心全集》（2）（福州：海峽文藝出版社，1994），頁 235。
23　《冰心全集》（2），頁 215。

的「春服既成」「暮春者」「浴乎沂風乎舞雩」的飛揚浪漫
圖景。然而，中國古人的幻想竟然在異國他鄉的土地成為現
實，冰心由此生出無限的感歎，她這樣寫道：至今「故鄉沒
有這明媚的湖光，故鄉沒有汪洋的大海，故鄉沒有連纖的芳
草。北京只是塵土飛揚的街道，泥濘的小胡同，灰色的城牆，
流汗的人力車夫的奔走，我的故鄉，我的北京,是一無所有！」
[24]在冰心看來，故鄉北京雖是中國第一大都市，但與美國的
大都市相比，不僅破舊灰暗，而且實際上是一個「一無所有」
的大鄉村。冰心這裏的「一無所有」，是參照於美國的「所
有」，具體講就是指美國秀美的湖光山色、整潔的街道、高
大的現代建築、四通八達的現代交通工具等等。言外之意，
故鄉比美國落後，從而又可見冰心對現代美國流露出的羨慕
之情。再者，冰心在描述美國風景圖像時，許多處用表大程
度的「極」字或驚嘆號表達情感，並引出中國環境的問題，
在這裏，似乎提出了一個被忽視的問題，那就是環境生態與
中國現代化的問題。

　　冰心在美國大陸穿行的當兒，美國人對工作、娛樂消遣
都十分認真看待的態度，也給她留下深刻的印象。閱讀通訊，
我們看到冰心與美國朋友在假日閒時遊山玩水、快樂遊戲的
情景描述，給人賞心悅目之感。同時我們也看到，冰心在美
國一路快樂的心遊也伴著思考的蹤影。在〈通訊二十三〉，
冰心就專門討論娛樂消遣的問題，所以，如其說它是一則通
訊，還不如說是一篇議論文。她開宗明義地寫道：「我所要

24　《冰心全集》（2）（福州：海峽文藝出版社，1994），頁 215。

寫的，是我們大家太缺少娛樂了。無精打采的娛樂，決不能
使人生潤澤，事業進步。娛樂至少與工作有同等的價值，或
者說娛樂是工作的一部分！」[25]從冰心在美國遊蹤來看，這
樣的認識來源於她在美國的比較發現。在冰心看來，美國人
既懂得工作，也懂得娛樂。所以，美國人的生活不僅富麗多
彩、生機勃勃，而且事業蒸蒸日上，國家進步。反思中國人
的娛樂生活，雖然不乏充滿著娛樂色彩的傳統節日，但是，
中國人卻沒有娛樂生活，充其量我們只有消遣，並且往往在
人生不得意、對國事灰心喪志的時候，抑或無聊的時候才有
消遣。在冰心的筆下，這些被判斷為對娛樂的不正確的理解
和態度。她這樣寫道：「試看如今一般人（這裏指中國人
── 筆者注）所謂的娛樂，是如何的昏亂，如何的無精打采？
我決不以這等的娛樂為娛樂！真正的娛樂是應著真正的工作
的要求而發生的，換言之，打起精神做真正的工作的人，才
熱烈的想望，或預備真正的娛樂！」[26]在這兒，冰心對娛樂
的理解明顯帶著現代的色彩，它不再僅是一種傳統的儀式，
它與現代人的工作、內心的真實慾求的釋放密切掛鉤。其實，
在冰心的比較和思考中，隱含著這樣認識：一個懂得娛樂的
國民，表現在精神方面就是朝氣勃勃、在工作中就是追求上
進，這個國家就有生氣和希望。實際上，同冰心一樣，許多
到過或旅居外國的作家，如梁啓超、沙丁、徐志摩、胡適等，
他們都在遊記中記述了所見的外國人重視休息、懂得娛樂、
認真工作的情況，以及表現出的積極向上的或樂觀的精神風

25　《冰心全集》（2）頁 236。
26　《冰心全集》（2）（福州：海峽文藝出版社，1994），頁 236。

貌，在他們的記述、議論間充斥著對自我國民生活節奏和精神風貌的反省和批評，認為中國人生活太過勤苦，國民太過老成，缺乏引人精神振奮快樂的娛樂活動。我們知道，中國人素來看重老成穩重，認為遊戲玩樂喪失意志，所謂「少年老成」之說就很能夠概括中國人的精神風貌。所以，梁啓超在中國現代化的進程中，率先提出「少年中國」的口號，這無疑是對精神老化的中國人所開出的一個診斷方案。由此可見，冰心在遊記中有關娛樂的觀察和思考無疑來自於現代視野。

但是，我們必須要說明的是，從感性的層面而言，冰心並不太欣賞美國的現代節奏。冰心在剛到威爾斯利大學學習時就感覺到總是生活在「預訂」中，「往往半個月後的日程，早已安排久。」因而，在冰心筆下，現代感是令人忙碌、身心緊張的節奏，「亂人心曲」。她曾在通訊中抱怨地說：「西方人都永遠在預定中過生活，終日匆匆忙忙的，從容宴笑之間，往往有『心焉不屬』的光景。我不幸也曾陷入這種漩渦！」[27]實際上，冰心的「亂人心曲」感或現代擠壓感，並非是她個別的感受，梁啓超、徐志摩等現代作家在講究快速節奏的美國都有不適應感，因為，他們長久以來踏著小橋流水、曲徑悠長的節奏，在情調上自然很難適應。但就客觀效果而言，他們實質上從另外的筆法描寫了現代性。

---

27 《冰心全集》（2），頁 212。

小　結

通過以上小節的分析，我們可以這樣結語：冰心在通訊中通過個人記憶與美國的際遇帶動了敍述。也就是說，冰心在病院中的閒愁和思鄉中，通過喚起記憶，引起對家、母愛或愛母親的抒發，從而得到心靈的依偎和抒發慾望，因而其通訊文本表現得極爲細節性、日常性、單調性，指向女性特質。冰心將自己的成長經驗和在美國的觀察和體驗化爲一股暖暖的溫情，在作品中歌頌愛和讚美愛，在我看來，這是一種愛的教育，一種有關愛的新文明之風的宣傳。在中國擺脫傳統走向現代的步伐中，這是最爲根本的關懷。冰心的這種愛的寫作在當時帶有示範和啓蒙的作用。

異國他鄉的鮮花、關愛、同情也催發了冰心在美國的通訊寫作，並藉由片段的、零星的、日常生活的敍述方式敍說對現代民族國家的慾望與思考，如對環境、工作和娛樂態度的思考，具有開風氣之先和啓蒙的作用。

總之，冰心的美國遊記多爲家書庭院式的小筆書寫，但其中也有反映時代要求的大手筆、大情懷，只不過調子平緩些。不過，我們也無須諱言，與其他現代作家的英美遊記比較而言，冰心的美國通訊似乎缺少現代都市氣味，一種大的都市脈搏。

第十四章　結論：南洋遊記與 英美遊記之比較

　　在對中國現代作家的南洋遊記和英美遊記作了上述章節的分析後，現在我們有必要對全編做一個總結。我們發現兩者之間相似點是有的，但主要是不同點，且非常有趣，幾乎成一個相對的結構。另外，我們從上述對英美遊記的分析中已經初步感覺到它與中國傳統的文人遊記相比，英美遊記不僅類型多樣，含量豐富，其關涉啓蒙與強國、現代與傳統、世界與本土的書寫範圍；而且，相對於傳統的文人遊記，英美遊記無論在寫法還是精神趣味抑或情調方面都發生了很大的轉變。這也是我要在總結中要討論的方面。下面我擬就從四個方面展開歸結。

第一節　蠻荒的浪漫與理性的朝拜

　　誠然，南洋和英美是兩個不同的地理空間，因而在中國作家筆下南洋圖像和英美圖像自然會融進不同的認知和體驗，這裏面似乎有一定客觀依據；然而，我們也知道，遊記

者在描述一個地理空間的圖像時，想像的成分又是不可避免的，何況遊記很容易淪落為印象式的走馬觀花。如此看來，主觀的情感因素很大程度上在左右著遊記者對於地理空間的描述。

我們認為，從作家對一個地區或國家的描述最能看出他或她對於一個地理空間的意識。在南洋遊記與英美遊記之間一個最為明顯的不同是：在前者隨處可見作家投射其中的浪漫慾念、快樂逍遙；而後者則幾乎千篇一律表現出對現代西方的理性朝拜。

現在我們來分別進行討論。首先，我們看南洋圖像所呈現的蠻荒浪漫特徵。在大多數現代作家這裏，到南洋遊歷似乎最容易出軌，抑或說南洋意味著可以越界、可以讓一個旅人實現慾望的地方。因而，在他們的描述中，南洋似乎是情慾的放飛之地，充滿豔遇和巧合。如劉吶鷗的《赤道下》就是一篇慾望越界的遊記小說。它敍述了來自文明國度的一對夫妻到南洋一個小島上旅遊散心，卻在「原慾」召喚下與一對南洋黑膚兄妹作出了違逆文明人道德風俗不許的行為。作者在敍述中時而期盼逾越行為，時而又克制慾望，自我壓抑，不敢逾越。寫得曲折有致，美幻誘人。

更有趣的是，徐志摩的〈濃得化不開〉（星加坡）中的主人公廉楓，可說是一個理想旅人形象。他似乎不受任何羈縻限制，在巧遇與夢幻中完成了情慾之旅。在徐志摩筆下，廉楓闖入一個似乎早就在慾念中的世界。無論是眼中風景還是人物，都帶著濃烈的慾念色彩。正如作者在文中所描述的，

「濃得化不開」，是幽散在空氣中的「肉糜的氣息」。[1]這與
徐志摩在康橋遊記所描述的文化氛圍形成了一個非常有趣的
對比結構。

　　蠻荒的浪漫不僅表現在對原始情慾的想像方面，而且還
表現對蠻荒即浪漫的想像上。在現代作家筆下，南洋總是處
於邊陲的蠻荒地帶，甚至帶有原始部落的跡象。艾蕪的《南
行記》、巴人的《印尼散記》、斐兒的〈馬達山遊蹤〉等遊
記，都敍述了旅人在至於蠻荒的行旅中種種旖旎綺思，表達
了嚮往遠古的浪漫情懷。

　　另外，現代作家書寫的南洋情調，並非南洋「異域」的
事實，而是想像情調的書寫。也就是說作家在書寫南洋「異
域」情調時通過「曲解」、「臆測」及「聯想」表達了浪漫
情思。再者，有些作家在南洋遊記如洪靈菲的《流亡》，描
寫了悠游自如、浪跡天涯的遊子浪漫形象。還有些作家把南
洋描述爲是避亂世發財淘金之地，如司馬文森的《南洋淘金
記》就是典型一例。

　　總之，現代作家所描述的南洋多爲蠻荒的圖像，充滿各
種機遇，是旅人的安樂之鄉。其中洋溢著天真意趣、情慾等
浪漫情思，與現代性圖景迥然相異。

　　我們再來討論中國現代作家在描繪英美圖像時所表現出
的情感特色。中國現代作家到英美留學、考察本是一個現代
性的行動，是基於理性的抉擇。在近現代中國知識份子這裏，
由於他們大都親嘗古老中華民族被西方帝國主義無情侵入的

1　徐志摩〈濃得化不開〉（星加坡），見《徐志摩全集》（2、小說集）
　　（香港：商務印書館，1983），頁64。

災難，痛定思痛後認識到要改變中華民族落後的現狀，唯一的途徑就是拜西方為師，以此趕上西方列國，走進現代民族國家之林。而英美是當時世界上最發達的資本主義國家，是值得中國人觀摩學習的地方。因而，中國知識份子在這種歷史情境中一批批走向英美：有留美幼童、政治家、留學生、外交使臣、出國公幹人員、考察團等等。他們到英美的出發點就是要通過考察西方、學習西方。基於這種目的，我們看到，近現代的英美遊記，焦點基本在對英美的政治、經濟、科技文化方面，人文的以及風俗介紹則非常少有。因而中國作家筆下的英美圖像，則基本上沒有情慾色彩，滿目所見的是遠離情慾之外的現代器物，甚至很少閒情逸致的風景畫，情感明顯受到理性的壓抑。由此看來，中國作家在南洋遊記和英美遊記中表達了迥然相異的情感意識。

現在我們就近代和現代英美遊記做個扼要的歸結。近代英美遊記者著重從這幾個方面介紹了英美的情況。其一，介紹現代科技：如船堅利炮、化電聲光等實學。其二，描述現代都市盛景，如整潔寬敞的街道、鱗次櫛比的高樓大廈、繁榮昌盛的商業、現代高速交通、街道上快速急走的行人。其三，介紹現代民主政治：如議院、國會民主議政的情景。當然其中也不乏現代性觀念，如現代婦女觀、現代教育觀。尤其是現代婦女觀念，可說是中國知識份子第一次為婦女發出聲音，其意義深遠。總體來看，近代英美遊記者幾乎以集體思維的模式拼接出一幅西方帝國地圖。雖然他們很熱誠介紹英美現代文明，並試圖加以借用，但骨子裏似乎很少有崇拜之情的洋溢。有些甚至認為跟洋人打交道低人一等，如同文

館出身的張德彝，雖然前後八次出使歐美，後來還做上光緒皇帝的英文老師，但卻始終有強烈的自卑感。[2]近代英美遊記作家不再以寫奇誇異來滿足讀者對他域的期待和好奇，而是以主筆向國人介紹英美的現代「奇景」。他們在遊記中再也沒有「登山小天下」的氣勢，相反，書寫的是一幕一幕的現代都市景觀，慷慨激昂的是要求國內政治改革的呼聲。現代空間的「擠迫感」[3]使他們對西方文化敏感與尊重，同時也有了進行自我文化的內省能力。

　　現代英美遊記作家，因爲大多是到英美留學的學生，因而紀遊記事的焦點就自然轉到西方的文化教育、思想觀念、甚至宗教方面，胡適、徐志摩就是其典型代表。與近代中國知識份子的英美遊記比較起來，現代作家在英美遊記中對西方文化的崇拜之情比比皆是，幾乎難以聽到另一種聲音——

---

2 張德彝在同文館學習了三年後，於 1865 年經總署大考，被奏保爲八品官。第二年總署派同文館學生出洋遊歷。他是入選三人之一（其中二位是鳳儀和彥慧）。之後，他以譯員身份隨志剛、崇厚、郭嵩燾出洋。1890 年回國任總署英文正翻譯，翌年並「侍德宗讀英文」，當上了光緒皇帝的英文老師。1896 年到倫敦使館作參贊，1901 至 1906 年間出使英、義、比國的大臣。即使如此，張德彝對於自己「同文館英文班」的出身，始終有強烈的自卑感。張德彝在《寶藏集序》中，諄諄教導自己的兒孫說：「國家以讀書能文爲正途。……與不學無術，未入正途，愧與正途爲伍，而正途亦間藐與爲伍。人之子孫，或聰明、或愚魯，必以讀書爲要務。」潘士魁爲他的墓誌銘也寫道：「君雖習海外文字，或有諮詢，每笑而不答，意非所專好也。悲乎！」由此可見，當時官僚界對同文館出身的官員還是相當歧視的，這主要是因爲他們不是通過科舉考試的途徑進入仕途。

3 這是一形象說法。旨在形象說中國知識份子在英美充滿現代感的空間而感到的壓力，並由此而引出要變革中國的思考。

一種質疑西方的聲音。以徐志摩一例來說，徐志摩的劍橋遊記，宛如一幅遙遠空間的美景，抑或美妙傳神的名人拜訪記。徐志摩的劍橋遊記文本表現了他出色的寫景技巧，運用色彩、巧妙的比擬，使讀者看到栩栩如生的、具有光線色彩的劍橋景致。在此要說明的是，徐志摩並不在要把劍橋描繪成一幅幅美麗迷人的人間仙境，而主要是在描述中賦予風景以文化的意含。也就是說劍橋的教育方式、文明品味及禮儀方式則是他要推銷的產品。引人深思的是，徐志摩在寫景抒情中運用比襯手法，亦即在敘述中憶寫中國空間的混亂和荒涼，藉以凸現劍橋的美景如畫。無疑，這種手法帶著操控式意圖。透過徐志摩描繪景物時所操控的手法以及修辭手法的運用，我們可看出他對西方文化的迷戀。從徐志摩對劍橋的傳神描述以及對自己國家風景的負值書寫，其神往與醜詆明顯可見。徐志摩是通過寫景表達對西方文化的嚮往之情。實際上，徐志摩的英美紀遊寫法是一個另類，在近現代知識份子的英美遊記中很少融入這樣從容華貴的寫景抒情。對他們來說，浪漫的寫景抒情實在是一種奢侈。例如，梁啓超在整理《新大陸遊記》時就把記寫風景的部分毫不猶豫刪掉，因為在他看來，這些風景描述無關「宏旨」的敘述，純屬多餘的閒情逸致，應該刪掉。[4]梁啓超的自覺並不是個人現象，代表地說明了近現代知識份子的理性訴求。

　　總之，在近現代中國知識份子看來，介紹或宣傳西方先進的抑或現代的東西才是當務之急，他們變成了道地的務實

---

4 梁啓超著、鍾叔河、楊堅校點〈新大陸遊記〉，見《走向世界叢書》（長沙：岳麓書社，1985），頁 419。

者，因而，在遊記中不惜犧牲個人性情喜好而寫他們不熟悉的、甚至感到頭痛的現代文明。我們從王韜努力且小心翼翼地介紹西方的現代科技的勁頭就可見一斑。當然，梁啓超第三次歐洲之旅所寫的《歐遊心影錄》，其中的主旋律表達了對西方文明所產生的幻滅感，認爲西方現代文化所鼓吹的自由競爭、弱肉強食，最終導致了歐洲戰爭，給人類帶來毀滅性的災難。不過梁啓超質疑的聲音很快被時代的浪潮給淹沒了。

第二節　山水情趣與現代情結

近現代知識份子到英美，無論是考察遊觀，還是留學，大都抱持政治或文化朝聖的心態。如郭嵩燾、梁啓超等人到英美可以說是政治的朝聖之旅。徐志摩、胡適等現代作家的英美之旅則是文化的朝聖之旅。因而，他們在遊記中，看英美多持肯定的態度。主要表現在遊記中他們高度讚美英兩國的民主政治、自由精神、繁盛蓬勃的商業、健全完備的教育體制、現代的科技管理等等。在他們看來，英美兩國在許多方面都是帶領風潮的現代化國家。

既然帶著朝聖心態，中國知識份子的英美之旅就多爲嚴肅而很少浪漫輕鬆的心情，他們很少讓心靈、精神、趣味去旅遊。所謂「鶩鶩八極，心遊萬仞」那已是遠逝的心靈神遊。在英美遊記中，中國知識份子大都避免了虛華浪漫的敍述，轉而求平實、講功用，傳統的遊記趣味、情調被中國知識份

子的現代情結擠出了理智的文字空間。鄒韜奮就曾在一篇遊記中說：「此次到歐洲去，原是抱著學習或觀察的態度，並不含有娛樂的雅興」。[5]我們知道，趣味、情調可說是中國傳統遊記不可缺的部分。尤其是文人的山水遊記，寫景詠物抒懷幾乎成必有結構。而寫景詠物抒懷來自作者的心態，與性情喜好相通，故而最能看出遊記者的趣味和情調。傳統文人喜歡山水，尤其在仕途失意後，往往慕求避世、閑隱山水，於是描寫隱逸的山水遊記比比皆是。其遊記主人公往往寄情於山水，流連於空山瘦影、深山雪月、寺廟鐘聲等等孤清空間，流露出文人閑情雅趣和審美情調。晚明文人袁小修有一則論述遠遊的文章就可代表地說明文人的山水情趣。節選如下：「以此欲遠遊。一者名山勝水，可以滌浣俗腸。二者吳越間多精舍，可以安座讀書。三者學問雖然信解，而悟力不深，見境生情，嶁途成滯處尚多；或遇名師勝友，皆其霧露之潤，胎骨所帶習氣，易於融化，比之降服禁制，其功百倍。」[6]在袁中道這裏，遠遊意味超越凡俗。因為在他看來山水不僅可以洗滌俗腸，而且又可靜心讀書，還可邂逅名師勝友。這三種好處可說都是傳統文人的理想生存方式，融入了他們的高潔脫俗的趣味和情調。我們再看袁宏道在〈晚遊六橋待月記〉中云：「西湖最盛，為春為月，一日之盛，為朝煙，為夕嵐。今歲春雪甚盛，梅花為寒所勒，與杏桃相次祠開發，

---

5 鄒韜奮〈世界公園的瑞士〉，見徐行、章鎮選編《韜奮散文》（北京：中國廣播電視出版社出版，1997），頁 403。
6 袁中道著、步問影校注《遊居柿錄》（卷一第二條）（上海：上海遠東出版社，1996），頁 40。

尤爲奇觀。……由斷橋至蘇堤一帶，綠煙紅霧，彌漫二十餘
里。歌吹爲風，粉汗爲雨，羅紈之盛，多於堤畔之草，豔冶
極矣。……其實湖光染翠之工，山嵐設色之妙，皆在朝日始
出，夕舂未下，始極其濃媚。月光尤不可言，花態柳情，山
容水意，別是一種趣味。此樂留與山僧遊客受用，安可爲俗
士道哉！」[7]這是一篇觀賞梅花的遊記文。梅、松、竹素被譽
爲歲寒三友，象徵著高雅品格，歷代文人墨客多有吟詠。全
文以「此樂留與山僧遊客受用，安可爲俗士道哉！」結束，
進一步表明作者不同世俗的高雅趣味。這與張岱的「吾輩縱
舟，酣睡於十裏荷花之中，香氣拍人，清夢甚愜」[8]的情調異
曲同工。袁宏道還在另一篇遊古跡孤山的遊記中說：「孤山
處士，妻梅鶴子，是世間第一種便宜人。……近日雷鋒下有
僧孺亦無妻室，殆是孤山後身。所著溪上落花詩，雖不至於
和靖如何，然一夜得百五十首，可謂迅捷之極，至於食淡參
禪，則又加孤山一等矣。」[9]袁宏道這篇孤山遊記，既是尋蹤
梅妻鶴子古跡之旅，又是滿載著文人情趣的游程。參禪淡食、
吟花弄墨象徵著文人高尚雅潔，是傳統文人的集體趣味。如
王維「古木無人經，深山何處鐘；泉聲咽危石，日色冷青松。」
[10]全詩充滿禪性的幽靜，寫出了文人的清超的禪趣。再見王

7　袁宏道著、立人選校《袁中郎隨筆》（北京：作家出版社，1995），
　　頁 17。
8　張岱著、魏崇武選注《 張宗子小品》（北京：文化藝術出版社，
　　1996），頁 100。
9　同（7），頁 18。
10　王維著、楊文生編《王維詩集箋注》（成都：四川人民出版社，
　　2003），頁 321。

維的〈歸嵩山作〉「清水帶長薄，車馬去閑閑。流水如有意，暮禽相與還。荒城臨古渡，落日滿秋山。迢遞嵩高下，歸來且閉關。」[11]這首紀遊詩是寫作者辭官歸隱山林的心情。詩人運用擬人、寓情於物的手法，將隱居山林喜悅表露出來。「荒城」、「古渡」、「秋山」、「落日」構成進寧靜荒遠的意境，這與詩人「閑閑」的感情相呼應，大有文人的意趣。像這類包含文人情調趣味的遊記文可說是舉不勝舉，在這裏就沒有必要窮盡列出。我們找出其中幾篇旨在說明近現代中國遊記作家在英美遊記中表現在趣味情調方面所發生的變化。

中國近現代遊記作者在向英美的旅途中，再也不能帶著閑閑的心情、渡著方步、搖著鵝扇漫步吟唱。他們被西方的船堅利炮震驚了。他們到了英美後，不僅失去了一座山、一湖水、一片竹林、一片梅花、一座寺廟古塔的土地感，同時英美的「聲光化電」也讓他們感到閒適風雅不起來。梁啓超毅然刪棄在《新大陸遊記》的寫景部分，不能說不是對幾千年中國文人趣味情調的割捨。梁啓超在文中轉而專注美國這塊「新大陸」的民主政治、快速增長的經濟、繁盛的現代大都市、高度發達的商業以及讓他驚歎不已的現代科技文化，就昭示了中國知識份子被殘酷現實培育起來的現代情結。在梁啓超這代知識份子看來，要使中國不被世界現代民族國家除名，就得丟棄他們的山水趣味和情調。因爲這是來自農業文明所培育出來的情趣。它們不僅與現代科技文明格格不

---

11 同上，頁 295。

入，而且還會阻止中國現代化的步伐。作爲有志於變革中國
的知識精英，丟棄自身所承襲的文人趣味情調就成爲理性的
選擇。正是在這種現代情結的支配下，我們看到就連那樣深
染文人趣味情調的王韜，在旅居英國期間也著力在遊記仲介
紹西方的現代科技文明和民主政治。從王韜讓人染耳目一新
的敍述模式，我們不僅發現他在趣味情調方面所發生的轉
變，而且我們可以清楚看到他個人命運的轉折 —— 一個在旅
行中的中國文人成長的經歷（這點我將在下節將再詳細討
論）。當然，王韜代表著由傳統到現代的一個過渡式人物，
其精神世界仍然很大程度上徜徉在過往的時代，一旦遇上與
此相似的土壤，內心真實的慾求就暴露無遺。王韜從英國回
國後，因爲名聲大振，受日本有關人士之邀而遊歷日本。王
韜在旅居日本期間再也不像在英國那樣清醒振作，很多時候
是在與一些舊式文人詩酒風流、吟風弄月、玩女人、抽鴉片，
舊文人詩酒煙色的流毒又發作了。周作人在〈關於王韜〉一
文中就談到讀《扶桑紀遊》不愉快的感受，說：「讀了覺得
很不愉快，文情皆浮誇不實」。[12]當然，這是題外話，不宜
多提。不過，梁啓超這代知識份子不是沒有王韜輩的精神尷
尬，只是症狀沒有那麼嚴重。對他們而言，現代情結是基於
理性的思考，所以他們對英美所表現出的種種現代性既不習
慣，也很難從情感上完全擁抱。閱讀梁啓超的《新大陸遊記》，
我們看到作者面對繁複交錯的街道、高速運轉的交通目瞪口
呆了，真好像一個蹣跚學步的兒童。作者對都市的喧嘩噪音

---

12 周作人〈關於王韜〉，見周作人《苦竹雜技》。

更不能適應，以致旅行到哈佛時，遊走之筆逸出了理性的控制，情不自禁對帶有鄉村靜謐氣息的哈佛流露了少有的讚美。冰心留美時，雖然住在風景清幽的校園，但也覺得現代急速的節奏「擾人心曲」。冰心習慣的還是小橋流水、柳樹人家的閒逸情調，因而她時常走入對家國的記憶性書寫中，尋求精神的偎貼。同樣，徐志摩在美國留學時也不能完全適應那種現代節奏和金元帝國的商業氣息，於是轉頭奔赴英國的劍橋大學打算師從羅素讀書。徐志摩的留美日記，記的多為生活瑣事以及留學生趣聞，不涉及趣味喜好。但徐志摩轉到英國後，則變得十分開朗浪漫，感到劍橋的氛圍很合他的趣味，因而他有關康橋的憶述性遊記則趣味十分濃厚。在我看來，其主要原因是英國，尤其是劍橋，與美國比較起來，不僅具有文化氣息，而且它小橋流水、芳草茵茵、綠樹村舍、靜謐安詳，很有田園情調。這就意味著旅英的徐志摩在某種程度上其實徜徉在中國傳統文人的趣味情調中。十幾年後，蕭乾負笈劍橋時也發出同樣感歎，他毫不諱言地說：「我大概喜歡點農村氣息的城市」[13]

　　像徐志摩、蕭乾這麼心神愉快的留學還畢竟不多，很多人在英美留學時則感到孤獨和壓抑，尤其是遭遇不順或挫折後，就轉為對本民族文化的記憶和讚美中。趙毅衡在一篇文章談到現代中國留學西方的學生有三大規律：「大部分人感到孤獨；大部分人只跟中國人郊遊；大部分西化論者遇到挫折就變成民族主義者。」並說這三大規律「幾乎是永恆真理，

---

13 蕭乾《未帶地圖的旅人 —— 蕭乾回憶錄》（臺北：時代出版公司，1994），頁 151。

歷百年而不變。」「很多人留學前崇西，留學後反而如聞一
多『走向內陸子』。」[14]形成這三大規律的一個共同原因，
可能是這些在西方留學的學生生活過得並不滋潤，除了遭受
民族的歧視外，這可能主要是來自中西文化的「碰撞」。他
們在未到西方前對西方懷抱嚮往，主要出於理性的選擇以及
伴隨著的變革中國的美妙想像。但一旦他們踏上英美兩國真
實的土地時，才發現自己「水土不服」，不適應那種快速的
現代節奏，甚至對某些西方學說或觀念，如追求功利的金元
哲學，本能地產生反感。於是，我們不難理解朱湘在美國留
學時儘管遭遇挫折，感到激憤和坐臥不安，但一回到對本民
族文化的書寫中則精神尤顯愉悅，文筆也特別優美。如收入
《中書集》中的〈周邦彥《大酺》〉、〈王維的詩〉，就是
其代表。聞一多在美國留學時「不務正業」—— 西方油畫，
在孤雁般的寂寞中也轉到自己民族文化的抒情中，《菊花》
篇就很有代表性。

　　儘管如此，中國作家對西方的現代性的描述以及滲透在
其中的慾望色彩還是英美遊記中的主筆。在這裏，我可以以
郭沫若的一首詩作爲佐證。郭沫若 1920 年在日本留學時就寫
過一首歌頌現代都市的詩歌，他以極度的熱情寫道：

　　　「大都會的脈搏呀！生的鼓動呀！打著在，吹著在，
　　　叫著在，—— 噴著在，飛著在，跳著在，—— 四面的
　　　天郊煙幕朦朧了！哦哦，山嶽的波濤，瓦屋的波濤，
　　　湧著在，湧著在，湧著在，湧著在呀！萬籟共鳴的

---

14 趙毅衡《對岸的誘惑》（北京：知識出版社，2003），頁 81。

symphony，自然與人生的婚禮呀！彎彎的海灣好像
Cupid 的弓弩呀！人的生命便是箭，正是正在海上放
射呀！黑沉沉的海灣，停泊著的輪船，進行著的輪船，
數不盡的輪船，一支支的煙筒都開著了朵黑色的牡丹
呀‧哦哦‧二十世紀底名花，近代文明底嚴母呀！」[15]

郭沫若在詩中以激情的文字、生動的比喻歌頌都市創造
的力，竟將工業都市中滾動的黑沉沉的煤煙比作黑牡丹來熱
情讚美，由此可見他對都市文明的嚮往之情，同時也明顯可
見其趣味的變化。郭沫若的例子代表性地說明瞭現代中國知
識份子的現代情懷。他們吟詠歌唱的，不再是「枯藤老樹昏
鴉，小橋流水人家」的安詳和悠閒緩慢的田園情調，而是快
速的、高能量的吞吐，跳動著時代的脈搏。

趣味情調的轉變帶來一系列相應的變化。正如陳思和在
一篇文章中所言：「趣味的改變表現在現代知識份子對自我
價值的轉向上，以前文士的文章滿是求士，雖隱而心不甘，
或爲士而隱。而現代作家則轉向以追尋知識爲目標。」[16]這
裏的知識，準確講就是西方的現代文化。趣味的改變帶來自
我價值的轉變，而自我價值的轉變表現在中國近現代知識份
子在西方留學或考察時，不僅把眼光聚焦在西方現代文明
上，而且，留學所選學專業多帶著實用的性質，他們希望學
成後回國在每一領域爲國家的現代化建設做出貢獻。如胡適

---

15 郭沫若〈筆立山頭展望〉，見劉納選編《郭沫若》（上卷）（北京：
　　華夏出版社出版，1997），頁 38。
16 陳思和〈關於周作人的傳記〉，見《中國現代文學研究叢刊》，
　　1991 年第 3 期。

留學美國康乃爾大學是選擇農學科，徐志摩留美時選學銀行學，傅斯年修讀試驗心理學，劉半農則專攻試驗語音學。這些選擇明顯表明現代知識份子注意力轉向科學方面，帶有用科學方法變革中國傳統的志向。趣味的改變也使他們認識到人生的價值不在學而優則仕，而專注在發揮個人專業特長或創辦實業方面，有明確的職業目標。比如，王韜，他不再像傳統文人那樣靠以文章顯達、以爲官爲貴，而是做編輯、搞翻譯、辦報、搞出版等職業，並在傳播西方學說方面做了啓迪來者的拓荒工作。王韜可說是最早的職業文人。[17]再如留學英國的邵洵美，三十年代在上海不惜重金搞出版事業，出版各種書籍和流行雜誌，爲介紹西方高品味的文學以及流行文化作了不懈的努力。

　　總之，近現代中國知識份子的英美遊記在趣味情調上發生了很大的變化，即由鄉村田園、神界仙境、高山秀水、古廟鐘寺、竹林梅樹等轉到現代都市、博物館、世界展覽會、大專學府、大型工廠、造船廠、商業機構、摩天大廈等；由兩耳不聞窗外事一心唯讀聖賢書、以文章達顯天下轉到關注現實、攻讀實學、創辦實業等等。其中雖然不乏矛盾的聲音、尷尬的精神情懷，但主要還是表現在對傳統情趣的揮別，因而我們說近現代中國中國知識份子的英美之旅實際上是一個開啓現代趣味、情調的旅程。

---

17 錢鍾書主編、朱維錚執行主編《弢園文新編・導言》（北京：三聯書店，1998），頁 8。

第三節　旅行中的成長主題

　　這裏所謂的成長主題，是特指人的觀念等發生變化並向成熟的方向發展。現代中國作家在英美遊記以及南洋遊記中都講述過成長的主題，但相比較而言，前者比後者更爲廣泛和曲折。現代作家筆墨下的南洋圖像大多如花園樂土，是淘金致富之地，幾乎是恒定不變的主題。但也有些作家在踏上南洋的土地後丟棄了原來不現實的想像，認識到許多在南洋謀生的普通人其實過著艱辛無依的生活。比如王任叔的《任生及其周圍的一群》、艾蕪的《南行記》，描述的就是飄泊於荒野、在惡劣自然中掙扎討生活的芸芸眾生。這對那些充滿詩意的想像文字則是一種根植於現實的反拔糾正，昭示出他們看南洋的成熟方式。再如許傑的《椰林中的別墅》，也敍述了一個饒有趣味的成長話題。它講述了一個思想「左傾」的青年，最初對南洋抱著階級的偏見，認爲以資本主義一套管理方式下的南洋必定是罪惡之淵藪，不料在遊歷南洋時，這位「左傾」青年看到一幢幢紅牆別墅安詳坐落在一片片樹林中，無人把守，呈現一片太平安樂景象，隨之引起他思想上的交鋒和轉變，最後認爲南洋並非是罪惡之地，而是人間樂土。這前後觀念的變化指向成熟，實際上講述了另一種看南洋的方式。

　　與南洋遊記相比，英美遊記的成長主題則顯得曲折多樣。主要表現在以下三個方面：首先是由自傳性寫作而呈現

的成長主題。王韜的《漫遊隨錄》、胡適的《胡適留學日記》
是其主要代表之作。

王韜的《漫遊隨錄》不是從出遊英國的起程落筆，而是
從他的出生開始寫起，娓娓道來：童年、科舉考試、到上海
從父開館、與傳教士交往工作、與太平天國的遭遇、流亡香
港、再次與洋教士合作、受邀到英國遊歷。時空變化莫測，
凸現了旅行寫作的自傳性，勾畫作者人生的經歷和思考的脈
絡。在王韜漫遊的導引下，我們看到少年王韜入私塾、讀古
書，接受傳統文化的訓練。但少年王韜也學會了詩酒風流那
套文人習氣，因而在科舉考試中名落孫山。但他又不甘心放
棄以文章顯達、以詩賦揚名的固有追求，一面又過著詩酒高
會、冶遊無度的生活。即使初到上海，他那種江南名士作風
一如既往，直到與西方傳教士朝夕相處後才有所改變，因為
西方傳教士那種清教徒嚴謹刻板的工作方式給他留下深刻的
印象。王韜被清政府以叛離罪通緝後從上海流亡到香港，受
英華書院院長理雅各聘，合作翻譯《中國經典》（*Chinese
Classics*）。這段期間王韜過了相對認真清苦的日子，他「閉
門日多，罕與通人名士交接」。[18]1867-1870 年應理雅各邀請，
王韜離港赴英國遊歷，途經義大利、馬賽、里昂、巴黎。作
為近代訪問英國第一名學者，王韜受到希客式的接待，到各
處遊覽、演講、訪問，使他大開眼界，看問題以及分析中西
文化等有了不同於先前的抑或傳統的方法和尺度。與許多中
國人一樣，在未與西方人接觸尤其是未到英國之前，王韜認

---

18 王韜著、陳尚凡、任光亮校點〈漫遊隨錄〉，見鐘叔河《走向世
界叢書》（長沙：嶽麓書社出版，1985），頁 68。

爲西方人無論在道德還是智力抑或精神上都比中國人低劣，
然而，後來王韜與西方人一起工作以及在西方土地的親眼目
睹，他發現西方人也與中國人一樣講道德、有文化，甚至在
許多方面，都值得中國人學習借鑒。王韜還在一次牛津的演
講中提出耶儒相通的觀念。這些都說明瞭王韜對西方認識的
發展和進步。當然，王韜關注的還是英國等西方國家何以富
強的因素。在王韜看來，健全的政治制度、科技文明是西方
得以成爲強國的關鍵。這在當時來說無疑是一種高超的遠
見，因爲許多士大夫官僚還只把眼光局限在購買西方堅船利
炮的水準。不是說王韜對西方沒有反感，但這時的反感是有
對西方知識的反感。[19]正如柯文所說：「王韜早年對西方的
反感幾乎是不分青紅皂白的。但這爲時不長，在王韜接受西
方教育後，他對西方的不滿就很快變得更有識別力。」[20]從
《漫遊隨錄》不難看出，王韜是很滿意於他所發生的變化的。
我認爲這就是王韜在遊記中之所以漫談人生經歷的用意所
在。也就是說王韜要寫的不只是一部遊記，而最主要的是要
講述一個人如何由傳統走向現代的人生歷程，一個人成長的
故事。正如柯文所言：歷史環境與人物經歷的獨特匯合，能
使一個人與熟悉的文化模式決裂，而尋求新的道路。生活在
上海和香港、到歐洲和日本旅遊、與西方人一起密切工作等，
都使他能較爲超然地對待自己的文化並發現變化的必要條
件。同時，他對西方文化又十分熟悉，使他能夠發現使變化

19　（美）柯文著　雷頤、羅檢秋譯《在傳統與現在性之間 —— 王
　　韜與晚清改革》（南京：江蘇人民出版社，1994），頁 210。
20　同上。

成爲現實的手段。最後，成年的王韜發現，自己所面臨的個人的十字路口，與中國面臨的十字路口緊密交叉。[21]王韜的成長故事給後來中國知識界的許多人以很大啓示。

　　我們再看胡適旅美遊記。就《胡適留美日記》而言，胡適以日記記錄了他每日的見聞和感想，從哪一日到哪一日、哪一年到哪一年記起。內容既廣闊又瑣碎細緻，真有小筆大空間之感。大概內容可以歸類爲：與美國基督教徒的交往、與美國家庭的各種接觸、到各地演講的情況、學校生活的情況、美國的社會運動、美國總統選舉的情況、美國教育情況、到各地旅遊的情況等等，其間穿插著自己的思考和成長中的記憶。這些日常的、瑣碎的內容匯成一條人生的軌跡，展示了一個青年成長的全過程。我們看到，青年胡適心智由這些活動而擴大與明睿，由旅行、社交而開朗朝氣，由觀察而思考。胡適在日記中對中國現代性問題作了許多探索。如對政治的、教育的、留學的看法，對白話文的思考等等。另外，從《胡適留學日記》看到，胡適生活節儉自律，穩重謙虛，懷抱遠大志向。這與留學前的胡適判若兩人。在我看來，胡適日記是一個自覺的現象，以此紀錄一個二十世紀初的中國青年在美國留學成長的故事。

　　與胡適有些類似，徐志摩的英國遊記也津津樂道了他在英國劍橋留學時接觸了什麼人，結交了什麼名士，討論了什麼問題，看了什麼風景，學到了什麼聰明，長什麼見識，培育了什麼趣味等等，呈現了一個中國留學生在英國的成長過

21　（美）柯文著　雷頤、羅檢秋譯《在傳統與現在性之間 —— 王韜與晚清改革》（南京：江蘇人民出版社，1994），頁 78。

程。不過，徐志摩更注重的是做了許多心靈感受方面的探索和書寫。總之，從王韜到徐志摩的成長故事，我們看到中國知識份子一路中現代主體的建構過程。

其二，英美遊記所包含的成長主題還表現在各種觀念由傳統到現代的變化。主要表現在以下三個方面：1、地理觀念。中國知識份子在未踏出國門之前，地理觀念十分模糊，以為中國處在世界的中心位置，在中國之外則是邊緣蠻荒的夷狄。當中國知識份子第一大規模踏上西方的土地時才打破了這種迷夢。當他們從東到西的航海旅程中，地理的觀念就變得越來越明晰清楚，他們幾乎帶著興奮的心情在遊記中凸現這一地理大發現。如李圭的《環遊地球新錄》，著意描述其地球的形貌和有別於原來的新發現的意圖從命題就顯然可見，甚至還特意附有地球圖形，並以文字加以介紹和說明，云：「地形如球，環日而行，日不動而地動。 —— 我中華明此理者固不乏人，而不信此說者十常八九，圭初亦頗疑之。今奉差出洋，得環球而遊焉，乃信。……使地形或方，日動而地不動，安能自上海東行，行盡而仍回上海，水陸共八萬二千三百五十一里，不向西行半步歟？……知地形如球，日不動而地動，無或疑矣！」[22]「地球圖說」在當時帶著時尚潮流，如在曾紀澤的遊記中就刊有一張曾國藩和兒子曾紀澤站在一個大地球儀面前的合照，新潮感就很強。地理觀念的轉變同時讓中國知識份子超越了狹隘的民族主義情懷，而帶來樸素平等的世界主義，王韜在出遊西半球後就驚呼曰「今

22 李圭著、鍾叔河校點《環遊地球新錄》，見鍾叔河《走向世界叢書》（長沙：岳麓書社出版，1986），頁 312。

之天下，乃地球合一之天下」。今天所謂地球村之說不正是此言的應驗嗎？2、婦女觀念。中國知識份子真正開始以平等的眼光關注中國婦女地位可說是在踏上西方的土地後。當他們看到西方婦女與男子享有同等教育權利、社交生活中處處女士優先以及西方女子的獨立精神的當兒，他們一面對西方女子感佩不已，一面為提高中國婦女的地位作了誠摯的呼聲。如李圭、王韜、梁啓超、胡適等都在英美遊記中坦率地敍述了來自西方女子的文化震動，並對制約中國婦女的文化進行了反思。3、如教育觀念。中國知識份子在英美遊歷考察留學時所關注的問題當然少不了教育。為此，他們在英美遊歷考察的一個重點專案就是到英美著名學府演講、考察。尤其是胡適那輩的留學生，對教育投入了更深切的關注。在他們的觀察思考中，教育不再僅是「學而優則仕」的管道，學問也不只是詩賦文章，而是如何像英美高等學府那樣辦高等教育，為國家塑造真學實才的專業人才，教育理念從詩意朦朧的士大夫模式走向科學的現代模式。

其三，成長的主體還表現在中國知識份子在遊記中看西方的方式所發生的變化。當然，中國知識份子看西方的方式實際上是很複雜的，歸結為直線性的進步似乎顯得簡單粗率。但無論如何，我們在由上述章節的分析中看到，他們在看西方的方式上確實經過了由簡單到複雜的過程，走向一種成熟的方式。我在前面分析過，王韜輩的英美遊記大多為例行公事，啓動他們遊記書寫的多為交差任務，因而記述力求平實，如原聲帶，行蹤一幕接一幕。其中個別對西方風土習俗有所記述，但在文字上儘量不讓自己「靠岸」，不談精神

主題，因而我們看到許多遊記作者缺少紀遊的熱情和興趣。
即便像王韜那樣自由身份的出遊者，也許因為失去了文人趣
味的土地感，紀遊書寫也表現得極為理性，缺少情感的澆灌。
如此相隨，近代英美遊記者最關注的還是中國的現實需要，
因而他們看西方多把眼光聚焦在西方的「船堅利炮」、「化
電聲光」，對這些東西幾乎表現出狂歡式的擁抱和迷戀。然
而，當梁啟超這輩知識份子遍跡於被戰火燒焦的歐洲土地
時，才發現製造這些「船堅利炮」、「化電聲光」的現代科
技文化也會給人類帶來的毀滅性災難，因而他們對西方文
化、功利哲學產生某些幻滅感，不再「伸出雙手」擁抱。20
年後，蕭乾在歐洲戰場也發出了同樣的哀歎。從王韜到梁啟
超輩，中國知識份子終於對西方現代文化發出了質疑之聲。
後來的胡適、徐志摩、冰心等現代作家把遊記的焦點放在政
治、文化以及人類的愛的關懷上就可看出這些轉折，其轉折
中包含由簡單趨向複雜多向的熟慮，昭示出成長的過程。

第四節　旅人雙重視野中的中華民族思考

　　在我對南洋遊記和英美遊記作了一個較完整的分析後，
發現這些遊記作家大多是一個觀察者、發現者，旅居地的事
物很容易引起他們的興趣，並以一種新的不可預料的眼光去
考察和分析。[23]而且，其遊蹤就像是發現一個引發思考的文

---

23 比如劉錫鴻，在未到西方之前，他是一個「以夏變夷」的論者。
　　但旅居西方的親眼目睹不僅使他丟棄了原有的想法，並以新的
　　眼光在遊記中介紹西方現代世界。

本，這個文本以一個充滿見證的在場，思考本國與外國的差距或差異。這就意味著反映在遊記文本中的、圍繞異國形象展開的描述和評論，其實在關於「他者」的書寫和評價中建立了一種比較的關係，也就是說在遊記文本中的各種「他者」實際上構成評定的參照系。我在閱讀中國現代作家的英美遊記和南洋遊記時，發現其中在域外的中國思考比比皆是。如梁啓超的《新大陸遊記》、老舍的〈英國人〉、〈我的幾個房東〉、〈東方學院〉、《二馬》、《小坡的生日》、胡適的《胡適留學日記》、郁達夫〈麻六甲遊記〉、艾蕪的《南行記》、巴人的《印尼散記》等等。在某種意義上講，這些作家離開祖國到域外遊學或考察，就是在發現和思考如何建立一個現代中國。因而在他們的域外作品中，域外形象和自我形象相互交織；而且，前者往往帶有現代、進步的意味，是後者學習模仿的模式。中國作家在南洋的思考，大多不同於他們在英美場域對中國問題的思考方向。南洋在中國作家筆下多爲蠻荒邊緣，帶有原始、太初的特徵，因而南洋在他們的思考視野中充滿了原始的生命活力。艾蕪、巴人的南洋遊記就是典型例子。

而英美遊記所揭示的主題，多在向英美學習，而且常以批判自省的角度，揭示自我文化的盲點，如胡適；或者一面對外域訴諸理想，一面自揭瘡疤、自曝其短，如老舍；抑或以「他者」的眼光，監視自我文化，自我民族形象，以引起對自我問題的探索與改良，其語氣是急切的、呼籲式的，如梁啓超。在這裏，我就著重對老舍的英倫遊記的分析爲例來作說明。因爲其他作家在各章中已作過詳細分析。老舍幾乎

在登上英國的第一天就開始思忖「中華民族」這個稱謂所代表的意義。[24]基於對國家民族問題的探討，老舍在旅英期間創作了《老張的哲學》、《趙子曰》以及《二馬》，尤其在《二馬》中，老舍對中國人與英國人的民族性作了生動形象的比較描述，從中探尋中華民族發展的方向。

老舍在英國旅居工作的 5 年間，英國正當是世界上最頭號的殖民帝國，在政治、經濟、軍事、文化等各個方面都有強大的實力，對此，老舍在旅英期間有著十分真切的感受，認識到「帝國主義不是瞎吹的」，他們不僅擁有現代科技武器，也有高度發達的文明。五年的生活不僅使老舍對英國的社會、文化有了深刻的瞭解，認識到英帝國之所以強盛的原因，也認識到中國之所以衰弱、落後的原因，在他看來，中國人缺少像英國人那樣使國家富強起來的文化素質。不僅如此，在他的筆下，英國有美麗的自然環境，有健全和嚴明的法律制度。英國人具有獨立、發奮工作的精神。英國人愛國，英國知識份子學識淵博等等。英國人所表現出的民族性無不使老舍佩服嚮往認同。例如，在〈東方學院〉裏，老舍重點描述了一位來東方學院學習中文的英國軍人，老舍對他認真學習的進取精神和豐富的知識發出了由衷的敬佩。這位年青的軍官不過 23 歲，就已經通過了四門外語的初級考試。老舍感慨地寫道：英國「軍隊中有這麼多，這麼好的人才呀：和哪一國交戰，他們就會哪一國言語文字的軍官……想打倒帝國主義麼，啊，得先充實自己的學問與知識，否則喊啞了嗓

---

24 老舍在《頭一天》敘述了到達倫敦第一天的印象，描寫了英國人對外國人不那麼客氣，並由此引出一些思考。

子只有自己難受而已」[25]在老舍看來，英國之所以強大，就在於英國有一批讀書人，正是這批讀書人的科學知識給英國帶來了強盛。而中國之所以落後，受人欺負，就在於沒有這樣真正的讀書人。在《二馬》中，老舍很崇拜地敍述了像這位年青軍官一樣好學的英國人西門爵士。西門爵士原是倫敦大學的教授，退休在家後，年過七十，但仍然不停地工作學習。他專門收藏銅器和陶器，研究陶土的化學配合。而與此相反，年僅過五十的老馬先生，就認為「人活到五十就應該橫草不動，豎草不拿的，一天吃了睡，睡了吃，多邁一步，那似乎與理不合。」唯一想做的就是「升官發財」。顯然可見，老舍對這樣「老派」的中國人，予以了排斥和揶揄諷刺之筆。

老舍對老馬這樣的中國人的批判性分析是很成功的。成功的最大因素就在於老舍能夠把與英帝國相逢的種種經驗轉化成「雙重視野」，把中國人與英國人置於對比的話語。儘管老舍在分析中國人時以英國人作為比較的標準，但並不意味著他對英國沒有不滿情緒。在他的描述中，英國人對中國人充滿偏見甚至有意醜化，這無疑傷害了老舍的自尊心。也許正是在這種刺激下老舍走上了文學創作之路，以期在比較和自我剖析中寄予中華民族以振興的希望。具體地說老舍是以中國人的立場來寫作的，是為了消除「中國人」與英國人的差距而寫作的。[26]但我們也注意到，老舍以中國人的立場

---

25 老舍〈東方學院〉，見《老舍文集》第 14 卷（北京：人民文學出版社，1989），頁 82。

26 老舍〈我怎樣寫《二馬》〉，見《老舍全集》第 16 卷（北京：人民文學出版社，1999），頁 171-175。

來寫作，但他卻不能夠從自己的文化或屬性中尋找支援，相反，他是在通過對照英國人來表達他的價值觀念，昭示出其精神的尷尬。從這個角度看，老舍的在英國遊記作品彷彿是一個流浪的故事。如《二馬》，敍述的幾乎就是中國人的「家」與流浪倫敦的故事。《二馬》敍述了三種不同類型的中國人的故事，既可分開來讀，也可整合來讀，但都將故土和流浪倫敦的感覺融合在故事的敍述中。

　　總之，老舍的英國遊記，反映出他動盪不安的心靈戰場，一方面對英國表現出一定程度的心悅誠服；另一方面，作為中國人又對英國人的優越感而反感。實際上，這種心靈戰場並不是老舍個人式的，而是中國現代知識份子在走進西方世界時如何看待自己和「他人」所呈現的集體精神尷尬。相比較而言，中國作家在南洋時則沒有這樣的複雜調子。儘管每個人看問題的視角不盡一致，寫法也不盡一致，但在如何看南洋上大都很單純。

參 考 文 獻

中文書目

（以姓氏筆劃為序）

專書：

丁曉禾主編《中國百年留學全紀錄》（珠海：珠海出版社，1998）。

巴人《印尼散記》（長沙：湖南人民出版社，1984）。

巴人《五祖廟》（廣州：花城出版社，1986）。

巴金《海行雜記》（香港：南國出版社，1970）。巴赫金《巴赫金全集》（第三卷）（石家莊：河北教育出版社，1998）。

方北方《馬華文學及其他》（香港：三聯書店香港分店與新加坡文學書屋聯合出版，1987）。

方修《馬華新文學大系》（新加坡：世界書局，1970）。

王立群《中國古代山水遊記研究》（鄭州：河南大學出版社，1996）。

王潤華《郁達夫卷》（臺北：遠景出版事業有限公司，1984）。

王潤華《魯迅小說新論》（臺北：東大圖書公司，1992）。

王潤華《中西文學關係研究》（臺北：東大圖書公司，1987）。

王潤華《魯迅越界跨國新解讀》（臺北：文史哲，2006）。

王賡武《中國與海外華人》（臺北：臺灣商務印書館，1990）。

王賡武《南洋華人簡史》（臺北：水牛出版社，1998）。

王曉明《批評空間的開創》（上海：東方出版中心，1998）。

包亞明主編《後現代性與地理學的政治》（上海：上海教育
　　出版社，2001）。

包亞明主編《現代性與空間的生產》（上海：上海教育出版
　　社，2002）。

司馬文森《南洋淘金記》（香港：大眾圖書公司，1949）。

田正平《留學生與中國教育近代化》（廣州：廣東教育出版
　　社，1996）。

申丹《敍述學與小說文體學研究》（北京：北京大學出版社，
　　1997）。

列維・斯特勞斯（Claude Le'vi-Strauss）《憂鬱的熱帶》（北
　　京：三聯書店，2000）。

安東尼·吉登斯（Anthony Giddens）著、趙旭東、方文譯《現
　　代性與自我認同》（北京：三聯書店，1998）。

朱文華《魯迅胡適郭沫若連環比較評傳》（北京：人民文學
　　出版社 1987）。

朱德發主編《中國現代紀遊文學史》（濟南：山東友誼出版
　　社，1990）。

江曾培主編《中國留學生文學大系・近現代散文紀實文學》
　　（上海：上海文藝出版社，2002）。

白吉安著《胡適傳》（北京：人民出版社出 1993）。

艾愷《世界範圍內的反現代化思潮 ── 論文化守成主義》（貴
　　陽：貴州人民出版社，1991，1993）。

艾蕪《南行記》（北京：作家出版社，1963）。

艾蕪《漂泊雜記》（昆明：雲南人民出版社，1982）。

佛克馬和 E.蟻布思演講、俞國強譯《文化研究與文化參與》

　　（北京：北京大學出版社，1996）。

余英時《中國近代思想史上的胡適》（臺北：聯經出版事業
　　公司，1984）。

余英時《中國思想傳統的現代闡釋》（臺北：聯經出版事業
　　公司，1987）。

李伯奇主編《中國古代紀遊文學史》（濟南：山東友誼出版
　　社，1989）。

李威宜《新加坡華人遊移變異的我群觀：語群、國家社群與
　　族群》（臺北：唐山出版社，1999）。

李喜所《近代中國留學生》（北京：人民文學出版社，1987）。

李歐梵《西潮的彼岸》（臺北：時報文化出版事業有限公司，
　　1975）。

李歐梵《現代性的追求》（北京：三聯書店，2000）。

杜維明《現代精神與儒家傳統》（北京：三聯書店，1997）。

沈衛威《胡適傳》（開封：河南大學出版社，1988）。

沈衛威《認識胡適》（開封：河南大學出版社，1991）。

忻平《王韜評傳》（上海：華東師範大學出版社，1990）。

周作人《中國新文學源流》（北平：人文書店，1932）。

周明之著、雷頤譯《胡適與中國現代知識份子的選擇》（成
　　都：四川人民出版社，1991 年）。

周棉《中國留學生大辭典》（太原：山西人民出版社，1997）。

孟悅《歷史與敍述》（西安：陝西人民教育出版，1991）。

林毓生《中國傳統的創造性轉化》（北京：三聯書店，1988）。

林毓生《中國意識的危機》（貴州：貴州人民出版社，1986）。

林萬菁《中國作家在新加坡及其影響》（新加坡：萬里書局，
　　1994）。

林遠輝、張應龍著《新加坡馬來西亞華僑史》（廣州：廣東

高等教育出版社出版，1991）。

姚夢桐《郁達夫旅新生活與作品研究》（新加坡：新加坡出版社，1987）

洪靈菲〈流亡〉，見王平編《現代小說風格流派名篇》（普羅小說之二）（北京：中國文聯出版公司，1998）。

洪靈菲《流亡》（上海：中華書局，1933）。

胡愈之《郁達夫的流亡和失蹤》（香港：咫園書屋，1946）。

胡適《胡適文集》（1、2、9、11、12）（北京：北京大學出版社，1998）。

胡適《胡適文選》（臺北：遠東圖書公司，1962）。

胡適《胡適留學日記》（1、2、3、4）（北京：商務印書館）。

胡適撰《胡適說文學變遷》（上海：上海古籍出版社出版，1999）。

郁風《郁達夫海外文集》（北京：三聯，1990）。

侯健《從文學革命到革命文學》（臺北：中外文學月刊社和國立臺灣大學外文系聯合出版，1974）。

南治國《中國現代小說中的南洋之旅》（新加坡國立大學中文系博士論文，2005）。

唐德剛《胡適口述自傳》（臺北：臺北傳記文學出版社，1981年）。

夏鑄九、王志弘編譯《空間的文化形式與社會理論讀本》（臺北：明文書局股份有限公司，2002）。

夏鑄九編《空間，歷史與社會：論文選 1987-1992》（臺北：天翼電腦排版印刷股份有限公司，1995）。

格里德著魯奇譯王友琴校《胡適與中國的文藝復興（1917-1937）》（江蘇：江蘇人民出版社，1996）。

浦安迪講演《中國敘事學》（北京：北京大學出版社，1997）。

特倫斯‧霍克斯著、瞿鐵鵬譯《結構主義和符號學》（上海：
　　上海譯文出版社，1997）。

秦賢次《郁達夫南洋隨筆》（臺北：洪範書店，1978）。

馬‧法‧基亞著、閣保譯《比較文學》（北京：北京大學出
　　版社，1983）。

馬庫斯‧坎利夫著方傑譯《美國文學》（香港：香港今日世
　　界出版社，1975）。

馬泰‧卡林內斯庫（Matei Calinescu 著、顧愛彬、李瑞華譯
　　《現代性的五副面孔》（北京：商務印書館出版，2002）。

馬雲《中國現代小說的敍事個性》（北京：中國廣播電視大
　　學出版社，1999）。

高辛勇《形名學與敍事學》（臺北：聯經出版事業，1987）

高事恒《南洋論》（上海：南洋經濟研究所，1948）。

高偉濃《下南洋》（廣州：南方日報出版社，2000）。

密克‧巴爾著、譚君強譯《敍事學理論導論》（北京：中國社
　　會科學出版社，1995）。

常耀信《多重視角 —— 文化及文學比較研究論文集》（天津：
　　南開大學出版社，1995）。

張忠棟《胡適五論》（臺北：允晨文化事業股份有限公司，
　　1990）。

張楚雲《南洋旅行漫記》（上海：中華書局，1933）。

梁實秋《梁實秋論文學》（臺北：時報文化出版事業有限公
　　司，1980 年 9 月）。

梅光迪《梅光迪文選》（臺北：中華叢書委員會，1956）。

莊鐘慶《東南亞華文文學與中國現代文學》（廈門：廈門大
　　學出版社出版發行，1991）。

許雲樵《南洋史》（上卷）（新加坡：星州世界書局有限公

司，1961）許傑《椰子與榴槤》（上海：現代書局，1931）。

陳中行《中國人到東南亞》（香港：自由出版社，1996）。

陳平原《中國小說敍事模式的轉變》（上海：上海人民出版社，1988）。

陳惇等主編《比較文學》（北京：高等教育出版社，1997）。

陳新、談風梁、吳錦譯注《歷代遊記選譯》（北京：寶文堂書店出版，1987）。

陳鵬翔、張靜二合編《從影響研究到中國文學》（臺北：樹林出版有限公司，1992）。

章尚正《中國山水文學研究》（上海：學林出版社，1997）。

喬納森・卡勒（Jonathan Culler）《當代學術入門文學理論》（瀋陽：遼寧教育出版社，牛津大學出版社，1998）。

舒新城編《近代中國留學史》（中華書局，1928）。

華來士・馬丁《當代敍事學》（北京：北京大學出版社，1991）。

賀聖達著《東南亞文化發展史》（昆明：雲南人民出版社出版，1996）。

馮乃康《中國旅遊文學論稿》（北京：旅遊教育出版社，1995）。

馮光廉主編《中國近百年文學體式流變史》（北京：人民文學出版社，1999）。

黃康顯《熱帶的誘惑》（香港：香港的華漢文化事業公司，1988）。

黃傲雲《中國作家與南洋》（香港：科技圖書出版公司，1985）。

楊義《中國敍事學》（北京：人民文學出版社，1997）。

溫梓川《郁達夫南遊記》（香港：香港世界出版社）。

溫儒敏、李細堯編《尋求跨中西文化的共同文學規例 ── 葉維廉比較文學論文選》（北京：北京大學出版社，1986 年）。

董守義《清代留學運動史》（瀋陽：遼寧人民出版社，1985）。

鈴木正夫著、李振聲譯《蘇門答臘的郁達夫》（上海：上海
　　遠東出版社，1996）。

雷蒙德·威廉斯著、閻嘉譯《現代主義的政治 ── 反對新國教
　　派》（北京：商務印書館，2002）。

維·什克洛夫斯基著、劉宗次譯《散文理論》（南昌：百花洲
　　文藝出版社，1994）。

趙毅衡《苦惱的敍述者》（北京：十月文藝出版社，1994）。

劉禾《語際書寫 ── 現代思想史寫作批判綱要》（上海：上
　　海三聯書店，1999）。

劉岩《中國文化對美國文學的影響》（石家莊：河北人民出
　　版社，1999）。

劉海平、朱棟霖《中美文化在戲劇中交流 ── 奧尼爾與中國》
　　　（江蘇：南京大學出版社，1988）。

劉康《對話的喧聲：巴赫金的文化轉型理論》（北京：中國
　　人民大學出版社，1995）。

劉德謙《中國旅遊文學新論》（北京：中國旅遊出版社，1996）。

歐陽哲生編著《解析胡適》（北京：社會科學文獻出版社，
　　2000 年 10 月）。

鄭良樹著《馬來西亞.新加坡華人文化史論叢》（新加坡：新
　　加坡南洋學會，1986）。

錢谷融《現代作家國外遊記選》（上海：上海文藝出版社，
　　1983）。

邁克·克朗著、楊淑華、宋惠敏譯《文化地理學》（南京：
　　南京大學出版社，2003）。

薩依德著、單德興譯《知識份子論》（臺北：麥田出版社，
　　1997）。

薩義德著、王宇根譯《東方主義》（北京：三聯書店，2000）。

羅鋼《敍事學導論》（昆明：雲南人民出版社，1994）。

羅蘭·巴特《批評與真實》（上海：上海人民出版社，1999）。

關愛和《從古典走向現代：論歷史轉折時期的中國近代文學》
　　（鄭州：河南人民出版社，1992）。

鍾玲《美國詩與中國夢》（臺北：麥田出版，1996）。

Crang, Mike.《文化地理》，王志弘等譯（臺北：巨流，2005）。

論　文：

王潤華〈探索病態社會與黑暗靈魂之旅：魯迅小説中的
　　遊記結構研究〉，見王潤華《魯迅小説新論》（臺北：
　　東大圖書公司，1992）。

石天河〈新詩古説 —— 當代意象詩理論與中國傳統史學之比
　　較的研究〉，見《當代文壇》第 10 期，1985 年。

朱文華〈「民族文化反省」與中國文學的變革〉，見《上海
　　文化》第 1 期，1993 年。

朱文華〈西學東漸與中國近代文學的萌芽〉，見《廣州社會
　　科學》第 5 期，1994 年。

朱文華〈胡適「文學革命」論的文化意義〉，見《胡適與現
　　代中國文化轉型》（香港：中文大學出版社，1994）。

朱文華〈試論近代中國的「民族反省」思潮〉，見《復旦學
　　報》第 3 期，1993 年。

朱文華〈試論胡適在五四新文化運動中的作用於地位〉，見
　　《復旦大學學報》第 3 期，1979 年。

池志雄〈20 世紀中國留學生文學與中西文化交流〉，見《探
　　求》第 4 期，1999 年。

余英時〈中國知識份子的邊緣化〉，見《二十一世紀》第六
　　期，1991 年 8 月雙月刊。

李歐梵〈文化與社會：五四運動的反思〉（1999 年吳德耀文
　　化講座）。

沈衛威〈《文學改良芻議》與歐美意象派詩潮〉，見《河南
　　大學學報》第 2 期，1993 年。

谷斯范〈王任叔在南洋〉，見《印尼散記》（長沙：湖南人
　　民出版社，1984）。

周棉〈留學生與五四文學革命〉，見《廣播電視大學學報》
　　（社會科學版）第 3 期，2001 年。

周棉〈留學生與五四愛國運動〉，載《徐州師範大學學報》
　　（社會科學版）第 4 期，2000 年。

屈夫、張子清〈論中美詩歌的交叉影響〉，見《外國文學評
　　論》第 3 期，1991 年。

房祖燊〈中國新文學運動（前期）〉，見《中國現代文學理
　　論》第 5-6 期。

范岳著〈龐德：西方劫後的新意象和新思考〉，見《遼寧大
　　學學報》，第 3 期，1993 年。

唐毅〈兩代留學生與中國近代化〉，見《重慶三峽學院學報》
　　第 3 期，1999 年。

唐毅〈兩代留學生與中國近代化〉，載《重慶三峽學院學報》
　　第 3 期，1999 年。

孫紹振〈新詩的民族傳統和外國影響的問題〉，見《新文學
　　論叢》第 1 期，1981 年。

徐萍〈論巴人《南洋篇》的紀實性美學特徵〉，見全國巴人
　　學術討論會編《巴人研究》（上海：上海書店，1992）。

徐遲〈美國詩歌的傳統〉，見《中原》創刊號，1994 年 6 月。

徐遲〈意象派的七個詩人〉，見《現代》第 4 卷第 7 期。

常耀信〈中國文化在美國文學中的影響〉，見《外國文學研

究》第 1 期，1985 年。

敏澤〈中國古典意象論〉，見《文學研究》第 3 期，1983 年。

莊鍾慶〈巴人與新華、印華文學〉，見《丹東師專學報》（社
　　科版）第 23 卷 3 期，2001 年。

陶新民〈旅遊　目遊　神遊〉，見《河北大學學報》第 3 期，
　　1996 年。

章清〈從歷史看本土與域外的對話〉，見《二十一世紀》總
　　第 34 期，1996 年。

章清〈意識形態與文化重建〉，見《胡適研究叢刊》第二輯。

傅孝賢〈意象派：現代的先河〉，見《中外文學研究》，1975
　　年。

馮國忠〈談英美意象派詩歌〉，見《國外文學》第 2 期，1983
　　年。

黃正評〈跨越國度的永恆魅力 —— 意象派與中國古典詩論中
　　意象說比較〉，見《上海大學學報》 第 2 期，1987 年。

楊春時〈中國文學理論的現代性問題〉，見《文學研究》第
　　11 期，2000 年。

賈福臨〈談英美意象派詩歌運動的興起與終結〉，見《瀋陽
　　師範學院學報》第 3 期，1986 年。

趙毅衡〈美國新詩運動中的中國熱〉，見《外國文學研究》
　　第 9 期，1983 年。

趙毅衡〈關於中國古典詩歌對美國新式運動影響的幾點爭
　　論〉，見《文藝理論研究》第 4 期，1983 年。

劉劍鋒〈英美意象派詩歌藝術初探〉，見《西北師範學報》
　　第 4 期，1987 年。

駱雨〈中國古典詩歌與西方意象派文學〉，見《藝譚》第 2
　　期，1984 年。

賽義德〈帝國、地理與文化〉，見《塞義德自選集》（北京：
　　中國社會科學出版社，1999）。

豐華瞻〈小談意象派詩歌〉，見《星星》第 9 期，1983 年。

豐華瞻〈意象派與中國詩〉，見《社會科學戰線》第 3 期，
　　1983 年。

豐華瞻〈龐德與中國詩〉，見《外國語》第 5 期，1983 年。

英文書目

Adams, Percy G. *Travel Literature and the Evolution of Novel*,
　　Lexington: The University Press of Kentucky, 1983.

Blanton, Sarah Cassandra. *Departures: Travel Writing in a
　　Post-Bakhtinian World*, PhD dissertation, Published by
　　University of South Florida, 1992.

Bourdieu, Pierre. *The Field of Culture Production*: *Essays on
　　Art and Literature*, Cambrdge: Polity Press, 1993.

Bradbury, Malcolm and James McFarlaine eds. *Modernism*,
　　Harmondsworth: Penguin, 1976.

Calinescu, Matei. *Five Faces of Modernity: Modernism,
　　Avant-garde, Decadence, Kitsch, Postmodernism*, Durham:
　　Duke University Press, 1987.

Connolly, Cyril. *The Modern Movement*, New York; Atheneum,
　　1966.

Chiari, Joseph. *The Aesthetics of Modernism*, London: Vision,
　　1970.

Chou, Yin-Hwa, *Formal Features of Chinese Reportage and an
　　Analysis of Liang Qichao's "Meemoirs of My Travels in
　　the New World"*, Modern Chinese Literature and Culture,

vol. 1, no 2. Spring 1985.

Crang,Mike. Cultural Geography（London: Routledge, 1998.

Elizabeth Boulton, Nancy, *Early Chinese Buddhist Travel Records as a Literary Genre,* PhD dissertation, Published by University Microfilms International, 1983.

Faulkner, Peter. *Modernism,* London and New York: Methuen, 1977.

Fogel, Joshua A., *The Literature of Travel in the Japanese Rediscovery（1862-1945）,* Stanford University Press, Stanford, CA, 1996.

Ferguson, Russell and others（Eds）, *Out There : Marginalisation and Contemporary Cultures* ,Cambridge, MA: MIT Press, 1990.

Fussell, Paul, *Abroad*: *British Literary Traveling Between The Wars* Oxford: Oxford University Press, 1980.

Howe, Irving. *Decline of the New,* New York: Harcourt Brace and World, 1963.

Howe, Irving, ed. *The Idea of the Modern,* New York: Horizon, 1967.

Hu, Ying, *Tailes of the Translation: Composing the New Woman in China（1899-1918),* Stantford Vniversity Press, 2000.

Kampf, Louis. *On Modernism: The Prospects for Literature and Freedom,* Cambridge and London: MIT Press, 1967.

Kiely, Robert, ed. *Modernism Reconsidered,* Cambridge and London: Harvard University Press, 1983.

Levin, Harry. *"What is Modernism?" in his Refractions,* New

York: Oxford University Press, 1966.

Mukherjee, Meenakshi "The Exile of the Mind" , in Bruce Bennett（ed）, *A Sense of Exile* ,Nedlands, Australia: Center for Studies in Australian Literature, University of Western Australia, 1988.

Raban, Jonathan, *Arabia: Through the Looking Glass,* London: William Collins & Sons, 1979.

Rice, Warner and W.T. Jewkes （eds.） *The Literature as a Mode of Travel,* New York Public Library, 1963.

Richard. E. Strassbery, *Travel Writing from Imperial China,* Published by the Regent of the University of California, 1994.

Said, Edward, "Intellectual Exile: Expatriates and Marginals ," *The Edward Said Reader.* ed. Moustafa Bayoumi and Andrew Rubin, New York: Vintage Books, 2000.

Shils, Edward, *Center and Periphery,* Chicago: University of Chicago Press, 1957.

Spears, Monroe. *Dionysus and City,* New York: Oxford University Press, 1970.

Spender, Stephen. *The Struggle of the Modern,* University of California press, Berkeley and Los Angeles, 1963.

Stout, Janis P., *The Journey Narrative in American Literature,* Westport: Greenwood Press, 1983.

Susan Daruvala. *Zhou Zuoren and an Alternative Chinese Response to Modernity,* Harvard University Press, 2000.

Thubron, Colin, *Behind the Wall,* London: Heinemann, 1987.

Raymond Williams（1921-1988）, "the Long Revolution"

（1961）,in In Bob Ashley(ed.), *Read Popular Narrative: A Source Book,* London and Washington: Leicester University Press, First Published 1989, Revised and Expanded Edition 1997, pp39-43.

Williams, Raymond. *The Country and the City,* New York: Oxford University Press, 1973.

Williams, Raymond. *The Politics of the Modernism, against the New Conformist,* London: New York: Verso, 1989.

Wilson, Edmund. *Axel's Castle: A Study in the Imaginative Literature of 1870-1950,* Charles Scriber's Sons, New York, 1931.

Wong Yoon Wah, " A Journey to the Heart of Darkness: the Mode of Travel Literature in Lu Xun's Fiction" , *Lu Xun: A Cross-Cultural Readings,*Taipei: Wen Shi Zhe,2006.

Wong Yoon Wah, *Post-Colonial Chinese Literatures in Singapore and Malaysia,* New Jersey: Global Publishing Co, 2002.

附　　錄

提　　要

　　作爲域外遊記的家族成員，南洋遊記和英美遊記是鴉片戰爭後中國走進現代世界的一個現象。然而，作爲一新品種的文學類型，它們長久被研究者擱置漠視，缺乏系統的研究。我之所以將南洋遊記與英美遊記作爲本論著探討對象，就在於這兩大板塊的遊記很具代表性：英美是西方文化的中心，遊記者旅居英美的考察、觀光、留學及工作等，往往帶著變革中國現實的關注，因而其遊記寫作體現了社會價值與思考，大多表現出對現代性的慾求；而南遊則往往意味著尋求心靈撫慰、滿足多種慾望的可能，因而南洋遊記所表現出的慾望似乎置於現代性的追逐之外，甚至有些表達出對一種遠古的、抑或蠻荒的眷戀之情。因此，本論著通過兩者的分析，就能夠比較全面地分析和說明中國現代作家在域外的精神圖像。而且，南洋是當時中國人航向西方的必經港口，沿著這樣旅途航線，我們可清楚鉤稽遊記者的精神脈絡或變化色

彩。基於上述目的，本論著對中國現代作家所寫的南洋遊記
及英美遊記進行了研究。作者在結合文本和語境的分析中運
用了敍述理論及文化理論，討論和分析了中國作家在遊記作
品中對現代性、生存方式、生活環境等方面的慾望與思考。
在南洋遊記部分，作者分析了南洋遊記所描述的南洋圖像大
多帶有想像色彩以及其表徵的各種慾望，如淘金夢、情慾夢、
男女巧合夢等，並對其原因作了探討與分析。同時作者也討
論了南洋圖像所展示的生活環境以及生存方式與中國人口
味、習慣之間的契合以及相關問題思考。在英美遊記部分，
作者分析了英美遊記在描繪英美圖像時聚焦在英美社會的各
種現代性的表現，認為其敍述傾向表現出遊記者對現代性的
嚮往之情,並對其現代中國的思考也作了探討。作者也分析了
英美遊記作者在紀遊記事中表現出的理性選擇以及趣味情調
的轉變，並分析了原因。最後，在上述章節分析的基礎上，
作者作了一個總結篇章的討論和分析：既從比較的角度討論
了南洋遊記與英美遊記之間的不同處以及相似點，也結合了
遊記文類的特徵以及文化權利之變遷，討論了作為域外遊記
范（泛）屬的英美遊記及南洋遊記在寫法、主題及美學趣味
方面所發生的變化以及其獨特性。

關鍵字：遊記研究、中國現代作家、南洋遊記、英美遊記、
　　　　慾望與思考、圖像、現代性

Summary

This thesis studies the travelogues on Nanyang and England/America by modern Chinese writers. The travelogues about Nanyang, America/England are parts of the Chinese travel books on foreign lands. The development and flourish of travelogues on foreign lands are indications of China's entering the world after the Opium Wars. As a newly developed genre of literature, it has been much neglected and there are few systematic studies. The focus of this thesis is to study the travelogues on Nanyang, America/ England. The reason is that these two groups of travelogues are closely related to the understanding of modern China. Both America and England are considered by Chinese as the centers of Western culture. The writers were sojourners in America and England for a certain period of time for official visit, sightseeing, studying, or employment. As they were seriously concerned with social transformations in China, their works are full of reflections and contemplations on the social and cultural problems of China. Their keen observations are indications of their search of modernity. The Nanyang travelogues are different in nature. Most journeys are in search of personal, spiritual, sexual or other romantic satisfactions. Therefore the Nanyang journeys are more for desires than the search for modernity. The purpose for many of these voyages, the writers just wanted to venture into the remote and primitive lands for nostalgic needs. A comparative study of these two groups of travel books can provide us a relatively full picture of the spiritual and national search in the foreign lands. When Chinese sailed to the West, Nanyang is the place where all the s`hips had to make the first important stop. It is interesting and significant to see the Chinese 's spiritual changes as they traveled to the remote lands.

In analyzing these texts and the context in which they were written, I resort to narratology and Western theories on culture to discuss the desire for and deliberation of modernity, life styles, and living environment as reflected in them.   In the section discussing the Nanyang travelogues, I study the picture of Nanyang, which is mainly an imaginary one, and the various desires expressed through dreaming about gold-mining , sex and amoral encounters. I also discuss the contemplation on the relation between the life styles and living environment and the taste and habits of Chinese while abroad. In the section on the England/America travelogues, I have discussed the modernity expressed by the writers as they directed their attention to the English/American societies, painting a picture for them. I also study the rational choices made and the change of taste and interest during the journeys. In the concluding chapter, through comparison, we highlight the similarities and differences between the Nanyang and England/America travelogues. Moreover, in consideration of its generic features as well as the change of authority over culture, I outline the development of travelogue, and underscore the changes and poignant features found in its writing style, themes, and aesthetic preferences.

Keywords: Travelogue, Modern Chinese writers, Nanyang Travelogues, England/America Travelogues, Desire and Deliberation, Image, Modernity.